CD-ROM付き

日経平均225銘柄の
EXCELデータを収録！

一番やさしく株がわかる

大竹のり子

西東社

さあ、株式投資を始めよう！

1 まずは投資の基本を勉強!!

- そもそも株ってなに？
- 株価はなぜ動くの？
- 「日経平均株価って」なに？
- 「出来高」「時価総額」ってなに？

▶第1章 ▶第2章

2 証券会社に口座を開設しよう

▶第3章

3 情報収集にいそしもう

▶第5章

4 銘柄を慎重に選ぼう

▶第5章

5 いよいよ買い注文!!

証券会社の窓口へ行くなら…

▶第6章

インターネットで取引するなら…

▶第4章 ▶第6章

6 晴れて株主に！

7 配当金や株主優待が受け取れる！

もっと知りたい！

●投資指標に強くなろう！

▶第7章

●株価チャートを読めるようになろう！

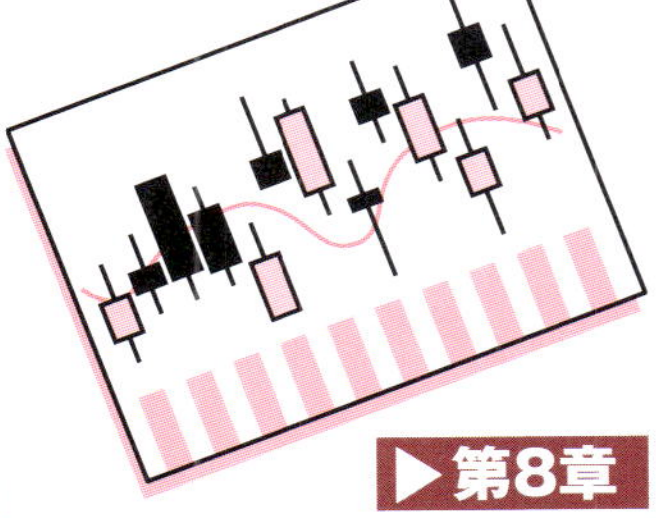

▶第8章

付録CD-ROMで Let's Study！

▶第9章

はじめに

　昔からよく使われる慣用表現に「株に手を出す」という表現がありますが、この使われ方は正しいものではありません。

　なぜなら、株式投資は決してギャンブルではないからです。もちろん、常にリスクがつきまとうのも事実ですが、土台となる知識としっかりした投資スタンスさえ持っていれば、ギャンブルよりもはるかに堅実にリターンを得ることができます。株式投資はむしろ、資産運用の一手段として積極的に活用されるべきものなのです。

　とはいっても、いきなり難解な投資理論を模倣することはおすすめできません。初めての方が、無理をすると大きなケガをする可能性もあります。まずは時間をかけて準備体操を行い、徐々に経験を積んでこそ、あらゆる状況での判断能力が養われてくるのです。そういった意味で、株式投資はスポーツに通じるところがあるかもしれません。

　幸いなことに、いまはインターネットを使って簡単に情報を収集したり、売買注文を出したりできる時代です。相場の動きもオンタイムで手に取るように伝わってきます。売買委託手数料の安いネット取引の普及によって、少額投資でもリターンを得られる可能性は十分にあります。はじめて株式投資にチャレンジしようという人にとっては、とても恵まれた環境にあるといえるでしょう。

　本書では、これから株式投資を始めようと考えている人が、無理なく基礎体力を付けるための基本を丁寧に解説しています。また、インターネット時代ならではのメリットを享受するためのノウハウもふんだんに盛り込んでいます。

　本書がひとりでも多くの方々にとって、投資生活のはじめの一歩を踏み出す一助となることを願ってやみません。

ファイナンシャルプランナー　大竹のり子

※本書の内容は、特に明記のない限り、平成17年5月1日現在の情報に基づき、構成されています。

目次 CONTENTS

はじめに　3

第1章 そもそも「株」ってなに？……12

そもそも「株」ってなんだろう？　12
「株式会社」のしくみをおさらいしておこう　14
「株主になる」っていったいどういうこと？　16
株式投資をするとどんないいことがあるの？　18
株にはいろいろな分類方法があるってホント？　20
株式市場にもいろいろな種類がある　22
「証券取引所」ってどんなところ？　24
上場企業と非上場企業はココが違う　26
証券会社ってどんな仕事をしているところ？　28
●COLUMN Vol・1
多くの企業が株式上場をめざすワケ　30

第2章 株価はどうして動くの？……31

株の値段はどうやって決まるの？　32
なぜ株価は上がったり下がったりする？　34
日経平均株価、TOPIXが意味するもの　36
株価を決める最大の要因は企業の「業績」　38
金利や景気は株価にどう影響する？　40
為替相場がなぜ株価に影響するの？　42
政治・国際情勢は株価にどう影響する？　44
「始値」「終値」「高値」「安値」っていつの株価？　46
「出来高」「時価総額」ってなんのこと？　48
「ストップ高」「ストップ安」
「権利落ち」「配当落ち」ってなに？　50
●COLUMN Vol・2
お天気と株価の気になる関係　52

第3章 証券会社に口座を作ろう …… 53

証券会社はココで選ぶ！ 54
証券会社に口座を開設しよう 56
「一般口座」と「特定口座」はどう違うの？ 58
株はいくらから買うことができるの？ 60
株は好きなときにいつでも買えるの？ 62
売買代金決済の流れを押さえておこう 64
買った株はどうやって保管すればいいの？ 66
いまどきの保管の常道は「保管振替制度」 68
●COLUMN Vol・3
証券会社が破たんしたらどうなるの？ 70

第4章 インターネットで取引しよう …… 71

インターネット取引は魅力がいっぱい 72
インターネット証券には
こんな商品やサービスがある 74
インターネット証券はココで選ぶ！ 76
インターネット証券に口座を開設しよう 78
インターネットで売買注文を出してみよう 80
インターネット取引の意外な落とし穴 82
●COLUMN Vol・4
「デイトレード」ってそんなに儲かる？ 84

第5章
情報収集と銘柄選びの基本 ……85

日経新聞を読みこなそう① 86
日経新聞を読みこなそう② 88
「会社四季報」「日経会社情報」は投資家のバイブル① 90
「会社四季報」「日経会社情報」は投資家のバイブル② 92
「Yahoo!ファイナンス」を使ってみよう 94
あらゆるメディアをどんどん活用しよう 96
はじめて買う株はこうやって選ぶ! 98
長期保有するなら配当金も要チェック! 100
あればあるほどうれしい「株式分割」 102
もらってうれしい「株主優待」 104
さまざまな株の区分をマスターしよう 106
「レーティング」も重要なモノサシだ 108
●COLUMN Vol・5
初心者が近づいてはいけないのはこんな株 110

第6章
さあ、株を売買してみよう! ……111

投資可能額は資産のバランスで決める! 112
ポートフォリオ運用でリスクを減らそう 114
あなたは短期売買派?長期保有派? 116
さあ、買い注文を出してみよう! 118
売買注文の方法を賢く使い分けよう 120
ジャスダック銘柄が買いたい! 122
「ナンピン買い」は損をするってホント? 124
「売りどき」を自分で決めておこう 126
さあ、売り注文を出してみよう! 128
株式投資にはどんな手数料が必要? 130
「ミニ株」「るいとう」ってどんなもの? 132
「信用取引」はリスク管理が肝心! 134
●COLUMN Vol・6
知っていると役立つ「相場格言」 136

第7章 投資に役立つ数字を知ろう

第7章 投資に役立つ数字を知ろう …… 137
「ファンダメンタルズ分析」ってなに？ 138
企業の業績は「決算書」から読む！ 140
「貸借対照表」で企業の財政状態が分かる 142
「損益計算書」で企業の儲け方が分かる 144
「キャッシュフロー計算書」で企業の健全性が分かる 146
「株主資本比率」「株主資本回転率」ってなに？ 148
5つの「利益」を細かく分析してみよう 150
「回転率」は業績を分析するキーワード 152
PER（株価収益率）が低いとお買い得！？ 154
PBR（株価純資産倍率）で底値圏が分かる！ 156
EPS（1株当たり利益）とBPS（1株当たり株主資本） 158
ROE（株主資本利益率）で収益性が分かる！ 160
ROA（総資産利益率）で総合的な収益性が分かる！ 162
PCFR（株価キャッシュフロー倍率）で成長力を読む！ 164
「配当利回り」「配当性向」ってなに？ 166
●COLUMN Vol・7 「りそなショック」はなぜ起こった？ 168

第8章 チャートで売買のタイミングを見極めよう

第8章 チャートで売買のタイミングを見極めよう …… 169
株価チャートは株価の「波」を表すグラフ 170
「トレンドライン」で相場の流れをつかもう 172
「移動平均線」でお買い得度が分かる！ 174
「ゴールデンクロス」と「デッドクロス」 176
「出来高」で相場の転換点が分かる！ 178
「カイ離率」で株価反転のポイントが読める！ 180
「ローソク足」はどうやって見るの？ 182
知っておきたいローソク足の基本形 184
ローソク足の応用形をマスターしよう① 186
ローソク足の応用形をマスターしよう② 188
●COLUMN Vol・8 「Yahoo!ファイナンス」のチャート機能 190

第9章 パソコンを活用しよう

第9章 パソコンを活用しよう …… 191

株式投資とパソコンは相性抜群！ 192

ネットの情報源は無限大に広がっている 194

付録のソフトウェアを使ってみよう 196

「ファンダメンタルズ分析シート」の使い方 198

「チャート学習シート」の使い方 200

「売買履歴管理シート」の使い方 202

「損益計算シート」の使い方 204

●COLUMN Vol・9

リンク集と検索サイトを使いこなそう 206

付録 知っておきたい株の税金

付録 知っておきたい株の税金 …… 207

株の税金のしくみはこうなっている！ 208

「特定口座」と「一般口座」どっちを選ぶ？ 210

配当課税のしくみを知っておこう 212

確定申告にチャレンジしよう！ 214

株式投資用語集 216

索引 220

付録ソフトウェアを利用するには、マイクロソフトエクセル（Windows版のエクセル2000以上、または、マッキントッシュ版のエクセル2001以上のバージョンのもの）が必要です。対応OSは、Windows98/2000/Me/XP、MacOS9以上です。

なお、付録ソフトウェアの「ファンダメンタルズ分析シート」には、2005年3月段階で日経平均株価に採用されている225銘柄が登録されています。ただし、日経平均採用銘柄の中には、企業合併、企業分割、会計方式の変更、などの理由によって、現在の会計データと連続性のあるデータを掲載できない企業があります。本シートでは、これらの企業についても、企業名は削除することなく掲載してありますが、会計データが存在しないものについては、当該データシートに「－」を表示させています。

本書および付録プログラムに記載したデータ、チャートなどは、各社のWebサイトなどから引用させていただきました。謝してここに記します。
なお、データの掲載につきましては正確を期しましたが、誤りのないことを保証するものではありません。
本書を利用したことによるいかなる損害などについても、著者および出版社はその責を負いません。

第1章 そもそも「株」ってなに?

そもそも「株」ってなんだろう?

「株式会社」のしくみをおさらいしておこう

「株主になる」っていったいどういうこと?

株式投資をするとどんないいことがあるの?

株にはいろいろな分類方法があるってホント?

株式市場にもいろいろな種類がある

「証券取引所」ってどんなところ?

上場企業と非上場企業はココが違う

証券会社ってどんな仕事をしているところ?

株券

そもそも「株」ってなんだろう？

企業と投資家をつなぐチケット、それが「株」だ

What's a stock?

株式投資を始める前に、そもそも「株」ってなに？　素朴な疑問を持っている人も多いのでは？　株とは実際のところ、どのようなものなのでしょうか。

企業と投資家は持ちつ持たれつ

株式投資をしたことがない人にとって、「株」という言葉の響きはなんとなく近寄りがたいものに思えることでしょう。でも、株式投資のしくみは実は意外と簡単。

大企業であればあるほど、事業を行うために莫大な資金が必要になってきます。そこで一般から広く出資者を募り、お金を出してもらった代わりに、いくら出資してもらったのかを証明するためのチケットを発行します。これが**株**なのです。

投資家は出資の見返りとして、**配当金**や**株主優待**などを受けることができます。また、株が値上がりすれば、**売却益**（キャピタルゲイン）を得ることもできます。

つまり株式投資は、企業と投資家の「持ちつ持たれつ」の関係で成り立っている、画期的なしくみなのです。

株の歴史は意外と古かった！

「株」の起源には諸説がありますが、有力なのは1602年に設立されたオランダ東インド会社を起源とするというものです。

当時オランダ東インド会社では、外国での貿易業を営む

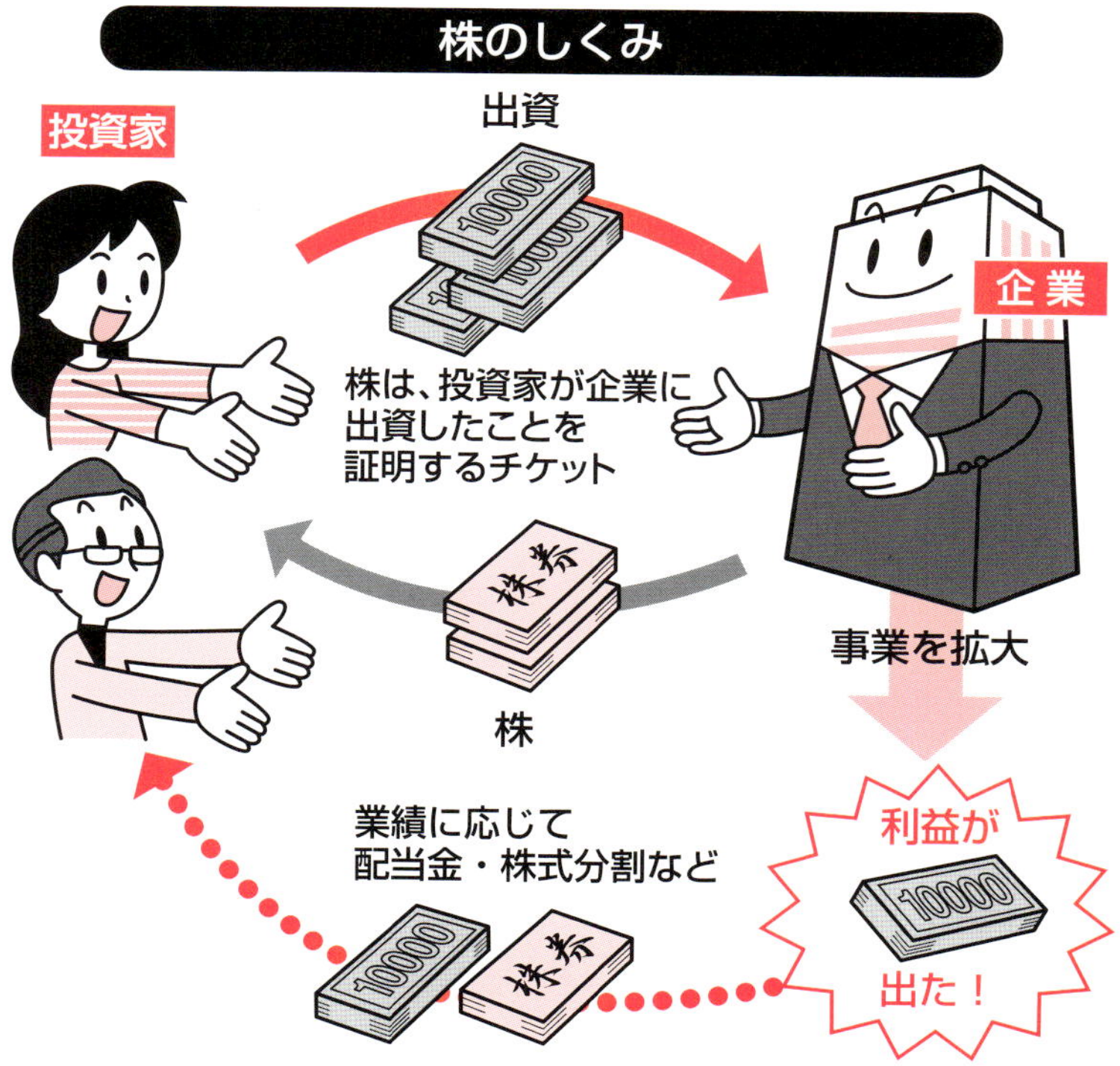

株券ってどんなもの？

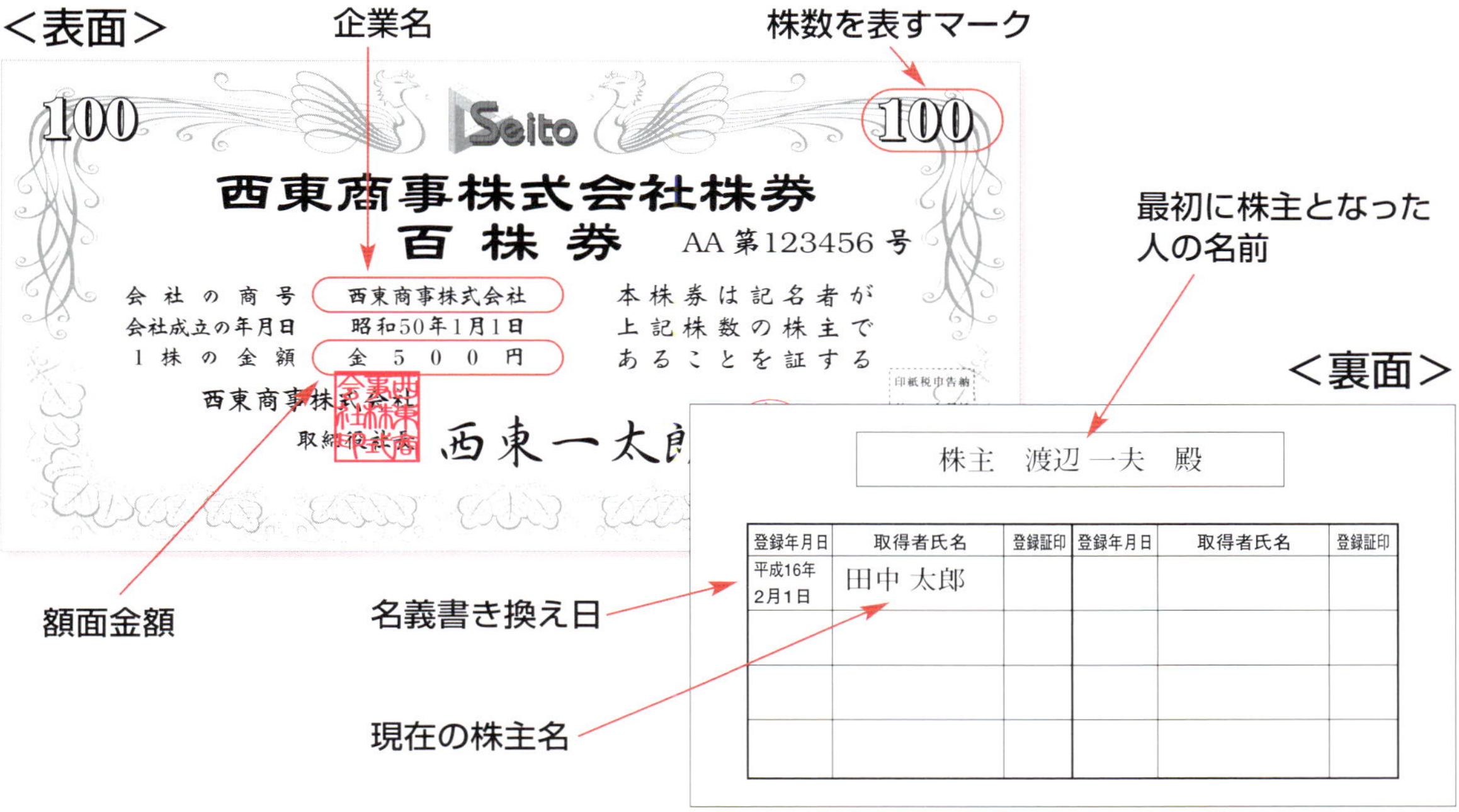

企業から出資を募り、運営資金を調達していました。
　香料や絹などの買い付けが成功すれば、出資金は何十倍にもなって戻ってきます。でも、航海の途中で海賊に襲われたり、嵐で船が沈んだりすれば、出資金は戻ってきません。そして、その出資を証明するための証券は人々の間で自由に売買されていたのです。
　これは当時としては実に画期的なしくみでした。そして、このとき発行された証券が、世界ではじめての「株」なのではないかと言われています。
　このような企業と投資家の株を通じた関係は、現在の株式投資でもほとんど変わっていません。17世紀から続いている由緒ある営みに参加すると思えば、それだけで株式投資の楽しみが感じられることでしょう。

「株」という言葉の語源

株（株式）という言葉の語源は、オランダ語で株を意味する“アクシー”。ここから派生して、ドイツ語では“アクツィエ”、フランス語では“アクション”と呼ばれています。ちなみに、アメリカでは“ストック”、イギリスでは“シェア”。覚えておくとなにかの機会に役に立つかも!?

POINT

「株」とは、投資家が企業に出資したことを証明するチケット。企業と投資家は「株」を通じて持ちつ持たれつでつながっている！

株券不発行制度　2004年の商法改正により、上場企業は2009年6月末を期限とする特定の日に、一斉に株券のペーパーレス化に移行することになりました。株主としての権利は保護されますが、手元にある株券は価値を失うことになります。

株券

「株式会社」のしくみをおさらいしておこう

株を発行できるのは「株式会社」だけ!

What's a stock?

どんな人でもなじみのある「株式会社」という言葉。ここでもう一度、株式会社とはどんなしくみで成り立っているのかをおさらいしておきましょう。

名だたる大企業のほとんどが株式会社

株式会社という言葉は、日常生活のなかで頻繁に見たり聞いたりする言葉でしょう。でも、株式会社ってどんなしくみの会社? と改めて聞かれると、明確に答えるのはなかなか難しいものです。

一言で言えば、株式会社とは**株を発行している会社**です。世の中には、株式会社以外にも、有限会社や合名会社など、さまざまな会社の形態がありますが、株を発行できるのは株式会社だけです。ソニーやトヨタ自動車、NTTなど、誰もが知っているような大企業は、ほとんどが株式会社です。こうした企業が事業を拡大していく場合、主に2つの方法で資金を調達することになります。

そのひとつが、銀行などの金融機関からお金を借り入れ、資金を調達する方法。そしてもうひとつが、株を発行し、市場を通じて投資家から出資を募るという方法です。前者を**間接金融**と呼ぶのに対し、株を発行して資金を調達する方法は**直接金融**と呼ばれています。

株での資金調達なら利息も返済も必要なし

なぜ株式会社は株を発行して資金調達をするのでしょうか?

答えはいたって簡単です。銀行からお金を借り入れた場合、いつかは返済しなくてはなりません。借金ですから利息も払う必要があります。

でも、株を発行する場合には、借金をしているわけではないので、お金を返済する必要がないのです。

有限責任は株式会社の隠れたメリット

実はもうひとつ、株式会社には大きなメリットがあります。それは、**出資者の責任**が**有限**であるということです。

合名会社を例にとってみましょう。

合名会社が倒産した場合、出資者はもともとの出資金だけでなく、自分の財産も投げ打って損金を埋めなければなりません(**無限責任**)。

一方、株式会社の場合には、出資者は不特定多数で、それぞれの出資額に応じて株券を受け取っています。万が一倒産した場合でも、購入した株券は紙くずになってしまうかもしれませんが、投資家は出資額の範囲でしか責任を負う必要はないのです(**有限責任**)。

株式会社にとって株の発行は、とても効率的なシステムだといえるでしょう。

株式会社のしくみ

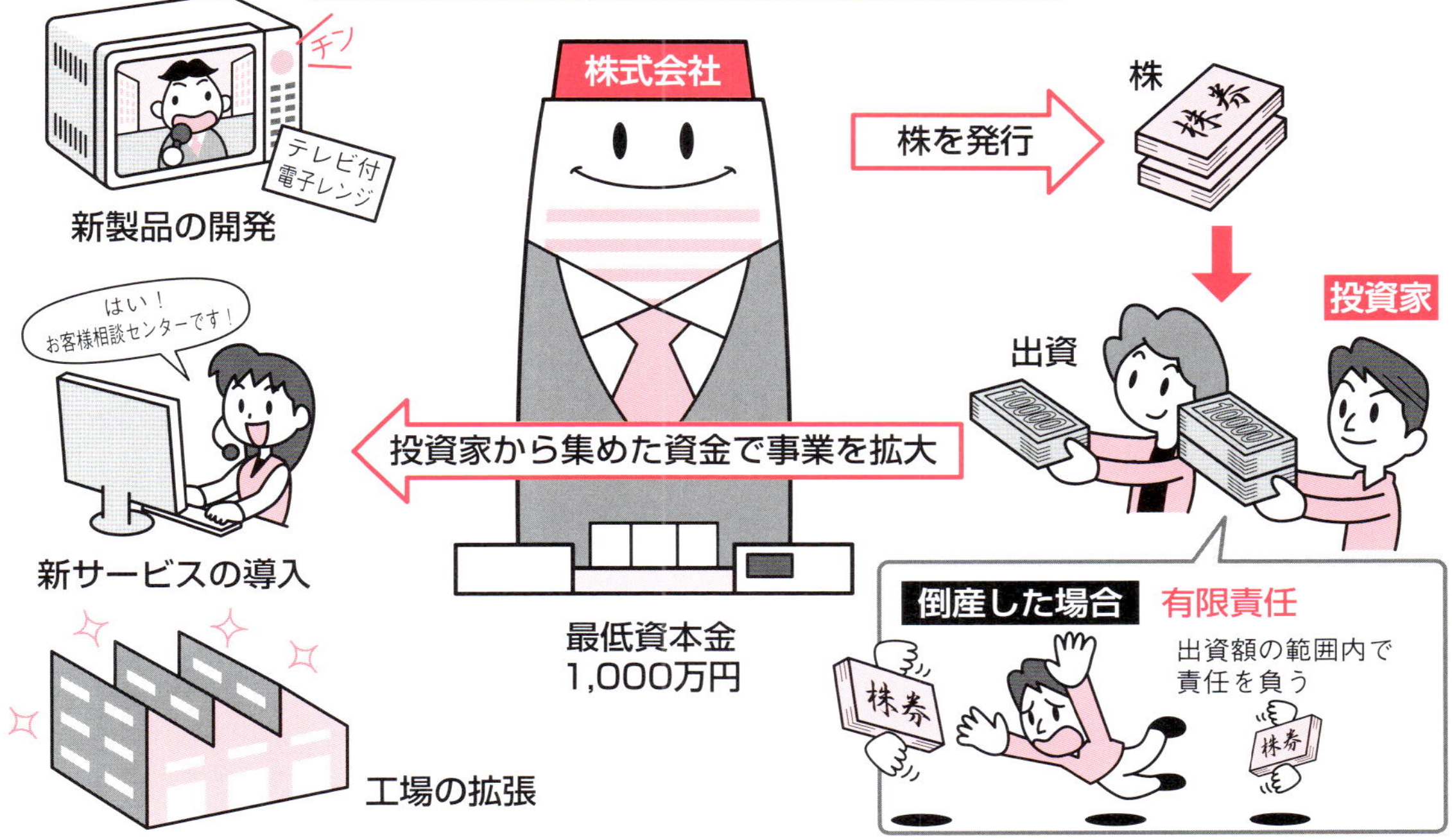

POINT

一般の投資家から広く資金を調達できる「株」の発行は、株式会社だけに許された特権である。

有限会社のしくみ

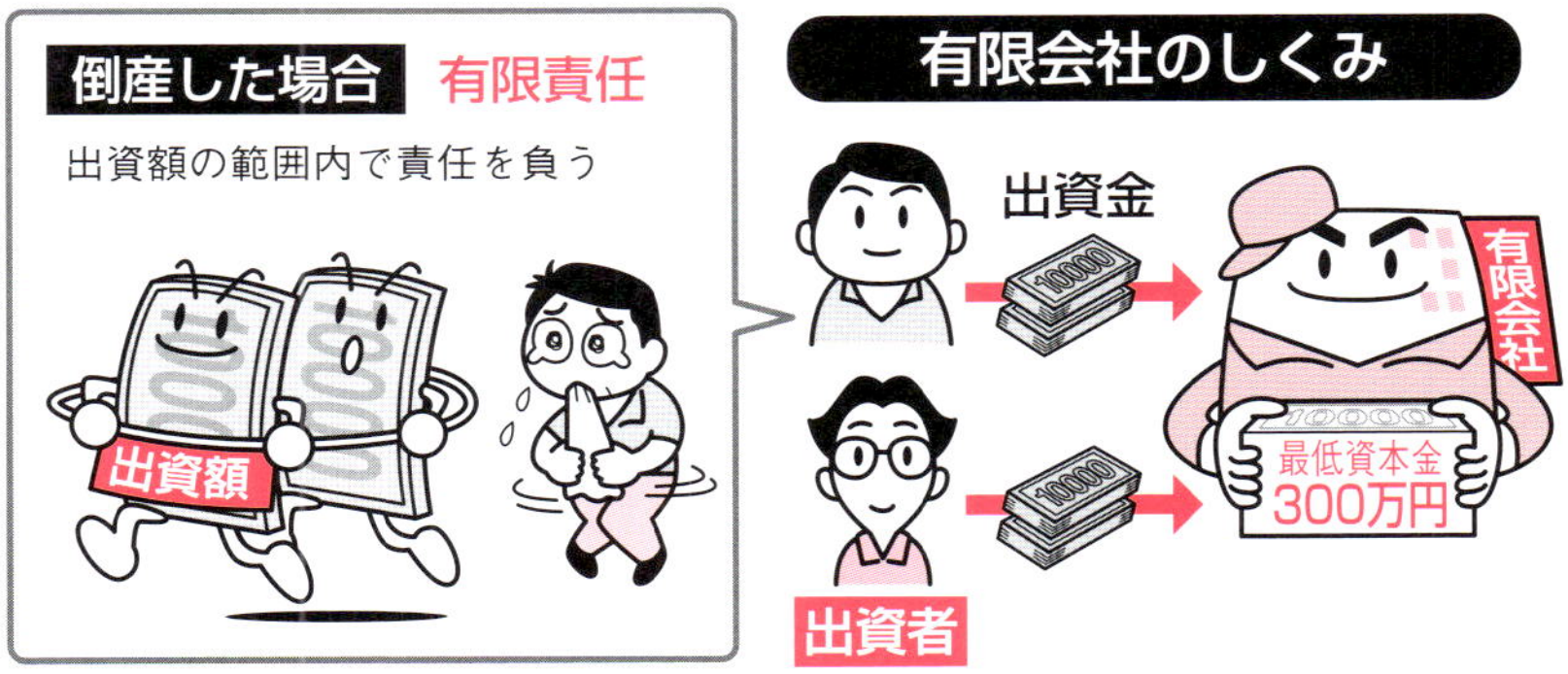

合名会社のしくみ

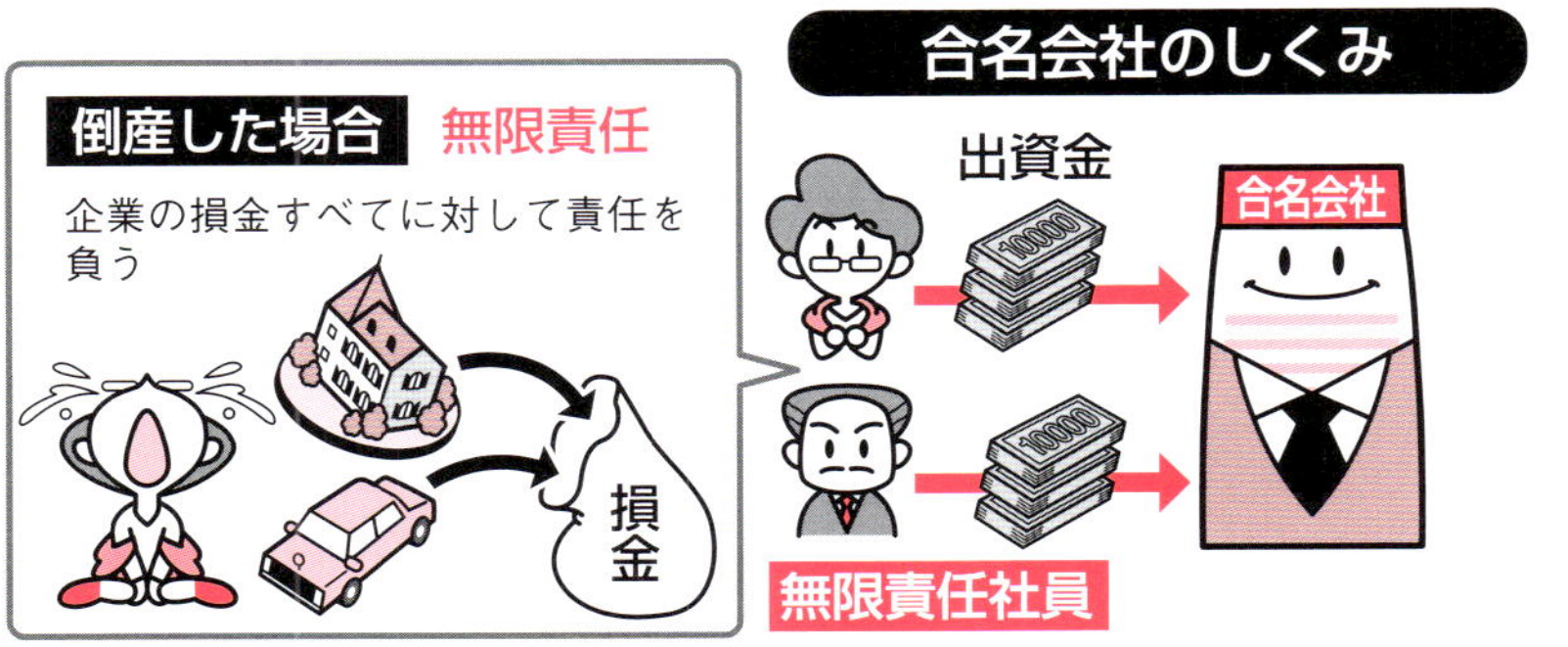

最低資本金制度 2005年2月より、経済産業省に確認申請を行えば、資本金が1,000万円に満たなくても株式会社を設立できるようになりました。これらは資本金が1円でも設立できることから「1円株式会社」などと呼ばれています。

「株主になる」っていったいどういうこと？

株主として認められればいろいろな権利が行使できる

What's a stock?

株を買うこと、それはすなわち「株主になる」ことを意味しています。株主には、保有している株数に応じてさまざまな権利が与えられます。

手続きを行えば誰でも株主になれる！

上場企業の場合、一定数の株を保有して決められた手続きを行えば、誰でも**株主**になることができます。

株式会社において「株主になる」とはつまり、会社の所有者になることを意味します。株に出資することと引き換えに、もっている株数に応じた**会社の所有者**になれるというわけです。

では、企業の株を所有して株主になると、どのような権利が得られるのでしょうか？

株主の権利（株主権）は、商法と企業ごとの定款によって定められています。

株主権は、経済的利益を受けることを目的とする「自益権」と、企業の経営に参加することを目的とする「共益権」とに分けられます。

また、1単元の株主でも行使できる権利を**単独株主権**、発行済みの全株式のうち、一定割合以上を保有する株主だけが行使できる権利を**少数株主権**といいます。少数株主権は企業の経営において、単独株主権よりも強大な威力を発揮します。

知っておきたい株主の三大権利

株主の権利にはいろいろなものがありますが、主な権利として挙げられるのが、「議決権」「利益配当請求権」「残余財産分配請求権」の3つです。

株主になると、企業の「株主総会」に出席することができます。これに出席して**議決権**を行使することで、間接的に企業経営に参加できるというわけです。議決権は通常、1株につき1票が与えられています。

株主総会では、企業が生み出した利益のうち、いくらを配当金にまわすのかも決議され、株主は保有している株数に応じて配当金を受け取ることができます。これが**利益配当請求権**です。

さらに、企業が倒産した場合には、株数に応じて、残った財産（残余財産）の分配金を受け取れる権利があります。これが**残余財産分配請求権**となります。

株主名簿に登録されて一人前の株主に！

とはいっても、株を買っただけでは株主として認められません。株主としての権利が確定するには、株の名義書換えをするか、**保管振替制度**（68ページ参照）を使って実質株主としての届け出を行い、株主名簿に登録されることが必要です。

株主になるには…

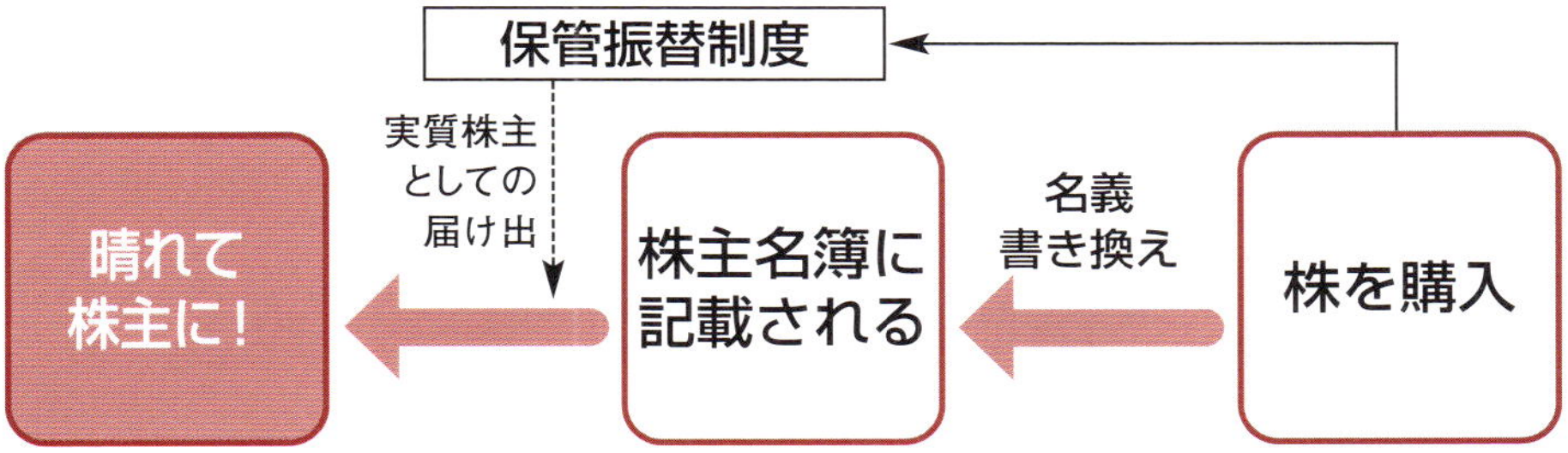

株主の三大権利

議決権

株主総会に出席し、役員の選出や決算案の可否などの審議に参加し、議決できる権利。

利益配当請求権

配当金や株式分割など、企業の生み出した利益の分配を受けることができる権利。

残余財産分配請求権

企業が解散する場合に、保有株数に応じて残った財産（残余財産）の分配金を受け取れる権利。

1単元以上の株を保有すれば、誰でも株主になれる。正真正銘の株主として認められるには、株主名簿への登録が必要！

POINT

泣く子も黙る「少数株主権」

少数株主権には、企業の帳簿を見ることができる「帳簿閲覧権」、株主総会での「議案提案権」、企業の解散を請求できる「解散請求権」など、実にいろいろなものがあります。また、発行済み株式数の過半数を取得すれば、実質的にその企業の経営権を握ったことになります。

株主総会　定款の変更や企業の解散、合併の決定など、企業の重要事項について決定する機関。株主を構成員として、最低でも年に1回開催されます。

株券

株式投資をするとどんないいことがあるの？

なにに魅力を感じるかは人それぞれ

What's a stock?

株式投資の魅力といえば、なにはともあれ大きな売却益が期待できることでしょう。でも、なかには株主優待が一番の楽しみ、なんていう投資家も。

売却を無視して株は語れない！

株式投資の魅力は、大きく分けて4つあります。

まずはなんといっても、**売却益**（キャピタルゲイン）を手にすることができること。

株価が思惑通りに値上がりし、タイミングよく売却すれば、預貯金とは比べものにならない大きな利益を得ることができます。一攫千金も夢ではありません。

例えば、A社の株を、株価が1、000円のときに購入し、1、200円になったときに売却したとしましょう。売買委託手数料や税金など

株式投資の魅力

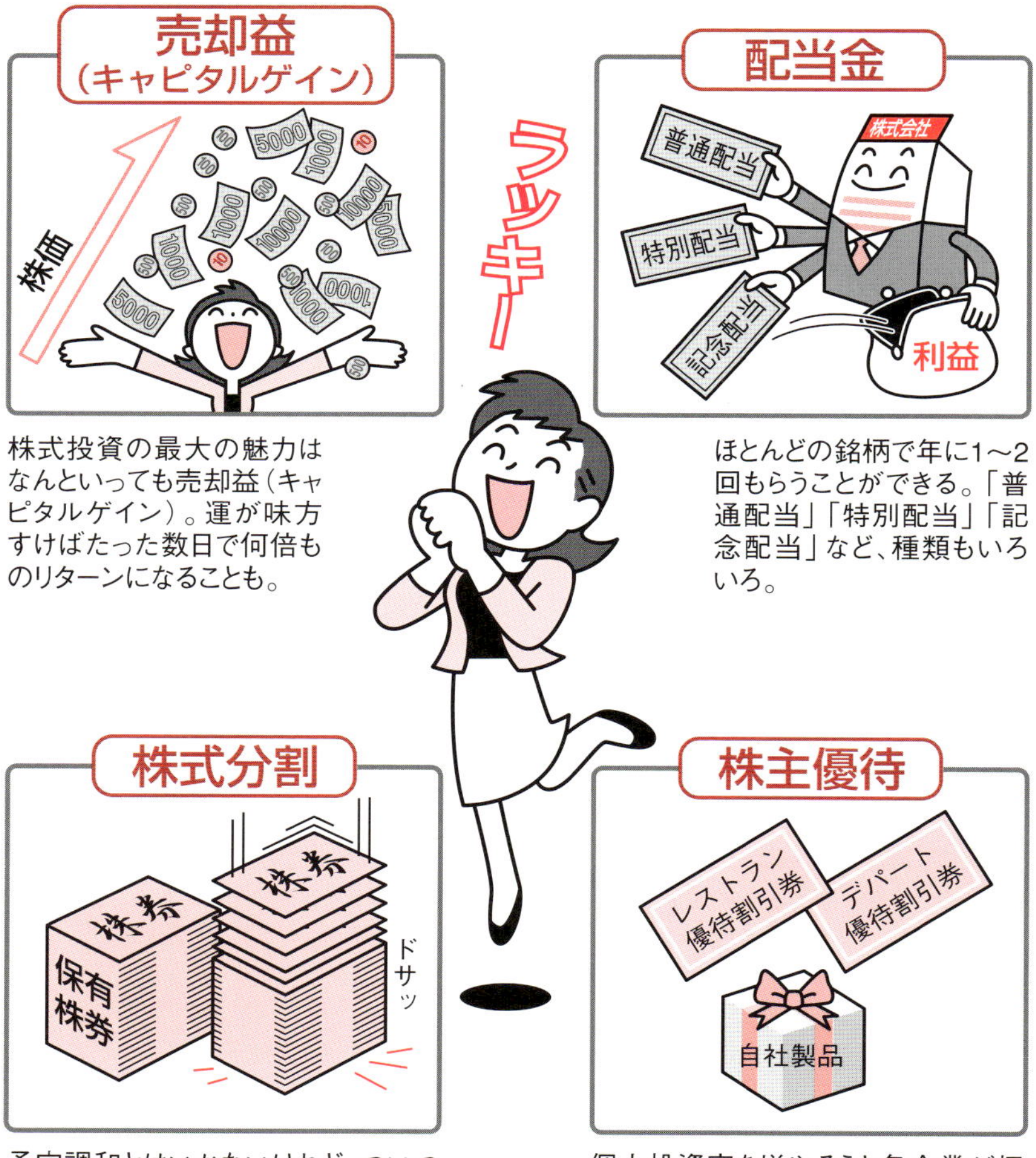

株式投資の最大の魅力はなんといっても売却益（キャピタルゲイン）。運が味方すればたった数日で何倍ものリターンになることも。

ほとんどの銘柄で年に1～2回もらうことができる。「普通配当」「特別配当」「記念配当」など、種類もいろいろ。

予定調和とはいかないけれど、ついつい期待してしまうのが株式分割。予期しないところで株数が2倍、4倍と増えていく可能性もある。

個人投資家を増やそうと各企業が趣向を凝らしたサービスを行っている。銘柄を選ぶときにぜひチェックしたい項目のひとつ。

を無視して単純に考えると、利回りは20パーセントということになります。

普通預金の金利は現在、0・001パーセントぐらい。20パーセントという数字がいかに驚異的であるかがお分かりいただけることでしょう。

しかも時として数日～数週間といった短期間でこれだけの利回りを得ることができるかもしれないのです。

とはいっても、おいしい話には落とし穴がつきもの。反対に株価が下がれば、**売却損**（キャピタルロス）が出るということも忘れてはなりません。

意外とあなどれないのが配当金

株を保有しているだけで得られる利益もあります。それが**配当金**です（100ページ参照）。配当金とは、出資をしてくれた株主に対して、企業が利益を配分していくもの。売却益を「キャピタルゲイン」と呼ぶのに対し、配当金は「インカムゲイン」と呼ばれています。

なかには、インカムゲインだけでも預貯金よりも高い利回りを実現できる銘柄もあります。

棚からぼたもちのうれしい株式分割

さらに、**株式分割**により、新たに投資せずに保有株数が自動的に増えるという楽しみもあります（102ページ参照）。

株式分割は、保有株数に応じてすべての株主に平等に、新たな株を配分するもの。1、000株の株を保有しているときに1対2の株式分割が行われれば、保有株数はなんと2倍の2、000株に！

もちろん、配当金は増えた株すべてについて受け取ることができます。

日本独特の株主優待制度に注目！

第4の楽しみが**株主優待**を受けられるということ。

株主優待は、企業が株主に感謝の意を込めて、いろいろな商品やサービス券を提供するというものです（104ページ参照）。

レストランやデパートの優待割引券や自社製品など、その内容は実に多彩。なかには売却益や配当金よりも株主優待を楽しみにしている投資家もいるほど。銘柄選びに意外と大きく影響してくる要素といえるかもしれません。

注意したいのは、すべての企業が株主優待制度を取り入れているわけではないことです。気になる人は株を買う前にチェックをするとよいでしょう。

株式投資は売却のタイミングが命！

株価が上がるとつい、その分の売却益を得たような気分になって、うれしくなってしまうもの。でも、株価は常に動いています。一瞬にして株価が買った値段より下がってしまうことも。実際に売却するまで本当に利益を得られるのか分からないのが株の難しさです。

POINT

株式投資の魅力は、「売却益」「配当金」「株式分割」「株主優待」。一攫千金も夢ではないが、売却損の可能性も！

インカムゲイン 株式投資の配当金、債券投資の受取利子、投資信託の収益分配金などのこと。日本企業は安定配当へのこだわりが強いので、長期保有が目的ならインカムゲインを重視すると高い利回りが期待できます。

株券

株にはいろいろな分類方法があるってホント？

通常、売買されているのはほとんどが「普通株」

What's a stock?

株は株主の権利や流通場所などによってさまざまなタイプに分類できます。ここでは、これらの種類によってなにが違うのかを見てみましょう。

ほとんどの株は普通株に分類される

ひと口に「株」といっても、さまざまな種類に分類することができます。

まず大きな区分けとして、海外の株式市場に**上場**している**海外株式**と、日本国内の株式市場に上場している**国内株式**とに分けられます。

さらに、与えられる株主の権利によって細かく分類することができます。

証券取引所などで通常売買されている株は、そのほとんどが**普通株**です。普通株とは、株主に与えられる権利に一切制限がない株のこと。株主総会における議決権や配当金による利益の分配を受ける配当分配請求権など、さまざまな権利が保証されています。

優先株は、配当金や企業の保有する財産（残余財産）を普通株より優先して受け取る権利のある株です。ただし、議決権など本来の株主の権利には制限があることも。優先的な取り扱いをする条件によって、普通株に比較的近いものから、債券のような存在のものまで、さまざまな種類があります。

また、優先株と反対に、配当金や残余財産を受け取れる権利が普通株よりも後位にある**後配株**（劣後株）や議決権に制限のある**議決権制限株**、特定の事業部門や子会社の業績にリンクした**トラッキングストック**など、いろいろな種類の株が発行されています。

本書では、国内株式のうち、「普通株」を指して「株」と表現しています。

株の分類方法はまだまだあるぞ！

「上場株式」や「非上場株式」など、株が売買される場所による分類もあります。

上場株式とは、証券取引所などで売買されている株のこと。つまり、証券会社を通じて売買することが可能な株です。

非上場株式とは、株を上場していない企業の株のこと。これらの株は、一般の投資家が売買することはできません（26ページ参照）。

さらに、配当金や株式分割を受けることのできる「利潤証券」、企業が解散するときに残余財産の分配を受けることのできる「物的証券」、株主総会での議決権や発言権などを持つ「支配証券」といったように、別の表現で株主の権利による分類を行うこともあります。

株の分類方法

株主の権利による分類

普通株
株主の権利に一切制限がない株

通常、売買されている株のほとんどがコレ!!

優先株
配当金や残余財産を優先して受け取れる株

後配株（劣後株）
配当金や残余財産を受け取る権利が普通株より後位にある株

議決権制限株
議決権に制限のある株

トラッキングストック
特定の事業部門の業績にリンクしている株

［トラッキングストックをもっと知りたい！］

アルファベットストック、レターストック、ターゲティッドストックなどとも呼ばれます。本業は不調だけれど、高成長が期待できる事業を行っていたり、子会社を持っていたりする場合に、その事業や子会社のみに投資する形で株を購入することができるというもの。アメリカでは、1984年にゼネラルモーターズ社がはじめてこの「トラッキングストック」を発行し、大きな話題になりました。

流通場所による分類

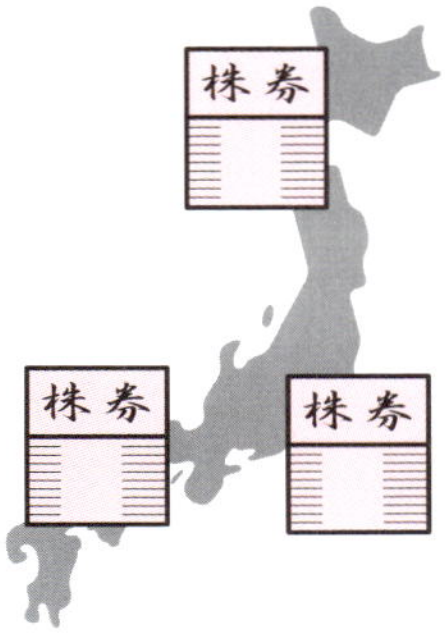

国内株式
日本国内の株式市場に上場している株

海外株式
海外の株式市場に上場している株

上場・非上場による分類

非上場株式
株を上場していない企業の株

上場株式
証券取引所などで売買されている株

POINT

株主の権利や**流通**している**場所**によってさまざまな**タイプ**に**分類**できる！　**一般的**に**売買**されている**株**は、そのほとんどが「**普通株**」だ。

議決権制限株　株主総会のすべての決議事項に対して議決権がないものと、一部に対して議決権がないものとがあります。銀行への公的資金注入などの際には、議決権のない優先株が使われるケースが多くあります。

株券

株式市場にもいろいろな種類がある

中心的存在は東証やジャスダックなどの証券取引所

What's a stock?

「株式市場」というとすぐに証券取引所を思い浮かべる人も多いはず。しかし、日本にはこれ以外にもいろいろな市場（マーケット）が存在しています。

発行市場と流通市場はクルマの両輪

株式市場は「発行市場」と「流通市場」の2つから成り立っています。

発行市場とは、企業が新たに株を発行したときに、証券会社を通じて売り出しを行い投資家が購入する市場のことです。

一方、**流通市場**とは、発行市場で発行された株が投資家の間で売り買いされる市場のことを指しています。

この2つの市場をクルマの両輪として株式市場は動いており、互いに支えあいながら成り立っているのです。

ジャスダックも証券取引所の仲間入り

株式市場の中心的存在が、東証（東京証券取引所）や大証（大阪証券取引所）などの証券取引所。これらの証券取引所では、証券会社から売買注文を集め、オークション方式（32ページ参照）を原則として取引を成立させています。

それに加えて、日本にはジャスダック証券取引所や東証マザーズ、その他の証券取引所が運営するヘラクレス、セントレックス、アンビシャスなど、さまざまな新興市場があります。

ジャスダック証券取引所は、かつて「店頭市場」と呼ばれていたことからも分かるように、もともとは証券会社の店頭での個別相対取引によって売買される市場でした。しかし、２００４年12月からは心機一転、国内6つめの証券取引所として取引業務をスタートさせています。

ジャスダック市場は、１９６３年に開設されて以来、１、６００社を超えるベンチャー企業の新規上場を手掛けてきました。証券取引所として晴れてスタートを切ったときの上場企業数は９４２社。国内最大の新興市場として、多くの投資家に成長性の高い多

日本の主な株式市場

- 東証や大証など
- ジャスダック証券取引所
- 東証マザーズ
- ヘラクレス

→ それぞれ上場基準が異なっている！

様な企業に投資するチャンスを与え続けています。
しかし、こうした新興市場は、規模や発行済み株式数が小さい企業が多いため、値動きが大きくなりがち。初心者には少々リスクの高い市場といえるでしょう。

ベンチャーを支援する新市場が続々と誕生

東証マザーズは、東証が1999年11月に創設した市場です。今後の成長が期待されるベンチャー企業に資金調達の場を与えています。
また、2000年6月には、米国のナスダック証券市場の日本版として、ナスダック証券市場を運営する全米証券業協会とソフトバンク、大証の業務提携により、ナスダック・ジャパンが設立されましたが、この提携は2002年10月に解消されました。現在は、**ヘラクレス**と名称を変えて大証が独自に運営しています。

「ジャスダック」の語源

ジャスダック（JASDAQ）という名前、実はアメリカのナスダック（NASDAQ）にJAPANの意味を込めてもじったもの。オープン当初、ナスダックを参考にして店頭取引システムを作ったことに由来しています。

POINT

「発行市場」と「流通市場」はクルマの両輪。国内の株式市場の中心的存在は東証やジャスダックなどの証券取引所だ。

発行市場と流通市場はクルマの両輪

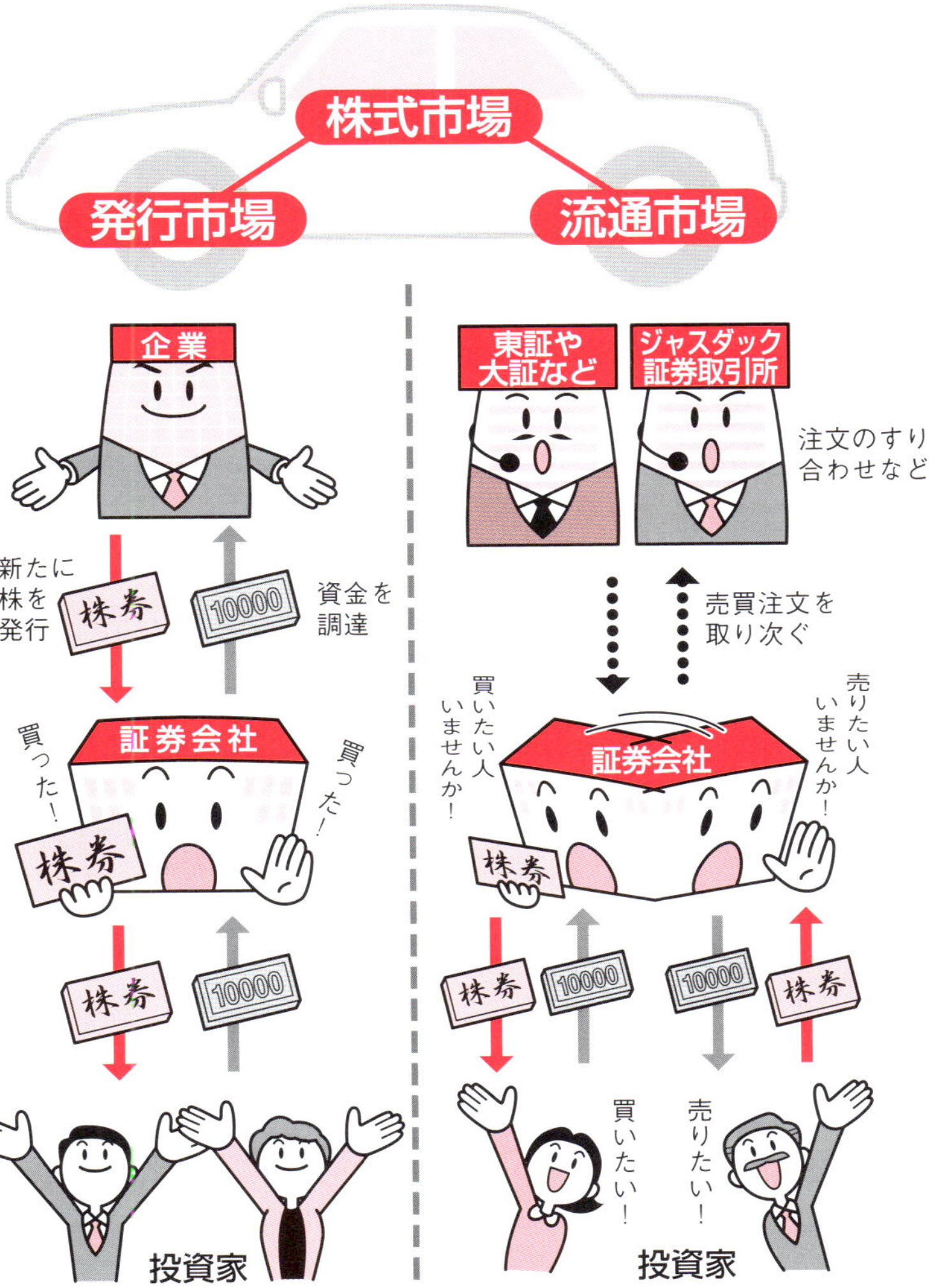

ナスダック証券市場 米国のベンチャー企業にとっては重要な資金調達の場。米国企業を中心にすでに5000社以上が上場し、売買高、売買株数、登録企業数でニューヨーク証券取引所を上回り、世界最大の市場となっています。

株券

「証券取引所」ってどんなところ?

東証は日本の「セントラルマーケット」

What's a stock?

公正な価格で安心して株を売買できることを目的に運営されているのが「証券取引所」。上場銘柄の株はこの証券取引所を通じて取引されます。

国内市場を牽引する東京証券取引所

株を売りたい人、買いたい人は日本中にたくさんいます。このような投資家の売買注文を集め、公正な価格で、安心して売買できるように設けられているのが**証券取引所**です。

証券取引所は、もともとは証券会社による会員制でしたが、現在は、東京、大阪、名古屋、ジャスダックの各取引所については株式会社として運営されています。

日本国内には**東京・大阪・名古屋・福岡・札幌**、そして新たに加わったジャスダックという、6つの証券取引所があります。もっとも上場企業の数が多いのが**東京証券取引所**（東証）で、以下、大阪証券取引所（大証）、ジャスダック証券取引所の順となっています。

売買代金の総額を見ても、東証での売買代金は全体の約90パーセントを占めています。それにひきかえ、福岡、札幌の地方取引所のシェアは、1パーセント程度のわずかなものとなっています。

第一部上場への道は果てしなく遠い!?

証券取引所で売買できるのは、一定の審査基準をクリアした上場銘柄の株に限られています。

企業が上場を希望する場合には、自分の好きな証券取引所を選んで上場申請を行います。無事に上場を果たすには、それぞれの取引所で行われる審査をクリアし、さらに金融庁長官の承認を得なければなりません。

上場基準は証券取引所ごとに異なっています。東証・大証・名証には、**第一部市場**と**第二部市場**があります。これを上場区分と呼びますが、この上場区分によっても上場基準は異なっています。

なかでも特に厳しい上場基準を設けているのが第一部市場です。

企業が上場をする場合、原則として最初は第二部市場に上場します。第二部上場後1年以上が経過し、発行済み株式数や株主数などが一定の基準を満たせば、晴れて第一部市場に指定されます。

しかし、第一部に上場をしている企業であっても、出来高や株主数が一定の基準以下になってしまうと第二部へ指定替えされます。

ただし、この場合には1年間の猶予が設けられており、その間にこれらの基準を満たすことができれば、第一部に残ることができることになっています。

証券取引所のしくみ

③証券取引所は売買注文をすり合わせて売買を行う

②証券会社は投資家の売買注文を証券取引所に取り次ぐ

①投資家の売買注文は証券会社が受け付ける

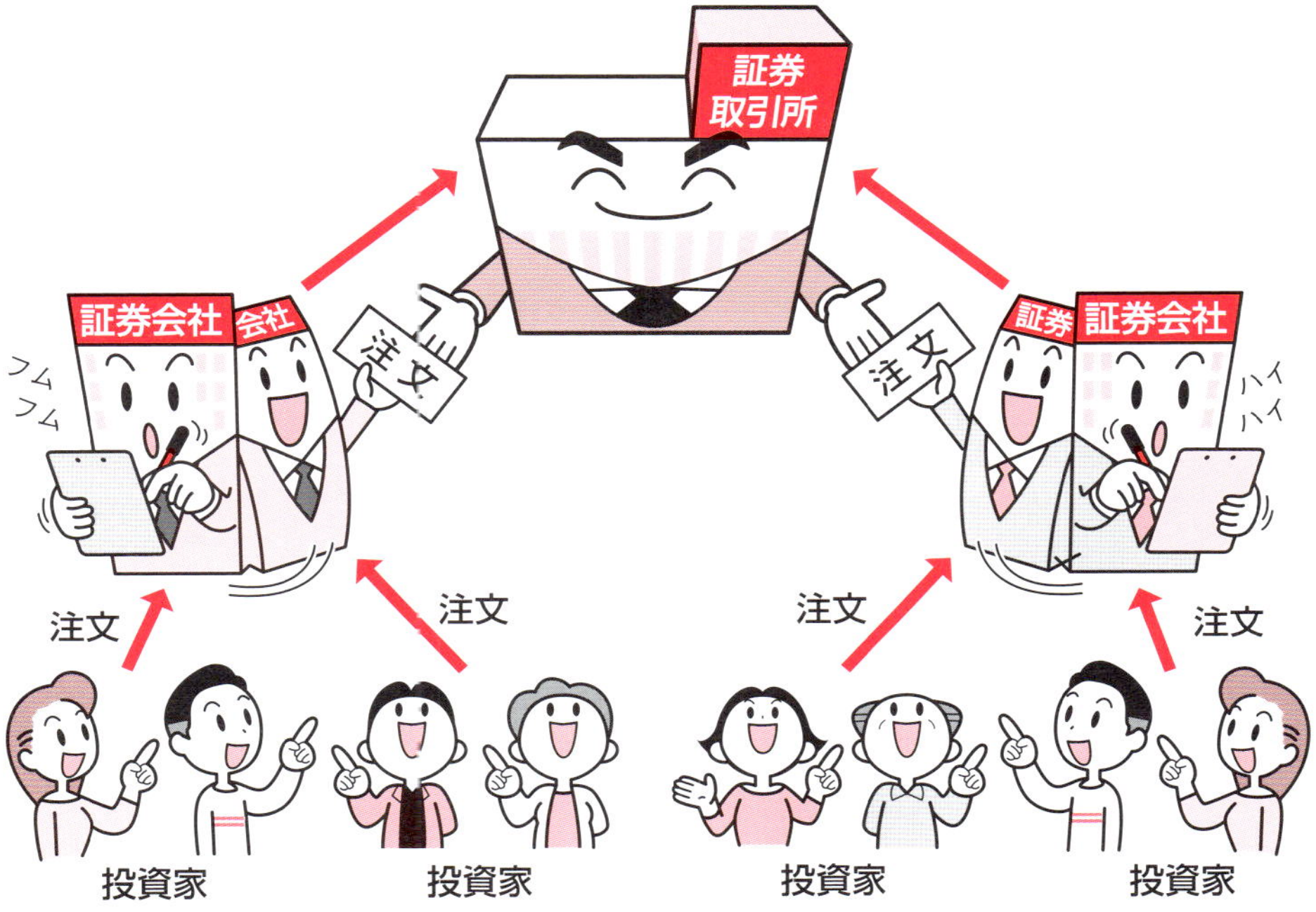

POINT

証券取引所は、公正な価格で、安心して株を売買できることを目的に運営されている。

主な市場の特徴と上場基準

株式投資のリスク：低い……高い
上場基準の厳しさ：厳しい……緩い

市場	特徴	上場基準
東証1部	日本の株式市場の約9割を占める代表的市場。	上場時の時価総額40億円以上、発行済み株式数2万単位以上（東証2部からの指定替えの場合）。他にも株主数、株主資本の額、利益の額など詳細に決められている。
東証2部	東証1部への上場基準を満たさない規模の企業でも上場できる市場。	上場時の時価総額20億円以上、発行済み株式数4,000単位以上。他にも株主数、株主資本の額、利益の額など詳細に決められている。
ジャスダック	国内6つめの証券取引所として新たにスタート。東証・大証に追随する上場企業数を持つ新興市場。	上場時の時価総額10億円、純資産2億円以上。他にも株主数、株主資本の額、利益の額などが決められている。
ヘラクレス	大阪証券取引所が設立したベンチャー企業向けの市場。	「スタンダード」と「グロース」の2種類の基準がある。ベンチャーを対象とするグロース基準の場合、上場時の株主資本4億円以上、または時価総額50億円以上、または利益の額7,500万円以上。
東証マザーズ	東京証券取引所が設立したベンチャー企業向けの市場。上場基準はもっとも緩やか。	上場時の時価総額10億円以上。上場時に1,000単位以上の公募または売出しをすること、300人以上の株主を作ることなど。

証券取引所　以前は広大な立会場に大勢の人がひしめき合い、独特のサインをやりとりして売買を行う「立会場取引」が風物詩でしたが、東証では1999年4月に廃止。現在では静かにコンピュータでのシステム取引が行われています。

株券

上場企業と非上場企業はココが違う

上場企業は全株式会社の1パーセントにも満たない

What's a stock?

株は原則として、すべての株式会社で発行されています。でも、一般の投資家が買えるのは株式市場に上場している一部の企業の株だけなのです。

非上場企業の株は欲しくても買えない

日本には約240万社の企業があります。しかし、私たちはどこでも好きな企業の株を売買できるわけではありません。

例えば、意外に感じるかもしれませんが、ロッテやサントリー、日本IBMなどの株は、一般の投資家が欲しいと思っても、通常は手に入れることができません。

なぜなら、これらの企業は証券取引所などの株式市場に上場をしていないからです。こうした、市場に上場をしていない企業は**非上場企業**と呼ばれています。

私たちが株を買うことができるのは、**上場企業**である約3、500社だけ。すべての株式会社の1パーセントにも満たない数字なのです。

非上場株はほとんど縁故者が保有している！

とはいっても、これら非上場企業の株を手に入れるチャンスが絶対にないというわけではありません。

上場していない企業の株でも、役員や従業員、取引先などの縁故者であれば買うことができる場合もあります。

さらに、1997年7月からは、日本証券業協会を中心に、グリーンシートという新しい制度が導入されました。グリーンシート銘柄と呼ばれる証券会社が特別に登録した銘柄に限っては、一般投資家でも売買することが可能になっています。

ただし、非上場企業の株は、たとえ手に入れたとしてもなかなか思うように売ることができません。よほどの事情がない限り、あえて売買をする必要はないでしょう。

上場企業の証は4ケタの証券コード

株は、売買されるときに他の企業と混同しないよう、それぞれ**固有の銘柄名**で呼ばれます。

また、銘柄にはそれぞれ1000番台から9000番台の4ケタの数字で**証券コード**（銘柄コード）が割り当てられています。

最初の2ケタはほぼ業種ごとに決まっています。例えば、72から始まる番号は自動車関連企業に割り当てられるコード。日産自動車は7201、トヨタ自動車は7203、本田技研工業は7267という具合になっています。

新聞の株式欄も市場ごとに証券コード順に並んでいますから、おおよその証券コードが分かれば、目的の銘柄を探すのに役立ちます。

上場企業と非上場企業の違い

非上場企業

- 全国に約240万社
- 株は主に縁故者や関連会社に売却される
- 一般の投資家が株を売買することは困難
- 規模の小さい企業がほとんど
- 大企業でも経営方針によって上場しない場合も（サントリー、ロッテ、朝日新聞社など）

上場企業

- 全国に約3,500社
- 株式は証券会社を通じて不特定多数に売却される
- 一般の投資家が自由に株を売買できる
- 規模の大きな企業が多い
- 有名な企業のほとんどが上場している（トヨタ、ソニー、フジテレビなど）

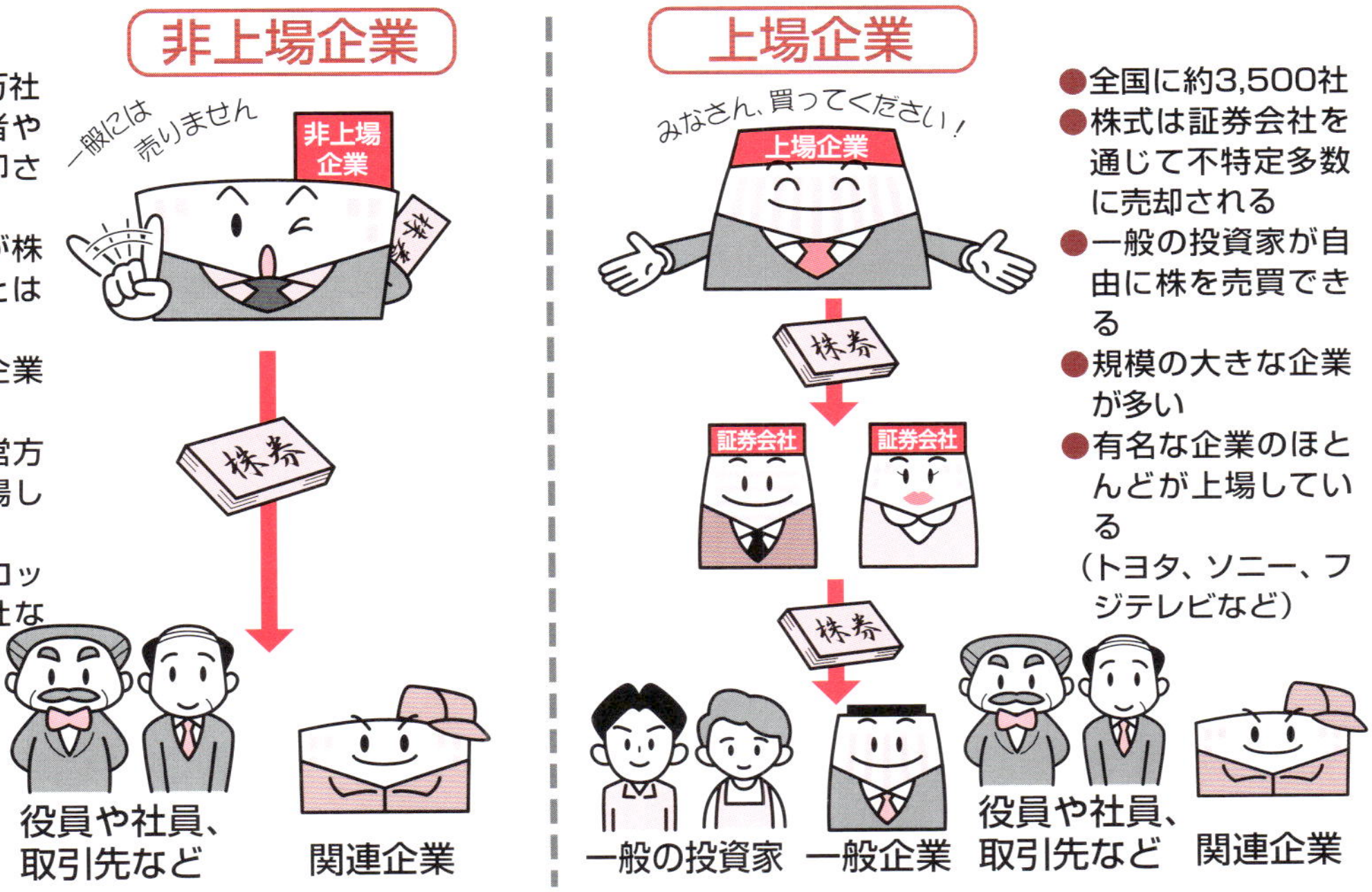

一般の投資家が買うことが
るのは上場企業の株だけ
上場企業には証券コー
当てられる。

証券コードのしくみ

業種ごと 企業ごと
7203 → トヨタ自動車
自動車（輸送用機器）業界

他には…
7201→日産自動車
7267→本田技研工業

業種ごと 企業ごと
6758 → ソニー
電気機器業界

他には…
6701→NEC
6752→松下電器産業

すべての上場企業に固有の番号が割り振られている！

株式上場までの最短記録は？

現在の上場企業を見てみると、設立してから株式上場までの期間は平均で10年ぐらい。東証1部上場までの最短記録は、ソフトバンク・インベストメント。なんと設立から2年7カ月という驚異のスピードで上場を果たしています。

…に付けられた4ケタの数字で、「銘柄コード」とも呼ばれます。現在、上場している企業で一
…301の極洋、最大の証券コードは9997のベルーナとなっています。

株券

証券会社ってどんな仕事をしているところ?

委託売買以外にもいろんな仕事が存在する!

What's a stock?

委託手数料で儲けるブローカー業務

株を売買しようと思ったら、なにはともあれ**証券会社**に売買注文を伝えることになります。

証券会社では、約3、000万人ともいわれる個人投資家や外国人投資家、機関投資家などの売買注文を集め、証券取引所へ取り次ぎます。売買が成立すると、証券会社を通じてお金や株券が受け渡されます。

こうした売買注文の取り次ぎが証券会社の中心的な仕事。証券会社は投資家からの売買委託手数料によって利益をあげており、これらの業務は**委託売買業務**（ブローカー業務）と呼ばれています。

証券会社は投資の便利屋!?

委託売買業務以外の主な仕事として挙げられるのが、「引き受け業務（アンダーライター業務）」、「募集・売り出し業務（セリング業務またはディストリビューター業務）」、「自己売買業務（ディーラー業務）」の3つです。

引き受け業務とは、企業が新たに株や債券を発行するとき、これらの株や債券の全部または一部をまとめて「引き受け」、企業に代わって投資

証券会社の仕事

委託売買業務（ブローカー業務）	投資家の売買注文を証券取引所などへ取り次ぐ
引き受け業務（アンダーライター業務）	企業が新たに発行する株や債めて引き受け、企業に代わって売る
募集・売り出し業務（セリング業務またはディストリビューター業務）	公募増資などの株や債券をってもらえるように広く営業
自己売買業務（ディーラー業務）	自社のお金で株の売買をし

家に売る仕事。もしも売れ残ってしまったら証券会社が引き取らなければならないので、証券会社にとってはかなり手間のかかる仕事です。

引き受け業務と一見よく似ているのが、**募集・売り出し業務**です。

引き受けと売り出しが異なる点は、引き受けがまだ発行されていない株や債券を引き受けるのに対し、売り出しは公募増資など、すでに発行された株を対象にしていること。こちらのほうは、売れ残った株や債券を引き取る必要はありません。

また、これらを広く投資家に買ってもらうように営業をかけるのが「募集」の仕事の中身です。

自己売買業務とは、証券会社が自社のお金で株の売り買いをする仕事。売買委託手数料は入ってきませんが、売買で得た利益はそのまま証券会社の収入となります。

ただし、プロである証券会社が自ら投資を行うわけですから、一般の投資家の利益を阻害しないようにさまざまな規制が設けられています。

日本には3つの総合証券がある！

このように、証券会社の主な仕事は4つの柱で成り立っています。

これらの業務を行うには、それぞれに免許を取得しなければなりません。日本にはたくさんの証券会社がありますが、4つの業務をすべてこなし、資本金が100億以上の証券会社は**総合証券**と呼ばれ、株式市場において大きな存在感を醸し出しています。

なかでも総合証券の代表格が「野村證券」「大和証券」「日興コーディアル証券」。**三大証券**といえばこの3社を指すことを覚えておきたいものです。

POINT

証券会社は、4つの業務を柱にしている！　日本の三大証券は「野村證券」「大和証券」「日興コーディアル証券」。

日本の三大証券

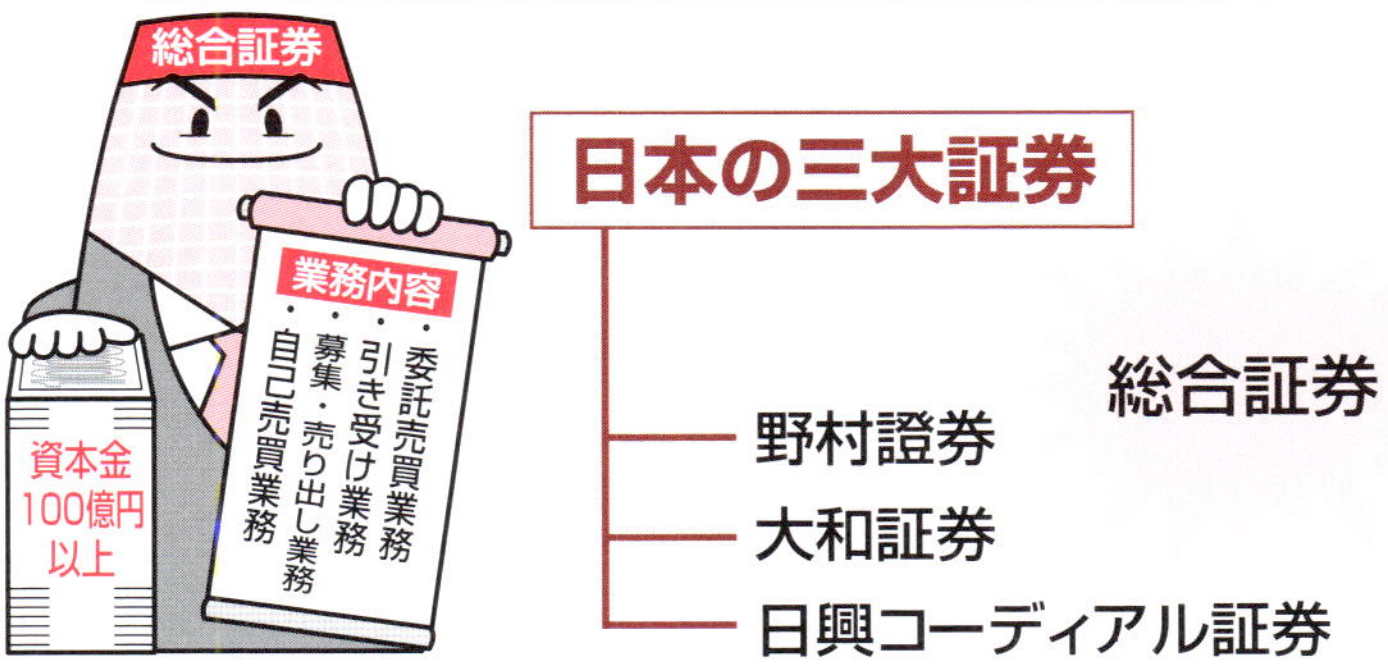

銀行窓口でも株が買えるように！

株式の勧誘などを行う「証券仲介業」が銀行にも解禁になりました。2004年末より、銀行窓口でも株が買えるようになっています。投資信託に続いて株も買えるようになったことで、銀行と証券会社の垣根はますます低くなっています。でも、預金と違って元本が保証されないのが株式投資。たとえ窓口が銀行であっても、預金感覚で株を買うのは禁物です。

証券会社　現在、国内には約50社の外国証券（支店）も含め、250社以上の証券会社があります。「野村」「大和」「日興」の大手3社に次ぐ「UFJつばさ」「新光」「三菱」などが準大手として位置付けられています。

COLUMN

Vol.1

多くの企業が株式上場をめざすワケ

株式上場のメリットは数え上げるときりがない！

不特定多数の投資家から多額の資金が集められる、というのが株式上場の一番のメリット。しかも、集められた事業資金は借金と違って返済する必要がないのですから、企業にとってこんなにオイシイ話はありません。

上場すると、株の発行以外にも多くの資金調達の選択肢が与えられます。新株予約権付社債、公募普通社債などの発行も可能になるからです。

また、上場していることは企業にとって大きなステータス。社会的な信用力が格段に高まることにより、営業活動や金融機関からの借り入れもスムーズになります。

経営方針や新商品などの情報がマス・メディアで報道されることにより、広告宣伝費をかけなくても知名度が向上し、ビジネスチャンスの拡大にもつながります。知名度が高まれば、優秀な人材が確保できます。

社外だけでなく、社内に与える影響も大きいもの。上場までの道のりは険しいものですが、株式上場をめざすという目標を設定することで、社員のやる気が引き出されます。社員のやる気は企業全体のエネルギーにつながります。

めでたく上場を果たしたあとも、毎日、新聞に株価が載ったり、新商品などの情報が記事になったりすることは、日々の業務でのよい意味での緊張感になります。

このように、株式上場は企業にとっていいことばかりのように見えます。多くの企業が株式上場をめざすのもそのためです。

しかし、株式公開をするということは企業が不特定数の株主のものになり、つねに株主たちに経営をチェックされるということでもあります。

そのため、なかには誰でも知っているような有名企業でも、上場していないところもあります。例えば、朝日新聞社や講談社、ロッテ、サントリーなどは、意外にも非上場企業なのです。

株式上場をめざすかめざさないかは、結局のところ、その企業の経営者が「上場したいかどうか」にかかっているといえます。

第2章
株価はどうして動くの？

株の値段はどうやって決まるの？

なぜ株価は上がったり下がったりする？

日経平均株価、TOPIXが意味するもの

株価を決める最大の要因は企業の「業績」

金利や景気は株価にどう影響する？

為替相場がなぜ株価に影響するの？

政治・国際情勢は株価にどう影響する？

「始値」「終値」「高値」「安値」っていつの株価？

「出来高」「時価総額」ってなんのこと？

「ストップ高」「ストップ安」「権利落ち」「配当落ち」ってなに？

株の値段はどうやって決まるの？

3つの原則に従い、理路整然と決められていく

What's stock prices?

投資家からの何千、何万といった売買注文が一堂に会する証券取引所。いったいどのようにこれらの売買注文を処理し、取引を成立させているのでしょうか？

最新鋭システムでスムーズに取引成立

証券取引所では最新鋭のコンピュータ売買システムを設置して、取引がスムーズに行えるよう万全の体制を整えています。

この売買システムを使って、トヨタやソニーといった銘柄ごとに、証券会社を通じて集められた「買い」と「売り」、それぞれの売買注文をすり合わせることで株価が決まります。

証券取引所では取引を常に監視！

株価は、市場の自由な経済活動によって決められることが大原則です。しかし、市場を揺るがすような大きなニュースによって需給のバランスが急に崩れたり、過当な投機によって株価が大幅に変動したりして市場が混乱すると、投資家に思いもかけない損害を与えることになりかねません。

このような事態を防ぐために、証券取引所ではさまざまな規制を設け、取引を監視しています。

例えば、1日の価格変動幅は、前日の終値または最終気配を基準として、上下いくらまでとあらかじめ決められています。値幅いっぱいまで上がると**ストップ高**、下がると**ストップ安**と呼ばれ、それを超えて価格が変動することはありません。場合によっては、情報が広く周知徹底するまでの一定期間、売買を停止することもあります。

取引成立には3つの原則がある

では、同じ銘柄に売買注文が殺到した場合には、どのように株価を決定しているのでしょうか？

証券取引所では、オークション方式と呼ばれる方法で売買が行われています。

売買注文の方法には値段にこだわらない**成り行き注文**と値段を自分で指定する**指し値注文**がありますが（120ページ参照）、取引を成立させる場合にはまず、**成り行き注文が優先**されます。

さらに、指し値注文のなかでは、一番高く買いたいという注文と、一番安く売りたいという注文から優先的に取引を成立させていきます。これが**価格優先の原則**です。

同じ値段で買いたい、または売りたいという人がたくさんいた場合に登場する3番目の原則が**時間優先の原則**。つまり、早く注文を出した人から早いもの勝ちで取引を成立させていくのです。

「板寄せ方式」「ザラバ方式」ってなに？

「価格優先の原則」「時間優先の原則」に代表されるような、立ち会い時間中に継続して行われる株の値段の決め方は「ザラバ方式」と呼ばれています。これに対して、「板寄せ方式」とは、朝9時までに出された注文をすべて同一時間に出されたものとみなし、価格優先で売りと買いをすりあわせて始値を決定するというもの。この方式は、特定銘柄に売買注文が殺到して収拾がつかなくなったときなどの非常事態にも採用されることがあります。

POINT

取引成立の3大原則は「成り行き注文優先」「価格優先」「時間優先」。

株価の決まり方

原則その1

成り行き注文優先の原則

成り行き注文は指し値注文に優先される

原則その2

価格優先の原則

＜売り注文＞　＜買い注文＞

売り値の安いほうを優先　買い値の高いほうを優先

原則その3

時間優先の原則

早く注文を出した人から早いもの勝ちで取引が成立していく

ストップ高　株価が1日の制限値幅いっぱいまで上がった状態のこと。株価の急速な変動によって投資家に大きな損害を与えないように、1日の上げ幅、下げ幅はあらかじめ制限されています。

なぜ株価は上がったり下がったりする？

魚や野菜の値段が上下するのと原理は同じ

What's stock prices?

株式投資を行うなら、株価はもちろんのこと、株価を左右する要因となる政治や経済の動きにも絶えず目を光らせておく必要があります。

株価上下の原因は需給のバランス

モノの値段というのは、需要と供給のバランスによって決まります。

これは株でも同じこと。株価も、基本的には他の商品と同じように、**需要と供給**のバランスによって、上がったり下がったりします。

株の場合、株価が今よりも値上がりすると思う人、逆に値下がりすると思う人が、それぞれの思惑から、売買の注文を出しています。

売りたい人の株数よりも買いたい人の株数のほうが多ければ、必然的に株価は高くなります。反対に、売りたい人の株数が買いたい人の株数を上回れば、株価は下がっていきます。

つまり、需要である「買い」が供給である「売り」より多くなれば値上がりし、反対に「売り」が「買い」を上回れば値下がりするということ。株価も、魚や野菜の値段も、原理は同じなのです。

株価が動く要因は数え切れない！

株の需要と供給は、株価を「割高だからそのうち安くなる」と考える人が多いか、反対に「割安だからそのうち高くなる」と考える人が多いか

株価が動くしくみ

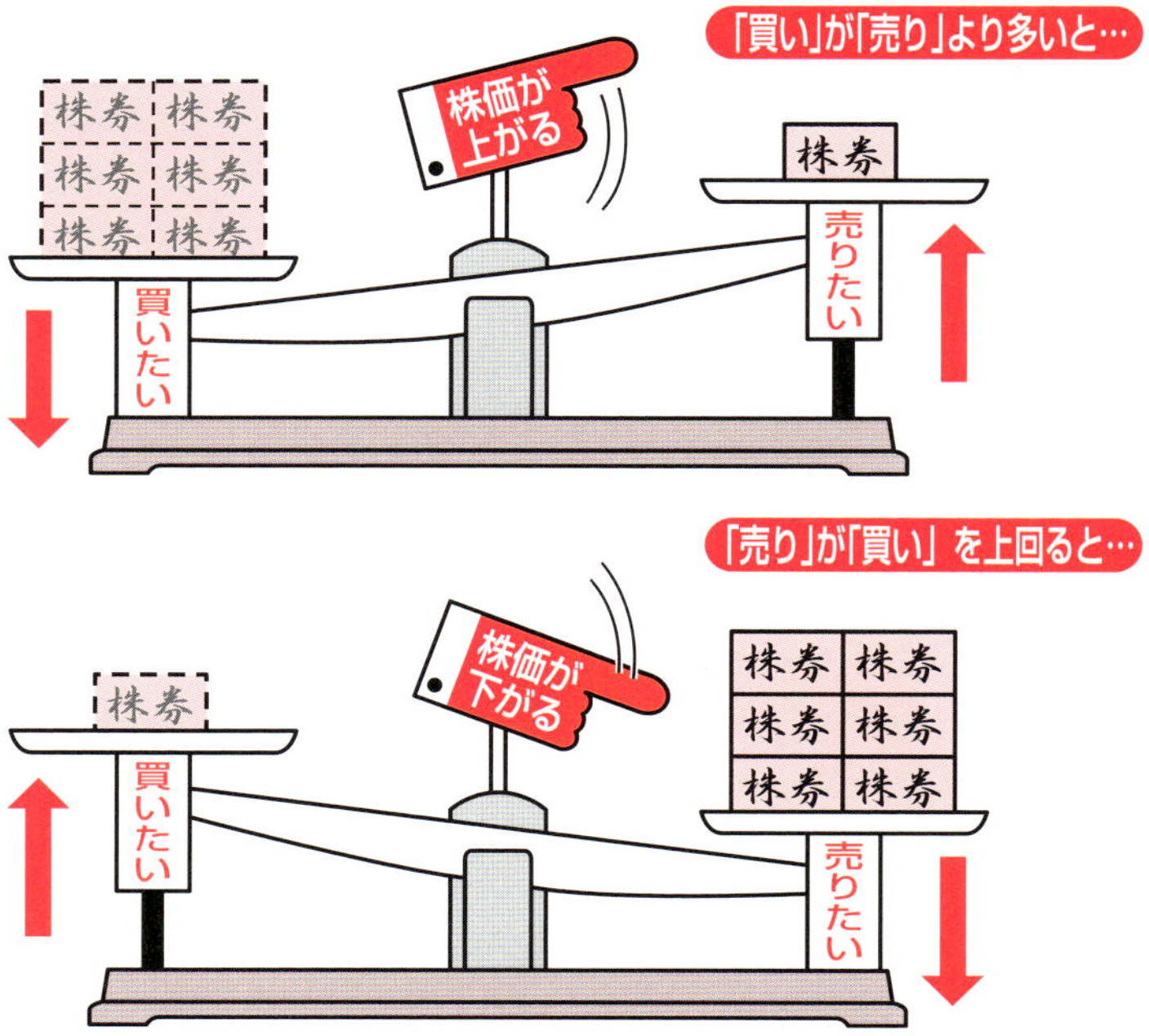

によって決まってきます。

株価がいずれ上昇する、もしくは下落するという投資家の予測は、数え切れないほど多くの要因が重なって生み出されます。

株式市場全体に関係する要因としては、**金利**や**為替**、**政治**、**国際情勢**などが挙げられます。政治家の発言や海外での戦争、天候なども株価に大きな影響を与えることがあります。

また、企業そのものに関係する要因にも実にさまざまなものがあります。**業績**や**経営戦略**、**新製品**や**新技術の開発**、**人気**や**ブランド力**、**業界の動向**、場合によっては消費者の信頼を失うような**不祥事**、**うわさ**など、多くの要因が複雑に絡み合って投資家の売買心理に影響を与えるのです。

ウラを返せば、それだけ株価の動きを読むことは難しいともいえるでしょう。

株価を動かす要因

株式市場全体に関係すること

金利や為替	政治	国際情勢	天候など
低金利だと株式投資の人気が高まり、株価が上昇するケースが多い。	政治不安は相場全体の低調を招く。政治家の発言にも要注目。	株式市場もボーダレス化の時代。海外のニュースにも目を光らせておきたい。	猛暑と冷夏では株価に大きな違いが。自然災害も株価と無関係ではいられない。

その企業自体に関係すること

業績	経営戦略	新製品・新技術の開発	人気やブランド力など
投資家は業績から企業の成長性を読む。業績は直接的に株価に影響する。	その企業の経営戦略は将来を占う。期待が持てそうなら株価はアップ。	新しい市場を創り出すような新製品、新技術が投資家に与える期待感は計りしれず。	同じような機能の製品を提供している企業でも、ブランド力の有無によって株価が異なる。

投資家心理は複雑!?

例えば、A社が自社工場を売却したと聞いて「よほど経営が苦しいのだろう」と捉えるか、「事業資金も手に入るし、ムダな経費が削減できるから業績がよくなるだろう」と捉えるかは人それぞれ。受け取め方次第で売買の判断も異なってきます。さて、あなたはどっち？

POINT

株価は需要である「買い」と供給である「売り」のバランスで動いている！　業績から政治・国際情勢まで需給に影響を与える要因は多彩。

需給バランス　「需要」と「供給」のバランスのことを指した言葉。需要とは、必要として求められていること。供給とは、必要に応じてモノを与えることを意味しています。

日経平均株価、TOPIXが意味するもの

もっともポピュラーな株式相場のモノサシ

What's stock prices?

株式投資に大切なのは、個々の企業の株価だけでなく、株式市場全体の株価動向も把握すること。そこで登場するのがこれらの株価指数です。

市場を読み解く2つの株価指数

新聞やテレビなどで株式市場の全体の状況を説明する際、よく利用されるのが日経平均株価やTOPIX（東証株価指数）などの**株価指数**です。

株価指数とは、相場全体の状況がどうなっているかを分かりやすく示すための指標のこと。平均株価を指数化したものと、時価総額（株数×株価の総額）の増減を指数化したものの2つのタイプがあります。日経平均株価は前者のタイプ、TOPIXは後者のタイプです。

50年の歴史を誇る「日経平均株価」

1970年より日本経済新聞社がデータの計算・公表を続けている、日本の株式市場を代表する株価指数が**日経平均株価**。単に「平均株価」といえば、暗黙の了解でこの日経平均株価を指しています。「日経225」「日経平均」「日経ダウ」などと表記されることもあります。

日経平均株価は、東証1部上場銘柄のなかでも流動性の高い、主要な**225銘柄**の株価をもとに計算されています。基本的には225銘柄の株価の平均値ですが、特殊

日経平均株価とTOPIX

株価指数

日経平均株価

$$= \frac{\text{225銘柄の株価の合計}}{\text{除数}}$$

（2004年10月1日現在で23.947）

- ピックアップした225銘柄の株価水準を追うことで、長期的な株価の推移を見ている!
- 除数は株式分割や銘柄入れ替えなど市況以外の理由で株価合計が変化する場合に修正される

それぞれ連続性を保つために修正が加えられる

TOPIX（東証株価指数）

$$= \frac{\text{日々の時価総額（終値）} \times 100}{\text{基準の時価総額}}$$

- 基準日から東証1部の時価総額がどれくらい増減しているかを見ている!

な計算方法で修正した除数を用いることで、データの継続性を保っています。

さらに、1991年からは毎年、市場の変化を敏感に反映できるように、銘柄の見直しが行われています。2000年4月には、一気に30の銘柄を入れ替え、IT関連などいまどきの業種の動向も反映されるようになりました。

日経平均株価は市場動向を把握するのに向いているといわれますが、対象が225銘柄に限定されていること、発行済み株式数の多い銘柄と少ない銘柄の株価を単純に平均していることなどから、少数の高株価銘柄の価格変動に影響されやすいという弱点もあります。

「TOPIX」は東証が公表している

TOPIXは、東証が算出、公表している株価指数です。日本の株のベンチマークとしてはもっとも普及している指標だといえるでしょう。

1968年1月4日の終値における東証1部全体の時価総額を基準（100）として、現在の東証1部全体の時価総額がどれくらい増減しているのかを指数化しています。東証1部に上場している全銘柄を対象としているため、株式市場全体の動きをより正確に反映している指標だといえます。

「日経ダウ」って？

日経平均株価はそもそも、1970年に東証が算出を中止したのに伴い、日経グループが算出・公表を引き継いだもの。75年には米国のダウ・ジョーンズ社と提携し、ダウの名称を利用する権利を取得して「日経ダウ平均株価」という名称になりました。その後85年にはダウの名称の利用を中止しましたが、現在でも当時の名残で「日経ダウ」と呼ぶ人もいます。

POINT

株式市場の動きを表す代表的な指標は「日経平均株価」。時価総額の増減を表す「TOPIX」は日経平均株価と並ぶ重要指標。

日経平均株価とTOPIXの推移

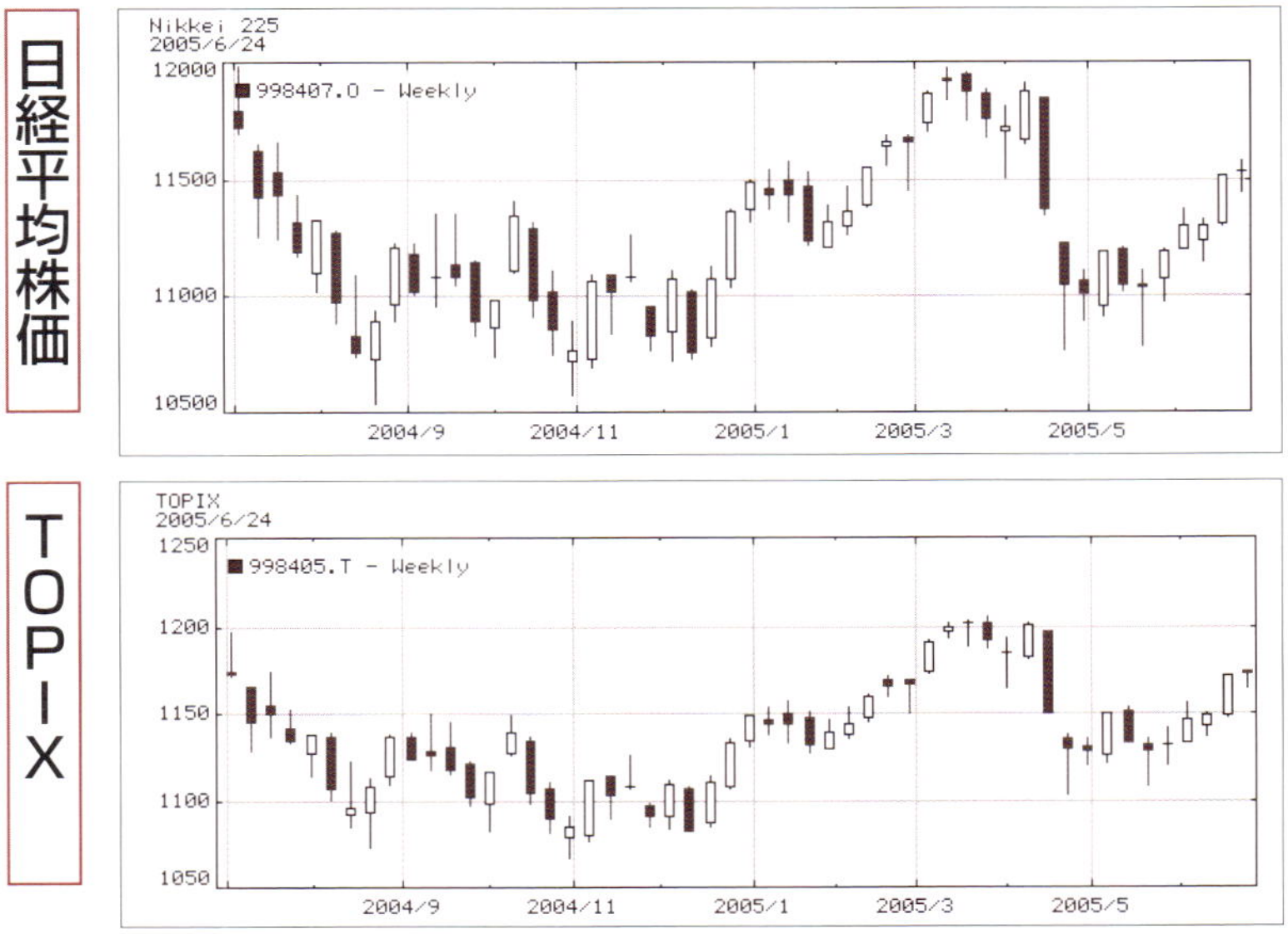

目盛りの単位はまったく違うがほとんど同じ値動きになる！

「Yahoo! ファイナンス」より（http://quote.yahoo.co.jp/）

TOPIX TOPIXでも、新規上場や上場廃止などがあった場合には基準の時価総額を修正することでデータの連続性を保っています。東証では他にもサブインデックスとして、規模別指数、業種別株価指数、第二部株価指数などを公表しています。

株価を決める最大の要因は企業の「業績」

「人気」や「流行」も株価に大きく影響する

What's stock prices?

業績そのものがその企業の株価を動かしているのは事実。でも、人気や流行など、理屈だけでは説明できない要因も株価に大きな影響を与えているのです。

株価の動きは未来を先取り

株価が需要と供給のバランスで決まるということは先にも述べたとおりです。

この需要と供給のバランスに影響を与え、株価を動かす要因にはいろいろなものがありますが、なかでも最大の影響力を持っているのが、対象企業の**業績**です。

例えば業績が伸びてる企業であれば、配当金が増えるかもと期待が高まり、その企業の株を買う人が増えるため、株価は上がっていきます。

反対に赤字経営が続いている企業では、配当金も支払われず、当然のことながら、その企業の株を買う人は少なくなります。その結果、株価も下がります。

ただし、ここでいう「業績」とは、あくまでもこれから先の予測であるということです。

なぜなら過去や現在の業績は投資家にとって周知の事実。むしろ投資家が注目しているのは、業績が今後どうなっていくかという**業績予想**です。このことからも株価は常に一歩先を見越して動いているといえます。

企業の業績は原則として年に2回、本決算と中間決算という形で発表されます。最近では「四半期決算」を取り入れている企業も増えています。

もちろん、企業の規模が大きければ大きいほど、売上高や利益の金額も多くなるのが自然です。従って、複数の企業の業績を比較する場合には、1株当たりの利益の推移を重点的にチェックするとよいでしょう。

人気や流行にも株価は左右される

株価は実際の業績だけでなく、**人気**や**流行**によっても大きく左右されます。

株式市場の動きはファッションの流行に似ているといわれます。常に市場をリードするテーマや人気の銘柄があり、そのブームも次から次へと移り変わっていきます。この企業がよい！と自分だけが思っていても株価は上がりません。他の多くの投資家がよい銘柄だ！と思わなければ、株価は上がらないのです。

短期投資で利益を得るためには、こういった「ブーム」を敏感に察知することがポイントとなってくるでしょう。

とはいっても、人気は時として理屈では測れないこともあります。業績はよくないのになぜか人気が高く、常に業績がよい優等生企業の株価を上回るということもあり得るのです。

業績予想と株価

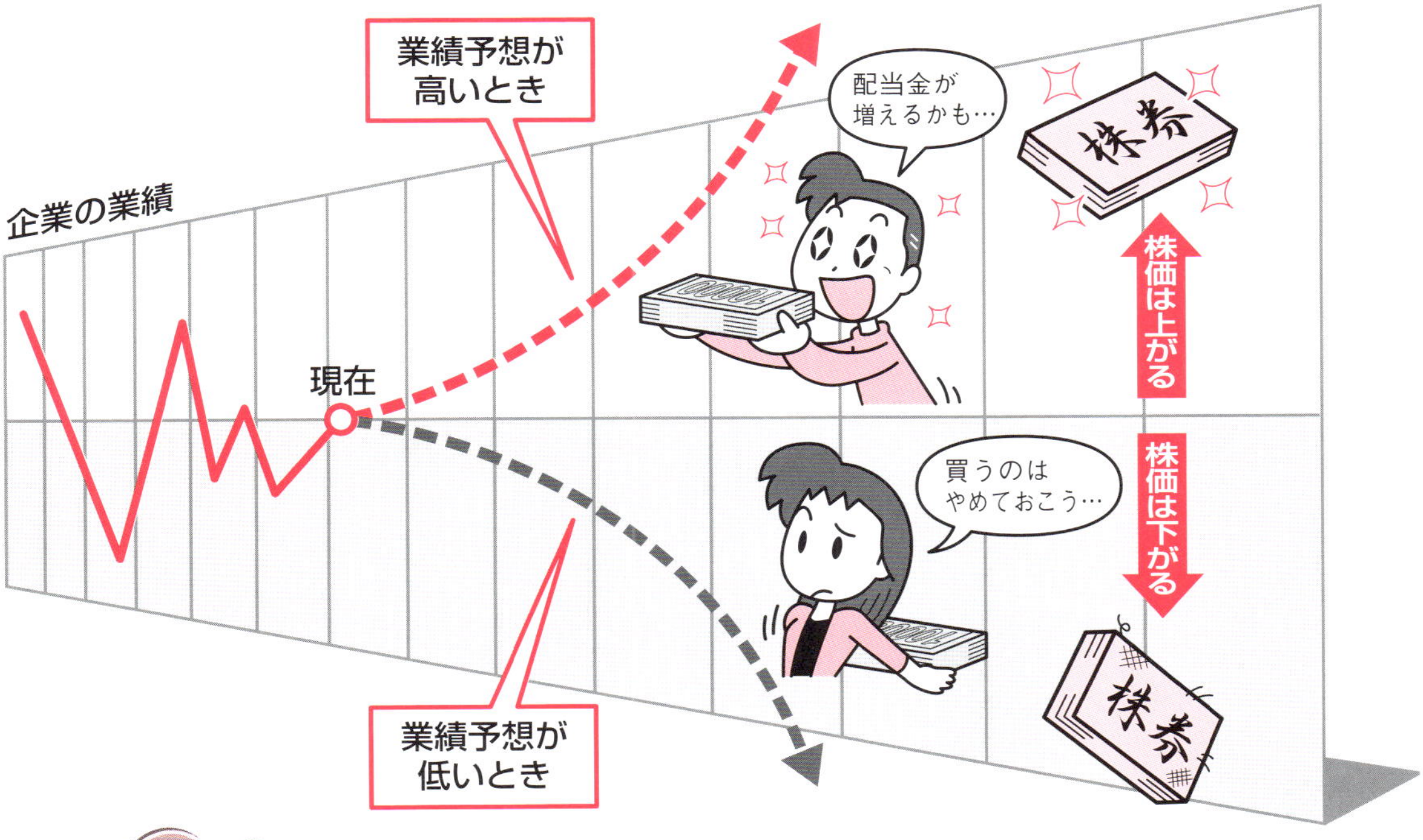

POINT

株価に最大の影響力を持っているのは、その企業の「業績」だ。短期投資で利益を得るには、「人気」や「ブーム」を察知できるかがポイント！

「人気」はこうやって察知する！

ブランド力 知名度

ブランド力は企業にとってお金では買えない価値！

プロモーション 戦略

企業イメージがアップすれば人気も高まる！

新製品 新技術

新製品が大ヒットすれば収益構造が一変することも！

四半期決算 四半期ごと、つまり1年に4回開示される決算情報のこと。近年、四半期決算を導入する企業はどんどん増加する方向にあります。「四半期開示」とも呼ばれます。

金利や景気は株価にどう影響する？

金利と株価はシーソーのような関係にある

What's stock prices?

株価は金利の影響を色濃く受けながら変動しています。また、株式市場の動向が景気を左右することも歴史が証明しています。

なぜ金利が下がると株価が上がる？

業績に続いて、株価に大きな影響を与えるのが金融機関の**金利**です。

金利と株価はシーソーのように、相反する動きをします。つまり、**金利が下がると株価は上がり、金利が上がると株価が下がる**ということです。

なぜなら、金利が高くなれば、リスクの高い株式投資よりもリスクの少ない預貯金や債券の人気が高まり、株への投資価値が相対的に低下するからです。反対に、金利が低くなれば、大きなリターンを狙える株式投資の人気が高まります。

また、**公定歩合の引き下げ**などの金融緩和策がとられると、市場に出回る通貨の量が増えることになります。その一部が株式市場に流入し、買い注文が増えることで株価も引き上げられます。

一方、**公定歩合の引き上げ**などの金融引き締め策がとられると、市場から資金が引き上げられます。これに従って買い注文も減少し、株価が下がる傾向が強まるというわけです。

バブルの生みの親は株式市場だった!?

株式市場の動きを長期的に眺めると、株価が大きく上がった時期と大きく下がった時期があることが分かります。

なかでも特に株価が上がったのは、1986～1989年にかけての4年間。「バブル時代」と呼ばれたこの間に、平均株価は従来の3倍近くまでふくれあがりました。

バブル時代には、金利の引き下げにより大量のお金が出回った影響から、企業も個人もより有利に資金を運用するために株を買いに走りました。そのため、株価が実態の価値をかけ離れて「泡」のようにふくらみ、急激に上昇。これが「バブル」と呼び習わされるようになった所以でもあります。

しかし1990年以降、金利が上昇し、株式市場から大量の資金が引き上げられるようになります。バブル時代に続々と発行されていた株がいっせいに売りに出されたため、株の供給が需要を大きく上回って、株価は泡がはじけたように下落。これが「バブルの崩壊」です。結果として、株価は1992年にピーク時の約3分の1にまで落ち込みました。

このように、金利と景気、株価は密接につながって、互いに影響しあっているのです。

金利上昇時

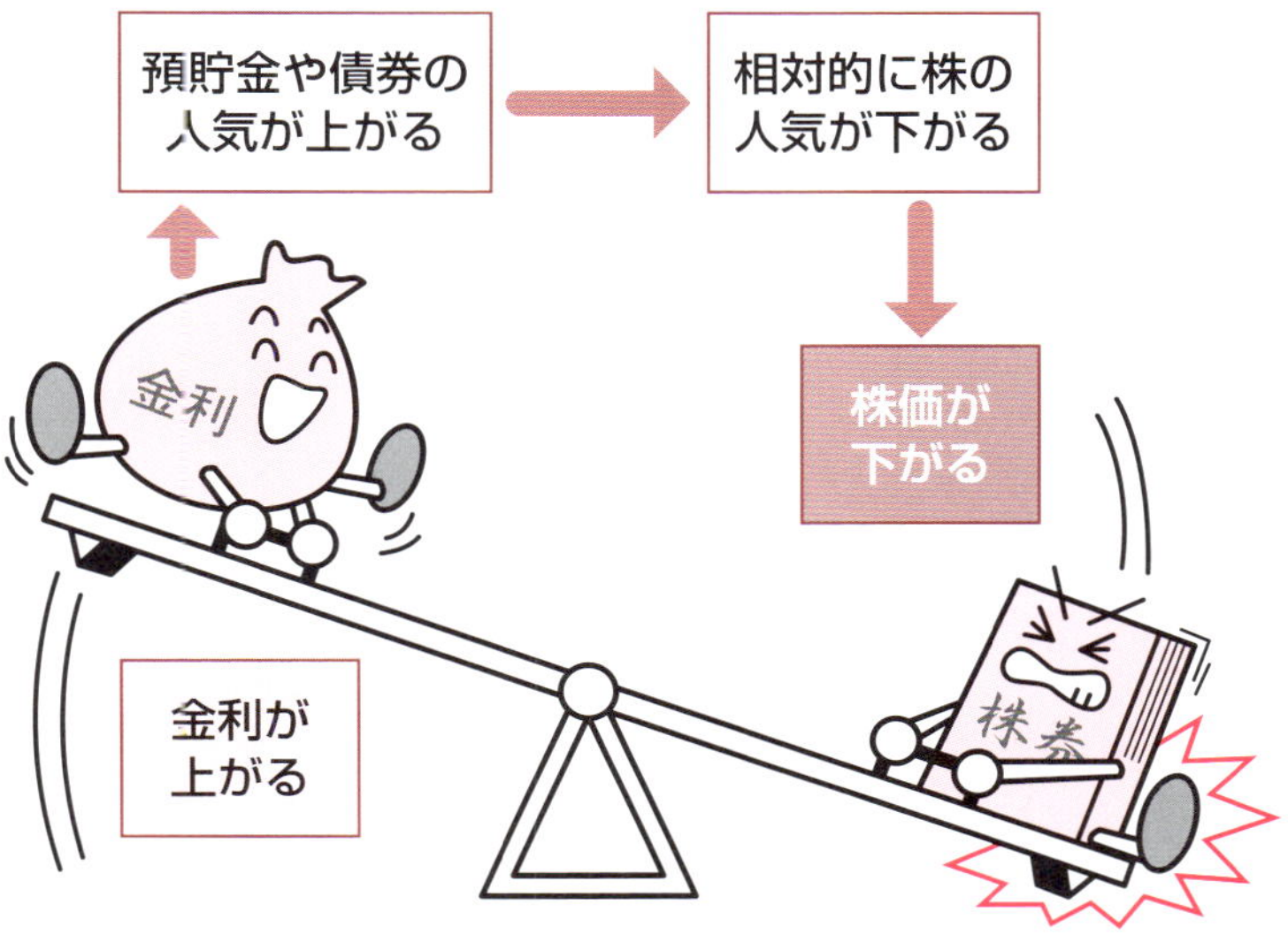

Why? あえてリスクの高い株式投資を選ばなくても、預貯金や債券でそこそこの利息を得ることができる！

「景気がよい、悪い」の判断基準

景気の良し悪しの感じ方は人それぞれ。この「景気」の客観的な判断材料として使われているのが、さまざまな経済指標を総合的にまとめた「景気動向指数」。4つの先行指標と5つの一致指標、8つの遅行指標について、3カ月前より上昇したものが何％あるのかを計算したもので、内閣府が毎月発表しています。この指標が50％以上だと景気が上向き、50％未満だと景気が後退中と判断されます。

金利下落時

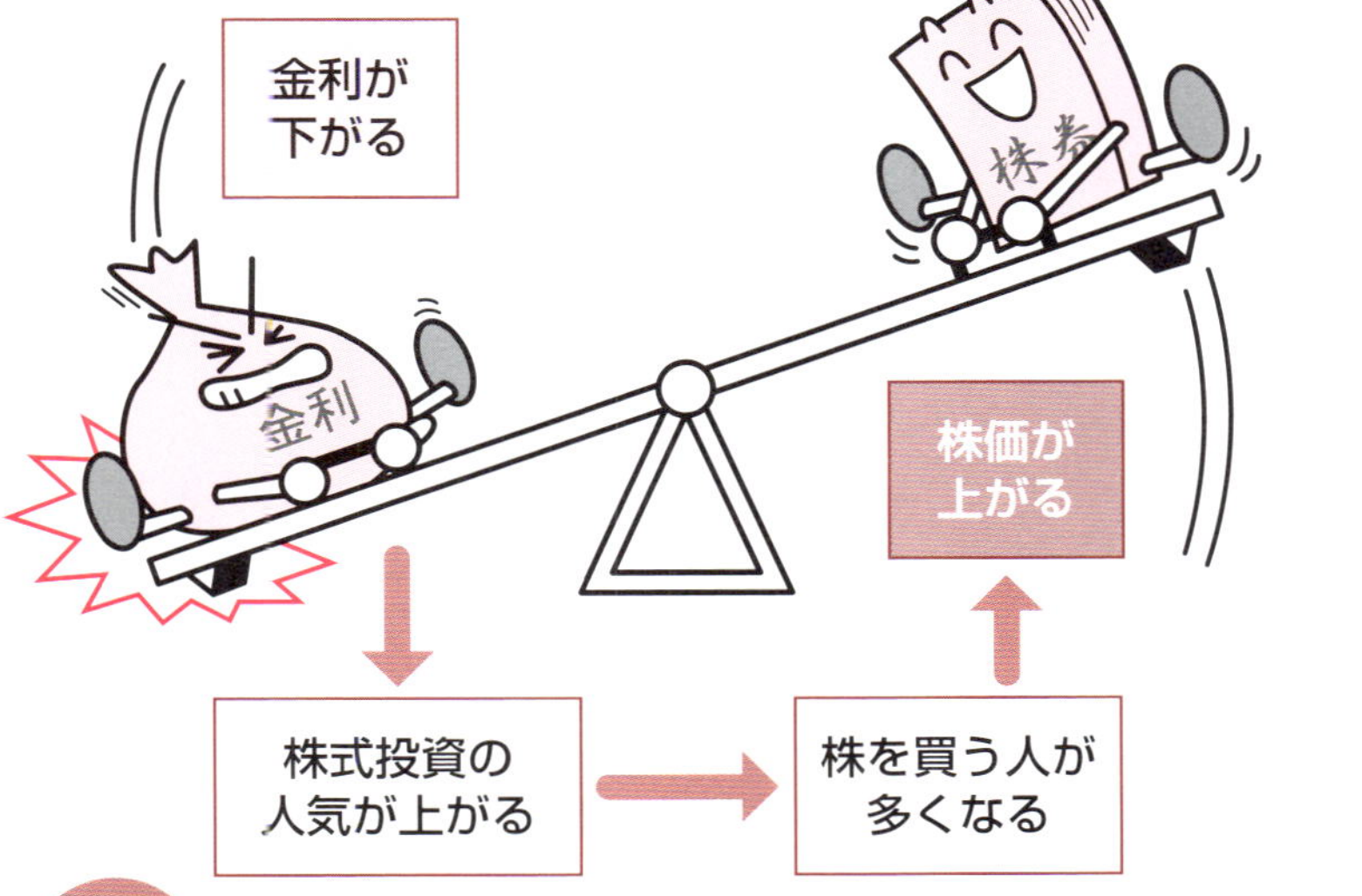

Why? 預貯金や債券の利息はすずめの涙。ならば株式投資に挑戦して高リターンを狙おうと考える人が増加！

POINT

金利が下がると株価は上がり、金利が上がると株価は下がる！金利と景気、株価は密接につながっている。

公定歩合 日銀が普通銀行に貸付けを行うときに適用される基準金利。景気が不況のときには景気刺激策として公定歩合が引き下げられ、過熱気味のときには引き上げられるのが一般的です。

為替相場がなぜ株価に影響するの？

輸出企業と輸入企業で明暗が分かれる

What's stock prices?

為替とは、円貨と外貨が取引されるときのレートのこと。これがなぜ日本国内の株の値段に影響を与えるのかを探ってみましょう。

「円高」「円安」ってどういうこと？

為替とは、円とドル、円とユーロといった具合に、円貨と外貨（通常はドル）とを交換するレートのことです。

例えば、**円安**とは、「ドルに対して円の価値が下がること」。1ドル＝100円のときには、100円あれば1ドルのものが買えますが、1ドル＝120円になると、同じ1ドルのものであっても120円出さないと買えないということになります。

反対に、「ドルに対する円の価値が高まること」を**円高**といいます。

企業が海外から仕入れをする場合には、円高のほうが有利です。なぜなら、1億ドルの材料を買い付けたとき、1ドル＝120円の場合には120億円を支払わなければなりませんが、1ドル＝100円の円高になると、100億円の支払いで済むからです。

反対に、製品を海外で売る場合には、円安のほうが有利です。海外で1億ドルの売上があったとき、1ドル＝100円であれば100億円ですが、1ドル＝120円だと120億円が受け取れることになるからです。

つまり、**海外からモノを買う**場合には**円高**、**海外でモノを売る**場合には**円安**がお得ということになります。

為替相場が株価にどう影響するの？

ソニーやトヨタ自動車のように輸出の多い企業の場合、「円安」になれば売上が増えるので、株価にとってもプラスの要因になります。

海外から材料や原料などを輸入している企業にとっては、「円安」は仕入れコストがかさむ原因。コストがかさめば業績も苦しくなるので、株価が下がる要因になります。

また、「円高」によって海外から食料などが安く輸入されるようになると、国内の**物価**が下がります。物価が下がれば、企業も個人も資金に余裕ができるため、株式市場に流れる資金は増え、買い手が増えることで株価は上がります。

さらに、忘れてはならないのが、**外国人投資家**の存在です。「円高」になれば、為替差益を狙って、外国人投資家が日本株への投資額を増やしはじめます。従って、株価は上昇し始めます。

しかし、「円高」「円安」のどちらにしても、企業が対応できないような急激な為替の変動は経済を混乱させ、総じて株価を下げる原因となります。

「円高」「円安」とはどういうこと？

「円」というおカネの価値が、外国のおカネより高くなるのが「円高」！

例えば……

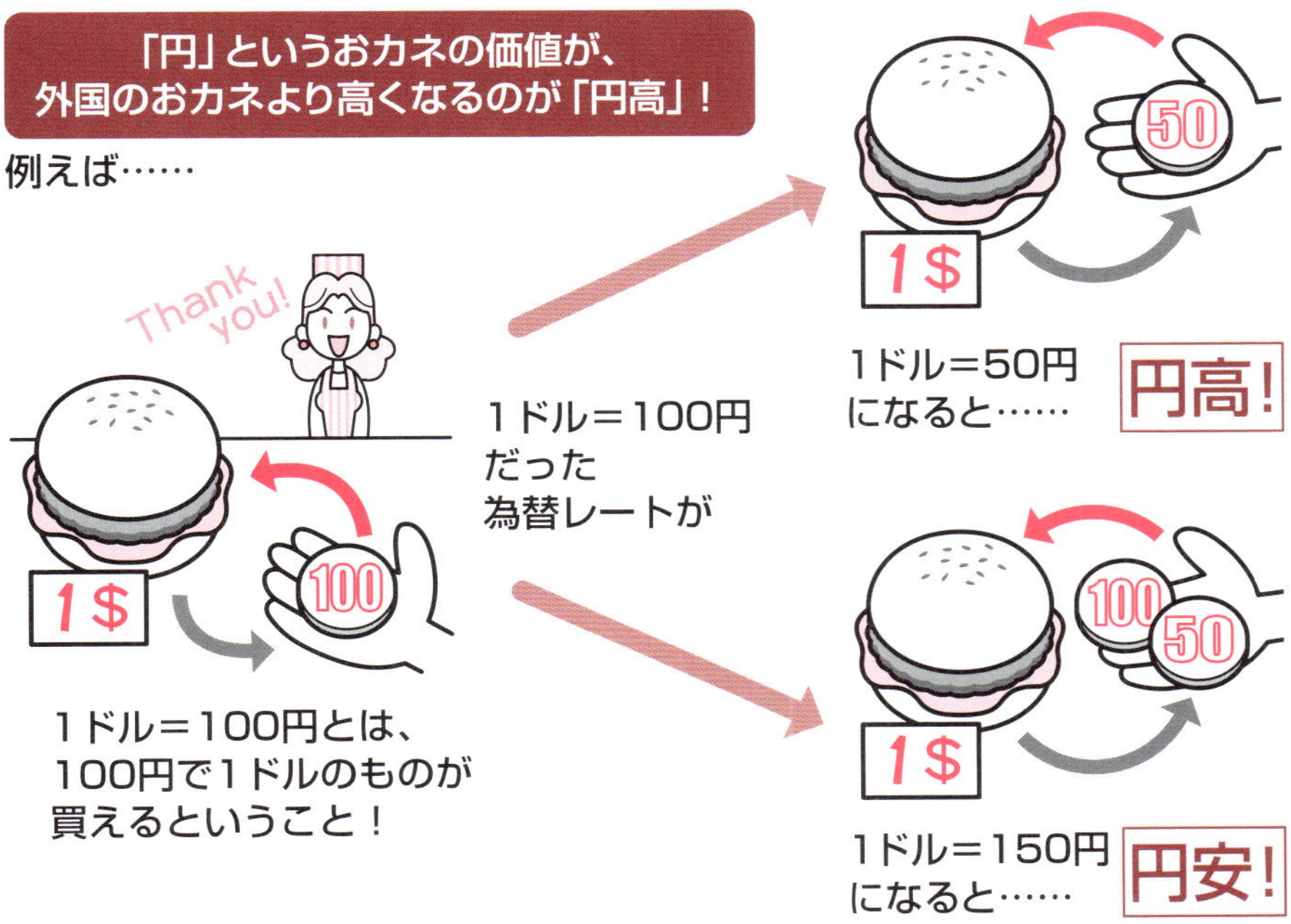

円の価値が高くなるので、同じ1ドルのものを買う際に、支払う円が少なくなる

↓

輸入品の価格が下がり、国内の物価を押し下げる（デフレ圧力）

円の価値が低くなるので、同じ1ドルのものを買う際に、支払う円が多くなる

↓

輸入品の価格が上がり、国内の物価を押し上げる（インフレ圧力）

POINT

為替相場は株価と複雑に絡み合っている！ 輸出企業では売上高に、輸入企業では仕入れに大きく影響する。

「円高」「円安」が企業業績に与える影響

	円高になると……	円安になると……
輸出型企業（自動車・電機など）	海外でこれまでと同じ金額を販売しても、受け取る円が減る。 →株価に悪影響	海外でこれまでと同じ金額を販売しても、受け取る円が増える。 →株価に好影響
輸入型企業（エネルギー・食品など）	海外からの原材料の仕入れ価格が下がり、コストを減らせる。 →株価に好影響	海外からの原材料の仕入れ価格が上がり、コストアップに。 →株価に悪影響

為替レート 国内通貨と外国通貨との交換比率のこと。交換比率は、外国為替市場における国内外の金融機関どうしの取引によって決まります。

政治・国際情勢は株価にどう影響する？

歴史的な暴落は海外からやってくる!?

What's stock prices?

株式市場はますますグローバル化しています。国内のみならず、海外の政治、経済、社会の動きにさらに敏感になることが大切です。

政治家の発言にも株価は敏感に反応

政治の動向も、株価とは切っても切り離せない関係にあります。

なぜなら、道路や橋を作ったり、税金を高くしたり安くしたりといった、政府が発表する経済・財政対策によって、企業の業績や株式市場への資金の流れが大きな影響を受けるからです。

衆議院・参議院選挙の投票結果も、株価変動の要因のひとつに挙げられます。景気に影響を与えるさまざまな経済・財政政策は政府が決定するので、どの政党が政権を握るかといった政治の動向は、株式市場にとって大きな関心事なのです。

とはいっても株価は常に一歩先を見越して動いていきます。ですから、こういった経済・財政政策が実際に採択される前の段階でも、予算案の作成や経済政策に関する首相や大臣の発言ひとつに株式市場は敏感に反応します。

政権争いや政界スキャンダルなどによる政治の混乱は、経済・財政政策の実施の遅れをきたすこともしばしばあるので、株価にマイナスの影響を与えます。株式市場にとって、政治の安定は大きな願いなのです。

海外からの刺客にご用心！

最近では、株式市場の国際化により、**海外の株式市場**の動向や**国際情勢**も株価に大きく影響するようになってきました。

東証は、ニューヨーク、ロンドンと並んで**世界3大市場**と呼ばれています。世界的なマーケットのひとつである日本の株式市場は、当然のことながら、日本国内だけでなく国際情勢にも敏感に反応します。なかでも政治や経済で緊密な関係にあるアメリカの景気動向や株価の動き、日米の通商問題などは特に注目されています。

歴史的な株価の暴落には、多くの場合、国際的な大ニュースが影響しています。戦後の日本の歴史を振り返っても、スターリン・ショックやケネディ・ショックなど、日本の株式市場に急落をもたらした海外ニュースはあとを絶ちません。最近では、アメリカで起こった米国同時多発テロが記憶に新しいところです。

また、戦争のニュースも見逃すことはできません。ただし、戦争については、短期間で終わりさえすれば、かえって不透明要因がなくなって株価にプラスに働くという見方もあるようです。

日経平均株価と海外ニュース

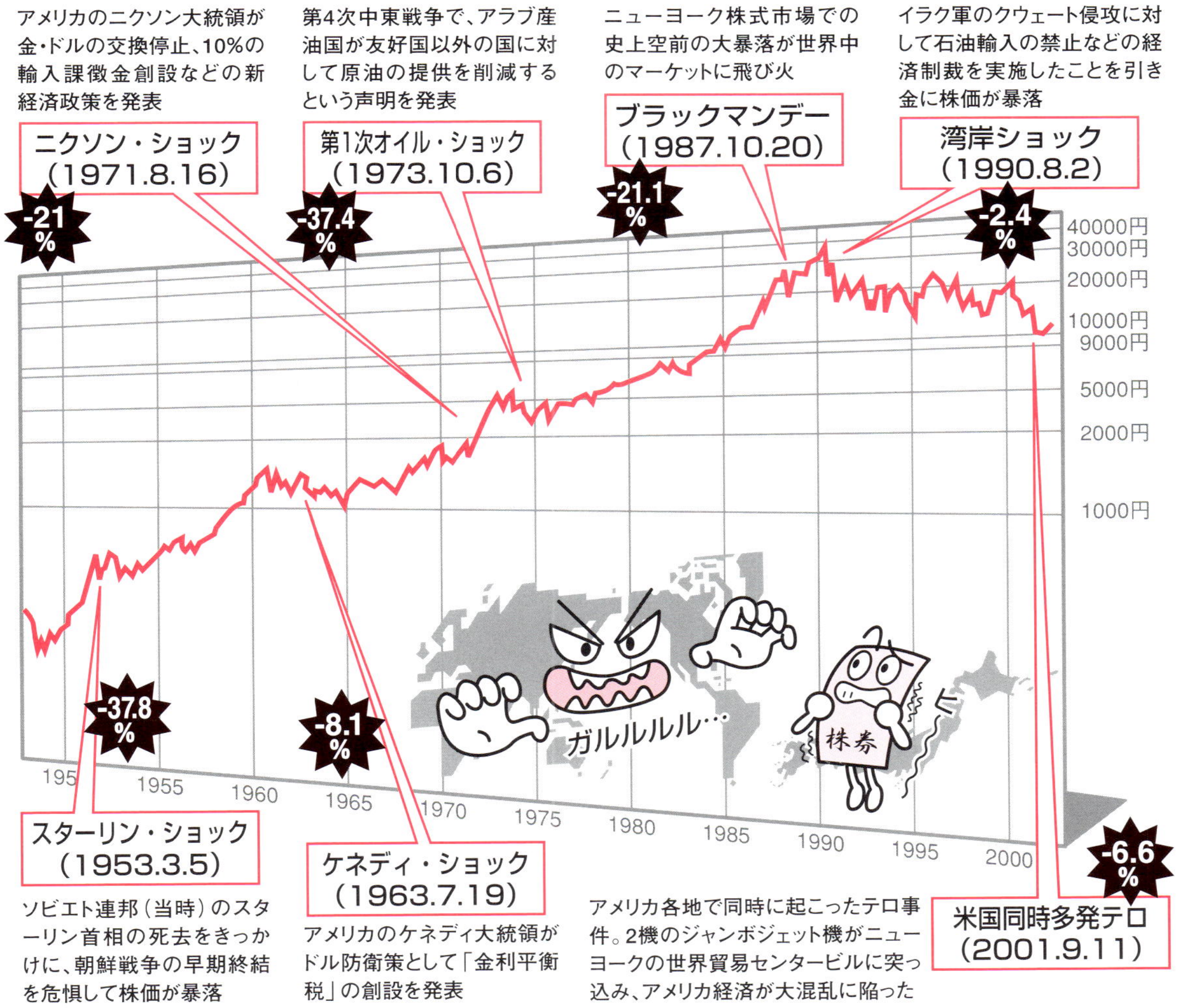

政治家の発言ひとつにも株式市場は敏感に反応する！海外ニュースも要チェック。

POINT

「ブラックマンデー」の意味

ニューヨーク株式市場での株価の暴落をきっかけに、世界中の株価が暴落する事態となった「ブラックマンデー」。この日が月曜日（Monday）であったこと、まるで底が見えない暗黒の穴に吸い込まれてしまうような大暴落であったことから、「ブラックマンデー」と呼ばれるようになりました。

第1次オイルショック 1973年10月に始まった第4次中東戦争の影響で石油価格が跳ね上がった事件。日本でもトイレットペーパーや洗剤を求めて消費者がスーパーに殺到しました。

「始値」「終値」「高値」「安値」っていつの株価？

株価用語の基本、「四本値」をしっかりと学ぼう

What's stock prices?

株価を読み解くには、株価に関する基本用語をしっかりと押さえる必要があります。まずは「四本値」からスタートしましょう。

チャート表示に不可欠な「四本値」

株価は1日の取引のなかで、時々刻々と変化を続けています。

なかでも、その日最初に売買が成立した値段を「始値（はじめね）」、最後についた値段を「終値（おわりね）」と呼んでいます。

「前日終値」という言葉もありますが、これはあくまでも、前営業日の終値のことを指しています。「昨日は日曜日なのに取引が行われたのかしら」などと疑問に思わないようにしましょう。

証券取引所での立ち会い時間は、午前中（**前場**）と午後（**後場**）の2部に分かれています（62ページ参照）。

前場が始まって最初に売買が成立した取引のことを**寄り付き**といいますが、この時の株価が**始値**にあたります。

また、後場の最後に売買が成立した取引のことを**大引け**（**おおびけ**）といいますが、この時の株価が**終値**です。

ただし、大引けで売買が成立しない、いわゆる**ザラバ引け**の場合には、その株価が終値ということになります。

さらに、その日に成立した売買のなかでもっとも高くついた値段を**高値**（**たかね**）、反対にもっとも安くついた値段を**安値**（**やすね**）と呼んでいます。

これら4つは総称して**四本値**（**よんほんね**）と呼ばれています。四本値は、その銘柄の株価の動きを示す基本的な数字として、「ローソク足」を使った株価チャートにも利用されています。

「高値」「安値」の応用編もある！

「高値」「安値」にはさまざまな関連用語があります。

新高値とは、今までになかった史上最高の値段のこと。「開設来新高値」、「昨年来新高値」などといった具合に使われます。

年初来高値とは、その年で最高の値段のこと。ただし、証券会社によっては、前年の1月1日から当日までの間の高値を指すこともあるようです。

同様に、いままでで一番安い値段は**新安値**、その年で最低の値段は**年初来安値**と呼ばれています。

終値がその日一番の高値であることを**高値引け**といいます。「高値引け」は、値上がりのエネルギーを残したままその日の取引が終わったということであり、投資家にとって翌日の始値が気になる大引けだといえるでしょう。

「始値」「終値」「高値」「安値」とは？

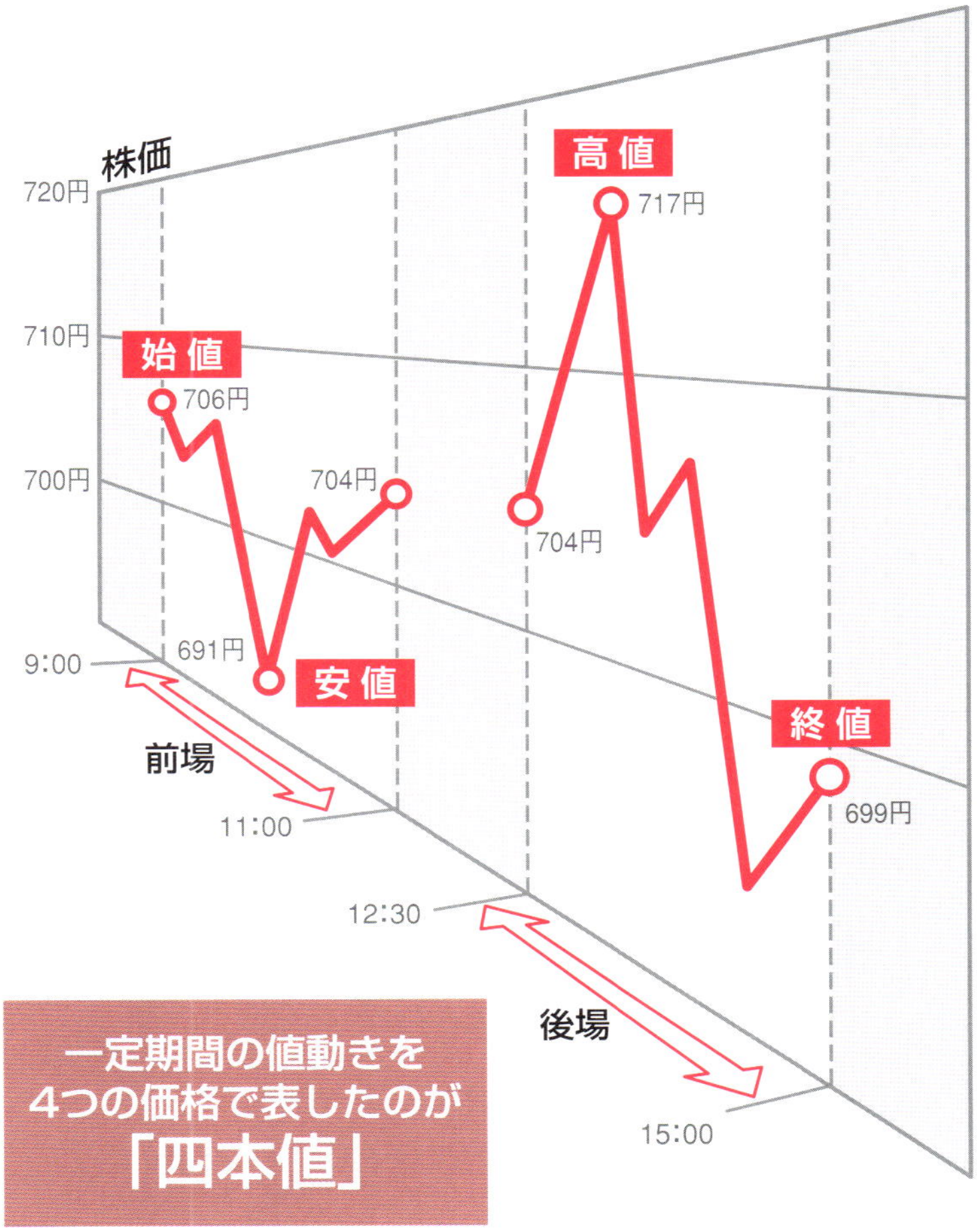

四本値

始値	高値	安値	終値
706円	717円	691円	699円
その日最初に売買が成立した値段	その日成立した売買のなかでもっとも高い値段	その日成立した売買のなかでもっとも低い値段	その日最後に売買が成立した値段

「気配値（けはいね）」ってなに？

売買注文を出すときに、その時点での市場の状況はどうなっているのかを探るため、参考になるのが「気配値」です。「買い気配」には、現時点でその銘柄に買い注文を出している人のなかで一番高い価格、「売り気配」には、現時点でその銘柄に売り注文を出している人のなかで一番安い価格が提示されています。どちらも、それに見合う売買注文がなく、値が付かない状態のときに気配値として表れることになります。

POINT

「始値」「終値」「高値」「安値」は、四本値と呼ばれる株価チャートの「ローソク足」にとっては欠かせない数字だ！

寄り付き その日の取引（前場）が始まって、一番最初の売買のこと。寄り付きと大引けは通常と異なり、板寄せ方式で決定されます。後場が始まって最初の売買は「後場寄り」と呼ばれます。

「出来高」「時価総額」ってなんのこと？

出来高は市場のエネルギーを測る「体温計」

What's stock prices?

株価に先行して相場の転換点を示唆する「出来高」。企業の現在の価値を表している「時価総額」。どちらも株を知るうえでは重要な指標です。

「出来高」で相場に潜む危険を探る！

株の売買が成立したときに売り手から買い手にわたった株数のことを**出来高**（**できだか**）といいます。これは別名、**売買高**とも呼ばれます。

例えば、Aさんが1万株の売り注文を出し、Bさんが5,000株、Cさんが5,000株買ったとします。この場合の出来高は1万株になります。

出来高は、個々の銘柄についてだけではなく、株式市場全体で捉えることが重要です。テレビニュースや新聞でよく「本日の東証1部の日経平均株価は○○円、出来高は○○株でした」などと報道されていますが、この場合には、市場全体でその日に何株の売買が成立したかということを指しています。

また、出来高は、相場の勢いをみる参考指標でもあります。原則として、相場が上昇気流に乗って株価が上がっていると出来高も増加し、株価が下がっていると出来高も減少する傾向にあります。

しかし、ときとしてこのパターンの例外が起こることがあります。

例えば、株式相場が大暴落したとき。このような場合には、株価が大幅に下落して

「出来高」の数え方

いるにもかかわらず、底値で買おうとする資金が流れ込むために、出来高が急増します。

　このように、相場の変調の兆しは、まず出来高に表れます。これが「出来高は株価に先行する」という所以です。

「時価総額」は市場がつけた企業の値段

「時価総額」とは、株の総額を、ある時点の株価で評価した場合に、どのくらいの金額になっているかを表したものです。株式市場全体の時価総額なら、その数字は株式市場の規模を表しているといえます。

　また、個別の銘柄の時価総額は、「株価×発行済み株式数」で計算することができます。これは、現在の株価ですべての株を取得するのにいくら必要かということ。言い換えると、時価総額とは、市場が判断した現時点での「企業の価格」と考えることができます。

　企業の経営者にとっては、時価総額がいくらになるのかということは重大な関心事に違いありません。だからといって時価総額を増やすためだけに発行済み株式数を増やしたとしても、その分、株価が安くなっては結局は相殺されてしまいます。

　つまり、時価総額は、かなりシビアにその企業の「時価価値」を表している指標だということができるでしょう。

「出来高」のカラクリ

出来高が多いことは、それだけ「その株が欲しい！」と思って買っている人が多いということを意味しています。でも、ウラを返せば「もうこの株はいらない」と思って売っている人も同じだけいるということ。私たちはつい買い手側から株式市場を見てしまう癖がありますが、出来高にはこのような二面性があることを肝に銘じておきましょう。

PO

個々の銘柄の「時価総額」を見
ば、その企業の現在の「価値
分かる！

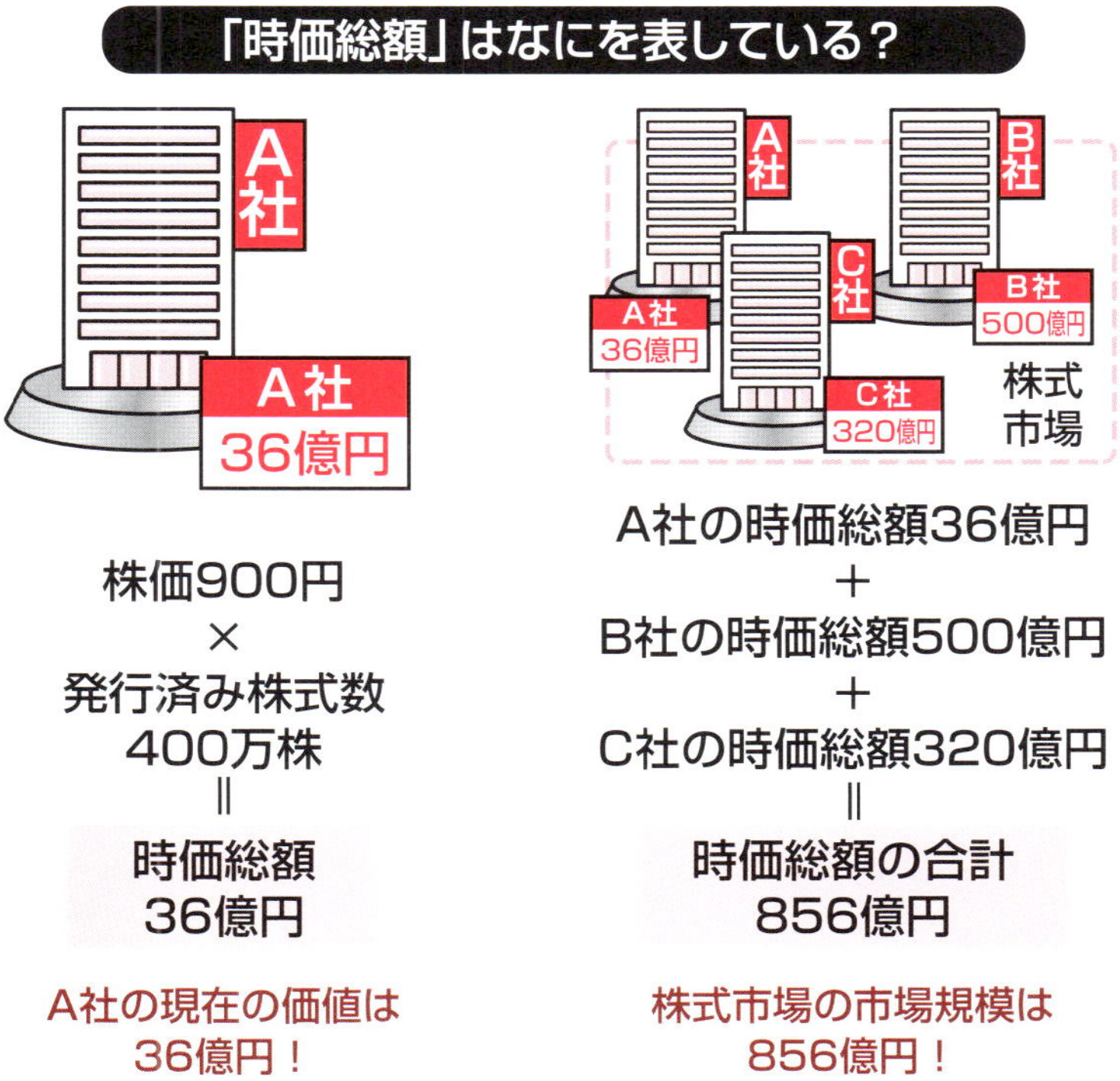

の目安は18億株前後。2004年4月14日に28億6500万株と28億株を上回る最多記録を更

「ストップ高」「ストップ安」「権利落ち」「配当落ち」ってなに?

株を買うなら「権利落ち」「配当落ち」前!?

What's stock prices?

「ストップ高」ってどういうこと?

株式市場では、よいニュースが出ると買い注文ばかり集まったり、悪いニュースが出ると売り注文ばかり集まったり…といったことが往々にして起こります。これらの注文をそのまま成立させてしまうと、1日で株価が何倍にもふくれあがったり、半分になったりする可能性があります。

こうした極端な値動きを避けるために、オークション方式での売買では、あらかじめ1日に最大限動いてもよい値幅（**制限値幅**）が決まっています。制限値幅いっぱいまで株価が上がったときが**ストップ高**、下がったときが**ストップ安**なのです。

制限値幅は、株の価格帯ごとに決まっています。

なぜなら、100円の値動きは、1万円の株にとっては株価の1パーセントにすぎませんが、500円の株にとっては20パーセントの値動きだからです。

このように、同じ100円の値動きであっても、株価がいくらかということによって影響の度合いはまったく違ってきます。制限値幅が株価の価格帯ごとに異なるのはこのためです。

「ストップ高」「ストップ安」の制限値幅

前日の終値	制限値幅
100円未満	30円
100円以上200円未満	50円
200円以上500円未満	80円
500円以上1,000円未満	100円
1,000円以上1,500円未満	200円
1,500円以上2,000円未満	300円
2,000円以上3,000円未満	400円
3,000円以上5,000円未満	500円
5,000円以上10,000円未満	1,000円
10,000円以上20,000円未満	2,000円
20,000円以上30,000円未満	3,000円
以下略	以下

※ジャスダック銘柄の場合、3営業日連続して「ストップ高」「ストップ安
値幅が2倍に拡大されることもある。

「権利落ち日」はどうやって計算する？

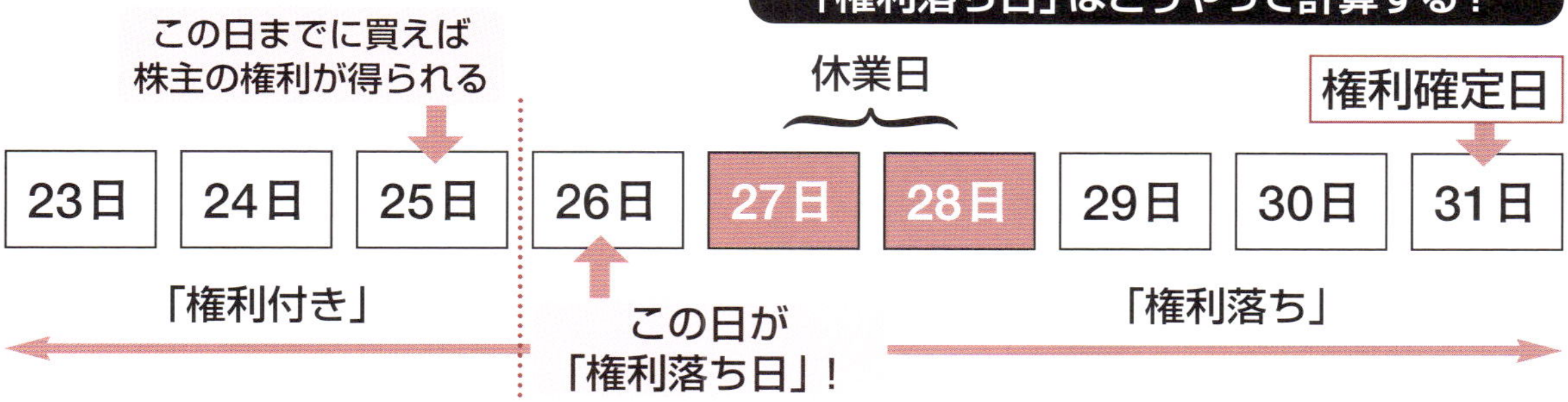

「権利落ち」ってどういうこと？

企業が配当金を支払ったり、株式分割を行ったりする場合には、その配当金や分割株を受け取る権利がある株主を特定するために、**権利確定日**を定めています。

これらの権利を得るには、権利確定日の前日までに受け渡し（64ページ参照）が終了していなければなりません。

受け渡しは、売買成立の日を含めて4営業日目に行われます。つまり、権利確定日から起算して**5営業日前**が権利を得るための最終日ということ。権利確定日から起算して4営業日前の日は**権利落ち日**と呼ばれています。

また、配当金の場合にも同様の権利確定日があり、配当金を受け取る権利がなくなることを**配当落ち**と呼んでいます。

POINT

1日の制限値幅いっぱいまで株価が動いたときが、「ストップ高」「ストップ安」。この時の売買は比例配分になる。

「ストップ高」の場合の取引成立のしくみ

売り注文1万株に対し買い注文10万株でストップ高になった場合

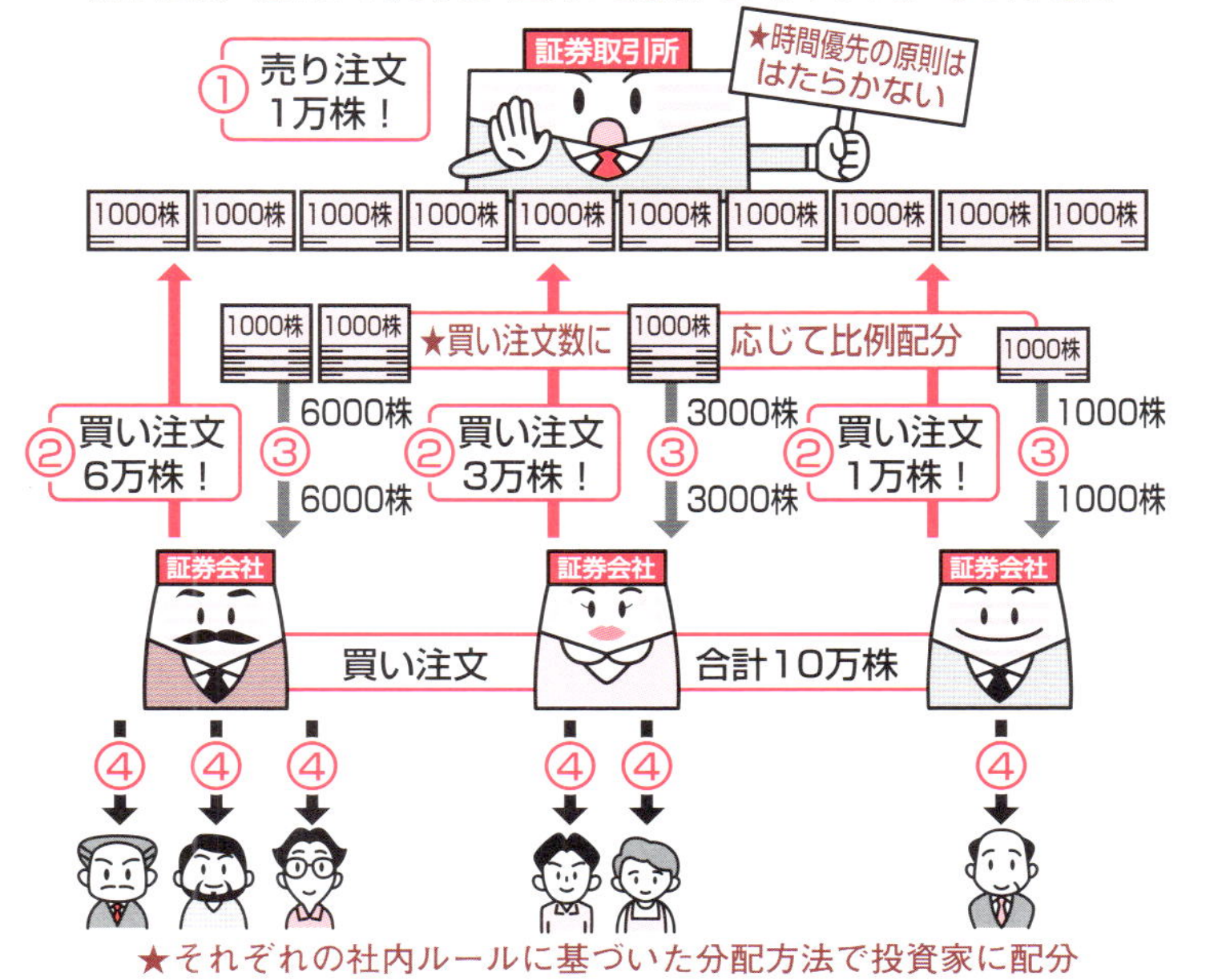

配当落ち 配当金を受け取る権利が「配当落ち日」を境になくなること。理論上では、配当落ちによって株価は下がりますが、上昇気流に乗っている銘柄の場合には、前日よりもさらに上がることも。

COLUMN

Vol.2

お天気と株価の気になる関係

「風が吹けば桶屋が儲かる」ってホント？

株価の変動には業績から政治・国際情勢まで複雑な要因が絡みあっていますが、なかでも意外と大きな存在感を醸し出しているのが、「天候」です。

例えば、異常気象で猛暑が続けば、冷たい飲料水やビールが飲みたくなるのが自然な流れというもの。アイスクリームやシャーベットも食べたくなります。したがって、これらを製造しているメーカーの株は往々にして上がることになります。

寝苦しい夜が続けば、クーラーを買い換えたいという需要が高まります。避暑地のプールで泳ぐ人や、海へ海水浴へ行く人も増加するので、水着の売上も増えるかもしれません。

このように、猛暑ひとつで多くの企業の株が上がることが予測できます。反対に、冷夏になれば、これらの企業の株価は低迷するでしょう。

自然災害も株価に大きな影響を与えます。例えば、地震で大きな災害が起これば、当然のことながら、被害にあった企業の株価はマイナスになります。一方で、復旧事業の需要を見込んで、建設・土木関係の株価は上がります。

こうした天候や自然災害などと株価の関係は、日本国内だけにとどまりません。

インド洋でモンスーン（季節風）が吹けば、インドや中国などの周辺の国々で、農作物が豊作になる可能性が高まります。豊作になれば価格が下がるので、これらの農作物を原材料として輸入している企業は、原価が安くて済むことになります。原価が安くて済めば、それだけ利益アップ、業績アップが期待できるので、こうした企業の株が上がるかもしれません。

逆に米国でとうもろこしが不作になれば、家畜のえさなどとしてそれを輸入している企業にとってはコストアップの要因となります。また、最近では海外のＢＳＥや鳥インフルエンザが日本の外食産業の業績に大きな影響を与えたことも記憶に新しい事件です。

「風が吹けば桶屋が儲かる」とはよく言ったもの。株価は生き物、と言われる所以はこうしたところにもあるのではないでしょうか。

第3章
証券会社に口座を作ろう

証券会社はココで選ぶ！

証券会社に口座を開設しよう

「一般口座」と「特定口座」はどう違うの？

株はいくらから買うことができるの？

株は好きなときにいつでも買えるの？

売買代金決済の流れを押さえておこう

買った株はどうやって保管すればいいの？

いまどきの保管の常道は「保管振替制度」

証券会社はココで選ぶ！

日本には250社以上の証券会社がある！

証券会社も淘汰の時代。各社とも生き残りをかけて売買委託手数料の引き下げやセミナーの開催など、さまざまなサービス合戦を繰り広げています。

Let's open accounts !

日本にはいくつの証券会社があるの？

証券会社というと野村證券や大和証券といった大手の名前を思い浮かべる人がほとんどでしょうが、実は日本には250社以上もの証券会社があります。

このうち、基本となる4つの業務（28ページ参照）をすべて行っている**総合証券**は40社程度。残りの証券会社のほとんどは、引き受け業務以外の3つの業務を行っています。

また、このほかに外資系の証券会社も約50社存在しています。

サービス・手数料・利便性が決め手

多数の証券会社のなかから、これからお世話になる証券会社を選択するポイントは、**サービス**、**手数料**、**利便性**の3つです。

株式投資は情報が勝負ともいえます。まずは、どういった形で**情報提供**が受けられるのかを口座開設前に確認しておきましょう。窓口での応対が丁寧かどうかも重視したいポイントです。

取り扱い商品も証券会社によって異なりますので、注意が必要です。なかには「ミニ株」や「るいとう」（13

証券会社を選ぶポイント

1 サービス

- 情報提供やコンサルティング
- 取り扱い商品
- 投資セミナーの開催

2 手数料

- 口座管理料や売買委託手数料
- 情報サービス料

3 利便性

- 自宅や仕事先に近いか
- 窓口の営業時間が長いか

2ページ参照）を扱っていないところもあります。こうした商品で肩慣らしをしたいと考えている人は、忘れずに事前に確認しましょう。

また、一般の投資家向けに、さまざまな**投資セミナー**を開催している証券会社もあります。これらのセミナーも初心者にとってはありがたいサービスといえるでしょう。

投資スタイルに合わせて選択しよう

株式投資には、基本的なコストとして、**口座管理料**と**売買委託手数料**が必要です。口座管理料をとってみても、証券会社によって数千円かかるところから無料のところまで実にまちまち。売買委託手数料も、1999年に自由化されて以来、各社とも競い合って引き下げを図っているところです。

ただし、手数料は一概に「安いからよい」「無料だからよい」とはいえません。

なぜなら、手数料を抑える代わりに情報提供はしないという証券会社もありますし、反対に手数料は多少高くても、それに見合うだけの情報提供やコンサルティングを行ってくれるところもあるからです。まずは自分が証券会社になにを求めるのかをはっきりさせることが先決だといえるでしょう。

利便性の面からは、なんといっても自宅や仕事先から近いことが重要です。売買注文は電話でもできますが、窓口に出向いたほうが確実なのはいうまでもありません。また、売買注文以外にも現金を預け入れたり、決済をしたりと、窓口に行く機会はなにかと多いものです。

はじめて株式投資をする人にとっては、分からないことがあったらすぐに相談できるという点でも、利便性は重要なポイントです。

POINT

証券会社選びのポイントは、「サービス」「手数料」「利便性」。手数料が安いから良いとは限らない。自分の投資スタイルに合わせて選ぼう。

＜投資スタイル別＞証券会社の選び方

窓口で一から相談派

営業担当者に株のいろはをじっくり教わりたいなら、自宅や仕事先から近い証券会社が一番！窓口の応対も善し悪しの決め手。

少額投資で楽しむ派

少額から肩慣らしをしたいなら、ミニ株やポケット株を扱っているところを選ぶこと。取り扱い銘柄が豊富かどうかも確認しよう。

ネットでじっくり情報収集派

好きな時間にネットでじっくり情報収集をしたいという人には、多少手数料が高めでも情報量の充実した証券会社がおすすめ。

どっぷりデイトレード派

売買の回数が多いなら、決め手はなんといっても手数料の安さ！なかには1日に何回取引しても手数料が定額の証券会社も。

口座管理料　保護預かりにかかる手数料のこと。無料のところから年間に数千円かかるところまで千差万別ですが、ネット証券では圧倒的に無料のところが多いのが特徴です。

証券会社に口座を開設しよう

口座を開設すればいつでも売買開始！

Let's open accounts !

証券会社に口座がなければ売買注文を出すことはできません。売買のタイミングを逃さないためにも、早めに口座開設の手続きをとっておきましょう。

手続きさえ踏めば誰でも口座開設可能

証券会社に売買注文を行うには、まずは**取引口座を開設**する必要があります。

口座を開設する一番簡単な方法は、証券会社の窓口に直接出向くことですが、窓口に行かなくても、電話やインターネットを使って必要な書類を取り寄せるという方法もあります。

申込みをすると口座開設に必要な書類が送られてきます。それに住所や氏名などの必要事項を記入、署名捺印し、運転免許証などの本人であることが確認できる資料を添えて提出します。

さて、口座が開設されたら、晴れて**売買注文**を出せるようになります。とはいっても、はじめての売買注文時には、あらかじめ**概算金を預け入れておく**ことが必要（64ページ参照）。必要額は証券会社によって異なりますので、口座開設の際に併せて確認しておきましょう。

概算金は窓口のほかにも、振り込みや金融機関の口座からの引き落とし、インターネットでの自動入金などさまざまな方法で預け入れることができます。これも証券会社によってまちまちですので確認が必要です。

口座開設の申込書例

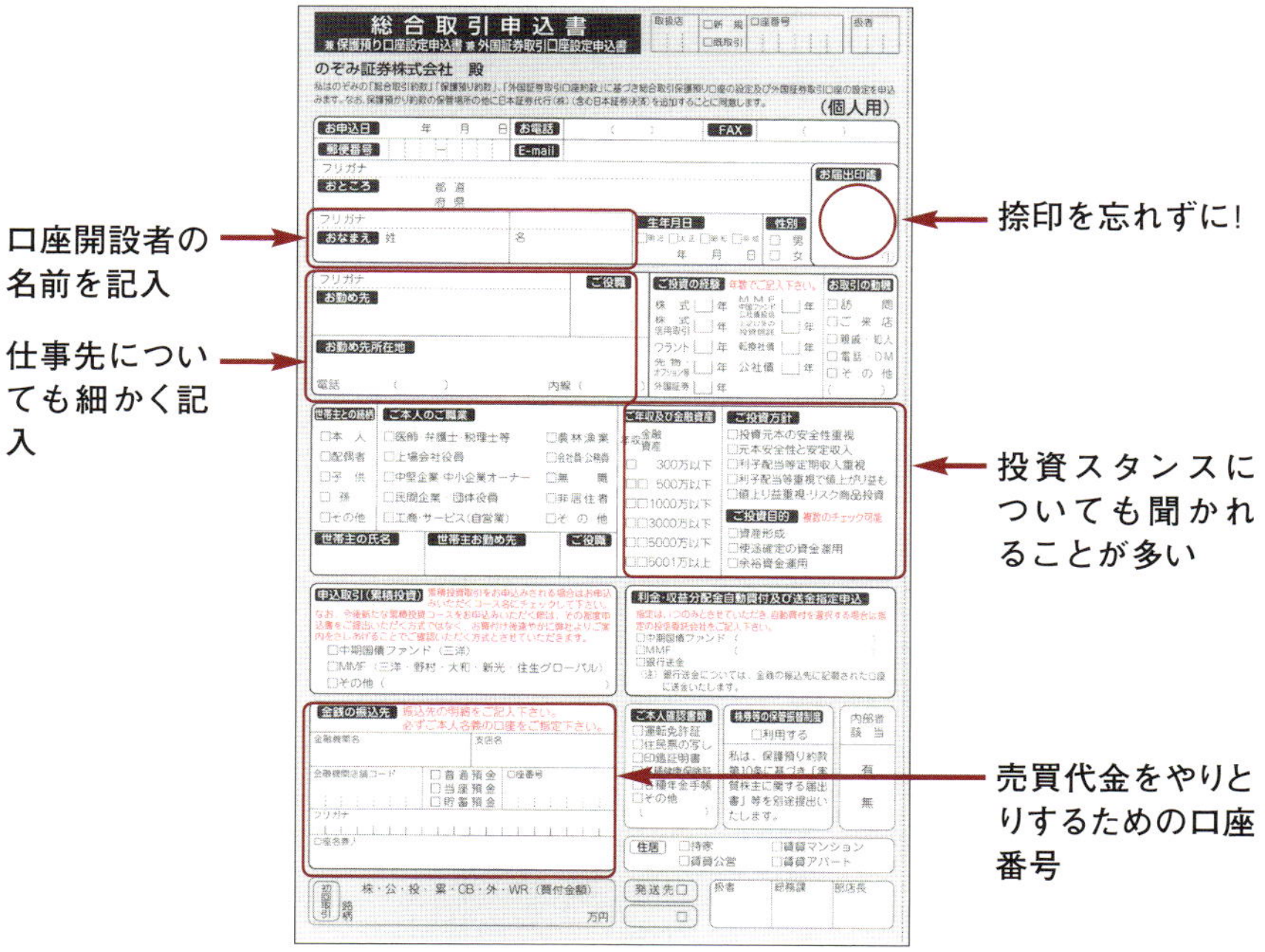

売買注文の方法も選択肢はいろいろ

売買注文の方法にも、口座の開設と同様、さまざまな方法があります。

こちらも、一番シンプルなのは**証券会社の窓口**で売買注文を伝える方法。疑問点などもその場で質問できるので、初心者にとってはとても便利です。

仕事の都合で証券会社の営業時間内に窓口に行けない、支店が近所にないという人は、**電話**や**インターネット**を使って売買注文を出すこともできます。ただし、証券会社によってインターネットでの取引は行っていないところもあります。

また、最近ではiモードやEZwebといった**携帯サイト**を使って売買注文を受け付けている証券会社も登場しています。

もっともオーソドックスな方法。ただし、自宅や仕事先の近くに支店がない人、忙しくて営業時中に窓口に行けない人には不向き。マイペースで売買できないという欠点も。

窓口に足を運ばなくても気軽に注文が出せるのがメリット。ただし控えが残らないので、自分でしっかりとメモを残しておくことが必要。

パソコンのない人でも、外出先でも、携帯さえあればいつでも売買注文を出すことができる。ただし、事前に集めることのできる情報の量には限界が。

忙しい人でも好きな時間に注文を出せるのが最大のメリット。売買委託手数料も比較的安めに設定されている。

売買注文の方法は窓口、電話、インターネットなどいろいろある。代金決済を便利にするなら「証券総合口座」がおすすめ!

POINT

「証券総合口座」ってなに?

大手、準大手の証券会社で扱っている「証券総合口座」は、多彩なサービスをひとまとめにしたもの。このサービスを利用すると、預け入れたお金は「MRF」と呼ばれるファンドに自動的にプールされ、ここを基本に売買代金や手数料の決済が行われます。MRFの金利は銀行の普通預金より高くなっているのでおトクです。

証券総合口座 多彩な用途をひとまとめにした、証券会社の顧客管理サービス。証券総合口座専用ファンドであるMRFを使って余剰資金の自動運用をすることができます。

「一般口座」と「特定口座」はどう違うの？

「特定口座」は税制改革の目玉商品!?

Let's open accounts !

特定口座制度を活用すれば、証券会社が源泉徴収を行うことにより確定申告をしなくてもすみます。メリット、デメリットを把握して賢く活用しましょう。

特定口座の開設には必ず申し込みが必要

証券税制の大幅な改革の一環として、2003年1月から新たに**特定口座**と呼ばれる制度が登場しました。

特定口座とは、証券会社が税金を**源泉徴収**してくれることにより、投資家が確定申告をしなくてもすむ口座。株の売却益への課税方法が申告分離課税に一本化されたのを受けて、確定申告になじみの薄い個人投資家の負担をなるべく減らすことを目的に設けられました。

この口座を利用するためには、証券会社に特定口座の開設の申込みをする必要があります。ただし、特定口座は**1証券会社に1人1口座**しか作ることができません。また、なかには特定口座制度を導入していない証券会社もありますので、事前に確認が必要です。

2つの「特定口座」それぞれの特徴は？

特定口座には、「**源泉徴収ありの特定口座**」と「**源泉徴収なしの特定口座**」の2タイプがあります。

投資家は、その年の最初の売却までに源泉徴収あり、なしの選択を行います。いったんどちらかを選択すると、年が変わるまでは変更ができないので注意しましょう。

源泉徴収ありの特定口座を選択した場合には、取引で売却益が出るたびに、証券会社が税金を源泉徴収して税務署に納めてくれます。ただし、年間を通しての売却益が20万円以下であれば本来、税金を支払う必要はありませんが(※)、このような場合でも、いったん源泉徴収された税金は戻ってきません。

特定口座を開設すると、証券会社では、1年間の売買損益を取りまとめた**年間取引報告書**を作成してくれます。源泉徴収なしの特定口座を選択した場合には、年間の売却利益が20万円を超えると**確定申告**をしなければなりませんが、この「年間取引報告書」を添付すれば比較的簡単な手続きで確定申告をすることができます。

どの口座にも一長一短がある!?

従来型の口座である**一般口座**の場合にも、売却益が20万円を超えたら確定申告をする必要があります。

ただし、特定口座と違って、「年間取引報告書」は作成されません。取引のたびに送付される**取引報告書**をもとに、自分で年間の損益を計算する必要があります。

（※）年間給与所得が2,000万円以下の給与所得者で、かつ、株の売却利益を含めた、給与所得や退職所得以外の他のすべての所得合計額が年間20万円以下である場合。

一般口座と特定口座はココが違う！

	口座の開設方法	メリット	デメリット	取引の報告	税　金	こんな人におすすめ
一般口座	特定口座に申し込まなければ自動的に一般口座で扱われる	以前の口座がそのまま使える。「みなし取得価格の特例」が使える	年間の利益が20万円を超えると確定申告が必要	「取引報告書」のみ。年間の取引は自分で管理する	自分で申告する	変更手続きが面倒な人
源泉徴収なしの特定口座	特定口座開設届出書を提出	「年間取引報告書」を使って比較的簡単に確定申告できる	年間の利益が20万円を超えると確定申告が必要	証券会社が「年間取引報告書」を作成してくれる	自分で申告する	年間の売却益が20万円以下の見込みの人
源泉徴収ありの特定口座	特定口座開設届出書を提出	原則として確定申告は不要	源泉徴収された税金は年間の利益が20万円以下でも還付されない	証券会社が「年間取引報告書」を作成してくれる	売却益が出るたびに源泉徴収される	確定申告をするのが面倒な人

POINT

特定口座には、「源泉徴収ありの特定口座」と「源泉徴収なしの特定口座」がある。それぞれのメリット・デメリットを知って選択しよう！

「みなし取得価格の特例」とは？

株の売却益を計算する際に、実際の取得価格ではなく、特定の日の終値の80％を取得価格と「みなし」て、課税金額を計算してもよいとする制度。

特定を使った方がいい場合は？	実際の取得価格がみなし価格より低い場合には、特例を適用するほうが得をする
特定の日とは？	2001年10月1日
みなし取得価格とは？	2001年10月1日の終値の80％
対象となる売買の期間は？	2001年9月30日以前に購入した株を、2003年1月1日から2010年12月31日の間に売却した場合

（例）

2000年5月 購入
A社株　1000株
実際の取得価格700円
購入金額70万円

2001年10月1日
A社株
終値1000円

A社株のみなし取得価格
＝1000×80％＝800円
（1000株のみなし購入金額＝80万円）

2004年4月1日 売却
A社株　1000株
売却価格1200円
売却金額120万円

売却益は…？
●通常の計算の場合
120万円-70万円＝50万円
●特例を適用した場合
120万円-80万円＝40万円

特例を適用した方が売却益が少ない。したがって、税金を少なくできる！

申告分離課税　1年間の株の売却益について、他の所得と分離して確定申告をする方法のこと。売却益への課税は、2003年1月から申告分離課税に一本化されています。

株はいくらから買うことができるの？

最低購入金額は「株価×1単元」が原則

Let's open accounts !

はじめて株式投資をする人にとって、いくらあれば株が買えるのかは気になるところ。売買の単位についてポイントを押さえておきましょう。

株を売買できる最小単位は「1単元」

株は自分の都合に合わせて好きな株数だけ自由に売買できるというわけではありません。それぞれの銘柄ごとに売買単位が決まっており、特定の場合を除いて、100株や1、000株というまとまりで売買しなければなりません。

この、売買が可能な最小単位は**1単元**と呼ばれています。

例えば、株価が700円、1単元が100株の銘柄であれば、最低購入金額は7万円となります。1株の株価が同じ700円でも、単元が1000株のA社（700円×100株＝7万円）と1、000株のB社（700円×1、000社＝70万円）では、投資に必要な金額（最低購入金額）が10倍も違ってくることになります。

額面株式の廃止で投資がより身近に！

何年か前まで、株には**額面株式**と**無額面株式**がありました。

額面株式とは、1枚の株券の表記が「額面50円で1、000株」というようになっているもの。上場企業の多くが採用していた50円額面の株は1、000株が1単位となっているため、株価が高額な株の場合には最低購入金額が大きくなりすぎて、個人投資家には手が出しづらいという問題がありました。

そこで、2001年10月の商法改正で、企業が定款で1単元の株数を定めることができる**単元株制度**が導入されました。これ以後、株式会社が発行する株はすべて無額面株式となったのです。

例えば、株価が2、000円の企業が1単元を1、000株から100株に変更した場合、最低購入金額は200万円から20万円に下がることになります。これによってお手頃な金額で株を買うことができる銘柄が増え、株式投資はより身近なものになったのです。

単元未満株はどう処分すればいいの？

しかし実際には、株式分割や株式積立などにより、単元に満たない端数が生じる場合も多いものです。

また、ミニ株の場合には1単元の10分の1の単位で売買を行います。こうした1単元に満たない株は**単元未満株**と呼ばれています。

単元未満株は、証券会社との**相対取引**や**買取請求**により売買することができます。

1単元と最低購入金額

	株価	1単元	最低購入金額
A社	700円	100株	700円×100株＝7万円
B社	700円	1,000株	700円×1,000株＝70万円

株価が同じでも1単元が
100株か1,000株かによって
最低購入金額は10倍も違ってくる！

■いろいろな売買単位

売買単位（1単元）	銘柄
1株	NTT
	JR東日本
10株	日本テレビ
	アコム
100株	トヨタ自動車
	ソニー
500株	ダイエー
	アサヒ飲料
1,000株	新日鉄
	全日空

POINT

株の最低購入単位は「1単元」が原則。ただし、端数の株でも「相対取引」「買取請求」で売買できる！

単元未満株を処分するには？

株式分割　株式積立　ミニ株

単元未満株が発生！

1単元に満たない端数の株でも配当金や株式分割を受けたりすることはできるが、市場で売買することは不可能

買取請求
発行会社（企業）に請求して買い取ってもらう

相対取引
個別に証券会社に掛け合って買い取ってもらう

買取請求 企業が定款で単元未満株の株券を発行しないことを定めた場合に、株券がなくても端数の株を売却することができるという株主の権利のこと。

株は好きなときにいつでも買えるの？

立ち会い時間は前場と後場に分かれている

Let's open accounts !

インターネット取引で夜中でも売買注文が出せる時代。でも、実際に取引が成立するのは証券取引所の立ち会い時間中だけなのです。

取引が成立するのは「立ち会い」の間だけ

証券取引所に証券会社からの売買注文が集まり、取引が行われている時間のことを**立ち会い時間**といいます。

立ち会い時間は、午前と午後の2部に分かれています。東証の午前の立ち会い（**前場**）は9時から11時まで、午後の立ち会い（**後場**）は12時半から15時まで。土曜、日曜、祝日と年末年始（12月31日～1月3日）を除いて、毎日行われています。

毎年、1月4日（休日の場合には翌営業日）の取引開始日を**大発会**、12月30日（休日の場合は直前の営業日）の取引終了日を**大納会**といいます。大発会、大納会については例外的に前場のみの立ち会いとなっていることも覚えておきましょう。

立ち会いに関わる用語をチェック！

株式用語には証券取引所の立ち会い時間を基準にしたものがたくさんあります。

毎日9時と12時半の立ち会い開始時は**寄り付き**と呼ばれています。また、前場の終了時を**前引け**、後場の終了時を**大引け**といいます。

寄り付きから大引けまでの時間と取引は、総称して**ザラ**

証券取引所の立ち会い時間

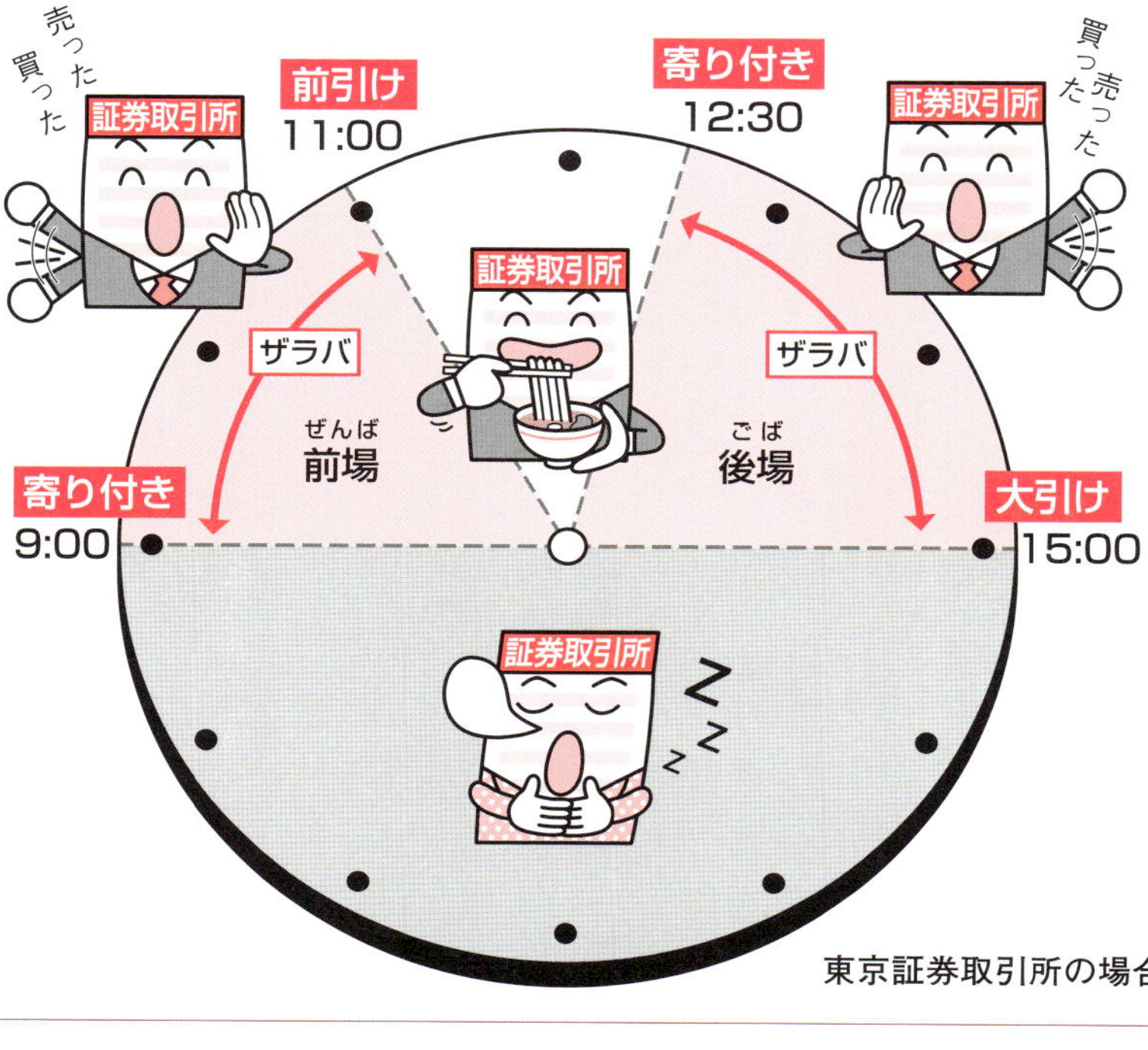

東京証券取引所の場合

バと呼ばれています。

ザラバ中、株価は刻々と変化を続けます。このザラバ中の株価と区別するために、寄り付きで成立した株価は**寄り付き値**、立ち会い時間の最後に成立した株価は**引け値**と呼ばれます。また、後場の寄り付きで成立した株価は「後場寄り」とも呼ばれています。

夜のニュースなどで「本日の日経平均株価は、前日から○円安の○○円でした」などと報道されますが、この場合の株価は大引けでの引け値、つまり終値を基準にしています。

売買注文はいつ実行される？

立ち会い中に証券会社が投資家から受けた売買注文は、すぐに証券取引所に伝達されます。ですから、成り行き注文であれば、ほとんどの場合、ほどなくして取引が成立します。立ち会い開始時や、立ち会い終了時というように指定して売買注文を出すこともできます。

証券会社では、営業時間外でも担当者がいれば、売買注文を受け付けてもらうことができます。

また、インターネット取引の場合には、夜中でも売買注文を出すことができます。立ち会い時間外に証券会社にプールされた売買注文は、翌日の寄り付きに一斉に実行されることになります。

「ザラバ」が意味するもの

「ザラバ」は「ザラ場」とも書きます。その語源は「ザラにある普通の場」。なんとも頼りない株式用語と思われるかもしれません。しかし、立ち会い時間中継続して売買注文を個別に成立させる「ザラバ方式」は株式市場にとって欠かせないもの。「ザラバ」は意外と重要な存在なのです。

POINT

株の売買ができるのは、前場（9時～11時）と後場（12時半～15時）の「立ち会い時間」中が原則。

証券取引所の年間スケジュール

1月 1日・2日・3日　お休み
4日　大発会（前場のみ）
12月30日　大納会（前場のみ）
31日　お休み

※土曜、日曜、祝日はお休み
※1月4日、12月30日が休日にあたる場合は予定が変わることも

立ち会い　立ち会い時間中に行われる通常の取引が「立会内取引」と呼ばれるのに対し、時間外でも取引できる「立会外取引」も存在します。こちらは、機関投資家の大口の注文に証券会社が個別に対応する場合に利用します。

売買代金決済の流れを押さえておこう

受け渡しをするのは取引成立から4営業日目

Let's open accounts !

売買注文を行うと、どのような流れで株券やお金が動くのでしょうか？ 注文から取引成立、受け渡しまでの流れを押さえておきましょう。

売買代金決済の流れを押さえよう

売買注文を出すときには、とにかく正確にその内容を伝えることが大切です。

買い注文の場合には、購入したい銘柄名（**証券コード**）、株数、市場、買い注文であることなどをはっきりと伝えます。

また、**指し値注文**か**成り行き注文**（120ページ参照）かといった注文方法、指し値注文の場合には、価格と本日限りなのか、今週いっぱいなのかといった注文の**有効期限**なども間違いなく伝えましょう。

取引が成立すると、2〜3日後に証券会社から取引の内容を記した「取引報告書」が送られてきますので、銘柄名や株数などに間違いがないか、確認を行いましょう。

初回は概算金の預け入れが必要

はじめてその証券会社を使って売買注文を行うときには、あらかじめ**概算金**を預け入れておくことが必要です。概算金がいくら必要なのかは証券会社によって異なります。

取引が成立すると、その日を含めて**4営業日目**に受け渡し（決済）が行われます。

原則として、買い注文の場合には代金を払って株券を受け取り、売り注文の場合には株券を渡して売却代金を受け取ります。概算金を預け入れてある場合には、差額を清算します。

また、受け渡しと同時に、証券会社から「受け渡し計算書」が渡されます。約定代金など、記載されている内容に間違いがないかを確認しましょう。

なお、株券そのものは受け渡し時に間に合わない場合もあります。また、保管振替制度を利用している場合には実際に株券のやりとりは行われません。

手数料や税金も予算に組み入れよう

取引をする際には、「売り」と「買い」、それぞれに**売買委託手数料**が必要になります。売買委託手数料は証券会社によってかなり異なるので、事前に調べておきましょう。

また、売買委託手数料に対する消費税、名義書き換え手続料、口座管理料、税金などが必要になることもあります。決済の際、お金が不足しないように、どのような手数料がいくらかかるのかを前もって把握しておきたいものです。

売買代金決済の流れ

取引口座を開設 → 概算金を預け入れる → 売買注文を出す → 取引成立 → 受け渡し（決済）

取引成立の日を含めて4営業日目

口座開設と同時に受け渡し（決済）に使う銀行口座なども指定する。

初回注文時には必須の証券会社がほとんど。必要金額は証券会社によってまちまち。

概算金が十分にある場合には、取引口座から自動的に引き落とされる。

POINT

受け渡し（決済）がされるのは**取引成立の日**を**含めて4営業日目！** はじめて**取引**をする**場合**には、あらかじめ**概算金**の**預け入れ**が**必要**。

4営業日目の数え方

取引成立①（6） 受け渡し日①（9）

日	月	火	水	木	金	土
				1	2	3
4	5	6	7	8	9	10
11	12	13	14	15	16	17
18	19	20	21	22	23	24
25	26	27	28	29	30	

取引成立②（13） 受け渡し日②（19）

受け渡し日は4営業日目。証券会社の休日はカウントしないことに注意！

注：■は証券会社がお休み

取引が成立した価格（約定値段）に株数を掛けたもの。約定代金がいくらなのかは、取引報告書などに必ず記載されています。

買った株はどうやって保管すればいいの？

「保護預かり」と「名義書き換え」のしくみ

Let's open accounts !

ときには1枚で数
を持つ株券。自宅
かと不安です。こ
方法について見て

保管方法には3つの選択肢がある！

株を買った場合には、4営業日目に代金と株券の受け渡しをするというのが売買代金決済の原則です。

しかし、実際には株の現物をやりとりすることはあまりありません。なぜなら、株券を家のタンスにしまっておいたり、頻繁に持ち運んだりすると、火災や盗難などの被害に遭わないとも限らないからです。

こうしたことから、タンスにしまっておく以外の株の保管方法として**保護預かり**という制度が設けられています。

もっとも一般的なのは、証券会社を通じて**ほふり**（証券保管振替機構）に預かってもらう方法で、**保管振替制度**と呼ばれているシステムです。

保管振替制度を利用すると、自分で**名義書き換え**の手続きをしなくても、実質株主として届出をすることで、配当金や株主優待、株式分割といった株主の権利が受けられます（16ページ参照）。

もうひとつの保護預かりが、証券会社に株券を預かってもらう方法です。この場合には、取引成立後の受け渡し時に、証券会社で株券を保管していることを証明する**預り証**を発行してもらうこと

株券の保管方法

		メリット	デメリット
自分の手元で保管		どの銘柄を何株持っているのかが一目瞭然	火災や盗難などの被害に遭う可能性がある
保護預かり制度を利用	証券会社	証券会社が株券を預かってくれる	保護預かり料（口座管理料）が必要な場合も 名義書き換え中は売却できない
保護預かり制度を利用	保管振替制度	ほふり（証券保管振替機構）が株券を預かってくれる（P68参照）。基本的に名義書き換えは不要	権利確定日と株主優待の割当基準日が異なる場合は名義書き換えが必要

になります。

保護預かり料（口座管理料）は証券会社によってまちまち。なかには無料という証券会社もありますので、調べてみるとよいでしょう。

「名義書き換え」は早めの手続きが吉

株主としての権利を得るためには、**保管振替制度**を利用して実質株主としての届出をするか、**株主名簿**に登録してもらう必要があります。株券を証券会社から受け取り、家に持って帰ってタンスのなかにしまっておくだけでは株主として認められたことになりません。

株主名簿に登録してもらうためには、**名義書き換え**を行う必要があります。

名義書き換えの手続きは各証券会社で代行してくれますが、企業ごとに指定されている証券代行会社や信託銀行（名義書き換え代行機関）へ行けば、自分でも行えます。

保護預かり制度を利用している場合に名義書き換えを依頼すると、通常2～3週間かかります。この間は株券が書き換えに出されているので、株を売ることができません。特に、決算前には書き換えに1カ月近くかかることもあります。

さらに、企業は決算後、いったん名義書き換えを停止して株主名簿を整理し、株主を確定する作業を行います。この間も名義を書き換えることができません。

なお、2004年の商法改正により、2009年度までにすべての上場企業で株券が廃止になり、電子・ペーパーレス化されることになりました。名義書き換えをせずに株券を持ち続けていると株主として認められなくなる可能性もあるので、名義書き換えや証券口座への入庫など早めの対策が必要です。

POINT

株券の保管方法は「自分で保管」「証券会社で保護預かり」「保管振替制度」の3つ。保管振替制度を利用しない場合は「名義書き換え」が必要。

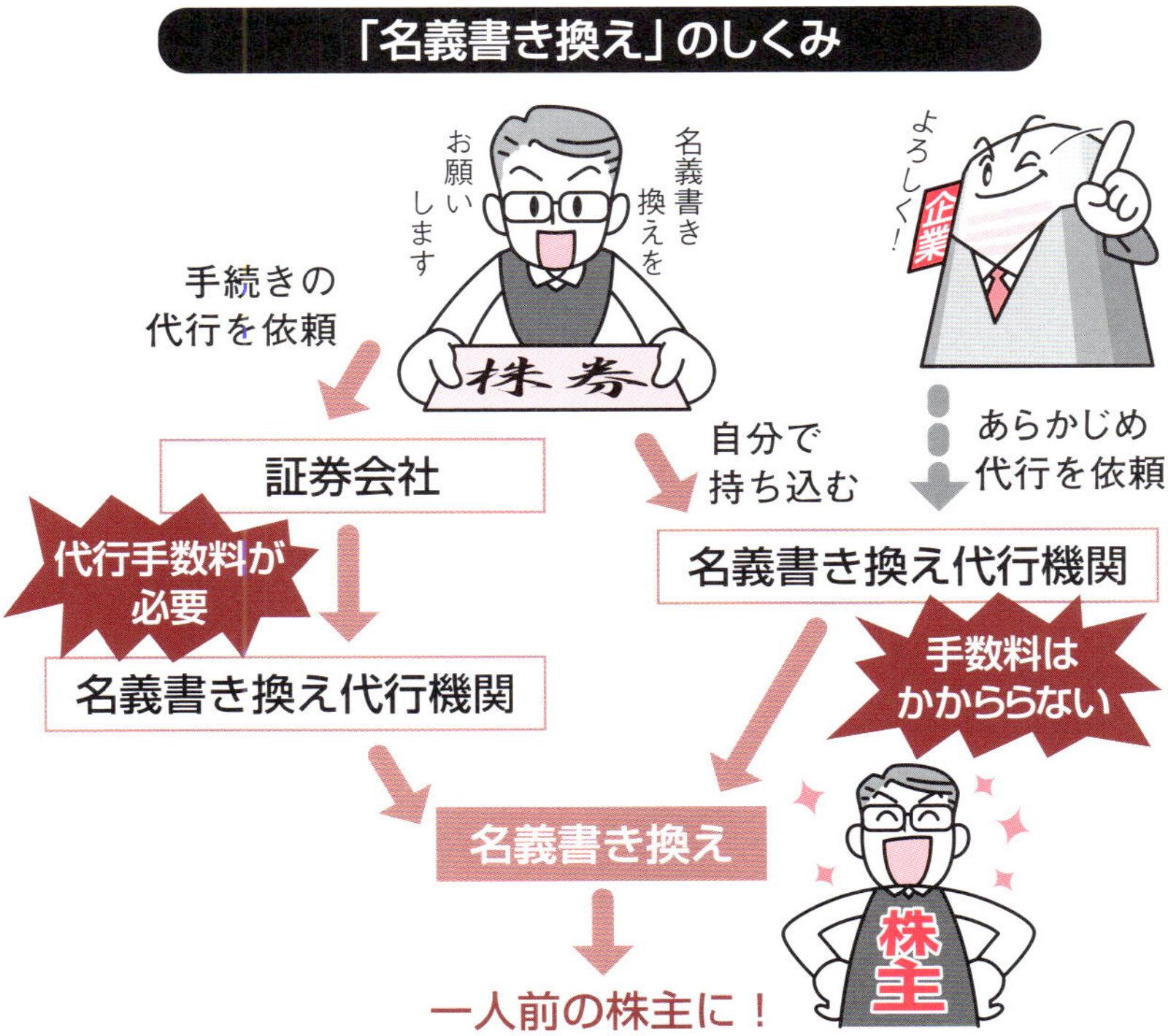

保管振替制度 株を購入後、証券会社へ「実質株主届出書」を提出すれば、名義書き換えをしなくても株主としての権利を得られる制度のこと。株の名義はほふり（証券保管振替機構）となります。

いまどきの保管の常道は「保管振替制度」

ますます身近になる「ほふり」のしくみ

Let's open accounts !

これから株式投資をはじめる人は、ほとんどが「ほふり」のお世話になります。「ほふり」とはいったいどんな組織なのでしょうか?

約6割の株券が保管されている

保管振替制度とは、株券を「証券保管振替機構」に集め、一括して管理するという株券の保管制度です。証券保管振替機構は通称**ほふり**と呼ばれます。現在、日本における発行済み株式の約6割の株券をこの「ほふり」が保管しています。

保管振替制度を使うと、株券そのものの受け渡しをせずに、コンピュータネットワークを通じて口座の振替を行うだけで、株券の持ち主を変更することができます。例えるなら、銀行の口座振替のようなイメージです。

保管振替制度は近年、急速に普及してきています。証券会社では、自社で「保護預かり」にしている株券についても、投資家本人の承諾を得たうえで、徐々に「ほふり」への預託を進めています。

これからはじめて株式投資をする場合にも、特別な事情がない限り、「ほふり」を利用することになります。現在でも、ネット取引の場合には、「ほふり」のみの扱いとしているケースがほとんどです。

名義書き換えなしに「株主」になれる!

「ほふり」に集められた株券は、すべて「ほふり」名義に書き換えられて保管されることになります。

株を買った投資家は、証券会社に**実質株主報告届出書**を提出します。届出書を受け取った証券会社は「ほふり」に対して「実質株主」の報告を行います。

「ほふり」では、決算期末の権利確定日の時点で、それぞれの企業に対して実質株主を通知します。企業は、この連絡に基づいて「実質株主名簿」を作成し、株主総会の案内状を送ったり、配当金の支払いを行ったりするというわけです。

つまり、「ほふり」に株券を預託すると、名義書き換えをしなくても「実質株主」として扱われるため、株主と同等の「実質株主権」が行使できるということです。これが**実質株主制度**と呼ばれるものです。

注意したいのは、「実質株主名簿」が作成されるのは、ほとんどの場合、本決算と中間決算のときだけだということ。つまり、株主としての権利確定日と株主優待の割当基準日などが異なる場合には、「ほふり」から株券を引き出し、いままで通りの手続きで名義書き換えをしなければ、株主優待が受けられなくなってしまいます。

「保管振替制度」のしくみ

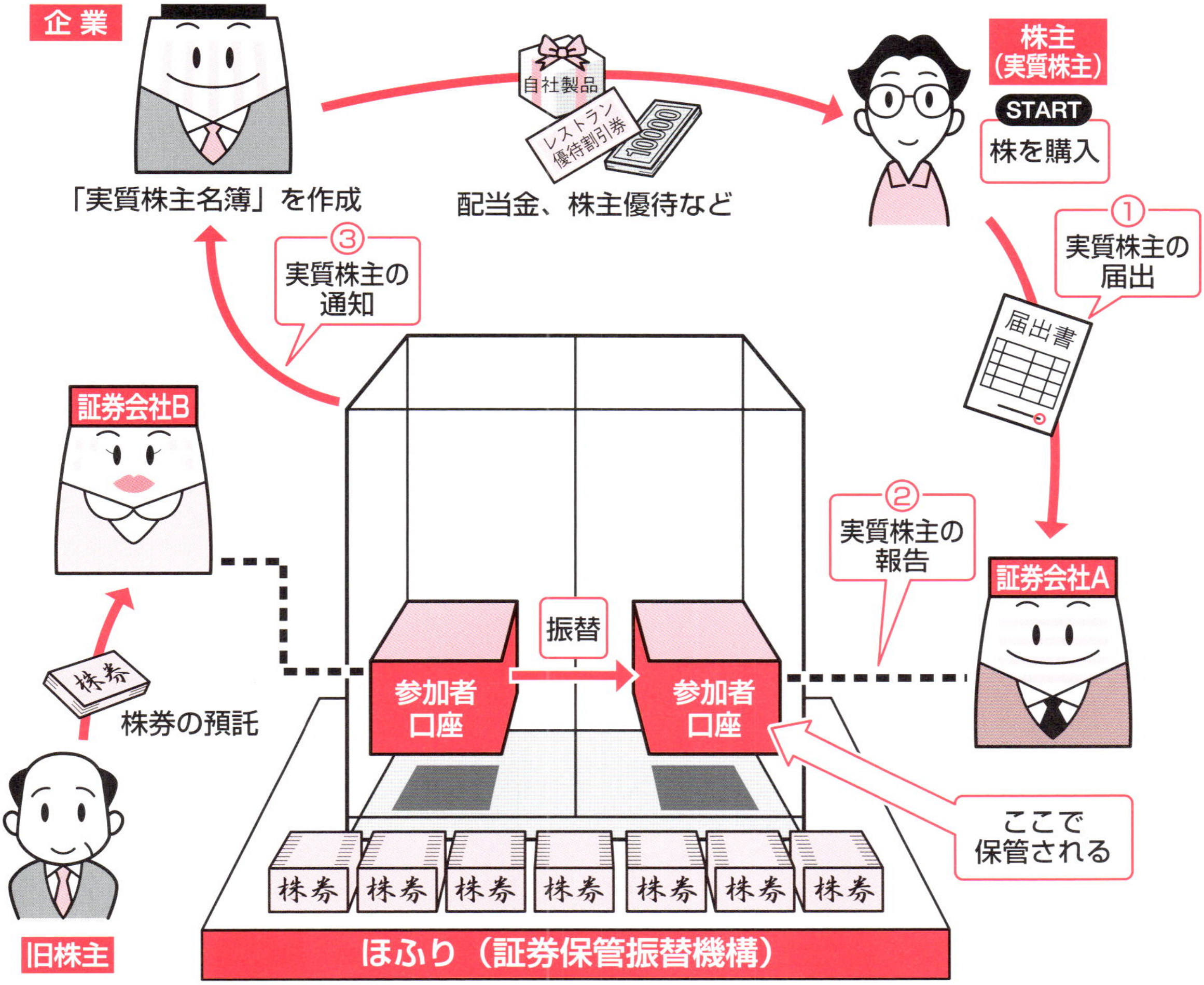

「ほふり」ではコンピュータネットワークで名義の移動を処理するため、実際の株券は保管されるだけ

「ほふり」には、**発行済み株式の約6割の株券が保管**されている。**名義書き換えが不要**なので、いつでも**株を売却可能！**

POINT

「ほふり」の歴史

1984年、「株券等の保管及び振替に関する法律」の制定とともに、(財) 証券保管振替機構が設立されたのがはじまりです。1985年には法務大臣及び大蔵大臣（当時）から保管振替機関の指定を受け、1991年10月から日本で唯一の保管振替機関として事業を開始しました。現在は、株式会社化されて運営されています。

実質株主 実質株主は、「包括指定口座」か「個別指定口座」のどちらかを選択します。個別指定口座を選択すると、実質株主名簿に記載される際に、銘柄・株数ごとに株主となる名義人を指定することができます。

COLUMN

Vol.3

証券会社が破たんしたらどうなるの？

「分別管理」が徹底されているので安心！

ほとんどの人が、購入した株券を自分の手元に置かず、証券会社や「ほふり」での保護預かりにしています。また、買いどきを逃さないために、あらかじめまとまった預かり金を取引口座に預け入れている人も多いはずです。

では、もしも証券会社が破たんしたら、これらの株券や預かり金はどうなってしまうのでしょうか？

銀行や生命保険会社では、預金者や契約者から集めた資金を、自分たちの資産として貸し出しに回したり、運用したりしています。しかし、証券会社の場合には、投資家から預かった株券や預かり金を、証券会社自身の資産と明確に区別して「分別管理」することが義務付けられています。

株券については、「ほふり」に預けられて保管されているケースが一般的です。特にネット取引の場合には、ほとんどの株券が「ほふり」に預けられているといっても過言ではありません。

「ほふり」に預けられている株は、すべて「ほふり」の名義に書き換えられ、投資家の名前は「実質株主」として登録されています。つまり、証券会社とは無関係ということです。ですから、証券会社が破たんしても、請求すれば株券は確実に投資家のところに戻ってきます。

一方、預かり金は、すべて信託銀行に預けられています。つまり、これも証券会社の資産とは区別して保管されていますので安心です。MRFを利用している取引口座の場合には、MRFという投資信託を買っていることになりますので、そのお金は買った証券会社と関係なく、信託銀行が管理していることになります。

第4章
インターネットで取引しよう

インターネット取引は魅力がいっぱい！

インターネット証券にはこんな商品やサービスがある

インターネット証券はココで選ぶ！

インターネット証券に口座を開設しよう

インターネットで売買注文を出してみよう

インターネット取引の意外な落とし穴

インターネット取引は魅力がいっぱい！

すでに個人投資家の約70パーセントが利用している

Let's trade with internet!

売買委託手数料の自由化で投資人口が爆発的に増加したインターネット取引。人気の秘密はなんなのか、その魅力を探ってみましょう。

株式投資の間口を広げたネット取引

株式投資に興味はあるけれど、忙しくてなかなか証券会社に足を運べない、仕事の関係で営業時間中に売買注文を出すことができない、という人は多いはずです。

そんなとき強い見方になるのが、パソコンや携帯電話の端末さえあればいつでもどこでも取引ができる**インターネット取引**（以下、ネット取引）です。これは、**オンライントレード**または**ホームトレード**とも呼ばれています。

１９９９年に売買委託手数料が自由化されたのを契機に、ネット取引で株式投資をする人は爆発的に増加しています。

ネット取引を専門とする証券会社も次々と登場しました。ある調査によれば、すでに個人投資家の約70パーセントがネット取引を利用しているという結果も出ています。

ライフスタイルに合わせて楽しめる！

ネット取引の魅力は挙げていくと数え切れないほどあります。

忙しい合間をぬって証券会社の支店まで手続きに出向く必要がなく、深夜や早朝でも売買注文を出したり、情報

インターネット取引のしくみ

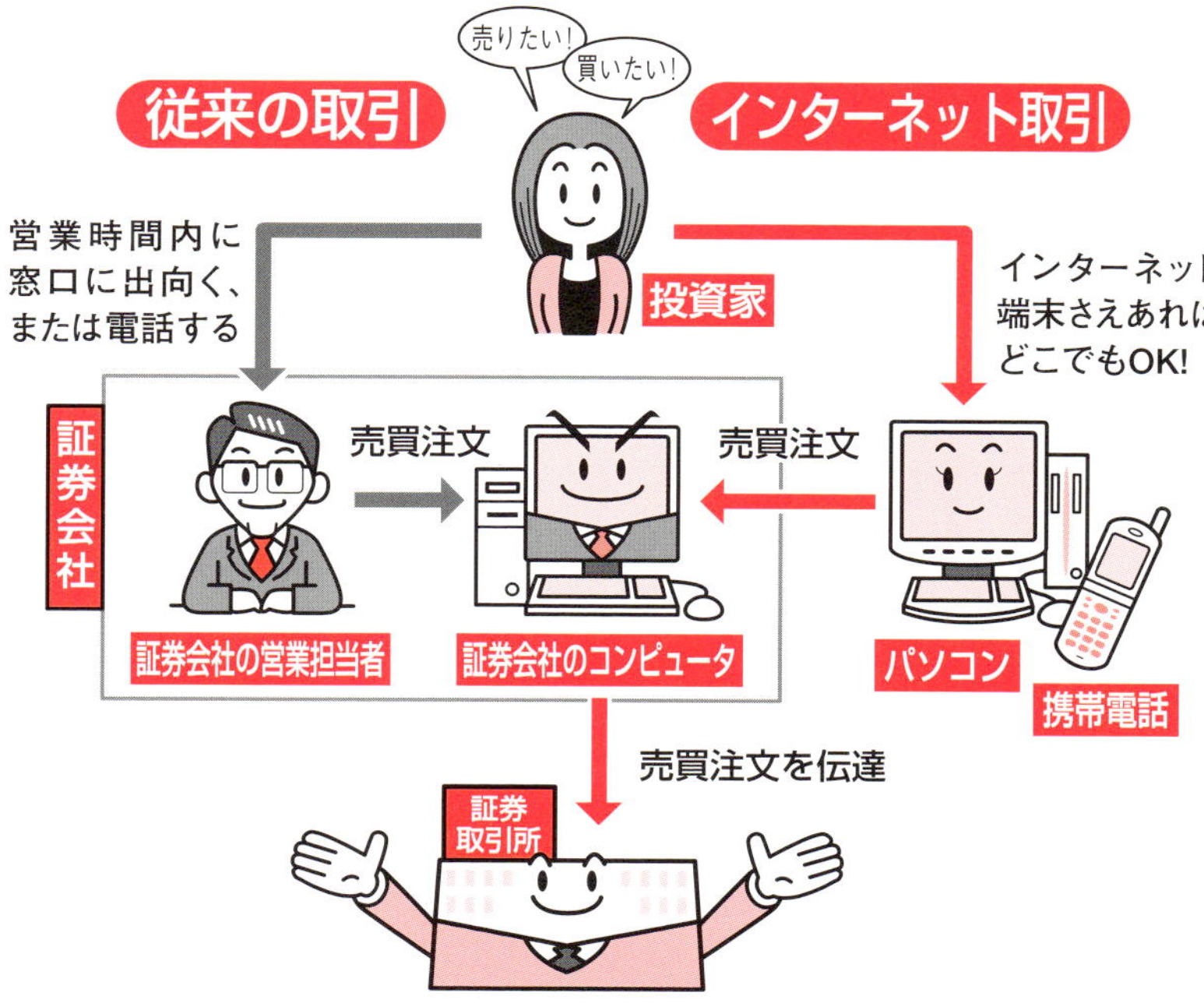

の閲覧をしたりできます。パソコンや携帯電話の端末さえあれば、自宅や仕事場に限らず、どこからでも売買注文を出すことができます。様々なライフスタイルの人々が自分の都合に合わせて利用できることは大きな魅力といえるでしょう。

また、最大のメリットは**売買委託手数料が安い**こと。

少額投資をする人にとって、手数料が高いことは大きな痛手になります。その点、売買委託手数料の安いネット取引なら、少額投資でも利益を得られるチャンスはぐんと広がります。

ネット取引は初心者にピッタリ！

株式投資を始めたいけれど、証券会社の敷居がちょっと高くて…と思っていた人でも、ネット取引なら気軽に始められます。

証券会社の営業担当者と直接話さなくてもよいので、初心者だからといって気兼ねすることなく、自分のペースで取引ができます。少額投資でも引け目を感じる必要はありません。

また、証券会社によっては、自社のホームページで初心者向けの投資入門を丁寧に解説しているところも。これから株式投資を始めようと考えているなら、ぜひネット取引を活用したいものです。

「夜間取引」が可能なネット証券も登場！

ネット証券は夜中でも売買注文が出せるだけではありません。なかには注文の予約にとどまらず、実際に売買ができてしまうネット証券もあるのです。マネックス証券の「マネックスナイター」は、証券取引所を通さず、私設取引システムを使って投資家どうしの売買注文を仲介するというもの。このシステムによって、3,000以上の銘柄が夜の23時59分まで取引可能。ネット証券は夜も眠らないのです。

POINT

インターネット取引なら、いつでもどこでも売買注文が出せる！最大の魅力は、売買委託手数料の安さだ。

インターネット取引のメリット

1 証券会社に出向かなくてもいつでもどこでも売買注文が出せる

2 売買委託手数料が比較的安い！

3 いつでも注文状況や約定結果の確認ができる

インターネット取引に必要なもの

1 **インターネット端末**
安価なパソコンでもネット取引は十分に可能！

2 **ネットに接続できる環境**
できればADSLなどの常時接続が望ましい

3 **パソコンの知識**
最低限パソコンを操作できるだけの知識

少額投資 その名の通り、少額で投資を行うこと。初心者は少額投資から始めるのが一般的。売買委託手数料が安いネット取引は少額投資にうってつけといえます。

インターネット証券にはこんな商品やサービスがある

証券会社のサービス合戦はますます過熱

Let's trade with internet!

各社が生き残りをかけたサービス合戦を繰り広げているネット証券。ネット取引はこれからますます便利になっていくでしょう。

もっとも競争が熱いのは売買委託手数料

インターネット証券（以下、ネット証券）によって、取り扱っている商品やサービスには少しずつ違いがあります。

大手証券では、ネット取引でも主要な商品をひととおり揃えていますが、中小規模の証券会社やネット取引専門の証券会社では、取り扱い商品が限られているところもあります。

数あるサービスのなかでも、もっとも各社が力を入れているのが**売買委託手数料**を安くすることです。

ジェット証券では、インタ

主なネット証券の売買委託手数料

区分	証券会社	売買委託手数料
三大証券	野村證券「野村ホームトレード」	約定代金が50万円以下なら約定代金の1.05%（最低2,625円）
三大証券	大和証券「ダイワのオンライントレード」	「ダイワ・ダイレクト」コース 約定代金が100万円以下なら約定代金の0.36225%（最低1,050円）
三大証券	日興コーディアル証券「日興イージートレード」	「個別お支払い方式」 1注文の約定代金が100万円以下なら約定代金の0.966%（最低2,100円）
ネット取引専門	イー・トレード証券	「アクティブプラン」 1日に何回取引しても約定代金の合計が50万円までなら一律525円 「スタンダードプラン」 1注文の約定代金が50万円までなら一律525円
ネット取引専門	松井証券	「ボックスレート」 1日に何回取引しても約定代金の合計が300万円までなら一律3,150円 「ミニ・ボックスレート」 1日に何回取引しても約定代金の合計が10万円までなら無料
ネット取引専門	ジェット証券	1注文の約定代金が50万円までなら一律525円
ネット取引専門	楽天証券	「いちにち定額コース」 1日に何回取引しても約定代金の合計が20万円以下なら無料（新規口座開設から3カ月間） 50万円までなら一律525円

2005年6月末現在

ーネットで注文した場合、1回の注文の約定代金が50万円以下なら、売買委託手数料は一律525円。

松井証券では、1日の約定代金合計が300万円までなら、銘柄・売り買い・取引種類・取引回数にかかわらず1日3、150円の定額制手数料とするサービス「ボックスレート」を提供しています。さらに、2004年4月からは、1日当たりの約定代金の合計が10万円以内の少額投資なら売買委託手数料が無料という、新サービスの提供を開始しています。

また、入出金や口座管理料、株券の入出庫などについても**無料**としているネット証券が多いようです。

ネットならではのサービスがたくさん

ネット証券がホームページ上で提供している**情報サービス**は、株式・為替市場の市況情報はもちろん、個別企業の業績情報、アナリストレポート、時事ニュース、企業分析レポートなど多岐にわたっています。

画面上で資産管理、取引履歴の管理ができるのも、ネット取引ならではのサービスといえます。

預かってもらっている資産の明細や、保有している株の時価評価額、評価損益、平均取得単価、過去の取引履歴などを画面上で一覧にして見ることができるのは、利用者にとって大変便利です。

さらに、取引に応じてさまざまな特典が受けられるポイントがたまるサービスを提供している証券会社も。

野村證券の「野村ポイント」は、「JALマイレージバンク」もしくはティーエスキュービックカードの「ポイントプラス」のマイルに交換することができる、うれしいポイントです。

POINT

インターネット証券のサービス合戦は過熱気味。口座管理料、株券の入出庫なども無料の場合も！

ネット証券の代表的なサービス

情報サービス

株式市場全体の市況や企業の業績情報、アナリストレポートなど

株価や約定情報を通知

株価が希望の価格になったり、取引が成立するとメールで知らせてくれる

資産管理・取引履歴管理

保有銘柄の一覧や平均取得単価、過去の取引履歴などをいつでも一覧で見ることが可能

ポイントサービス

取引ごとにポイントが貯まり、貯まったポイントはクレジットカードやマイレージポイントとして使用できる

アナリストレポート 証券会社や運用会社の調査部門に所属しているアナリストが、投資理論、財務分析、経営者へのインタビューなどをもとにした投資価値の分析をまとめたレポートです。

インターネット証券はココで選ぶ！

投資スタイルに合った証券会社を選ぼう

Let's trade with internet!

証券会社によって取り扱い商品やサービスは多種多様。さまざまなタイプのなかから自分に合ったネット証券を見極めたいものです。

ネット取引の最大の魅力は格安な売買委託手数料にありますが、手数料が安いからという理由だけで単純に証券会社を選ぶのは危険です。手数料はもちろん、それ以外のさまざまな条件についてもよく吟味することが大切です。

本書の付録CD-ROMには主なネット証券の**URLリンク集**が収録されています。これを活用すると便利です。

多くのネット証券を比較検討しよう

ネット証券を選ぶ場合には、店頭での取引の場合と異なり、支店数や立地条件などを考慮する必要がありません。しかし、手数料やサービス内容には一般の証券会社以上の開きがあります。

各社のホームページには、手数料や取り扱い商品、提供中の情報サービス、セキュリティシステム、サポート体制など、幅広い情報が公開されていますので、まずはいろいろなネット証券のホームページをひととおりのぞいてみるとよいでしょう。

決め手は手数料と商品ラインナップ

それでは、ネット証券を比較検討する際の主なポイントをいくつかご紹介しましょう。

まずは、売買委託手数料、

ネット証券選びの主なポイント

1 コスト
売買委託手数料の料金体系は？
口座管理料は有料か無料か？

2 取り扱い商品
ジャスダック銘柄やミニ株などの取り扱いがあるのか？

3 サービス内容
売買注文の受付時間は？
どんな注文方法があるのか？

4 情報サービス
どんな情報サービスが受けられるのか？
有料か無料か？

5 操作性
画面は見やすく、使い勝手がよいか？

6 システム
セキュリティは安全か？
トラブル発生時の対応は？

などの**コスト**です。

売買委託手数料は証券会社によって料金体系が大きく異なります。どのくらいのお金を使って株式投資をすることになるのか予算の見当をつけてから、その金額に合わせて手数料を試算する必要があります。

ジャスダック銘柄やミニ株を扱っているかといった、**取り扱い商品**のラインナップも必ず確認しておきましょう。

また、パソコンには、大きく分けて**ウィンドウズ**と**マッキントッシュ**の2タイプがあります。システムがウィンドウズにしか対応していないネット証券もあるので、マッキントッシュを使っている人は注意が必要です。

投資スタイルに合わせて選ぼう

ネット証券は、手数料は高めでも情報サービスが充実しており、必要に応じて店頭でもアドバイスを受けることのできる**フルサービスタイプ**と、手数料が格安な代わりに店頭でのサービスはまったくない**ディスカウント・ブローカータイプ**に大きく分けられます。

ネット証券の主流は、ディスカウント・ブローカータイプですが、店頭でもいろいろと相談したいという人にはフルサービスタイプがおすすめです。

注文画面の操作性もチェック！

売買注文をすべて画面上で入力することになるネット取引では、注文画面が操作しやすいかどうかということが超重要。画面のデザインや文字の大きさは証券会社によって実にまちまち。ほとんどの証券会社で注文画面のデモページを見ることができるので、実際に取引を申し込む前にチェックするとよいでしょう。

POINT

手数料や取り扱い商品、情報サービス、サポート体制など、ネット証券会社選びの検討項目は多い。

ネット証券選びには比較サイトを使うと便利

インターネット証券を選ぶのに役に立つのが、証券会社比較専門サイトです。自分の望むサービスをチェックして、条件に合致する証券会社をピックアップしたり、一覧表で比べたりできます。

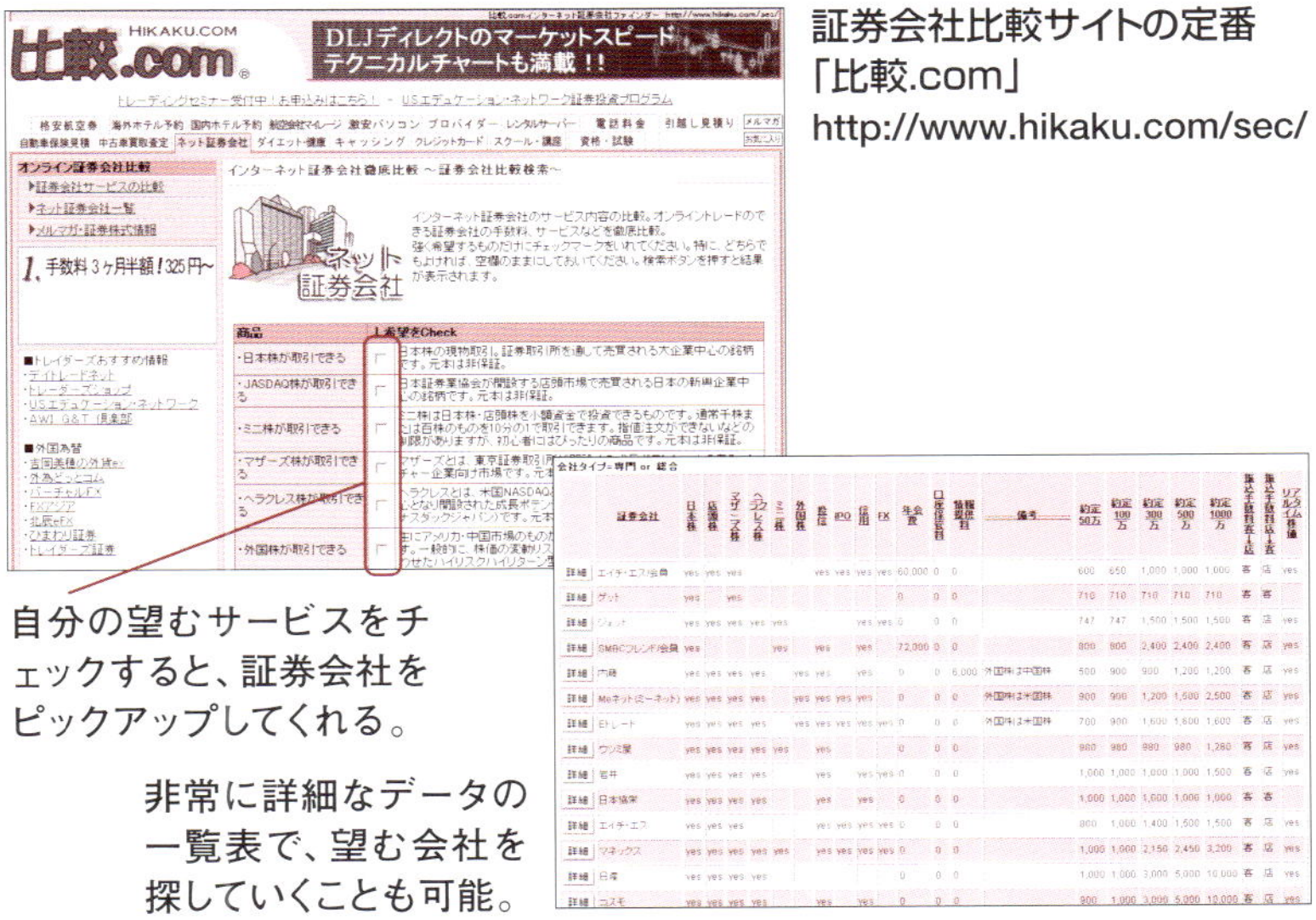

証券会社比較サイトの定番
「比較.com」
http://www.hikaku.com/sec/

自分の望むサービスをチェックすると、証券会社をピックアップしてくれる。

非常に詳細なデータの一覧表で、望む会社を探していくことも可能。

ディスカウント・ブローカータイプ ネット取引を専門とするところはほとんどがこのタイプ。窓口を持たずに営業を行い、コスト削減を図ることで安い売買委託手数料を実現しています。

インターネット証券に口座を開設しよう

ネット取引なら窓口に行く必要なし！

Let's trade with internet!

ネット取引の場合も、通常の取引と同様、まずは口座を開設する必要があります。申し込みから取引開始までの流れを見てみましょう。

ネットと郵送だけで口座開設できる！

　証券会社が決まったら、いよいよお目当てのネット証券に口座開設の申し込みをしましょう。

　ネット取引の場合には、口座開設のためにわざわざ証券会社まで出向く必要はありません。ホームページ上、もしくは電話で口座開設に必要な書類を請求すれば、数日後に必要書類一式が郵送で送られてきます。

　これに必要事項を記入、署名捺印し、**本人確認書類**を添付して返送します。すると、折り返しログインのためのI

口座開設の流れ（イー・トレード証券の場合）

http://www.etrade.ne.jp/

1 口座開設申込書の請求ページ、もしくは電話にて「口座開設申込書」を請求します

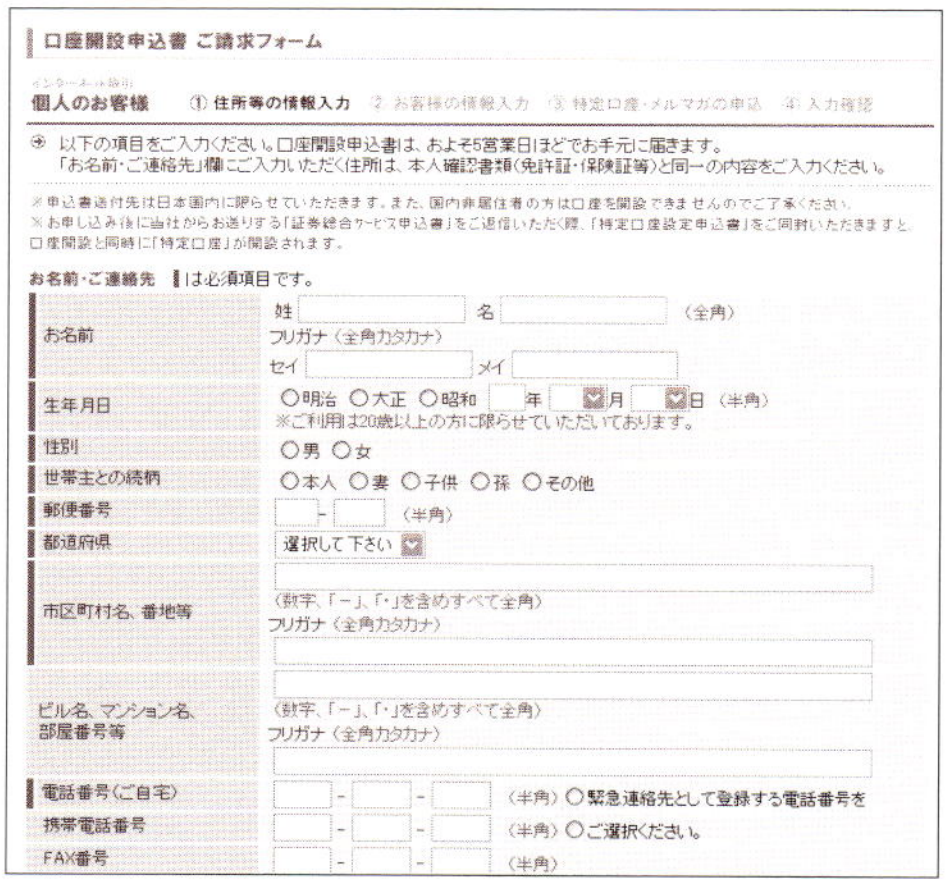

口座開設申込書 ご請求フォーム

インターネット取引
個人のお客様　① 住所等の情報入力　② お客様の情報入力　③ 特定口座・メルマガの申込　④ 入力確認

以下の項目をご入力ください。口座開設申込書は、およそ5営業日ほどでお手元に届きます。
「お名前・ご連絡先」欄にご入力いただく住所は、本人確認書類（免許証・保険証等）と同一の内容をご入力ください。

※申込書送付先は日本国内に限らせていただきます。また、国内非居住者の方は口座を開設できませんのでご了承ください。
※お申し込み後に当社からお送りする「証券総合サービス申込書」をご返信いただく際、「特定口座設定申込書」をご同封いただきますと、口座開設と同時に「特定口座」が開設されます。

お名前・ご連絡先　▌は必須項目です。

お名前	姓　名　（全角） フリガナ（全角カタカナ） セイ　メイ
生年月日	○明治 ○大正 ○昭和　年　月　日（半角） ※ご利用は20歳以上の方に限らせていただいております。
性別	○男 ○女
世帯主との続柄	○本人 ○妻 ○子供 ○孫 ○その他
郵便番号	- （半角）
都道府県	選択して下さい
市区町村名、番地等	（数字、「－」、「・」を含めすべて全角） フリガナ（全角カタカナ）
ビル名、マンション名、部屋番号等	（数字、「－」、「・」を含めすべて全角） フリガナ（全角カタカナ）
電話番号（ご自宅）	- - （半角）○緊急連絡先として登録する電話番号を
携帯電話番号	- - （半角）○ご選択ください。
FAX番号	- - （半角）

口座開設申込書の請求ページ

2 およそ4～5営業日で「口座開設申込書」が郵送で届きます

現状では、ネットだけで口座開設をすませることはできません。

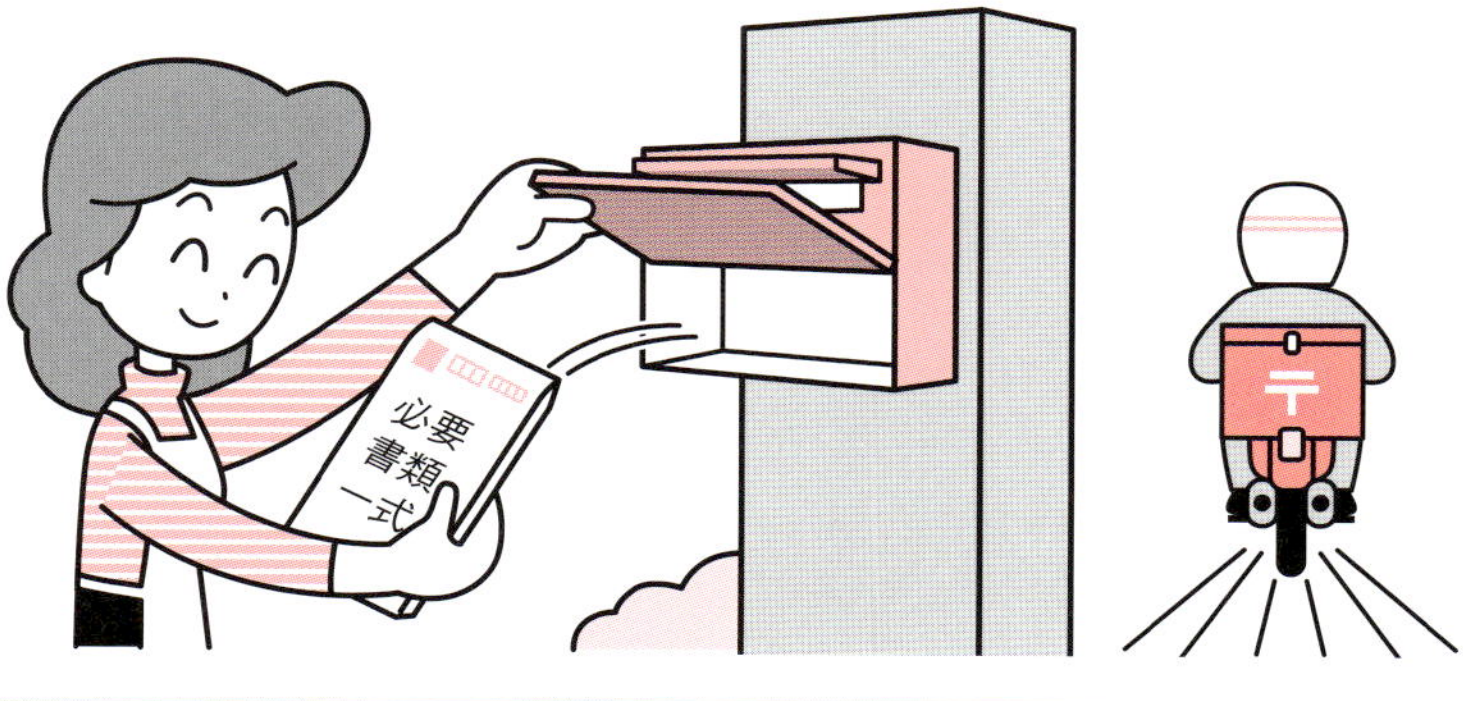

Dやパスワードが記載された書類が送られてきます。

あとは、当初の購入資金を指定された口座に振り込めば、準備完了です。ここまでの手続きにかかる時間は、約1～2週間と見積もっておきましょう。

ただし、証券会社によっては、店頭で対面しての口座開設を条件にしているところもあります。また、すでにその証券会社で取引を行っている場合でも、ネット取引をするためには別途申し込みが必要な場合も。疑問点などがあれば、証券会社に直接問い合わせをしてみましょう。

「前受け制度」ってどんな制度？

ネット取引の決済では、「前受け制度」を採用している証券会社がほとんどです。これは、株を買うときには買い付けに必要なお金を全額前受け、売るときには株券を前受けるというもの。ネット取引は窓口と違って、顔の見えない取引です。ですから、無用なトラブルを避けるために、こうした制度が使われているのです。

POINT

手続き完了までには1～2週間の時間がかかる。本人確認書類の準備を忘れずに。

3 必要事項を記入、署名捺印し、本人確認書類を添付して返送します

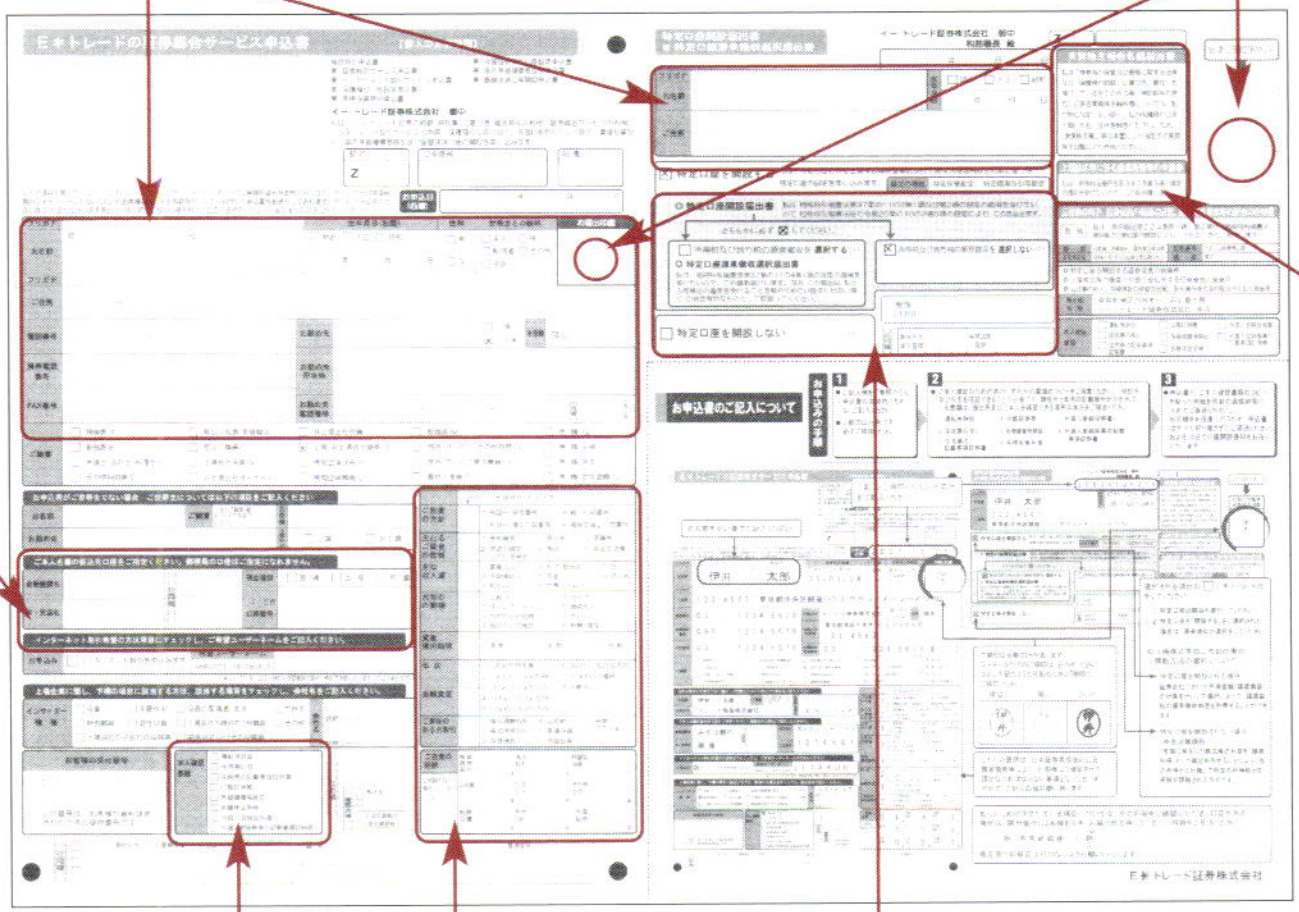

「口座開設申込書」は、証券総合サービスの申込書（左）と特定口座開設申込書（右）が一緒になっています。ホームページから申込書を請求した場合には、名前や住所など多くの項目があらかじめ印字されて届くので、記入の手間が省けて便利です。

4 後日、取引口座番号やID、パスワードなどが記載された「口座開設手続き完了のご案内」が郵送で届きます

→ **取引スタート！**

本人確認書類 本人であることを確認するために添付が求められる書類。運転免許証、健康保険証、住民票、印鑑証明書などのコピーを添付するのが一般的です。

インターネットで売買注文を出してみよう

基本的な方法は店頭での売買注文と同じ

Let's trade with internet!

ネット取引であっても、売買のしくみそのものや、銘柄名、株数、価格といった注文に必要な情報は通常の売買注文となんら変わりありません。

IDとパスワードがネット取引の命綱！

インターネットで売買注文を出す場合でも、株の売買のしくみそのものは、通常の売買と変わりありません。

売買注文を行うには、まず口座を開設したネット証券のホームページにアクセスし、**ID**や**パスワード**を入力して、取引画面に**ログイン**します。IDやパスワードを忘れてしまうと売買注文が可能なサービス画面につながりませんので注意しましょう。

裏を返せば、IDとパスワードが他人に洩れてしまうと、勝手にログインされ、悪用される危険性もあるということ。決して他人に洩れないように、厳重に管理する必要があります。

無事にログインできたら、いよいよ**売買注文**です。画面の表示にしたがって銘柄名や株数、価格、売りか買いかなどの注文内容の詳細を入力していきます。必要に応じて注文の訂正や取り消し、保有している株の一覧表示などをすることも可能です。

入力を終えたら、必ず注文の確認画面に進み、間違いがないかどうかを確認してからログアウトしましょう。あとは売買が成立するのを待つだけです。

売買注文の手順

取引画面にログインする

買い注文の場合
- 口座の残金を確認する
- 買いたい銘柄の株価を調べる
- 株数や注文方法、価格などを決める
- 買い注文を出す

売り注文の場合
- 売りたい銘柄の株価を調べる
- 株数や注文方法、価格などを決める
- 売り注文を出す

注文内容に間違いがないか確認する

ログアウトして終了！

売買注文を出してみよう！（イー・トレード証券の場合）

（http://www.etrade.ne.jp/）

＜買い注文の場合…＞

①ログイン画面

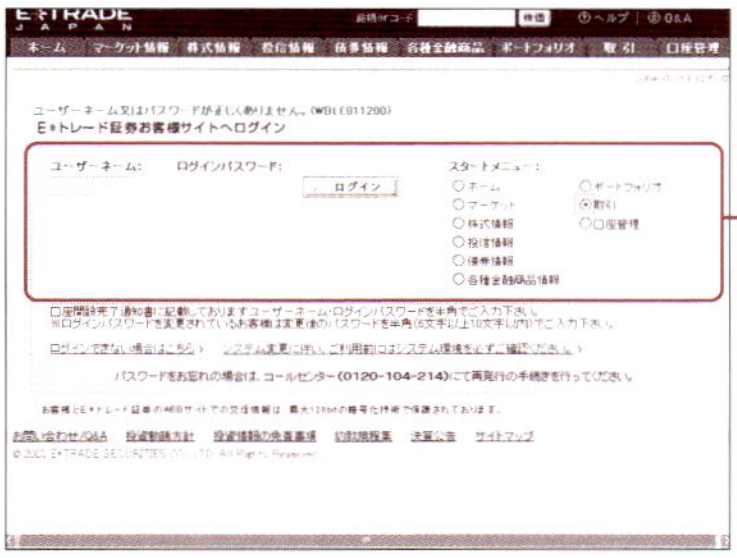

スタートメニューの「取引」にチェックをし、ユーザーネームとログインパスワードを入力し、ログインボタンを押します。

②注文入力画面

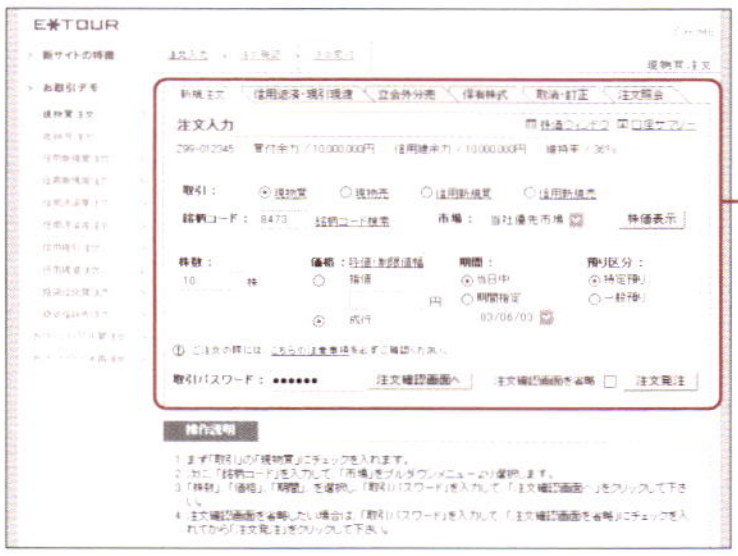

証券取引の種類や銘柄コード、株数、指し値か成り行きかといった注文の詳細を入力します。

③注文確認画面

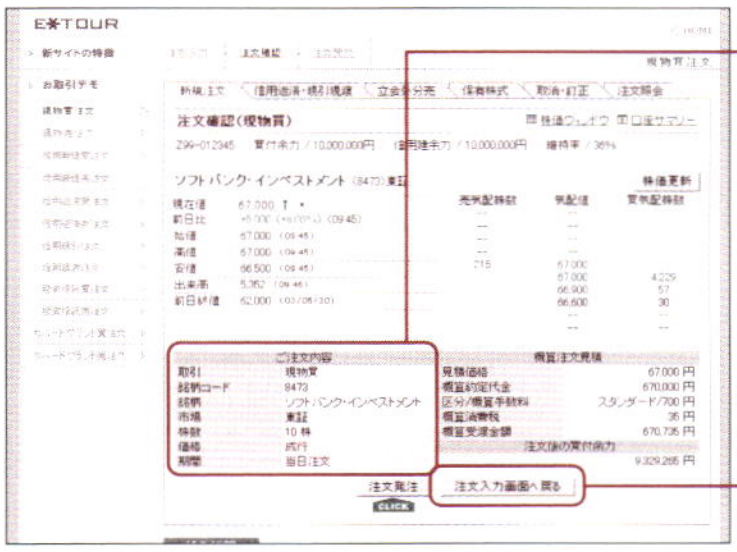

注文内容に間違いがないか、念には念を入れて確かめましょう。

訂正が必要な場合にはいったん注文入力画面に戻ります。

④注文受付画面

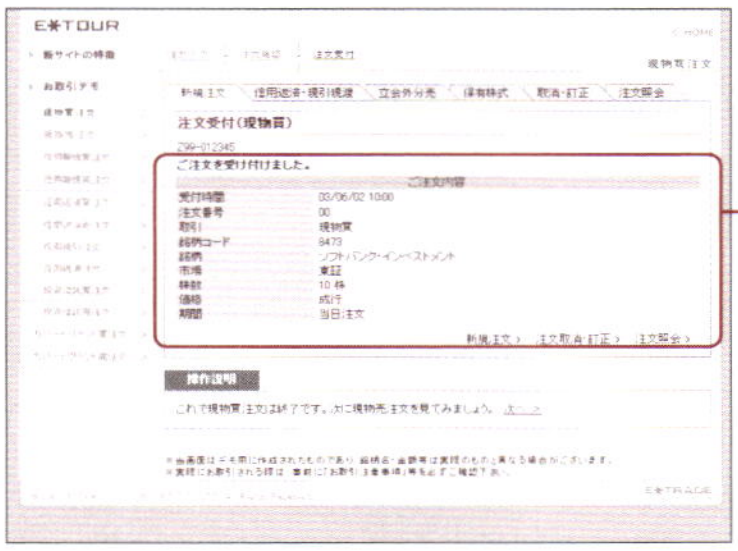

注文内容の詳細が再度表示されます。ほかに注文がなければログアウトして終了しましょう。

＜売り注文の場合…＞

①保有様式の一覧

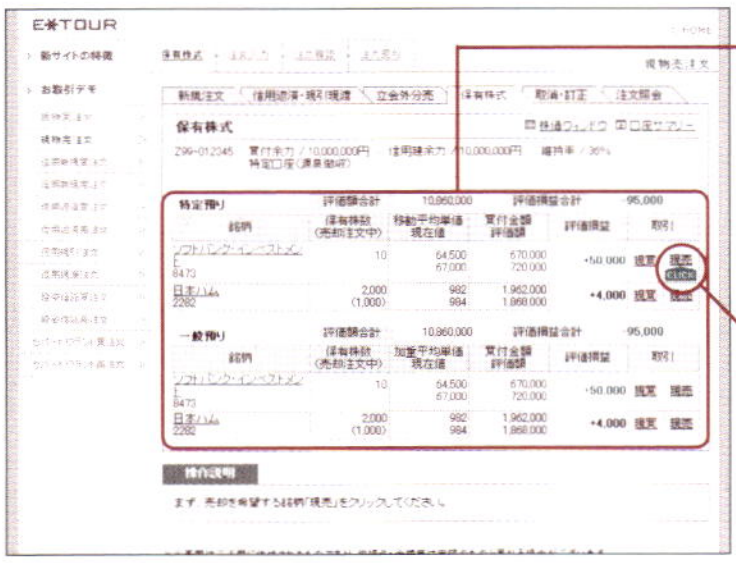

売り注文の場合には、最初に保有株式の一覧が表示されます。

売りたい銘柄を選べば注文入力画面に進むことができます。

②注文入力画面

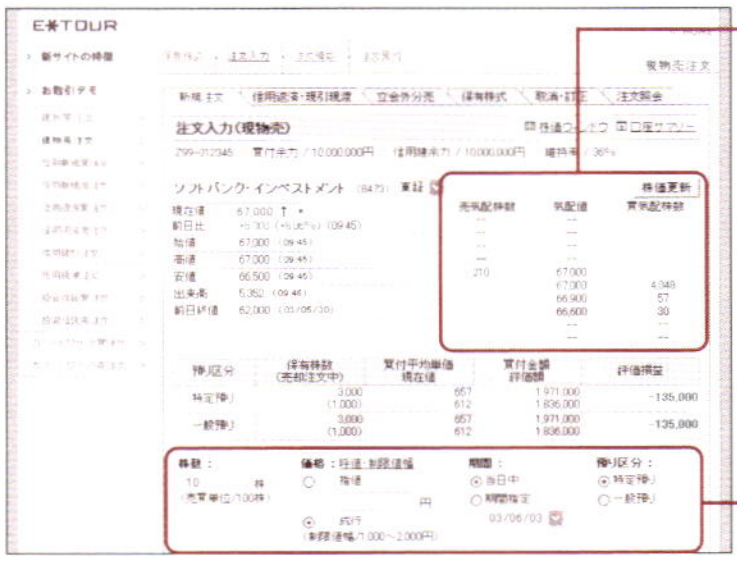

現在の株価も表示されるので、それを見ながら価格を決めることができます。

詳細が決まったら、注文内容を入力していきます。

※画像はデモ画面です。

POINT

ネット取引でも、売買のしくみや、注文に必要な情報は通常の売買注文と変わりなし！ IDとパスワードがネット取引の命綱。厳重に管理しておこう。

ログイン IDやパスワードの入力などをすることによって、自分のインターネット端末からホストコンピューターに接続し、システムの使用を開始すること。ログオンとも言います。

インターネット取引の意外な落とし穴

リスクを知ってネットと対峙すべし！

Let's trade with internet!

数多くのメリットがあるネット取引ですが、一方ではインターネットならではのリスクがあるのも事実。このことを肝に銘じておきましょう。

念には念を入れた確認が必要

いつでもどこでも画面上の操作ひとつで株の売買ができてしまうネット取引は、大変便利なものです。でも、その反面、ネットの世界だからこそ起こりうる危険がたくさん潜んでいるのも事実。

売買注文はすべて、コンピュータで処理されているため、**システムがダウン**した場合には、売買注文が実行されない可能性もあります。

また、うっかりして**間違った注文内容**を送信してしまうということも往々にして起こり得ます。たとえ1、000株買うつもりを10、000株と入力してしまっても、買えるだけのお金が口座に預けてあれば、注文はそのまま実行されてしまいます。

もちろん、間違って注文しても、基本的には画面上で訂正や取り消しをすることが可能です。ただし、証券取引所の立ち会い中はすぐに注文が処理されてしまうため、電話でしか訂正や取り消しを受け付けてくれない証券会社もあります。

「自己責任」を自覚して臨もう

ネット取引では、基本的には営業担当者のアドバイスを受けることなく、自分の判断で売買を行います。このようにマイペースで株式投資が楽しめることは、ネット取引ならではの魅力ともいえます。

しかし、そこにはこれまで以上に**「自己責任」の原則**が求められていることを忘れてはなりません。

パソコンを操作するだけで株の売買ができてしまうネット取引は、お金の動きを実感しづらく、ともするとゲーム感覚に陥りがち。ですから、ネット取引をする場合には、完全な自己責任にのっとった投資であることを常に肝に銘じ、しっかりとした運用スタンスで売買を行うことが必要です。

セキュリティ対策も課題は残されている

セキュリティ対策もインターネットならではの課題です。どの証券会社でも、通信の機密保持については万全の体制で臨んでいます。

しかし、それでもアメリカでは、インターネットのしくみを巧みに利用して、投資家に損害を与える詐欺師も登場しています。

こうしたことをやみくもにおそれる必要はありませんが、可能性がゼロではないことを頭の隅に置いておきましょう。

インターネット取引のココに注意！

売買注文はすべて証券会社のコンピュータで処理されている

システムがダウンしたら実行されているはずの注文がそのままになっている可能性がある

パソコンや携帯を操作するだけで株の売買ができてしまう

お金の動きを実感しづらいので、ともするとゲーム感覚に陥りやすい

間違った数字を入力しても、ボタンを押せば情報が送信されてしまう

買えるだけのお金が口座にあれば、間違った注文でもそのまま実行される

セキュリティ対策がまだまだ万全とはいえない

悪質なハッカーやインターネットウイルスなどの被害に遭わないとも限らない

ネット取引では売買はすべて「自己責任」。ミスはだれもフォローしてくれない！

POINT

インターネットウィルスへの対策法

パソコンがインターネットウィルスに感染すると、重要なデータが失われたり、プログラムが正常に作動しなくなったりしてしまいます。こうしたウィルスの感染源は、多くが知らない人から届いたメールの添付ファイル。こころあたりのない添付ファイルは開かずに、すぐに削除するようにしましょう。

インターネットウィルス コンピュータプログラムのなかに勝手に潜り込んで、データを破壊したり消去したりするプログラムのこと。「コンピュータウィルス」「ワーム」などとも呼ばれています。

C O L U M N

Vol.4

「デイトレード」ってそんなに儲かる？

デイトレーダーの7割は損をしている!?

「デイトレード」とは、1日に何度も株の売買を行うことで、「日計り」とも呼ばれます。このデイトレードを行っているプロの個人投資家(?)が「デイトレーダー」と呼ばれる人々です。

売買委託手数料の安いネット取引が普及したことにより、個人投資家の裾野は大きく広がりました。その先端を走っているのがデイトレーダーたち。最近では、デイトレーダー向けに端末や通信設備を提供する、デイトレーディング会社まで出現しています。

しかし、意外にもデイトレーダーの7割は儲かっていないのが現状とか。その最大の理由は、株式投資のしくみそのものが長期投資に適したものだからということにあるでしょう。

企業の成長に伴って株の価値も上がる、というのが株の世界の基本。1日のなかで売ったり買ったりを繰り返すデイトレードは、企業の実態を無視している分だけリスクも高いということができるのです。

また、株式投資では、100万円で買って101万円で売った場合に、差額の1万円だけ受け取るというような「差金決済」は認められていません。ですから、デイトレードをするとなると、頻繁に取引口座から出金の手続きをとったり、預かり金を追加で振り込んだりしなければなりません。

少しでもこうした手間を省くため、ほとんどのデイトレーダーが信用取引を駆使して株の売買を行っています。リスクと真っ向から勝負する覚悟なくしては、デイトレーダーは務まらないのです。

本家本元の機関投資家でも、利益を生み続けるのが難しいのが株の世界。どっぷり浸かることなく、余裕を持って楽しむのが一番賢いやり方かもしれません。

第5章
情報収集と銘柄選びの基本

日経新聞を読みこなそう①

日経新聞を読みこなそう②

「会社四季報」「日経会社情報」は投資家のバイブル①

「会社四季報」「日経会社情報」は投資家のバイブル②

「Yahoo！ファイナンス」を使ってみよう

あらゆるメディアをどんどん活用しよう

はじめて買う株はこうやって選ぶ！

長期保有するなら配当金も要チェック！

あればあるほどうれしい「株式分割」

もらってうれしい「株主優待」

さまざまな株の区分をマスターしよう

「レーティング」も重要なモノサシだ

日経新聞を読みこなそう①

「株価欄」の読み方をマスターしよう

Collect information

日経新聞には、株式市場に関する情報が一般紙よりも詳しく載っています。毎日欠かさずこれらの情報をチェックするようにしましょう。

経済情報を得るなら日経新聞がオススメ

株の値段を調べるにはさまざまな方法がありますが、一番手軽なのは、新聞を読むことです。

数ある新聞のなかでも、個別企業の株価の動向などが特に詳しく掲載されているのが**日本経済新聞**（以下、日経新聞）です。**決算公告**や**株主総会の告知**など、企業が公表しなければならないと決められている情報も、日経新聞に掲載される場合がほとんど。このほかにも、株式新聞、株式市場新聞、日本証券新聞といった証券業界の専門紙もあります。

「株は政治や経済、社会全体を映すモノサシ」といわれる通り、株価はこれらのニュースに敏感に反応します。ですから、株式投資を始めると、多くの人が自然と毎日の政治、経済、社会全体の動きや流れが気になり出します。

こうした側面からも、資産運用を楽しみながら社会の動きを知ることができる株式投資の魅力が見えてくるかもしれません。

実際に新聞の株式欄を開いてみよう

日経新聞には通常**株式欄**と呼ばれる、証券市場に関するページがあります。新聞の欄外に「証券1」「証券2」などと書いてあるページが、この**「証券」ページ**です。通常、4ページほどから成り立っています。

そこには、東証をはじめとする、各証券取引所で売買されている各銘柄の前日の株価や売買高などが毎日、一覧で掲載されています。**相場表**とも呼ばれるこの表は、自分が保有している銘柄の株価の動きを知るための重要な情報源となります。

株式欄には、独特の記号や株式用語が使われているので、はじめて見た人にはちょっととっつきにくいかもしれません。でも、一度マスターすれば、株価の動きを読むのがぐんと楽になります。ページの右下に掲載されている「株式欄の見方」などを参考にしながら読む練習をするとよいでしょう。

正式名称はどこで調べる？

株価欄に掲載されている銘柄名は紙面の都合上、略称が使われています。ひと目見ただけではどの銘柄を指しているのかが分からないものも数多くあります。正式名称を知りたいなら、会社四季報や日経会社情報に収録されている「略称一覧」を使って調べると便利です。

日経新聞株価欄の読み方

銘柄名
スペースの都合から、多くの銘柄名が略称で書かれています。「日水」とあるのは日本水産、「三井山」は三井鉱山、「帝石」は帝国石油を指しています。

四本値
始値、高値、安値、終値が示されています（46ページ参照）。高値が白抜き数字になっているのは年初来の最高値、安値が白抜き数字になっているのは年初来の最安値を意味しています。

市場名
相場表は市場別に掲載されています。東京第1部と書いてあるのが東証1部のこと。以下、東京第2部、大阪第1部、大阪第2部、名古屋…といった具合に列記されています。

「日本経済新聞」2004年1月21日

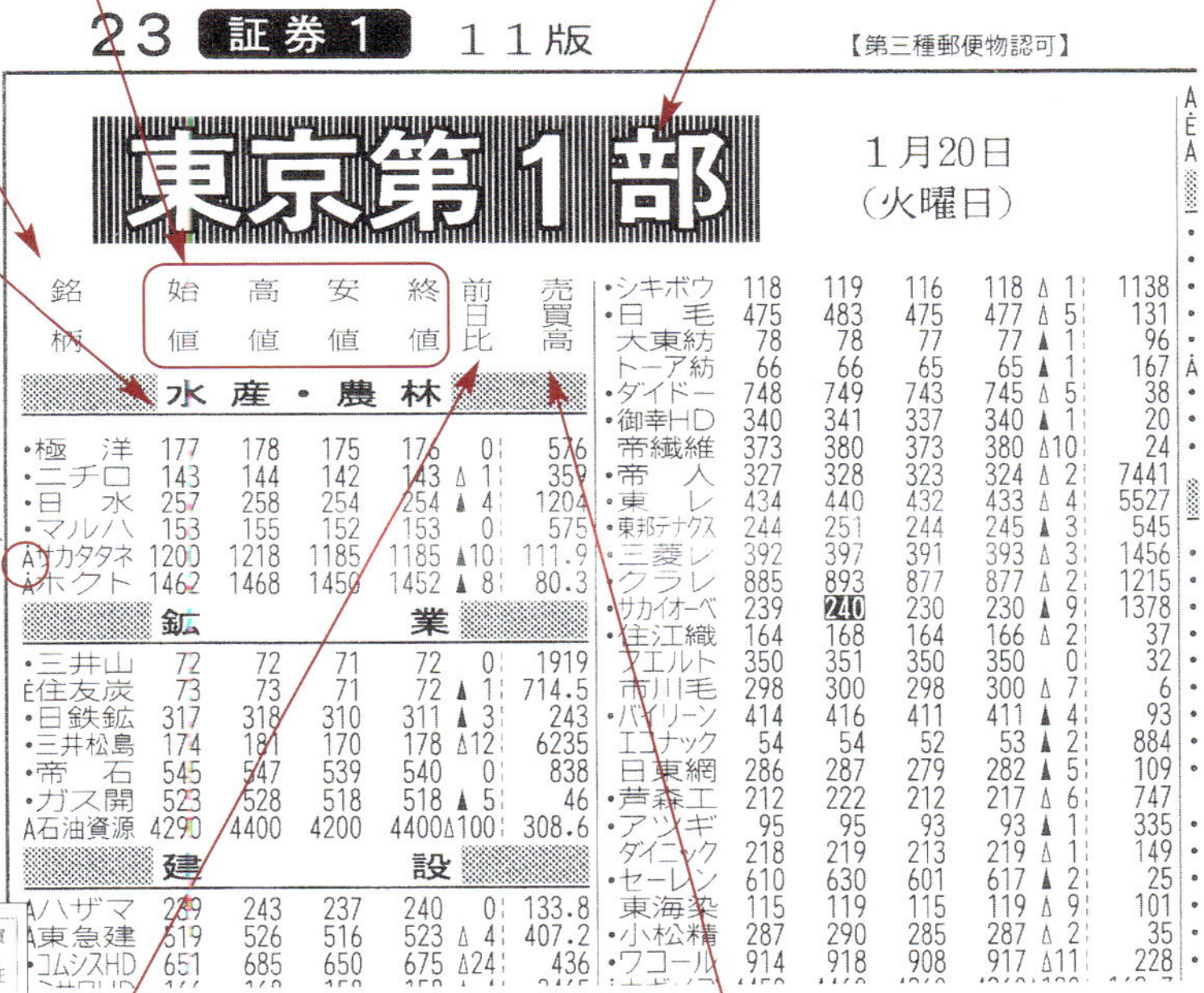

23 証券1 11版 【第三種郵便物認可】

東京第1部　1月20日（火曜日）

銘柄	始値	高値	安値	終値	前日比	売買高
水産・農林						
•極　洋	177	178	175	176	0	576
•ニチロ	143	144	142	143	△1	359
•日　水	257	258	254	254	▲4	1204
•マルハ	153	155	152	153	0	575
Aサカタタネ	1200	1218	1185	1185	▲10	111.9
Aホクト	1462	1468	1450	1452	▲8	80.3
鉱業						
•三井山	72	72	71	72	0	1919
E住友炭	73	73	71	72	▲1	714.5
•日鉄鉱	317	318	310	311	▲3	243
•三井松島	174	181	170	178	△12	6235
•帝　石	545	547	539	540	0	838
•ガス開	523	528	518	518	▲5	46
A石油資源	4290	4400	4200	4400	△100	308.6
建設						
Aハザマ	239	243	237	240	0	133.8
A東急建	519	526	516	523	△4	407.2
•コムシスHD	651	685	650	675	△24	436

銘柄	始値	高値	安値	終値	前日比	売買高
•シキボウ	118	119	116	118	△1	1138
•日　毛	475	483	475	477	△5	131
大東紡	78	78	77	77	▲1	96
トーア紡	66	66	65	65	▲1	167
•ダイドー	748	749	743	745	△5	38
•御幸HD	340	341	337	340	▲1	20
帝織維	373	380	373	380	△10	24
•帝　人	327	328	323	324	△2	7441
•東　レ	434	440	432	433	△4	5527
•東邦テナクス	244	251	244	245	▲3	545
•三菱レ	392	397	391	393	△3	1456
•クラレ	885	893	877	877	△2	1215
•サカイオーベ	239	240	230	230	▲9	1378
•住江織	164	168	164	166	△2	37
フエルト	350	351	350	350	0	32
市川毛	298	300	298	300	△7	6
•バイリーン	414	416	411	411	▲4	93
エコナック	54	54	52	53	▲2	884
日東網	286	287	279	282	▲5	109
•芦森工	212	222	212	217	△6	747
•アツギ	95	95	93	93	▲1	335
ダイニック	218	219	213	219	△1	149
•セーレン	610	630	601	617	▲2	25
東海染	115	119	115	119	△9	101
•小松精	287	290	285	287	△2	35
•ワコール	914	918	908	917	△11	228

業種区分
その銘柄が属する業種です。業種区分は東証や大証、ジャスダックなどの市場に共通しており、証券コードとも連動しています。

売買単位など
売買単位が1,000株以外である銘柄には、左にアルファベット記号がついています。また、「・」印は「貸借銘柄」といって、主に信用取引の対象となっている銘柄を表します。アルファベット記号の上に小さく「・」印がついていることもありますので見落とさないようにしましょう。

「日本経済新聞」2004年1月21日

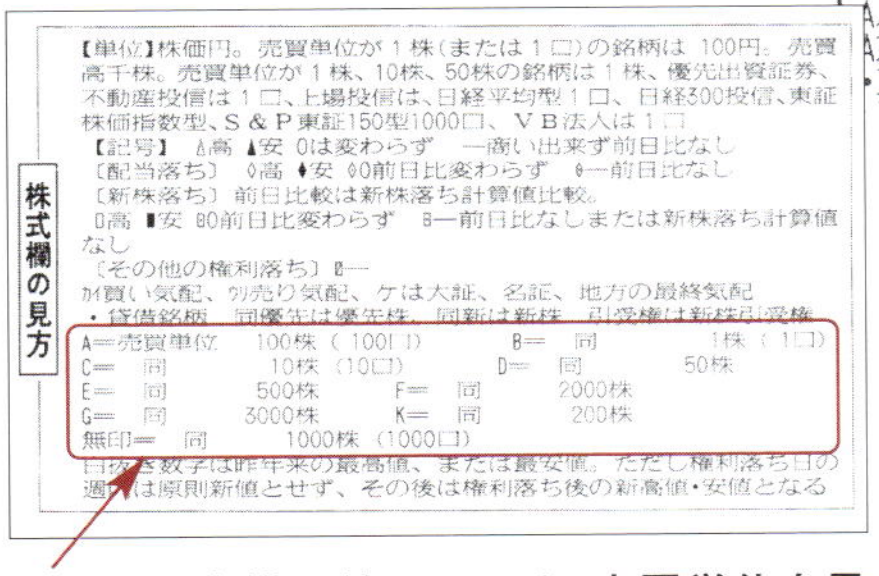

株式欄の見方

【単位】株価円。売買単位が1株（または1口）の銘柄は100円。売買高千株。売買単位が1株、10株、50株の銘柄は1株、優先出資証券、不動産投信は1口、上場投信は、日経平均型1口、日経300投信、東証株価指数型、S＆P東証150型1000口、VB法人は1口
【記号】△高 ▲安 0は変わらず —商い出来ず前日比なし
〔配当落ち〕◊高 ♦安 ◊0前日比変わらず ◊—前日比なし
〔新株落ち〕前日比較は新株落ち計算値比較。
▯高 ▮安 ▯0前日比変わらず ▯—前日比なしまたは新株落ち計算値なし
〔その他の権利落ち〕▯—
カイ買い気配、ウリ売り気配、ケは大証、名証、地方の最終気配
・貸借銘柄　同優先は優先株、同新は新株　引受権は新株引受権
A＝売買単位　100株（100口）　B＝　同　1株（1口）
C＝　同　10株（10口）　D＝　同　50株
E＝　同　500株　F＝　同　2000株
G＝　同　3000株　K＝　同　200株
無印＝　同　1000株（1000口）
白抜き数字は昨年来の最高値、または最安値。ただし権利落ち日の週は原則新値とせず、その後は権利落ち後の新高値・安値となる

銘柄名の左横に付いている、売買単位を示す記号についてはここで確認します。

前日比
前日の終値とその日の終値を比較しています。「△」は値上がり、「▲」は値下がり、「0」は変わらず、「-」は前日もしくはその日のどちらかに取引がなかったことを示しています。

△10　10円値上がり
▲50　50円値下がり

売買高（出来高）
売買が成立した株数です。単位は原則として1,000株ですが、売買単位が1株、10株、50株の銘柄については1株を単位としています。1,000株単位の株で576とあれば、57万6,000株の売買が成立したということです。

株式投資に日経新聞は必読だ。「株価欄」には個別銘柄の前日の株価や売買高などの情報が掲載されている。

POINT

決算公告 企業が株主総会で承認された決算書やその要旨について、官報や新聞紙上で開示したもの。どのように決算公告を出すかは、企業ごとに定款で定められています。

日経新聞を読みこなそう②

「指標欄」で市場全体の動きを読もう

Collect information

日経新聞は、投資家にとってこのうえない貴重な情報の宝庫。時間が許す限り、できるだけ多くのページに目を通すようにしたいものです。

指標欄や週間株式ページもチェック！

日経新聞には、個別銘柄の相場表を掲載した「証券」ページのほかにも、株式市場に関するさまざまな情報ページがあります。

なかでも注目したいのが、全体の市場の動きを示す**「主要指標」欄**がある**「マーケット総合」ページ**。ここには、株式市場全体の売買高（出来高）や売買代金、時価総額、日経平均株価や東証株価指数などの主要な株価指数が掲載されています。

これらの**売買高**や**株価指数**は、株式市場全体の動きを読むうえで重要な意味を持つ指標です。「株価欄」と併せて、この「指標欄」にも必ず目を通し、個別銘柄だけでなく、こうした市場全体の動きについてもチェックするようにしましょう。

また、土曜日の日経新聞には、通常の株価情報とは別に「週間株式」ページが設けられており、株価の1週間の高低が一覧になっています。

さらに、「週間株式」ページには、1週間の取引を通した高値、安値のみならず、昨年来高値、昨年来安値、PERや利回りの予想といった重要なデータも掲載されています。週末にゆっくりと時間をかけて分析するのに最適なページといえるでしょう。

経済全体の動きをつかむことも大切

前にも述べたように、株価は政治や経済、社会全体のニュースと密接に結びついています。ですから、株価そのものをチェックするだけでなく、時間が許す限り、その他の紙面にも目を通すようにしたいものです。

特に株価との関わりが深いのが**「企業」ページ**や**「企業財務」ページ**。これらのページには、個別企業の決算情報や業績の予測など、投資銘柄を決めるうえで欠かせない情報がところ狭しと掲載されています。

また、「企業」ページや「企業財務」ページよりも、もう少しマクロな視点から株式市場を眺められるのが**「経済」ページ**です。日銀の政策や業界全体の動向などが分かりやすく解説されています。

株式投資をしていると、なにはともあれ「証券」ページを開き、自分の保有銘柄の株価を調べたくなるもの。しかし、市場全体の流れをつかむには、できるだけたくさんのページに目を通すことが不可欠です。せめて見出しだけでも、毎日欠かさずチェックするようにしましょう。

「指標欄」の読み方

売買高・売買代金・騰落銘柄数

東証1部、東証2部、大証1部、大証2部、ジャスダックの5つの市場について、それぞれの売買高（出来高）や売買代金などの合計が記載されています。

◆「大商い10銘柄占有率」
売買高の多かった上位10銘柄が、その日の売買高全体に占める割合（％）のこと。数字が大きいほど、一部の銘柄に売買が集中していたことになります。

◆「騰落銘柄数」
前日と比較して、株価が上がった銘柄と下がった銘柄それぞれの銘柄数。日経平均株価の値上がり、値下がりの原因が一部の銘柄によるものなのか、株式市場全体の動きによるものなのかが推測できます。

日経平均株価

東証1部に上場している主要225銘柄の大引けの株価を基に計算した数値（36ページ参照）。前日との比較も示されています。

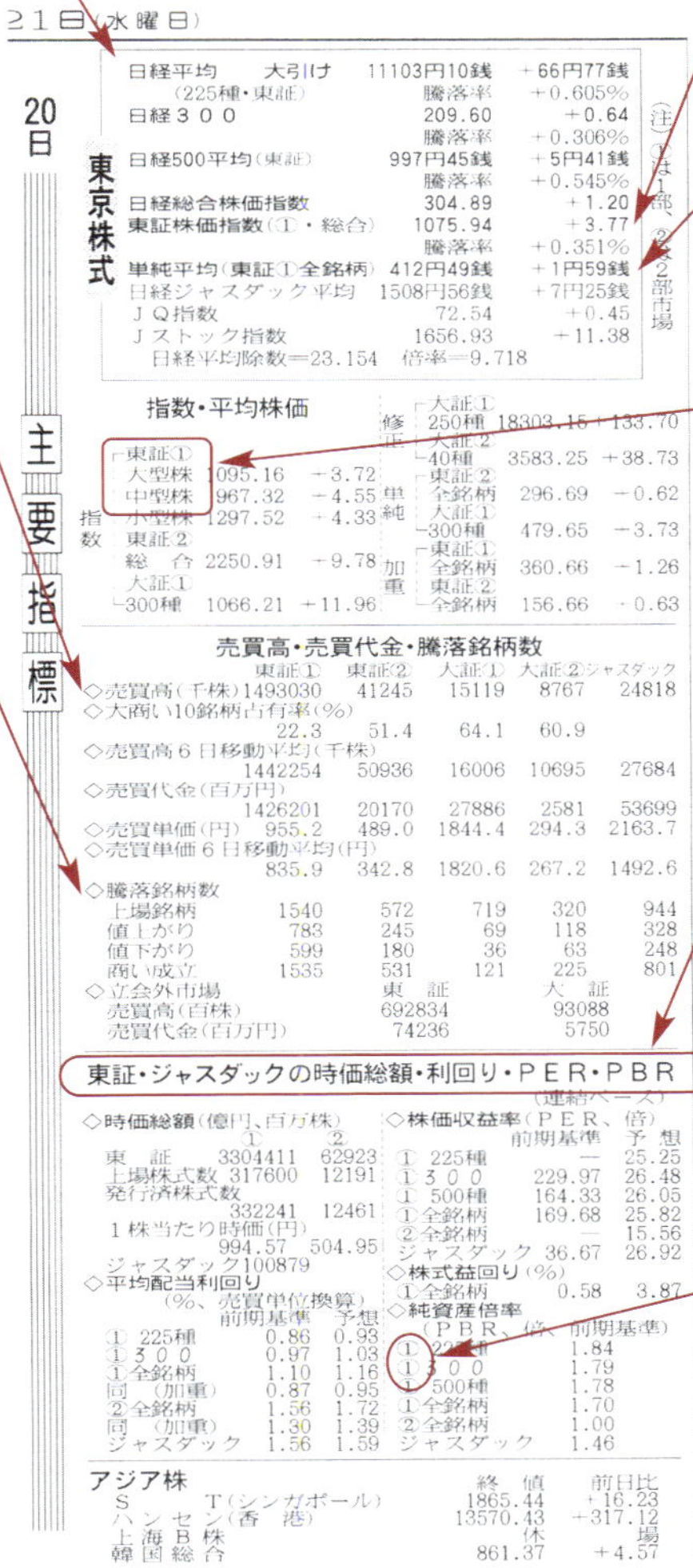

２１日（水曜日）

20日 東京株式

日経平均 （225種・東証）	大引け	11103円10銭	＋66円77銭
		騰落率	＋0.605％
日経３００		209.60	＋0.64
		騰落率	＋0.306％
日経500平均（東証）		997円45銭	＋5円41銭
		騰落率	＋0.545％
日経総合株価指数		304.89	＋1.20
東証株価指数（①・総合）		1075.94	＋3.77
		騰落率	＋0.351％
単純平均（東証①全銘柄）		412円49銭	＋1円59銭
日経ジャスダック平均		1508円56銭	＋7円25銭
ＪＱ指数		72.54	＋0.45
Ｊストック指数		1656.93	＋11.38

日経平均除数＝23.154　倍率＝9.718

（注）①は1部、②は2部市場

主要指標

指数・平均株価

指数	東証① 大型株	1095.16	＋3.72
	中型株	967.32	＋4.55
	小型株	1297.52	＋4.33
	東証② 総合	2250.91	＋9.78
	大証① 300種	1066.21	＋11.96
修正	大証① 250種	18303.15	＋133.70
	大証② 40種	3583.25	＋38.73
単純	東証② 全銘柄	296.69	－0.62
	大証① 300種	479.65	－3.73
加重	東証① 全銘柄	360.66	－1.26
	東証② 全銘柄	156.66	－0.63

売買高・売買代金・騰落銘柄数

	東証①	東証②	大証①	大証②	ジャスダック
◇売買高（千株）	1493030	41245	15119	8767	24818
◇大商い10銘柄占有率（％）	22.3	51.4	64.1	60.9	
◇売買高６日移動平均（千株）	1442254	50936	16006	10695	27684
◇売買代金（百万円）	1426201	20170	27886	2581	53699
◇売買単価（円）	955.2	489.0	1844.4	294.3	2163.7
◇売買単価６日移動平均（円）	835.9	342.8	1820.6	267.2	1492.6
◇騰落銘柄数					
上場銘柄	1540	572	719	320	944
値上がり	783	245	69	118	328
値下がり	599	180	36	63	248
商い成立	1535	531	121	225	801

◇立会外市場	東証	大証
売買高（百株）	692834	93088
売買代金（百万円）	74236	5750

東証・ジャスダックの時価総額・利回り・ＰＥＲ・ＰＢＲ（連結ベース）

◇時価総額（億円、百万株）	①	②
東証	3304411	62923
上場株式数	317600	12191
発行済株式数	332241	12461
１株当たり時価（円）	994.57	504.95
ジャスダック	100879	

◇平均配当利回り（％、売買単位換算）	前期基準	予想
① 225種	0.86	0.93
① ３００	0.97	1.03
①全銘柄	1.10	1.16
同（加重）	0.87	0.95
②全銘柄	1.56	1.72
同（加重）	1.30	1.39
ジャスダック	1.56	1.59

◇株価収益率（ＰＥＲ、倍）	前期基準	予想
① 225種	—	25.25
① ３００	229.97	26.48
① 500種	164.33	26.05
①全銘柄	169.68	25.82
②全銘柄	—	15.56
ジャスダック	36.67	26.92
◇株式益回り（％）		
①全銘柄	0.58	3.87

◇純資産倍率（ＰＢＲ、倍、前期基準）	
① 225種	1.84
① ３００	1.79
① 500種	1.78
①全銘柄	1.70
②全銘柄	1.00
ジャスダック	1.46

アジア株	終値	前日比
ＳＴ（シンガポール）	1865.44	＋16.23
ハンセン（香港）	13570.43	＋317.12
上海Ｂ株	休	場
韓国総合	861.37	＋4.57

「日本経済新聞」2004年1月21日

東証株価指数（TOPIX）

東証1部全体の時価総額がどれくらい増減しているのかを指数化した数値（36ページ参照）。これについても、前日との比較で動きを読みます。

単純平均株価

東証1部に上場している全銘柄の平均株価を単純に計算した数値。通常、日経平均株価よりもかなり低い数値になります。

規模別指数

東証1部上場銘柄については、「大型株」「中型株」「小型株」（106ページ参照）それぞれについて、個別に東証株価指数が示されています。

東証・ジャスダックの時価総額・利回り・PER・PBR

東証1部、東証2部、ジャスダックの3つの市場について、時価総額、平均配当利回り、株価収益率（PER）、株式益回り、純資産倍率（PBR）が示されています（数値の意味については第7章参照）。

①、②などの記号は、それぞれ1部市場、2部市場のことを表しています。

まぼろしの夕刊!?

日経新聞には、「全日版」と「朝・夕刊セット版」があります。どちらを購読することになるかは、地域によって決められています。「全日版」指定の都道府県では、「朝・夕刊セット版」を購読することができません。住んでいる地域によっては日経新聞の夕刊は、まぼろしのような存在なのです。

「指標欄」では、株式市場全体についての様々な数字と市場の方向性が確認できる。

POINT

規模別指数　東証がTOPIXの補助指数として発表している指数。ほかに業種別に区分した「業種別指数」があります。これらは「サブインデックス」とも呼ばれています。

「会社四季報」「日経会社情報」は投資家のバイブル①

株式投資をするならこの2冊は必読！

Collect information

上場企業の基本情報や業績、株価の動向をまとめて知りたいなら、「会社四季報」や「日経会社情報」を手にとってみましょう。

最新号をいつも手元に置いておこう

上場企業の基本情報や業績、株価の動向をまとめたハンドブックの代表的なものとして、東洋経済新報社発行の**会社四季報**と日本経済新聞社発行の**日経会社情報**があります。どちらも年4回、3・6・9・12月に発行されています。

これらは全上場企業の所在地や事業内容といった基本データから、大株主、役員、業績の実績や予想などの財務データまで幅広く網羅しており、各銘柄の概略をつかむには非常に便利な資料です。

これが「会社四季報」だ

欄外に掲載されているチャートにも注目！

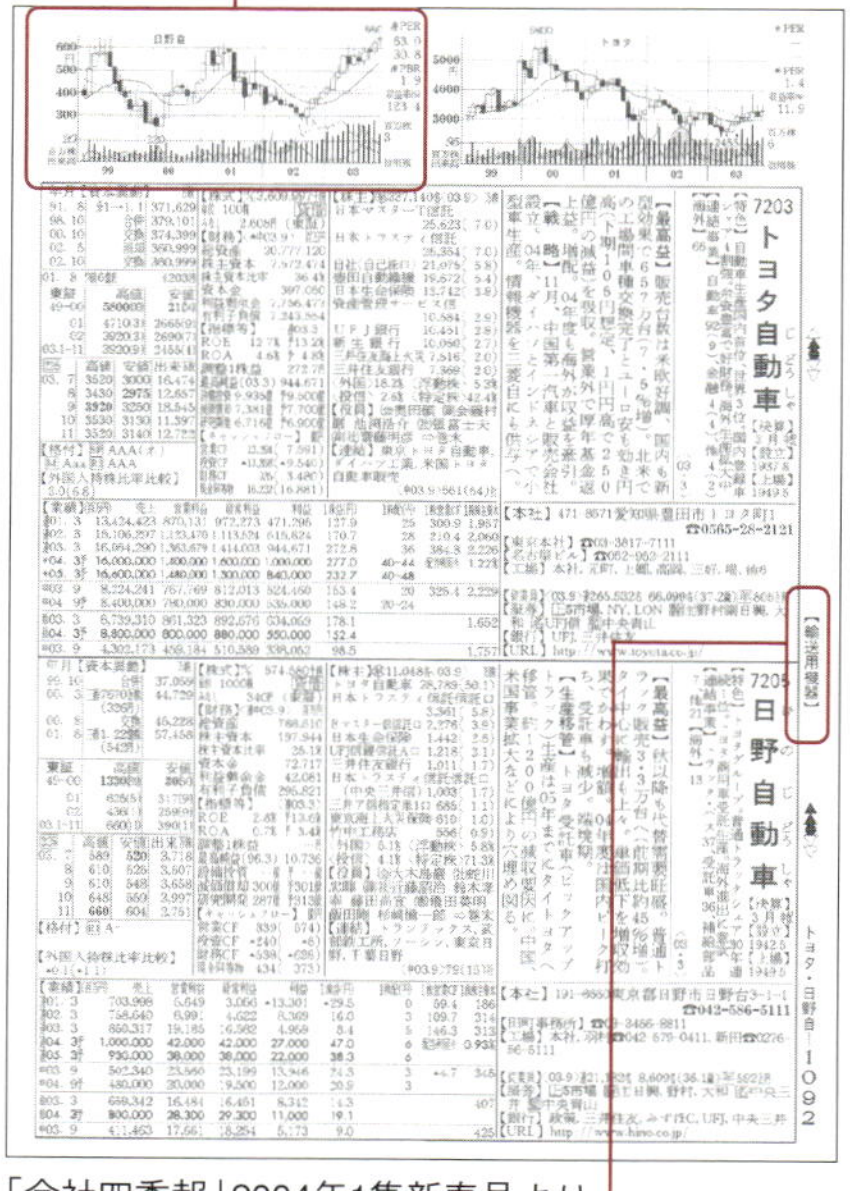
7203 トヨタ自動車
7205 日野自動車

「会社四季報」2004年1集新春号より

企業が属する業種

「会社四季報」では1ページに2社分の情報が掲載されている！

企業の基本データを見るならココ！

社名欄

●**証券コード**
上場企業にはすべてに固有の4桁の証券コードが付けられています。

●**社名**
社名の前に「株式会社」が付く場合は、（株）を付記し、後ろに付く場合は省略しています。

●**【決算】**
本決算期を表しています。「○月」となっている場合にはその月末が決算日です。「中配」と書いてある企業は中間配当を行っています。

●**【上場】**
上場年月。ジャスダックから上場した企業は、ジャスダックに上場した年月で示しています。

●**【特色】**
業容や業界内での地位、得意分野、資本系列、沿革など、その企業の特徴が簡潔に記載されています。特定のテーマに注目している場合には、有望な企業を選ぶための材料になります。

●**【連結事業】【単独事業】**
直近の本決算期における部門別売上構成比率。カッコ内は各部門の売上高営業利益率です。▲は赤字、単位は％で示されています。

●**【海外】【輸出】【貿易】**
全売上高に占める海外分野の比率です。収益が円高・円安に左右されやすい企業かどうかを見極めるポイントになります。

株式投資をする際には、「会社四季報」や「日経会社情報」で基本的な情報を押さえて、新聞で日々の動向やニュースをチェックするという方法がオーソドックス。

ですから、株式投資を始めるのであれば、とりあえずどちらか1冊は購入したほうがよいでしょう。できれば常に最新号を手元に置いておくことをおすすめします。

最近は、これらの**CD-ROM版**なども発行されています。書籍と同じ情報が収録されているのはもちろん、発売後の最新データについても**インターネット**を使ってダウンロードできるなど、CD-ROM版ならではのサービスもありますので、自分の使い勝手のよいほうを選択するとよいでしょう。

本書では、この2冊のうち、「会社四季報」に焦点を当てて、データの読み方を解説していきます。

「会社四季報」の読み方①

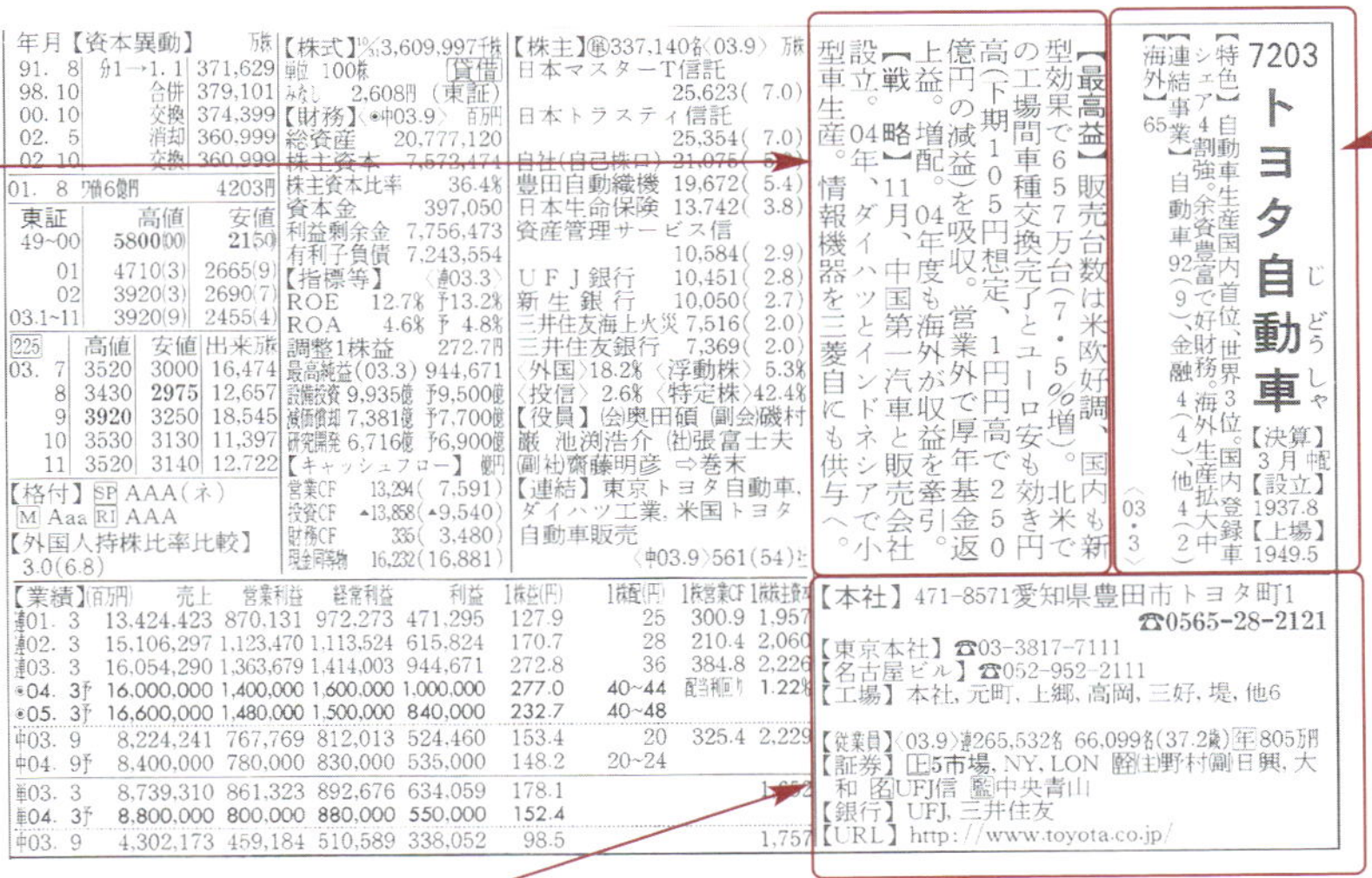
7203 トヨタ自動車（じどうしゃ）
【特色】自動車生産国内首位、世界3位。国内登録車シェア4割強。余資豊富で好財務。海外生産拡大中
【連結事業】自動車92(9)、金融4(4)、他4(2)
【海外】65 〈03・3〉
【決算】3月 幌
【設立】1937.8
【上場】1949.5

【最高益】販売台数は米欧好調、国内も新型効果で657万台(7・5%増)。北米での工場間車種交換完了とユーロ安も効き円高(下期105円想定、1円円高で250億円の減益)を吸収。04年度も海外が収益を牽引。営業外で厚年基金返上益。増配。
【戦略】11月、中国第一汽車と販売会社設立。04年、ダイハツとインドネシアで小型車生産。情報機器を三菱自にも供与へ。

年月【資本異動】 万株
91. 8 分1→1.1 371,629
98. 10 合併 379,101
00. 10 交換 374,399
02. 5 消却 360,999
02. 10 交換 360,999
01. 8 ワ債6億円 4203円

東証	高値	安値
49~00	5800(00)	2150
01	4710(3)	2665(9)
02	3920(3)	2690(7)
03.1~11	3920(9)	2455(4)

225	高値	安値	出来万株
03. 7	3520	3000	16,474
8	3430	2975	12,657
9	3920	3250	18,545
10	3530	3130	11,397
11	3520	3140	12,722

【格付】SP AAA(ネ) M Aaa RI AAA
【外国人持株比率比較】3.0(6.8)

【株式】10/31 3,609,997千株
単位 100株 貸借
みなし 2,608円（東証）
【財務】〈◉中03.9〉百万円
総資産 20,777,120
株主資本 7,572,474
株主資本比率 36.4%
資本金 397,050
利益剰余金 7,756,473
有利子負債 7,243,554
【指標等】〈連03.3〉
ROE 12.7% 予13.2%
ROA 4.6% 予 4.8%
調整1株益 272.7円
最高純益(03.3) 944,671
設備投資 9,935億 予9,500億
減価償却 7,381億 予7,700億
研究開発 6,716億 予6,900億
【キャッシュフロー】億円
営業CF 13,294(7,591)
投資CF ▲13,858(▲9,540)
財務CF 335(3,480)
現金同等物 16,232(16,881)

【株主】単337,140名〈03.9〉万株
日本マスターT信託 25,623(7.0)
日本トラスティ信託 25,354(7.0)
自社(自己株口) 21,075(5.8)
豊田自動織機 19,672(5.4)
日本生命保険 13,742(3.8)
資産管理サービス信 10,584(2.9)
UFJ銀行 10,451(2.8)
新生銀行 10,050(2.7)
三井住友海上火災 7,516(2.0)
三井住友銀行 7,369(2.0)
〈外国〉18.2% 〈浮動株〉5.3%
〈投信〉2.6% 〈特定株〉42.4%
【役員】(会)奥田碩 (副会)磯村巌 池渕浩介 (社)張富士夫 (副社)齋藤明彦 ⇨巻末
【連結】東京トヨタ自動車, ダイハツ工業, 米国トヨタ自動車販売
〈中03.9〉561(54)社

【業績】(百万円)	売上	営業利益	経常利益	利益	1株益(円)	1株配(円)	1株営業CF	1株純資産
連01. 3	13,424,423	870,131	972,273	471,295	127.9	25	300.9	1,957
連02. 3	15,106,297	1,123,470	1,113,524	615,824	170.7	28	210.4	2,060
連03. 3	16,054,290	1,363,679	1,414,003	944,671	272.8	36	384.8	2,226
◉04. 3予	16,000,000	1,400,000	1,600,000	1,000,000	277.0	40~44	配当利回り	1.22%
◉05. 3予	16,600,000	1,480,000	1,500,000	840,000	232.7	40~48		
中03. 9	8,224,241	767,769	812,013	524,460	153.4	20	325.4	2,229
中04. 9予	8,400,000	780,000	830,000	535,000	148.2	20~24		
単03. 3	8,739,310	861,323	892,676	634,059	178.1			1,652
単04. 3予	8,800,000	800,000	880,000	550,000	152.4			
中03. 9	4,302,173	459,184	510,589	338,052	98.5			1,757

【本社】471-8571愛知県豊田市トヨタ町1 ☎0565-28-2121
【東京本社】☎03-3817-7111
【名古屋ビル】☎052-952-2111
【工場】本社, 元町, 上郷, 高岡, 三好, 堤, 他6
【従業員】〈03.9〉連265,532名 66,099名(37.2歳) 年805万円
【証券】上5市場, NY, LON 幹(主)野村(副)日興, 大和 名UFJ信 監中央青山
【銀行】UFJ, 三井住友
【URL】http://www.toyota.co.jp/

なにをしている企業か調べるならココ！

解説記事欄

前半は、今期または来期の業績見通しを述べた業績記事欄、後半は最近のトピックス、中期展望などを述べた材料記事欄。ここを見るだけで、業績や成長戦略などが大まかに把握できるようになっています。

連絡先を調べるならココ！

本社〜URL欄

● 【営業所・支店・工場】

現時点での主な営業所・支店の電話番号、工場の数などが記載されています。業種によっては、直近の店舗数や売場面積、路線キロ数、支配船腹量などが記載してある場合も。

● 【証券】

上 は上場している市場名。取引所名の後に「2」や「(2)」が付くのは2部市場を示しています。「マ」や「(マ)」はマザーズ、「HC」はヘラクレスといった具合に、それぞれの市場名が記号で表されています。

「5市場」とあるのは、東京、大阪、名古屋の各1部市場および札幌、福岡の国内5市場すべてに上場しているということ。

幹 は幹事証券会社の略で、(主)は主幹事、(副)は副幹事を表しています。

名 は株の名義書き換え場所を示しています。

監 は直近の決算を監査した監査法人を示しています。

POINT

「会社四季報」「日経会社情報」は上場企業の基本情報や業績、株価の動向をまとめたハンドブック。常に最新号を手元に置いておこう！

会社四季報　会社四季報には「通常版」「CD-ROM版」のほかにも、通常版の2倍サイズの「机上版」、非上場企業の事業内容や業績などをまとめた「未上場会社版」など、さまざまな姉妹版があります。

「会社四季報」「日経会社情報」は投資家のバイブル②

編集部独自の「業績予想」は必見!

Collect information

「会社四季報」の業績予想データは、国内企業に関するスタンダードな予想として、世界中の投資市場で幅広く利用されています。

注目すべきは編集部独自の「業績予想」

スペースいっぱいに重要な情報が詰まっている「会社四季報」ですが、なかでも特に注目したいのは、**コメント記事**と**特色**、**業績予想**の部分です。

これらは、企業自身が発表している数字が基になっている場合もありますが、編集部の記者が独自にまとめたり、数字を予想したりしている場合も。

つまり、「会社四季報」と「日経会社情報」とでコメントの内容はもちろん、業績の予想値が異なる場合もあるというわけです。

「会社四季報」の読み方②

株主・役員・連結子会社欄

大株主を知りたいならココ!

●【株主】
＜＞内の決算期末における大株主10名の構成、それぞれの持ち株数、持ち株比率を記載しています。

＜外国＞外国国籍の個人、外国の法律により設立された法人の所有する株数の合計が発行済み株式数に占める比率。

＜投信＞投資信託に組み入れられている株数の比率。

＜浮動株＞1単元以上50単元未満の株主が所有している株数の合計が、発行済み株式総数に占める比率。

＜特定株＞大株主10位までと役員持ち株（役員持ち株会を含む）の単純合計の比率。

●【役員】
商法上の取締役と監査役の名前が記載されています。(会)は会長、(社)は社長、(専)は専務取締役といった具合に、それぞれの役職名も書かれています。

【株主】㊐11,048名〈03.9〉 万株
トヨタ自動車 28,789(50.1)
日本トラスティ信託信託口 3,361(5.8)
日マスター信信託口 2,276(3.9)
日本生命保険 1,442(2.5)
UFJ信銀信託A口 1,218(2.1)
三井住友銀行 1,011(1.7)
日本トラスティ信託信託口(中央三井信) 1,003(1.7)
三井ア信指定単1口 685(1.1)
東京海上火災保険 610(1.0)
竹中工務店 556(0.9)
〈外国〉 5.1% 〈浮動株〉 5.8%
〈投信〉 4.1% 〈特定株〉71.3%
【役員】(会)大木島巖 (社)蛇川忠暉 (副社)近藤詔治 鈴木孝幸 藤田尚宣 (専)飛田英明 飯田剛 杉﨑愼一郎 ⇨巻末
【連結】トランテックス, 武部鉄工所, ソーシン, 東京日野, 千葉日野
〈中03.9〉79(15)社

株式・財務〜キャッシュフロー欄

基本の財務状況をチェックするならココ!

●【株式】
発行済み株式数が千株（未満切捨て）単位で示されています。

「単位」は原則として1単元の株数を示しています。

貸借は貸借銘柄であること、優待は株主優待制度があることを意味しています。

「みなし」は、みなし取得価格を表しています。

●【財務】【指標等】
＜＞内の決算期時点おける財務データです。「連」は連結決算ベース、「◎」は米国SEC基準。無印の場合は単独決算ベースで示されています。

●【キャッシュフロー】
営業CFは営業活動によるキャッシュフロー、投資CFは投資活動によるキャッシュフロー、財務CFは財務活動によるキャッシュフロー。▲はキャッシュの流出、無印は流入を表しています。

【株式】10/31 574,580千株
単位 1000株 貸借
みなし 340円 (東証)
【財務】〈連中03.9〉 百万円
総資産 788,610
株主資本 197,944
株主資本比率 25.1%
資本金 72,717
利益剰余金 42,081
有利子負債 295,821
【指標等】 〈連03.3〉
ROE 2.8% 予13.6%
ROA 0.7% 予 3.4%
調整1株益 —円
最高純益(96.3) 10,736
設備投資 ‥億 予 ‥億
減価償却 300億 予301億
研究開発 287億 予313億
【キャッシュフロー】 億円
営業CF 839(574)
投資CF ▲240(▲8)
財務CF ▲538(▲638)
現金同等物 434(373)

資本異動欄

●【資本異動】

増資（新株発行）、減資、合併、株式交換、株式分割などによる発行済み株式数（単位：万株）の推移を異動年月、増資内容とともに表示しています。
「分」は「株式分割」を意味しています。例えば、「分1→1.1」は株数が1.1倍になったことを示しています。
その下にあるのが株価欄。株価欄では、上場以来の高値、安値、出来高の推移が分かるようになっています。「225」とあるのは、日経平均の採用銘柄であることを表しています。

●【格付】

債券の信用力や元利金の支払い能力をアルファベットの記号で示したもの。SP はスタンダード・アンド・プアーズ、M はムーディーズ・ジャパン、J は日本格付研究所、RI は格付投資情報センターを指しています。

●【外国人持株比率比較】

毎号の特集企画によってこの部分のデータは入れ替わります。2004年1集新春号では、外国人持株比率を1年前と比較したデータを掲載しています。

株式分割情報を知りたいならココ！

年月	【資本異動】	万株
99. 10	合併	37,059
00. 3	三者7670万株（326円）	44,729
00. 8	交換	45,228
01. 8	三者1. 22億株（542円）	57,458

東証	高値	安値
49~00	**1330**(89)	**30**(50)
01	625(5)	317(9)
02	436(1)	259(9)
03.1~11	660(11)	390(1)

225	高値	安値	出来万株
03. 7	589	**520**	3,718
8	610	525	3,507
9	610	548	3,658
10	648	559	3,997
11	**660**	604	2,751

【格付】RI A−

【外国人持株比率比較】
▲0.1（▲1.1）

巻末には役立つ資料がいっぱい！

「会社四季報」は巻末資料が充実しているのも魅力。各種の企業ランキングに始まり、名義書き換え場所の一覧や、社名・売買単位などを変更した企業の一覧、日経平均株価（日経225）の採用銘柄一覧など、使い応えのある内容となっています。なかでも重宝するのが株主優待制度を導入している企業の一覧。同じ巻末にある「株主優待を含めた実質高利回りランキング」と併せて活用すると面白いのではないでしょうか。

業績欄

●【業績】

「連」または「◎」は連結決算、「単」は単独決算、「中」は中間決算の数字を表しています。決算期の右に「予」がつくのは予想数字。あくまでも「会社四季報」編集部の判断によるものなので、企業が発表した業績予想とは異なる場合があります。
「1株益」は1株当たり税引後利益、「1株配」は1株当たりの配当金、「1株営業CF」は1株当たり営業キャッシュフロー、「1株株主資本」は1株当たり株主資本の略称です。基本的な単位は（百万円）ですが、「1株益」より右は（円）となっています（これらの決算数字の意味については第7章を参照してください）。

業績予想を見るならココ！

【業績】(百万円)	売上	営業利益	経常利益	利益	1株益(円)	1株配(円)	1株営業CF	1株株主資本
連01. 3	703,998	5,649	3,056	▲13,301	▲29.5	0	59.4	186
連02. 3	758,640	8,991	4,622	8,369	16.0	3	109.7	314
連03. 3	850,317	19,185	16,582	4,959	8.4	5	146.3	313
連04. 3予	1,000,000	42,000	42,000	27,000	47.0	6	配当利回り	0.93%
連05. 3予	930,000	38,000	38,000	22,000	38.3	6		
中03. 9	502,340	23,560	23,199	13,946	24.3	3	▲4.7	345
中04. 9予	480,000	20,000	19,500	12,000	20.9	3		
単03. 3	659,342	16,484	16,451	8,342	14.3			407
単04. 3予	800,000	28,300	29,300	11,000	19.1			
中03. 9	411,463	17,661	18,254	5,173	9.0			425

POINT

「会社四季報」と「日経会社情報」とで業績予想が異なる場合も！読み比べてみるのも面白い。

大株主 持ち株比率の高い株主のこと。「株主」欄や「役員」欄に同じ苗字の人がずらりと並んでいる場合には、いわゆる「同族企業」である可能性が大。特に、社長や会長が創業者である場合には同族企業となるケースが多いようです。

「Yahoo!ファイナンス」を使ってみよう

無料サービスでも利用価値大！

Collect information

多彩なサービスが無料で利用できる「Yahoo!ファイナンス」。ネット時代だからこそ、こうしたサービスも有効に活用したいものです。

株式投資の強い味方「Yahoo!ファイナンス」

インターネットに接続できるのであれば、ぜひ活用したいのが、ヤフーが提供している**Yahoo!ファイナンス**(http://quote.yahoo.co.jp/)のサービスです。

株価の検索サービス、ポートフォリオへの登録、メッセンジャーを使った株価のチェックなどさまざまなサービスが提供されていますが、これらのサービスは基本的に無料。パソコンがインターネットにつながっていて、ブラウザさえ持っていれば、誰でも利用できます。

「Yahoo!ファイナンス」を利用すれば、新聞やテレビのニュースよりも断然早く、国内の株式市場の動向を把握できます。

検索画面で目的の銘柄名や証券コードを入力するだけで、すべての上場銘柄について株価データやさまざまな指標を瞬時に表示してくれます。証券取引所の取引時間中には、最新の株価をわずか20分遅れで表示。無料のサービスとしては国内最速のスピードを実現しています。

また、マーケットサマリーや預金金利情報のサービスなど、総合的な金融情報サービスも提供しています。

ワンクリックで最新の株価を表示

一番簡単で便利なサービスが、この**検索機能**です。トップページの検索窓に銘柄名や証券コードを入力し、「検索」ボタンを押すだけで、株価データを見ることができます。

同時に複数の銘柄を検索したい場合には、銘柄名または証券コードを半角スペースで区切れば、最大50銘柄まで1画面で表示可能。いったんブックマークしておけば、次回からは一発でこれらの株価情報を見ることができるというスグレモノです。

また、実際に株を保有しているなら、自分の資産価値の動きが分かるオリジナルのポートフォリオを作ることもできます。

ポートフォリオに登録するには、「Yahoo! JAPAN ID」を取得する必要がありますが、このIDはほかのサービスにも利用できる便利なもの。料金はかかりませんので、取得しておいて損はないでしょう。

株価アラートのお知らせ機能は、「Yahoo!メッセンジャー」にログインしているときに、設定しておいた株価の条件を満たしたら知らせてもらえるというもの。大変便利な機能のひとつです。

これが「Yahoo!ファイナンス」だ

これが「Yahoo!ファイナンス」のトップ画面。
(http://quote.yahoo.co.jp/)

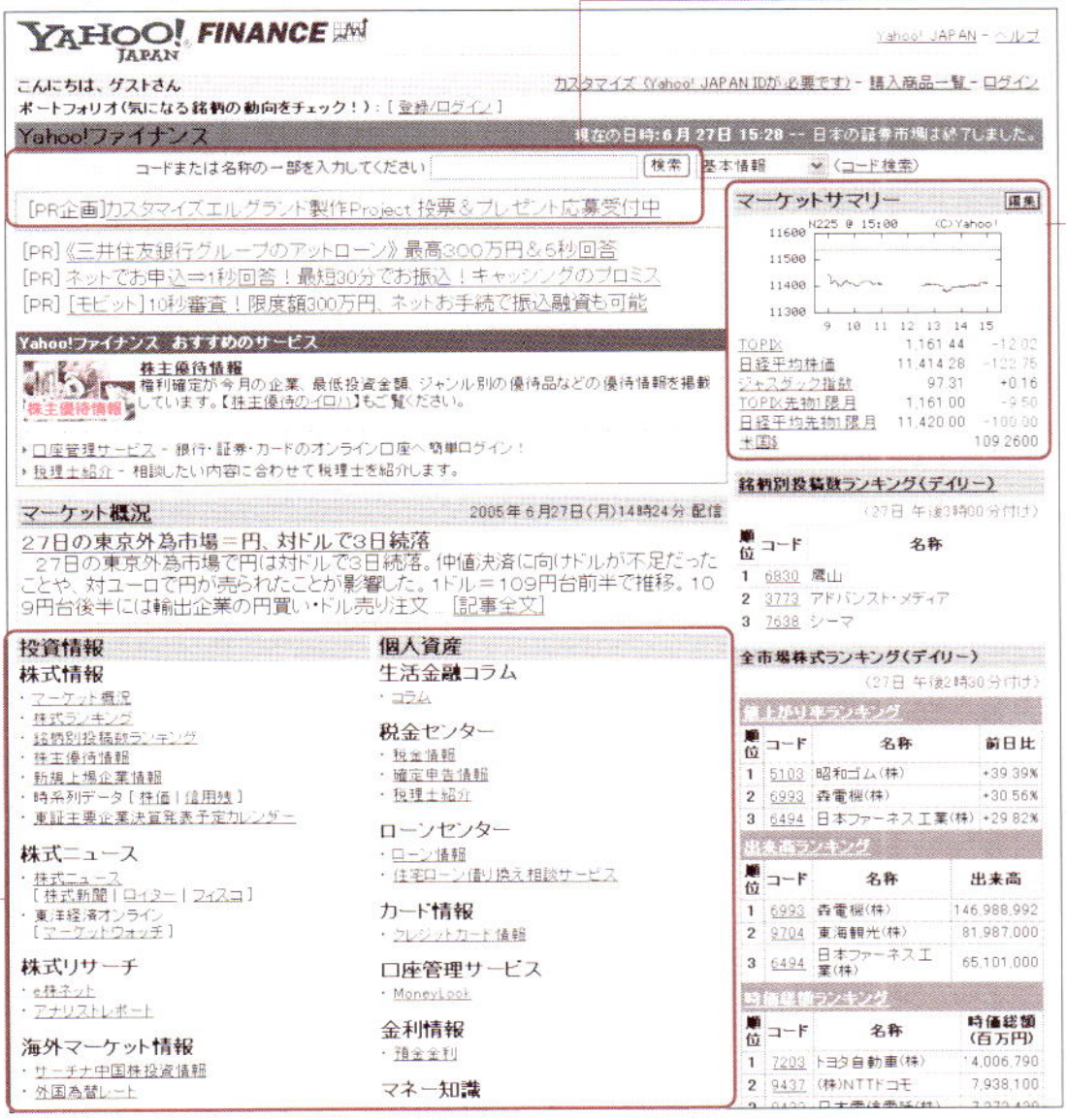

多くの関連情報へのリンクがまとまっているのも便利。

市場全般の指標と、日経平均のグラフが、約20分遅れで自動更新表示される。

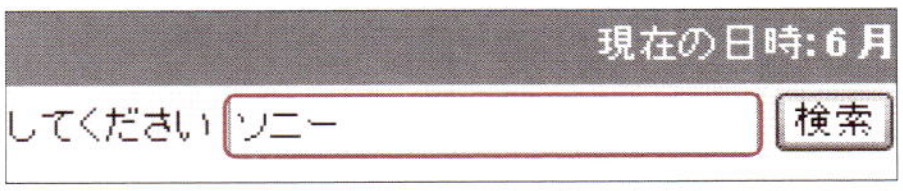

ここに銘柄名や証券コードを入力して、検索ボタンを押す。

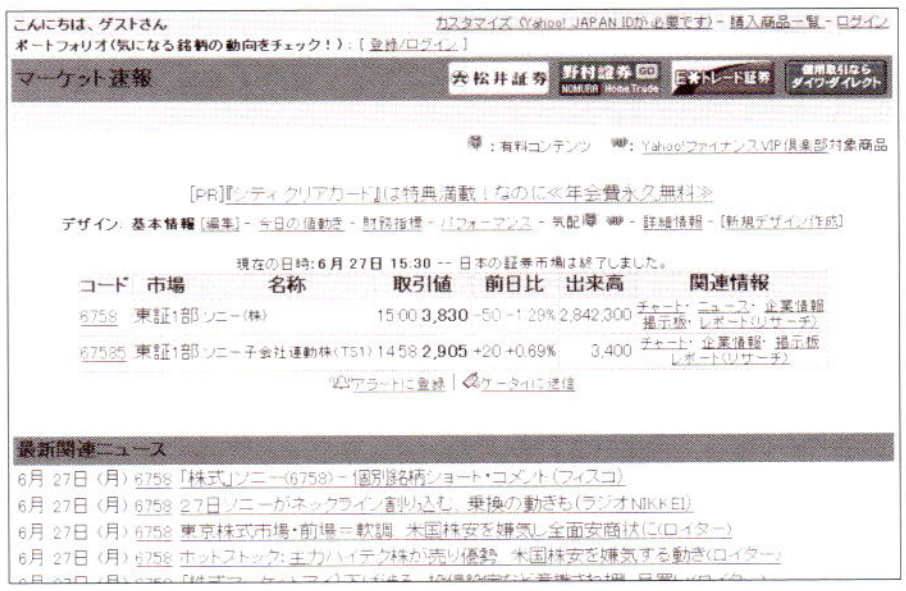

入力した語句を含む銘柄の基本情報と関連ニュースが同時に表示される。

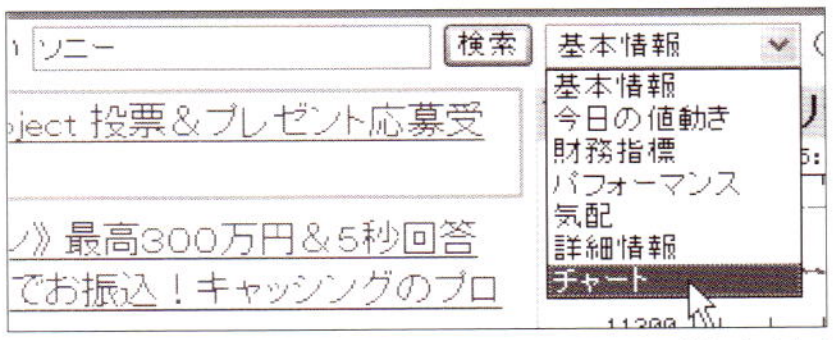

プルダウンメニューからは、基本情報のほかに、財務情報やチャートなどへのリンクも選べる。

株価チャートのほか、株価や企業業績などについての最新の数字を見ることもできる(これらの意味については第7章を参照)。

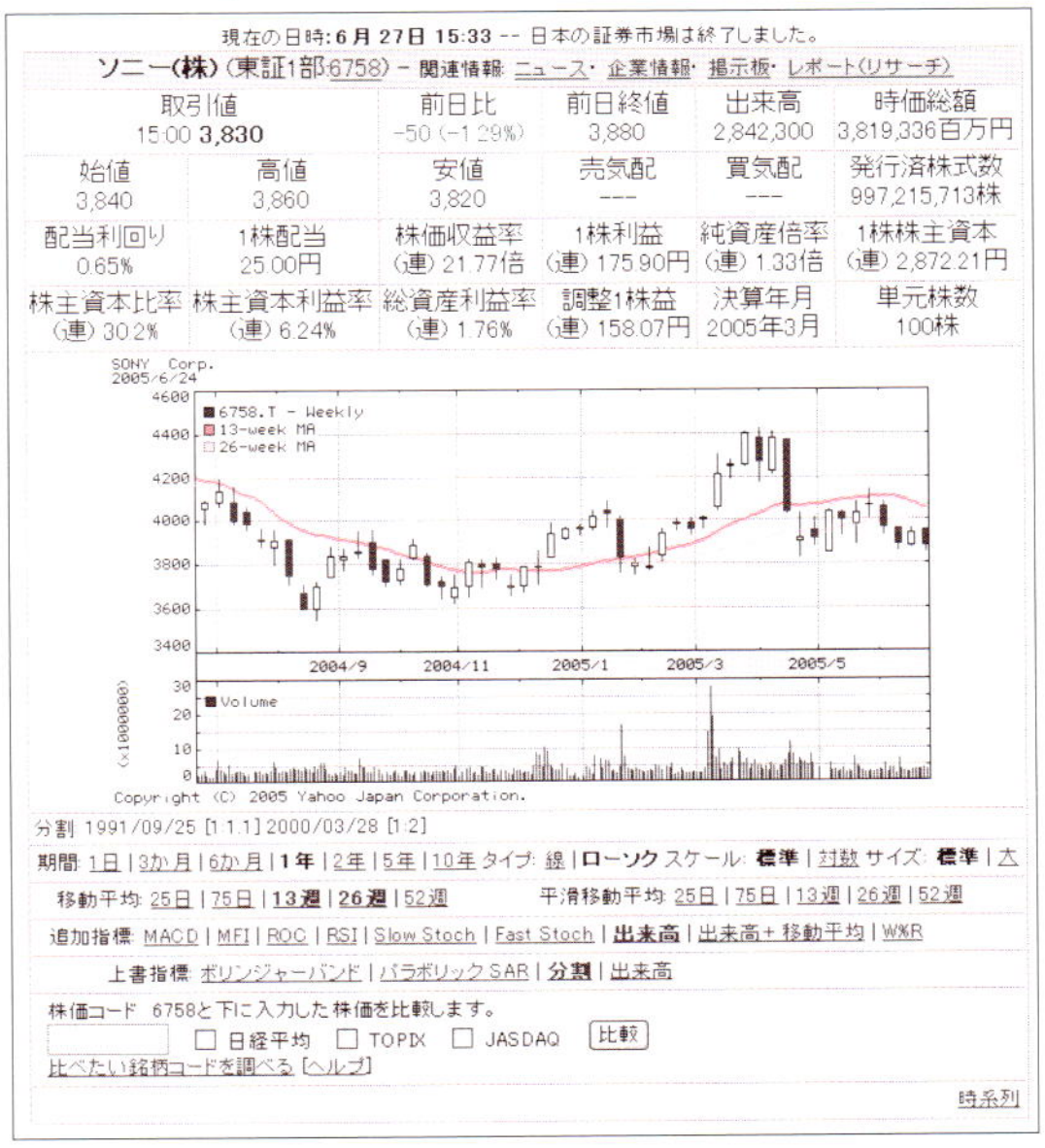

「Yahoo!ファイナンス」のチャート機能については、190ページを参照。また、一般的なチャートの見方については第8章を参照。

POINT

多彩なサービスが無料で利用できる「Yahoo!ファイナンス」を最大限に活用しよう!

ブラウザ ホームページを閲覧するためのアプリケーションソフトのこと。代表的なものに、IEと呼ばれるマイクロソフト社の「インターネットエクスプローラ」があります。

あらゆるメディアをどんどん活用しよう

情報はいたるところに転がっている!

Collect information

株式投資は情報力が勝負。常にアンテナを張りめぐらせ、あらゆるメディアを活用して情報入手に努めることが大切です。

情報収集の手段はいくらでもある!

株式投資はなんといっても**情報力**が勝負。常にあらゆるメディアを駆使して情報を収集することが大切です。

株価は新聞や「会社四季報」などのハンドブック、「Yahoo!ファイナンス」以外にも、証券会社の店頭やテレビ、ラジオなど通じて知ることができます。情報の早さと正確さを求めるなら、証券会社の店頭に足を運ぶのがよいでしょう。

また、東証のホームページでも、株価情報を見ることができます。

証券会社では、それぞれの独自調査による**銘柄情報**を持っています。このような情報をレポートにして投資家に配布している証券会社もあり、各銘柄の株価の動向やチャート、最新のトピックスなどを知ることができます。

また、**営業担当者**は投資家と証券会社を結ぶ窓口であると同時に、資産運用に関するプロでもあります。疑問に思うことがあったら、遠慮なく相談してみましょう。思わぬ情報をもらうことができるかもしれません。ただし、あくまでも最終判断は自分で下すということを念頭に置いておく必要があります。

身近なことから流行を察知しよう

マネー雑誌や株式専門誌などの雑誌類も貴重な情報源です。

週刊ダイヤモンドや**東洋経済**など、大手の出版社が発行している週刊誌や月刊誌では、業界別の詳しいレポート記事や企業ランキングなど、新聞では網羅できない詳細な情報を得ることができます。

また、最近では**「ダイヤモンドザイ」「日経マネー」「マネージャパン」**など、マネー雑誌の種類も豊富です。気に入ったものを定期購読するのもひとつの方法でしょう。

「オール投資」「株式ウイークリー」などの株式専門誌は、一般のマネー雑誌に比べ、個別企業の研究や相場の見通しなど、より踏み込んだ記事が中心になります。はじめて株式投資をするのであれば、まずは一般のマネー雑誌を手に取ったほうがなじみやすいかもしれません。

また、常にアンテナを張りめぐらせ、自分の目や耳で情報を見つけることも大切です。テレビCMやコンビニの商品などをヒントに、いまなにが流行っているのかをつかむことも、銘柄選びには有効な手段です。

情報源はいくらでもある！

インターネット
「Yahoo! ファイナンス」をはじめ、企業のホームページや株式情報サイトなど、情報源は尽きない

ハンドブック
「会社四季報」「日経会社情報」は投資家必読。常に最新号を手元に置いておこう

新聞
日経新聞、株式新聞、日本証券新聞など。一般紙でも役立つ記事がいっぱい！

株式専門誌
一般のマネー雑誌よりも踏み込んだ記事構成が魅力。ただし初心者には少し難解なところも

マネー雑誌
最新情報が初心者にも分かりやすくまとめてある。お気に入りを見つけて定期購読するのもおすすめ

証券会社の窓口
オーソドックスな情報収集法は、なんといっても証券会社に通うこと。営業担当者と仲良くなろう！

コマーシャル
テレビCMや車内広告なども企業の経営戦略を知る貴重な情報源となる！

自分の目や耳
日常のちょっとしたことから流行の兆しを読みとろう。常にアンテナを張りめぐらせておくことが大切

テレビ　ラジオ
株価情報の専門番組だけでなく、ニュースや情報番組から銘柄選びのヒントが得られる可能性も

日常生活の中でも常にアンテナを張りめぐらせ、あらゆるメディアを利用して株式投資のヒントを集めよう！

POINT

プロの「発言」にも注目！
株式投資の現場には、機関投資家、株式評論家、記者など、たくさんの「プロ」がいます。こうした人々が発する銘柄情報や相場に対するコメントも貴重な情報。アナリストが発表するレーティング（株価格付け）も調べてみると参考になります。

企業ランキング　ひとくちに「企業ランキング」といっても、値上がり率ランキング、売上高ランキング、株主資本比率ランキングなど、その切り口はさまざま。

はじめて買う株はこうやって選ぶ！

生活のなかでなじみのある銘柄がおすすめ

Collect information

なにかと迷ってしまう、はじめての銘柄選び。まずは身近でなじみのある企業の株を買うことから投資の世界に「入門」しましょう。

「予算」が決まれば銘柄は絞られる

さて、情報を収集したら、いよいよ銘柄選びです。

銘柄選びの際にまず考えなければならないこと、それは**予算**です。いくら「この株が値上がりしそうだ」と思っても、先立つモノがなければ買えません。株式投資に回せるお金がいくらあるのか、「予算」を決めることが銘柄選びの第一歩です。

予算が決まったら、次はその予算内で買える銘柄をピックアップしましょう。

株式投資がはじめてで、なにから見当をつけたらいいのかまったく分からないという場合には、**自分が仕事をしている業界やよく知っている企業**に目を向けてみるのもよいでしょう。業界の内情や、その企業が業界に占める位置、評判などが分かるので、有利になるはずです。

趣味や生活のなかでなじみのある企業、応援したい企業に投資するのもひとつの方法です。まったく縁のなかった企業に投資するよりも、事業内容や業績などに興味をもって目を向けられるはずです。

そうはいっても、初心者にとっては、近い将来にどの企業が伸びるのかを見極めるのは難しいもの。そういった場合には、まず、業界全体が伸びている分野に投資するのも有効な方法かもしれません。

配当金、株主優待も銘柄選びのポイント

配当金（100ページ参照）や**株式優待**（104ページ参照）を基準に選ぶ方法もあります。

長期保有を前提にするなら、配当金の高い銘柄に絞って探してみるのもよいでしょう。ただし、株価そのものが大きく下がってしまっては、いずれ売却したときに損失が出ることになりますので、注意が必要です。

意外に多いのが、株主優待をお目当てに選ぶという人です。お米や食品の詰め合わせ、お食事券、お買い物券など、生活の心強い味方になるような優待商品をプレゼントしてくれる企業も数多くあります。こうした面から銘柄選びをするのも楽しいでしょう。

インサイダー取引ってなに？

企業の役職員などが、自分の立場を利用して内部情報を得て、情報が公表される前に株を売買することを「インサイダー取引」といいます。インサイダー取引と認められると、証券取引法に基づいて罰せられます。ただし、2つ以上のマスコミに情報が公開されて12時間が経過すれば、株を売買してもかまわないことになっています。

はじめての銘柄選びのポイント

「予算」をはっきりさせて銘柄を絞る

予算によって買える銘柄はおのずと制限されてくる!

身近でなじみのある企業を選ぶ

身近な企業なら新製品や新サービスにも自然と目が向くはず!

配当金の高い企業を選ぶ

長期保有するなら配当金によって利回りが大きく変わる!

株主優待の魅力的な企業を選ぶ

年に1～2回届く企業からのプレゼントは株式投資の大きな楽しみ!

業界全体が成長している分野の銘柄を選ぶ

勢いのある業界の銘柄は総じて上がる可能性が高い!

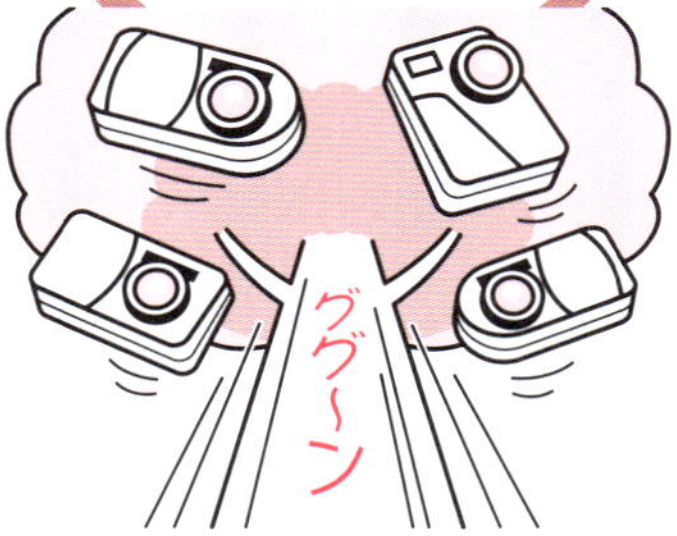

POINT

まずは**「予算」**をはっきりさせよう!　はじめての**銘柄選び**では、よく**知っ**ている**身近**な**企業**、なじみのある**業界**の**企業**に**投資**するのも**吉**!

株主優待　企業が株主に対して、自社製品や各種優待券、割引サービスなどを年に1～2回、プレゼントする制度。長期保有が前提なら、配当金と並んで重視すべきポイントだといえるでしょう。

長期保有するなら配当金も要チェック!

配当金の存在感は意外と大きい

Collect information

預貯金の金利が限りなくゼロに近い時代だからこそ、配当金による利回りの高さは株式投資の大きな魅力といえるでしょう。

「配当金」によって株主に利益を還元

企業が利益を処分する方法は、大きく分けて2つあります。

ひとつは、企業内に利益を残し、今後、事業を拡大していくための資金にするという方法（内部留保）。そしてもうひとつが、**配当金**として株主に還元する方法です。

配当金の額がいくらなのかは、それぞれの企業によって、さらに同じ企業でも事業年度によって異なります。決算期に作成した利益処分案が株主総会で承認されると、持ち株数に応じて、株主に配当金が支払われます。

通常、配当金は年に1回、もしくは半年に1回支払われます。これを**普通配当**と呼んでいます。なかでも、中間決算後に支払われるものは**中間配当**と呼ばれます。

業績がよければ配当も増えます（増配）が、不振ならば減る（減配）こともあります。場合によっては配当金がゼロのこともあります。配当金がゼロのことを「無配」と呼びます。

特別配当、記念配当は臨時のボーナス!?

一時的に増配を行う場合には、普通配当を引き上げるのではなく、あくまでも一時的なものであることを明示するために、**「特別配当」「記念配当」**といった呼び方によって、普通配当と区別する場合が多いようです。例えば「1株当たり配当60円（普通配当40円、記念配当20円）」といった具合に表記されます。

このように配当金の内訳を明らかにすることによって、投資家は、配当金が一時的な要因による特別配当や記念配当で上がっているのか、普通配当の水準が上がっているのかを知ることができるというわけです。

特別配当では、一時的に利益が増加したものの、その後については不透明な場合に「特別」という名目で増配するケースが一般的。

一方の記念配当は、新しい市場への上場や会社創立○周年などの「記念」として増配されるケースが多いようです。

日本には、業績の良し悪しに関わらず安定配当を行っている企業がたくさんあります。長期保有を考えているなら、これらの企業が毎年いくらぐらいの配当金を支払っているのかをぜひチェックしましょう。長期で保有する銘柄だからこそ、わずかな配当金の差が大きなリターンの差を生むのです。

配当金が支払われるしくみ

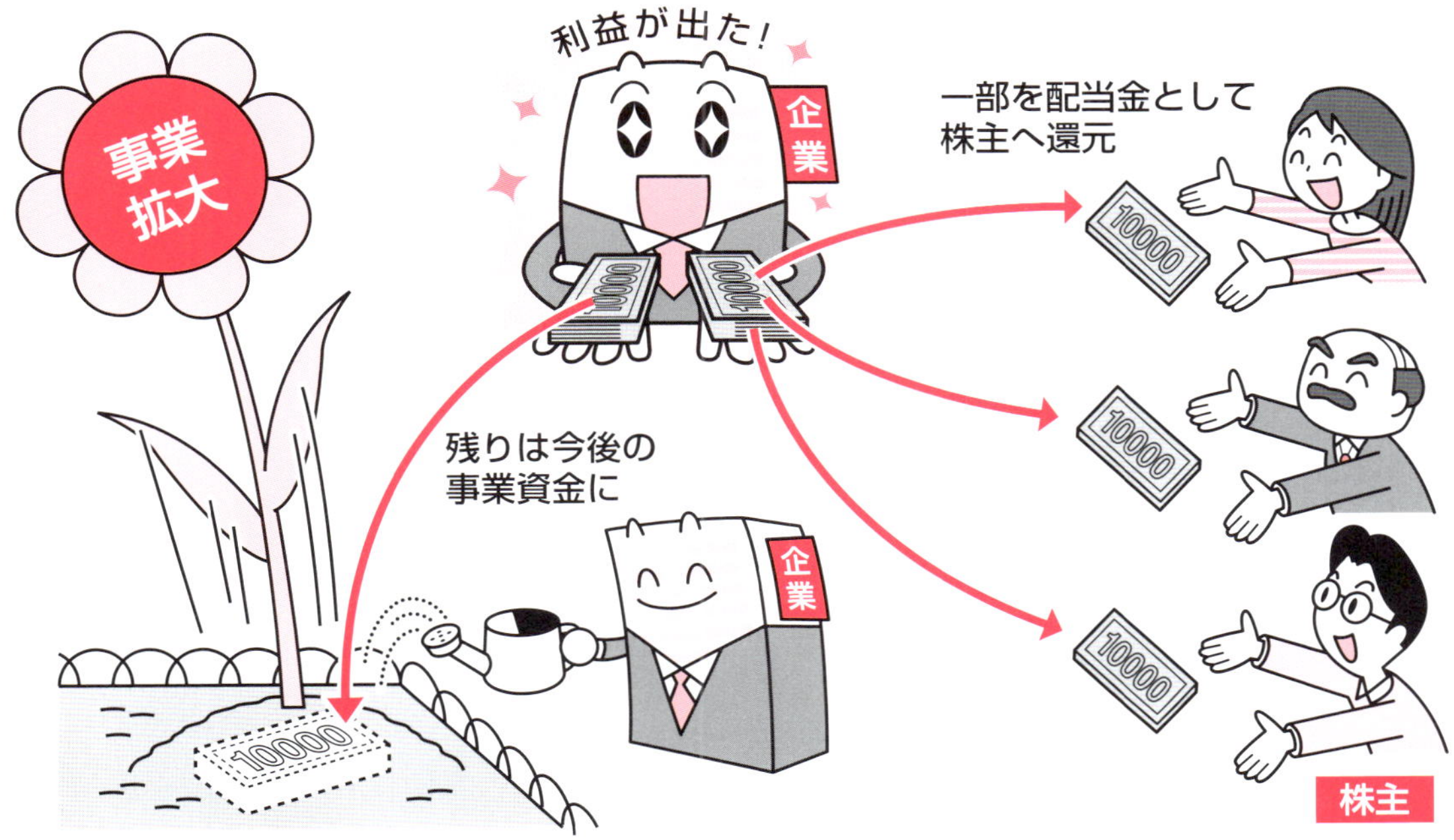

POINT

「普通配当」は年に1回、もしくは2回支払われる！「特別配当」「記念配当」はあくまでも一時的なもの。

配当金の種類

- **普通配当**：通常の配当金。年に1～2回支払われる
- **中間配当**：普通配当のうち、中間決算後に支払われる配当金
- **記念配当**：上場や創立○周年などを記念して支払われる配当金
- **特別配当**：一時的に利益が大きく上がったときに支払われる配当金

権利確定日ってなに？

配当金は、ある一定の日に株主名簿に名前が記載されていた人に対して支払われます。この、配当金を受け取る権利が確定する日が「権利確定日」。通常は、決算日と同日に設定されています。中間配当を行っている企業では、中間決算日も権利確定日になっている場合がほとんどです。

利益処分案 企業が稼ぎ出した利益をどのように使うかということについて案を示した書類。決算日以後3カ月以内に開かれる株主総会の承認を得ることで、利益処分計算書という名称に変わります。

あればあるほどうれしい「株式分割」

株式分割は棚からぼたもち!?

Collect information

株式分割には、コストをかけずに保有株数が増えたり、配当金の総額が増えたりと、投資家にとってのメリットがたくさんあります。

株式分割のしくみはこうなっている！

1株を1.5株や2株にするなど、発行済みの株を細分化することで株数を増やすことを**株式分割**といいます。

例えば、A社が1対2の株式分割を行えば、A社の株を1、000株保有していた株主は、**コストをかけずに**今までの2倍の2、000株を保有することになります。

株式分割は、株数が変化するだけで、理論的には発行済み株式全体の時価総額は変わりません。しかし、実際には株価が多少割高になることがほとんど。株主にとっては嬉しい限りです。

また、1株当たりの配当金が株式分割の前後で同じ金額であれば、それだけ受け取る配当金も増えます。例えば、1対1.5の株式分割が行われた場合、1株当たりの配当金が分割前と同じであれば、受け取る配当金の総額も1.5倍になります。つまり、株主にとっては実質的な増配ということになります。

なぜ企業はわざわざ株式分割するの？

では、企業はなぜ株式分割をするのでしょうか。

株式分割を行うと、企業にとって重要な指標である1株当たり利益（EPS）が下がったり、配当金の負担が重くなったりと、企業の側からするとメリットばかりではありません。

それでも企業が株式分割を行う目的は、株数を増加させることによって流動性を高めるとともに、**株価を引き下げる**ことで個人投資家にも買いやすい環境をつくることにあるといわれています。

成長中の企業であれば、株価は上昇する傾向にありますので、思い切った株式分割を行うことができます。投資家からしても、投資単位が引き下げられることで市場参加の機会が増えるのはうれしいことです。

日本でもヤフーやライブドアなどの成長企業は、株式分割をたびたび実施しています。株式分割を頻繁に行うということは、それだけ投資家を大切にしている証拠といえるかもしれません。

「株式分割」の今と昔

「株式分割」はかつて「株券配当」と呼ばれていました。配当金を支払う代わりに、株券の現物を株主に配っていたのです。しかし、現在では配当金はあくまで現金で支払われるのが常識。「株券配当」は、配当の一環としてではなく「株式分割」として扱われるようになっています。

株式分割のしくみ

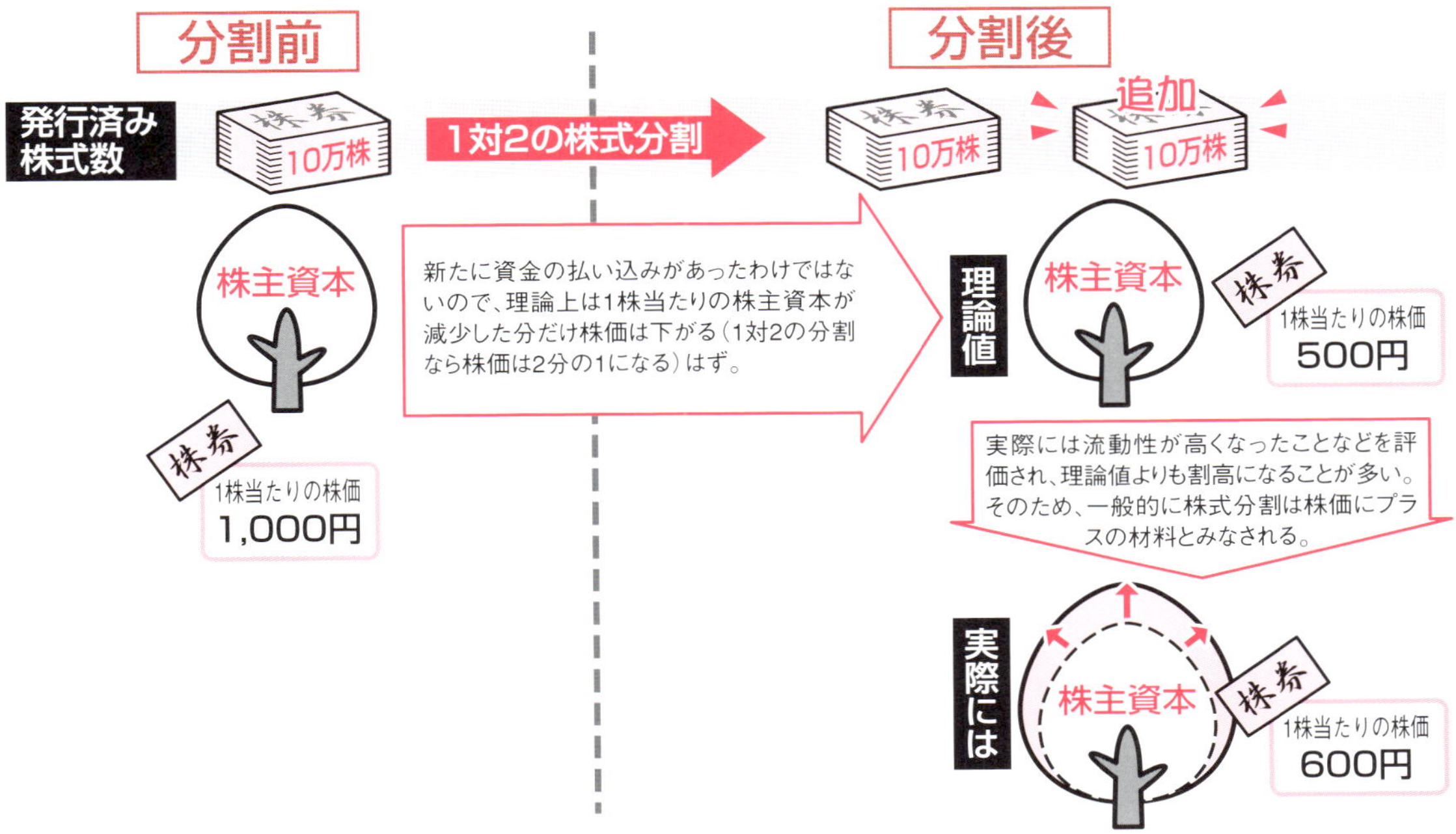

POINT

株式分割は投資家にとってメリットがいっぱい！　株式分割を頻繁に行う企業は、それだけ投資家を大切にしている。

株式分割のメリット

1株当たり利益　当期純利益を発行済み株式数で割ったもので、EPSとも呼ばれます。この値がどのように推移しているかを見ることで、その企業の成長力を読むことができます。

もらってうれしい「株主優待」

株主優待も株式投資の大きな魅力

Collect information

近年、趣向を凝らしたユニークな優待制度を取り入れる企業が増えてきています。こうした株主優待の内容も、銘柄選びで注目したいポイントです。

株主優待制度ってどんな制度なの？

株主優待制度とは、企業が株主に対して、自社商品や各種優待券、割引サービスなどをプレゼントする制度のことです。

株主優待制度を導入する企業は近年、増加の一途を辿っており、現在では**約850社**がこの制度を取り入れています。

銘柄選びのポイントとして、株主優待に注目している投資家も増えてきています。企業の側でも、日常生活に役立つ商品やユニークな商品、地方色豊かな地元の特産品を優待品としたり、カタログから好きな商品をセレクトできる「チョイス制」を採用したりと、各社競い合って趣向を凝らしています。

食品やシャンプー、レストランでの食事券など、生活に密着する優待品なら、生活費の節約にも貢献します。多くの投資家が株主優待制度に注目するのもうなずけるところでしょう。

どうしたら株主優待が受けられるの？

株主優待を受けるには、株主優待の**割当基準日**に、株主名簿に名前が記載されている必要があります。つまり、配当金の受け取りと同様、割当基準日までに名義書き換えをしておかなければなりません。

また、企業によっては、決算日とは別に株主優待の割当基準日を設けているケースもあります。さらに、保有している株数が多かったり、保有期間が長いほど優待品の内容がグレードアップするところも。気になる人は「会社四季報」やそれぞれの企業のホームページなどでチェックするとよいでしょう。

なお、株主の手元に優待商品が届く時期は、割当基準日の3カ月後ぐらいが一般的。企業によっては毎月1回、優待品が届いたりするところもあります。

魅力ある優待商品を取り入れている銘柄を選べば、株式投資の楽しみがますます広がりそうです。

優待内容を知るには？

どの企業がどんな株主優待を行っているのかを調べるには、「会社四季報」が便利。巻末に「株主優待一覧」が収録されていますので、ぜひ活用しましょう。また、株主優待の情報を集めた専門誌もいくつか出版されていますので、こうした雑誌を使って調べるのもひとつの方法です。

ユニークな株主優待

証券コード	銘柄名	割当基準日（月末）	株数	株主優待の内容
1795	マサル	3月・9月	1,000株以上	サマージャンボ宝くじ10枚（1,000株以上） 年末ジャンボ宝くじ10枚（3,000株以上）
4661	オリエンタルランド	3月・9月	100株以上	東京ディズニーリゾートで利用可能な1dayパスポート
4715	クリエイティブ	3月	1,000株以上	3,000円相当の地方特産品（ふるさと小包）
5935	元旦ビューティ工業	3月	1,000株以上	屋根の無料診断、一般価格の2割引および責任施工（対象者は株主または株主の親戚）
7566	ジャパンケアサービス	3月	1,000株以上	フリーダイヤルで専門スタッフによる介護相談サービス（ケアホットライン）の実施
7969	タカラ	3月・9月	100株以上	人気キャラクター株主限定オリジナル商品セット（オリジナルチョロQ・オリジナルリカちゃんなど）
9665	吉本興業	3月・9月	1,000株以上	劇場等鑑賞券（なんばグランド花月劇場・ルミネdeよしもと、ロイヤルウイング中華バイキング付乗船券など）
9715	トランスコスモス	3月	1,000株以上	紀州南部産梅干1.2kg
9818	大丸エナウィン	3月	100株以上	500円相当の図書券1枚（100株以上）3,500円相当の選択型ギフト券（食品・食器等40品目から1点）（1,000株以上）

POINT

株主優待を受けるには、「割当基準日」に株主名簿に名前が記載されていることが必要！

株主優待には楽しみがいっぱい！

割当基準日 株主優待の対象株主を決める日のこと。優待商品を受け取るには、この日までに株主名簿に名前が記載されている必要があります。割当基準日は決算日と同じことが多いですが、企業によっては異なる場合もあります。

さまざまな株の区分をマスターしよう

「大型株」や「値がさ株」ってなに？

Collect information

「大型株」「中型株」「小型株」、「値がさ株」「中位株」「低位株」…。株は時と場合によってさまざまな呼び方で区分されます。

「大型株」「中型株」「小型株」ってなに？

　新聞の指標欄を見ると、「大型株」「中型株」「小型株」という分類でデータが掲載されていることに気づきます。

　これは、発行済み株式数によって株を3つに区分した分類方法です。発行済み株式数が2億株以上の銘柄が**大型株**、6、000万株以上2億株未満の銘柄が**中型株**、6、000万株未満の銘柄が**小型株**。東証ではこれらの区分による「規模別指数」を発表しており、それぞれの区分によって株価の動きにも特徴があります。

　発行済み株式数が膨大な大型株は、それだけ株主の数も多いので、よほどのことがなければ株価が大きく動くことはありません。

　反対に、小型株は発行済み株式数が少ないので、少しの刺激によって株価が大きく変動する可能性があります。短期売買には向いているかもしれませんが、価格変動のリスクは高いといってよいでしょう。

　大型株と小型株の中間に位置し、ほどほどに値動きをするのが中型株。はじめて株式投資をするのであれば、大型株か中型株を選ぶのがおすすめです。

「値がさ株」「中位株」「低位株」ってなに？

　一方、株価水準による区分もあります。

　値がさ株とは、ズバリ値段が高い株のこと。一般に、3、000〜5、000円以上の株がこのように呼ばれます。

　中位株は、平均的な株価に近い株のこと。単純平均株価、または1、000円前後の株を指してこのように呼びます。

　低位株とは、いわゆる株価の安い株のこと。500円以下の株が低位株と呼ばれることが多いようです。

　低位株は株価が安いので、低予算で買えるのが魅力です。値がさ株を1、000株買うとなると投資額もふくらみますが、低位株なら少ない予算で買うことができ、株主総会への参加や株主優待など株主としての権利もフルに活用できます。

　また、株価が下がっても値下がりの幅が限られていること、短期間で株価が2倍、3倍になる可能性があることなども低位株の魅力といえるでしょう。

　ただし、株価が100円以下の銘柄には要注意。株価が安いのにはそれなりの理由があるということを肝に銘じておきましょう。

大型株・中型株・小型株ってなに？

種　類	発行済み株式数	特　徴	銘柄例
大型株	2億株以上	値動きが少ないため、極端に株価が上がることもなければ下がることもない	東京ガス トヨタ自動車 日立製作所
中型株	6,000万株以上 2億株未満	大型株に比べて値動きが大きいため、短期売買でリターンを狙いやすい	東洋水産 ベネッセコーポレーション 東京ドーム
小型株	6,000万株未満	株価の変動が激しいので短期売買に向いているが、出回っている株数が少ないので売買が成立しにくい	ドトールコーヒー 王将フードサービス 歌舞伎座

値がさ株・中位株・低位株ってなに？

2005年3月現在

種　類	株価水準	特　徴	銘柄例
値がさ株	値段が高い （3,000〜5,000円以上の株）	売買単位が1,000株の場合、1単元買うにはかなりの資金が必要	NTT JR東日本 日本テレビ
中位株	平均的な株価に近い （単純平均株価、または1,000円前後）	売買単位が1,000株の場合でも100万円前後の資金で買うことができる	日立製作所 東洋水産 住友商事
低位株	値段が安い （500円以下の株）	少ない資金で買うことができる。 ただし、あまりにも株価の安い銘柄には注意が必要	みずほ信託銀行 ライブドア 日東紡

株価水準による区分

発行済み株式数による区分

	値がさ株	中位株	低位株
大型株			
中型株			
小型株			

初心者におすすめのゾーンはココ！

はじめて株式投資をするならこのゾーンが狙い目！
- ●低予算で買える
- ●株価の変動が比較的ゆるやか

ただし、株価が低すぎる銘柄は倒産のリスクに注意。

発行済み株式数
6,000万株以上
株　価
300〜1,000円前後

銘柄を選ぶ際には、「大型株」「中型株」「小型株」、「値がさ株」「中位株」「低位株」といった区分からも捉えてみる方法もある！

POINT

「浮動株」もチェックしよう

「大型株」でも、それらの株が市場に出回っていなければ、結果として「小型株」と同じような値動きをする可能性があります。実際に市場に出回っている株を「浮動株」といいます。この割合についても、「会社四季報」などでチェックしておきましょう。

浮動株　大株主の保有株や持ち合い株などの固定株を除いた、実際に流通している株のこと。日本経済新聞社では2005年4月より、実際にマーケットに流通する株を対象とした「日経JAPAN1000」の算出を開始しています。

「レーティング」も重要なモノサシだ

株価の割安感を知る参考にしよう

Collect information

「レーティング」と混同しやすい言葉に「格付」があります。この2つはどう違うのか、しっかり確認をしておきましょう。

「レーティング」と「格付」はどう違う?

レーティングとは、証券アナリストのリサーチに基づいた投資判断のこと。それぞれのアナリストが所属する調査機関や証券会社を通じて投資家にも公開され、株式投資をする際の参考データとして重要な役割を果たしています。「Yahoo!ファイナンス」の「リサーチ」ページなどでは、複数のレーティングの統計を見ることもできます。

　レーティングは「株価格付け」「相対株価評価」などとも呼ばれます。気を付けたいのは、銀行や企業そのものの信用力を表した**格付**とは根本的に異なっているということ。

　信用力を評価する場合の「格付」は、銀行や企業が債務（元本と利息の支払い）を返済する確実性を表したものです。

　一方、レーティングの場合には、アナリストが評価した、その企業の株価に対する評価を表しています。つまり、株価が割安だと評価すれば高いランク付けになり、割高だと評価すれば低くなるということになります。

　決して企業そのものの信用力や「よい」「悪い」を評価したものではないということを覚えておきましょう。

株価の割安感を5段階で評価する

　レーティングの表記は、「1」「2」「3」「4」「5」とするところや、「A」「B+」「B」「B−」「C」とするところなど、調査機関によってまちまちですが、総じて5段階評価のところが多いようです。

　野村證券系の調査機関では、その銘柄の株価が今後6カ月の間にTOPIX（36ページ参照）に対して15パーセントを超えて上回ると予想する場合には「1」、5〜15パーセント上回る場合には「2」、±5パーセント以内にある場合には「3」、5〜15パーセント下回る場合には「4」、15パーセントを超えて下回る場合には「5」とランク付けしています。つまり、数字が小さくなるほど「強気」、反対に大きくなるほど「弱気」な判断を下しているということになります。

　これらのランク付けは、あくまでの市場全体の動きと比べた**相対評価**。ですから、どんなに業績が伸びていても、買われすぎて株価が上昇していけば、株価の割安感はなくなってしまうので、必然的にレーティングは下がることになります。

「レーティング」の表記方法（野村證券金融経済研究所の場合）

今後6カ月間におけるパフォーマンスが……

強気	レーティング1	TOPIXを15%を超えて上回ると予想
	レーティング2	TOPIXを5～15%上回ると予想
中立	レーティング3	TOPIXに比べて±5%以内と予想
	レーティング4	TOPIXを5～15%下回ると予想
弱気	レーティング5	TOPIXを15%を超えて下回ると予想

あくまでTOPIXと比べた相対評価である点に注意！

ランク付けの表記は千差万別！

レーティングの表記は、「1」「2」「3」「4」「5」、「A」「B＋」「B」「B－」「C」などのオーソドックスな表記から、「買い」「押し目買い」「中立」「戻り売り」「売り」など、直接的な表記を用いているところまで千差万別。外資系の調査期間では、「バイ」「ホールド」「セル」などの表現を用いているところも。5段階評価のところが圧倒的ですが、なかには4段階評価、3段階評価を採用している調査機関もあります。

POINT

証券アナリストのリサーチに基づいた投資判断が「レーティング」。「レーティング」では、株価が割安なら高く、割高なら低くなる！

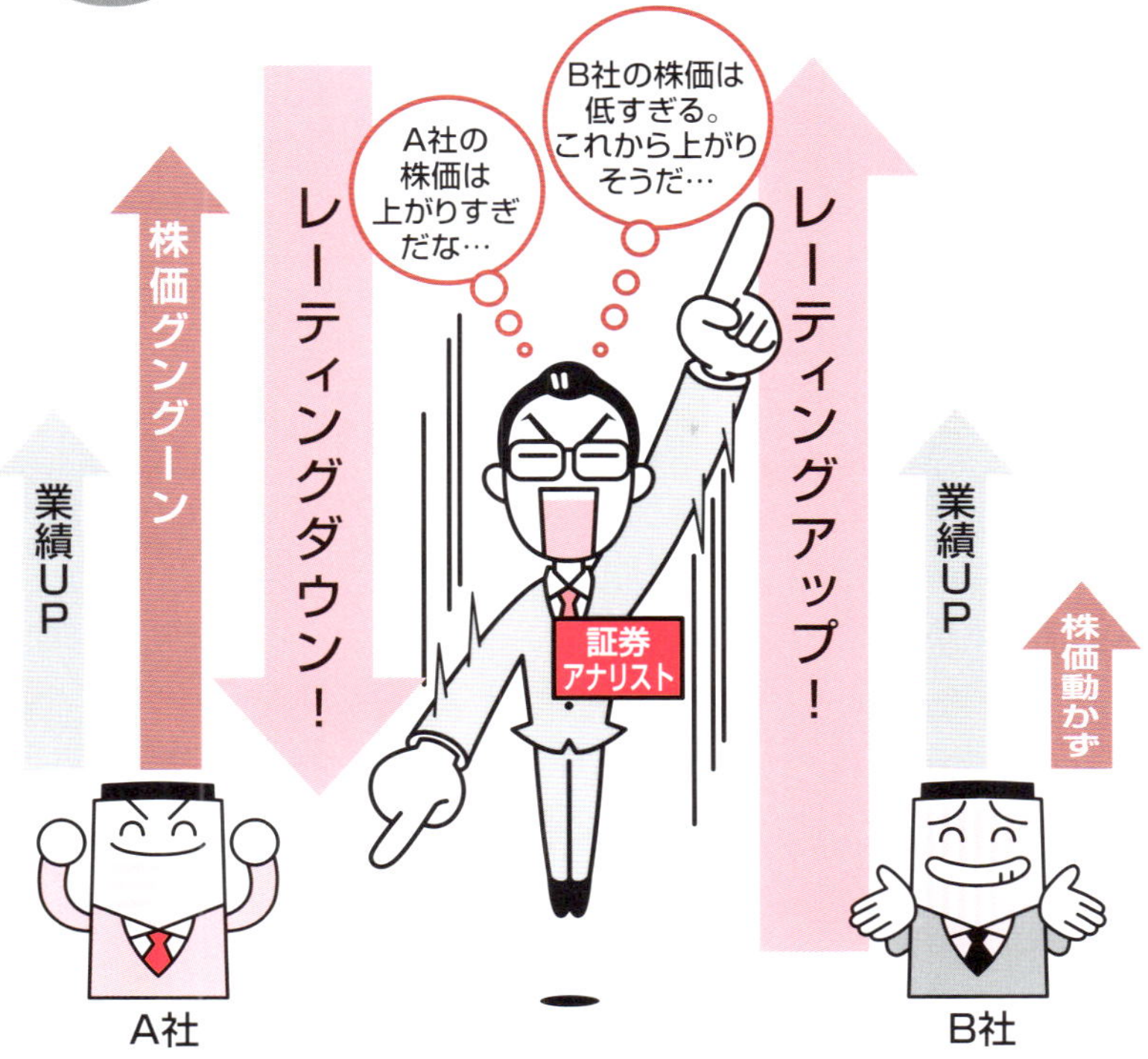

格付　「格付専門機関」が債券の信用力や元利金の支払い能力の安全性などを分析してランクづけし、アルファベットなどの記号で示したもの。信用リスクを測るための重要な指標とされています。

COLUMN

Vol.5

初心者が近づいてはいけないのはこんな株

株の裏世界の住人「仕手筋」にご用心！

株価はときとして、特定の投資家集団によって意図的に操作されることがあります。こうした人々のターゲットとなっている銘柄が「仕手株（してかぶ）」と呼ばれる株。

「仕手」とは本来、能の主人公のこと。ここから派生して、投機的な短期売買で利益を稼ごうとする投資家集団のことを「仕手筋（してすじ）」と呼んでいます。

「仕手筋」は、ほとんどの場合、数億円～数百億円程度のまとまった資金を持っています。その資金を使って、流動性の低い銘柄を集中的に買い占め、一時的に株価を上げるのです。

こうした銘柄をターゲットに据えるのは、トヨタやソニーのような大企業の株の場合には何千億円も投入しないと相場を動かせないのに対し、市場に流通している株数が少ない銘柄であれば、数億円の資金でも相場を動かすことができるからです。

こうした「仕手」が入った銘柄に素人がうっかりと手を出してしまうと、仕手筋の思うツボ。一般の投資家の買い注文が殺到し、株価がさらに上昇したところで、仕手筋は一気にこれらの株を売り抜けます。もちろん一般投資家に気付かれないように秘かに売り抜けますので仕手筋が去ったと一般投資家がわかるのは株価が大幅に下がった後。もともと業績の裏付けがあって上がったわけではないので、こうなると再び上昇するのは困難になります。

市場に流通している株数が少なく、なんの業績の裏付けもないのに株価が急に上がった銘柄は仕手株の可能性大。安易に手を出すのは避けたほうがよいでしょう。

また、「仕手株」と似た存在のものとして、「材料株」があります。

「材料株」とは、業績の裏付けがないにもかかわらず、売買の手掛かりになるような「材料」だけがある銘柄のこと。例えば、「新製品開発のウワサがある」とか「有力企業と提携の話がある」といったうわさで買われていたりする銘柄のことです。

こうした「材料株」も、一時的に値上がりすることはあっても長続きはしません。初心者は手を出さないほうがよいでしょう。

第6章
さあ、株を売買してみよう！

投資可能額は資産のバランスで決める！
ポートフォリオ運用でリスクを減らそう
あなたは短期投資派？ 長期投資派？
さあ、買い注文を出してみよう！
売買注文の方法を賢く使い分けよう
ジャスダック銘柄が買いたい！
「ナンピン買い」は損をするってホント？
「売りどき」を自分で決めておこう
さあ、売り注文を出してみよう！
株式投資にはどんな手数料が必要？
「ミニ株」「るいとう」ってどんなもの？
「信用取引」はリスク管理が肝心！

投資可能額は資産のバランスで決める！

株式投資は余裕資金で楽しみたい

Buy Sell

Let's buy a stock!

株式投資には、通常の預貯金にはないたくさんの魅力があります。しかし、値下がりや企業の倒産などのリスクがあることも忘れてはなりません。

余裕資金を使って運用することが大切

日本の家計の金融資産残高は、約１４００兆円という莫大な額になっています。年金制度崩壊の危機感などから資産運用の意識も高まっており、最近では、ネット取引の隆盛とともに、資産運用の一手段として株式投資にチャレンジする人がどんどん増えています。

株式投資には売却益（キャピタルゲイン）や配当金、株主優待、考えて投資する楽しさなど、通常の預貯金にはない魅力があります。しかし一方では、値下がりや企業の倒産などの**リスク**がつきまとうのも事実です。

ですから、使う目的や時期がはっきりしているお金や、突然の出費に対応するためのお金を株式投資に回して運用するということはおすすめできません。これらのお金はきちんと確保したうえで、**余裕資金**を使って運用を試みることが大切です。

株式投資を始めるにあたっては、運用目標を一般の預貯金の年利回りより若干高めぐらいに設定するのがよいでしょう。はじめから高いリターンを狙うのではなく、預貯金の延長としての心構えで、無理のない範囲で組み入れると

株式投資は余裕資金を使って楽しもう

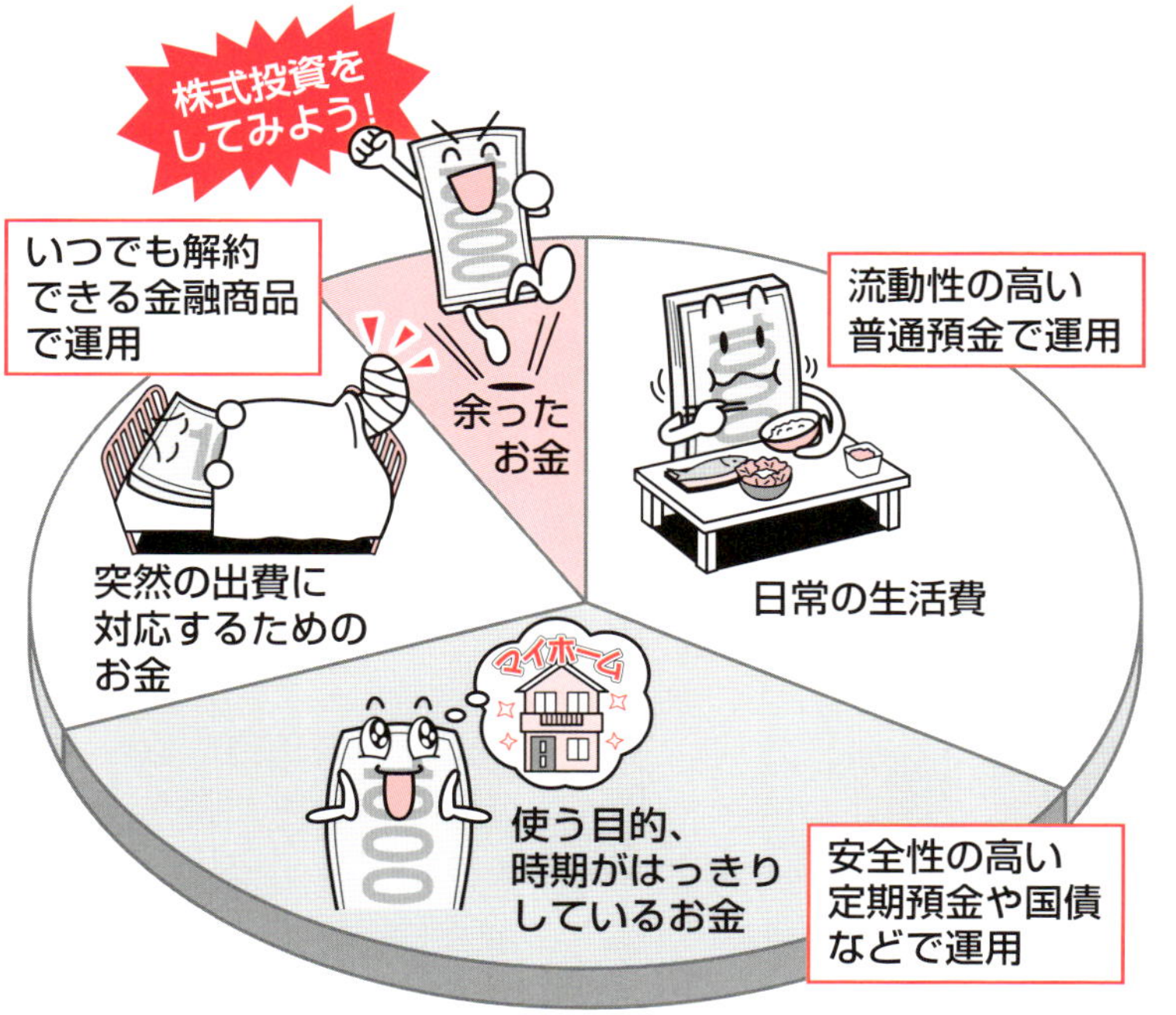

よいのではないでしょうか。

株式投資に必要な「3つの余裕」

ぜひおすすめしたいのが、株式投資を始める前に「3つの余裕」を確認すること。

ひとつは、**資金の余裕**です。自分の資産のバランスを見て、資金に余裕があるなら、株式投資で運用することを検討しましょう。

2つめは、**時間の余裕**です。株は買ったらすぐ上がるというものではありません。目標の株価になるまで何年もかかることもあり得ます。反対に、急激な値動きに機敏に対応しなければならないときもあります。常に株価をチェックできる体制を整えられるような、時間的な余裕が欲しいものです。

そして、大切なのが**心の余裕**です。株価は毎日動いています。株価の上下でやみくもにあせってしまっては、売買のタイミングを的確に判断することができません。自分の投資のスタンスをはっきりさせて、じっくりと株価と向き合いましょう。

株式投資は、資金さえあれば誰でも始めることができます。しかし、その世界は思った以上に奥の深いものです。まずは基本を身につけ、あせらず、ゆっくりと未知なる世界をのぞいていく「余裕」を持つことが一番大切なことだといえそうです。

ライフイベント表のススメ

株式投資は余裕資金で…といっても、その「余裕資金」がいくらなのかを見極めるのは容易ではありません。そこでおすすめしたいのが「ライフイベント表」を作成すること。試しに自分が80歳になるまでを一覧にし、家族の年齢や必要なお金などを書き込んでみましょう。資産のバランスを考えるのに役立つはずです。

POINT

リスクもあるのが株式投資。あくまでも余裕資金で楽しもう。株式投資には「資金の余裕」「時間の余裕」「心の余裕」の3つの余裕が不可欠だ！

株式投資に必要な「3つの余裕」

年利回り 利息を含めた1年間の収益が、投資金額に対してどのぐらいあったかを示す割合のこと。預貯金の場合には金利が年利で表示されているので、金利＝年利回りとなります。

Buy Sell

ポートフォリオ運用でリスクを減らそう

ひとつのカゴにタマゴを盛るな！

Let's buy a stock!

株式投資のリスクを軽減するために有効なのが、ポートフォリオ運用（分散投資）です。ここではその基本的な考え方を学びましょう。

ポートフォリオ運用の基本的な考え方

株式投資には、常に株価の下落や企業の倒産といったリスクがつきまといます。

こうしたリスクをできるだけ軽減するために有効なのが、**ポートフォリオ運用**（分散投資）という考え方です。

ひとつの銘柄に全部の資金をつぎ込むと、資金の運用結果は、この銘柄の値動きにすべて左右されてしまいます。値上がりすればそれだけリターンも大きいですが、大幅に下落すれば一気に損失が出てしまいます。

一方、複数の銘柄をバランスよく保有している場合を考えてみましょう。

この場合、銘柄によって値動きはそれぞれ異なりますので、ある銘柄が値下がりしたとしても、他の銘柄が値上がりすれば、その利益で損失をカバーすることができるかもしれません。

投資に関する有名なことわざに「ひとつのカゴにタマゴを盛るな！」というものがあります。

タマゴを複数のカゴに分散して盛っておけば、万が一どれかひとつのカゴを落としてしまっても、他のタマゴは無事だという意味のことわざです。これこそがまさにポートフォリオ運用（分散投資）の基本的な考え方なのです。

分散投資の方法はいろいろある！

ポートフォリオ運用（分散投資）の方法は、**銘柄を分散**させること以外にもいろいろと考えられます。

例えば、同じ銘柄であっても、一度に売買するのではなく、タイミングを何度かに分けること、つまり**時間の分散**もリスクを減らすには有効な方法です。

同じ業種の銘柄にいくつも投資するのではなく、**さまざまな業種へ分散**投資するという方法もあります。

同じ業種に属している銘柄は、為替の変動などの外部要因によって、いっせいに株価が落ち込む可能性があります。性格のまったく異なる業種をポートフォリオに組み込めば、こうしたリスクを減らせるだけではなく、株式市場全体の成長を幅広く捉えることができるはずです。

さらに、**市場を分散**させるという方法も考えられます。

高成長の期待できるジャスダック銘柄と安定した配当金や成長が期待できる東証1部上場の銘柄などに分散投資をすれば、将来の変化にも柔軟に対応できるでしょう。

ポートフォリオ運用（分散投資）の方法

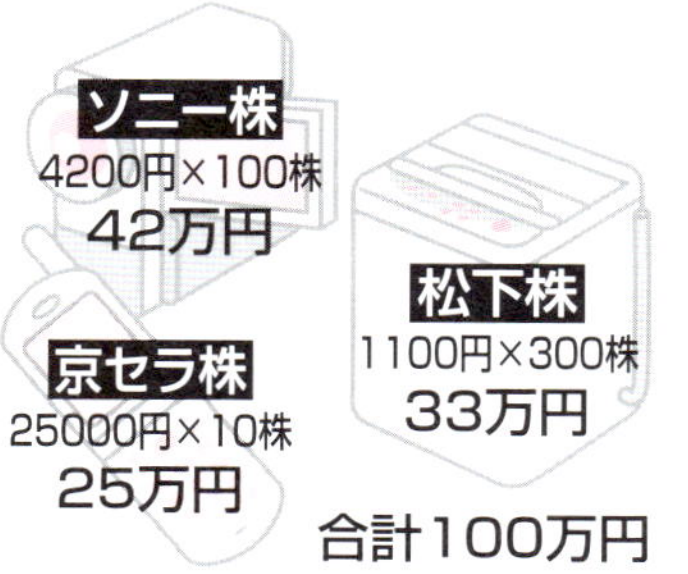

銘柄の分散

いろいろな銘柄に投資して値下がりのリスクを減らす！

時間の分散

一度にすべての資金を注ぎ込まず、タイミングをずらして投資する！

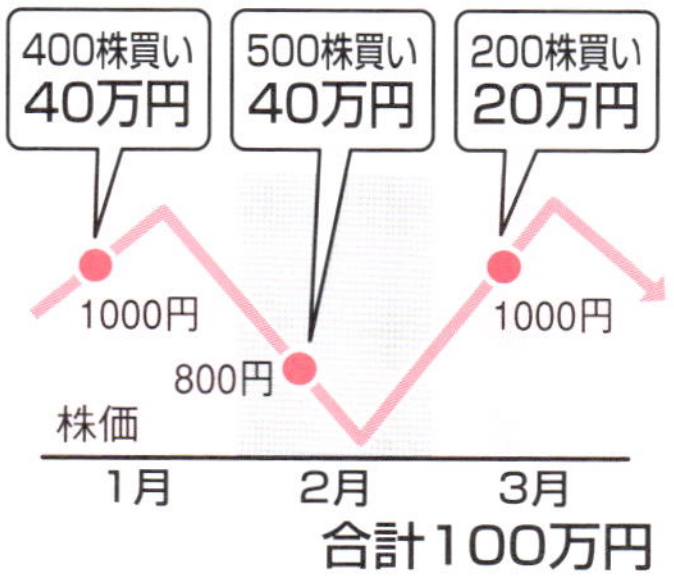

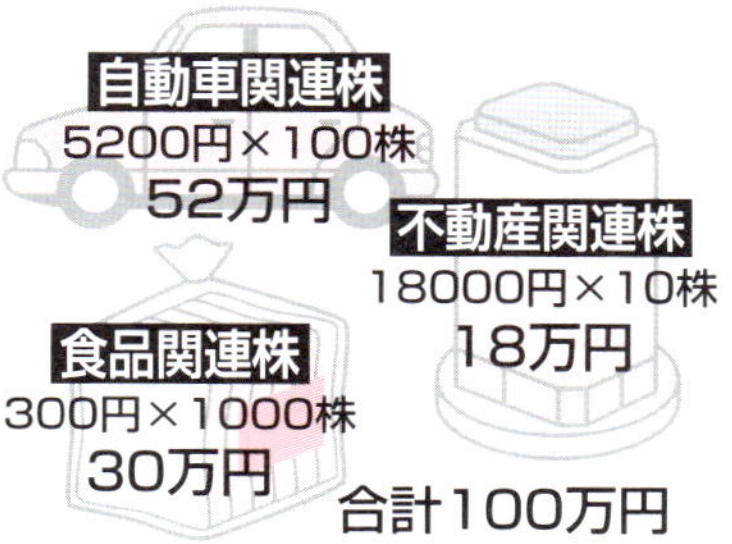

業種の分散

同業種の銘柄がいっせいに値下がりするのを避ける！

市場の分散

高成長企業の多い市場と安定した大企業の多い市場に分散！

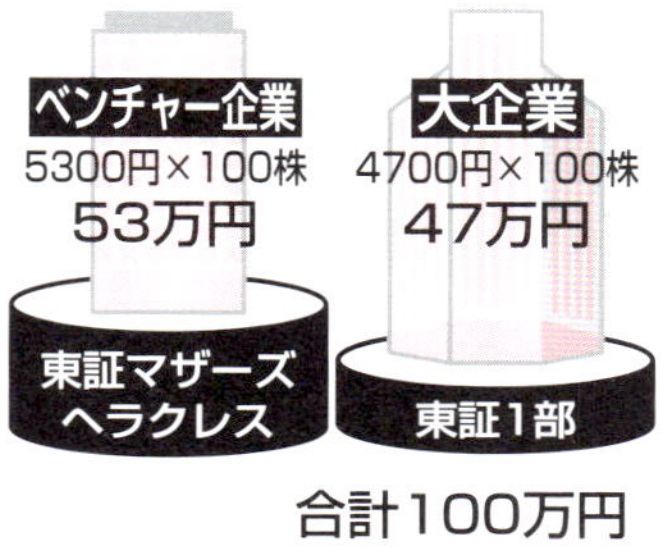

POINT

ポートフォリオ運用（分散投資）でリスクをできるだけ軽減しよう！分散の方法はたくさんある。上手に組み合わせてポートフォリオを築こう。

ひとつの銘柄に集中してしまうと…

株価が下がると大幅なキャピタルロスが生じるのを防止できない！

ポートフォリオ運用ができていれば…

株価が下がった銘柄があっても、ほかの銘柄の株価が上がればロスをカバーできる！

ポートフォリオ もともとは「紙バサミ」を意味する言葉。以前は株券や債券を紙バサミで挟んで保管していたことから、保有している有価証券全体を指す言葉として使われるようになっています。

Buy Sell

あなたは短期売買派？長期保有派？

安全にリターンを得るなら長期保有がおすすめ

Let's buy a stock!

短期で株を売買するのが最近のブーム。でも、低リスクでリターンを期待したいなら、断然おすすめなのが長期保有です。

短期売買、長期保有それぞれの特徴は？

株式投資には、大きく分けて短期売買、長期保有の2つのスタイルがあります。

短期売買は、保有している銘柄の株価が上がったら、すぐに売却して利益を確定する方法。どのぐらいを「短期」と定義するかは人それぞれですが、通常、長くても1カ月、短ければ数日で売却してしまうことが多いようです。

一方、**長期保有**は目先の動きにとらわれずに資産として持ち続け、十分に値上がりしたところで売却する方法です。通常2～3年、長ければ10年以上保有し続ける場合もあります。

短期売買では、リターンは基本的に**売却益**（キャピタルゲイン）のみであるのに対し、長期保有では、売却益のほかにも、**配当金**や**株式分割**、**株主優待**などのインカムゲインが繰り返し得られるのがメリットです。特に、決算期を迎えるたびにもらえる配当金や株主優待は、長い目で見ると大きなリターンといえるでしょう。

最近の株ブームの中心は短期売買にあるようです。しかし、株価は短期的にみると大きく変動するので、短期売買はとかく損益の差が大きいのが特徴。短期間でリターンを狙える代わりに、リスクもかなり高いといえます。

低リスクを望むなら長期投資がおすすめ

株価は毎日、値上がりと値下がりを繰り返しています。しかし、過去の統計から、株式投資では、投資期間が長期になればなるほど総じて株価が値上がりする傾向にあり、リスクが小さくなることが分かっています。

とはいっても、日々の株価の上下に一喜一憂しながら売買のタイミングを狙うことにこそ株式投資の楽しみがある、はじめて買った株をひたすら持っているだけでは株式投資の醍醐味が半減してしまう、と考える人もいることでしょう。

そういう人におすすめなのが、銘柄を分散し、短期売買で株式投資の経験を積み重ねながら、一方で長期的な視野にたって、成長力がありそうな銘柄を持ち続けるという方法。ポートフォリオ運用という面からも有効な方法ということができるでしょう。

これなら、長期保有でじっくりと株価の上昇を待ちながら、売買の楽しみを味わうこともできて、一石二鳥というわけです。

短期売買と長期保有

	メリット	デメリット	こんな人に向いている
短期売買	●資金を効率的に回転させることができる。 ●急に現金が必要になっても対応しやすい。 ●売買そのものを楽しむことができる。	●いつも株価を気にしていなければならない。 ●売買委託手数料がかさむ。 ●失敗が続くと運用資金が大きく減る。	●株価をマメにチェックして売買注文を出せる、時間的余裕がある人。
長期保有	●配当金や株式分割、株主優待を繰り返し受けることができる。 ●売買に時間や手間をかけないですむ。	●株価が下がると「塩漬け」になり、資金の運用効率が下がる。 ●急に現金が必要になると、損していても売らなければならないことも。	●当面使わなくてもいい余裕資金があり、リスクの少ない運用をしたい人。

POINT

「短期売買」は初心者にはリスクが大きい。低リスクでリターンに期待したいなら「長期保有」がおすすめ！

株価の動きの「大きな波」と「小さな波」

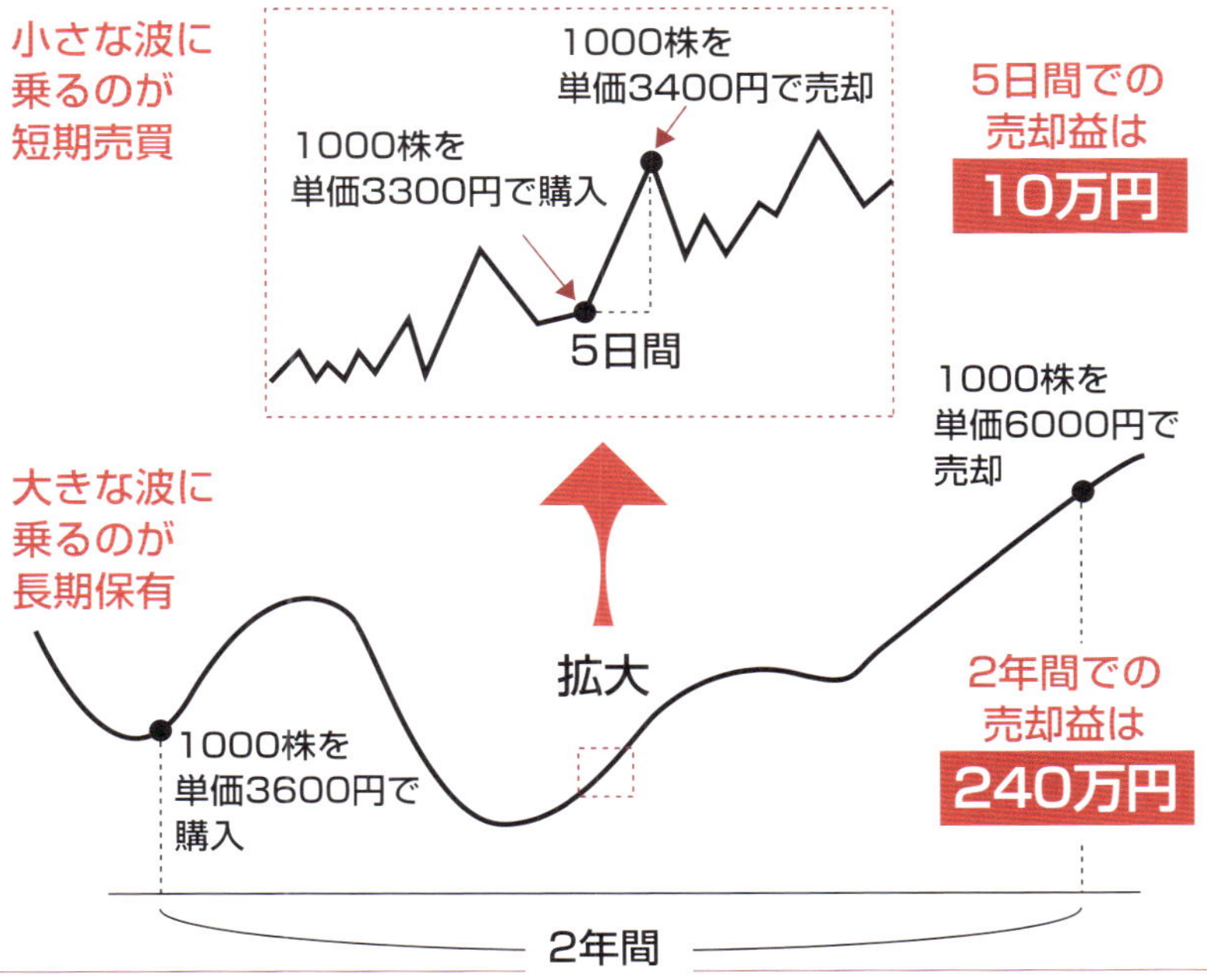

塩漬け 株を漬物にたとえた表現。予想がはずれて株価が下落してしまったため、売ると損失が出てしまう株にフタをして、食べどき（株価の上昇）がくるまで待つことを意味しています。

Buy
Sell

さあ、買い注文を出してみよう！

注文内容の必須事項をマスターしよう

Let's buy a stock!

証券会社の店頭でも、電話やネット取引でも、注文の際に伝える内容は基本的に同じ。ここでしっかりとマスターしておきましょう。

注文内容はどの方法でも基本的に同じ

自分の投資スタンスと照らし合わせて銘柄を選んだら、いよいよ買い注文を出すことになります。

注文の際に伝える内容は、証券会社の店頭であっても、電話やネット取引であっても基本的には変わりありません。自分のライフスタイルに合わせて、一番やりやすい方法を選ぶとよいでしょう。

注文に当たっては、まずは**買い注文**であること、**銘柄名**や**証券コード**、**売買株数**、**値段**、**指し値注文か成り行き注文**かといった注文方法（120ページ参照）、**注文の有効期限**などを指定します。

注文の方法によっては、大引けや翌営業日の寄り付きに注文が実行されるように指定することも可能ですが、通常は証券取引所の立ち会い時間内なら、注文はすぐに証券会社から証券取引所に伝えられます。

いったん注文が成立したら取り消すことは不可能ですので、くれぐれも間違えのないように、落ち着いて、正確に指定しましょう。

銘柄名、売買株数は特に慎重に伝えよう

銘柄名にはまぎらわしい名前のものが結構あります。グループ企業が数多く上場している場合には、必然的に似た名前の銘柄がたくさん存在することになります。

例えば、日立製作所には20社以上の関連銘柄が存在します。これらのほとんどは「日立○○」という社名になっていますので、注文の際には、社名を最後まで正確に伝える必要があります。

また、東京コスモス電機は「コスモス電」、新コスモス電機は「コスモ電」という略称で呼ばれています。このように、略称にするとまぎらわしい銘柄も数多く存在しています。

ですから、銘柄名を伝える場合には、必ず**フルネーム**で伝えるようにしましょう。証券コードも一緒に伝えると間違いを防ぐのに役立ちます。

１００株のつもりがうっかりして１，０００株注文していたといったミスもよくあることです。**売買株数のケタ数**は間違えやすいので、特に注意を払いたいものです。

また、注文の内容を伝え終わったら、必ず注文内容を確認する習慣をつけましょう。ネット取引の画面でも、注文後には、必ず注文内容の確認画面が出てくるはずです。気を抜かずに、隅から隅まで確認をすることが大切です。

「買い注文」の出し方

市場の指定は必要？

大企業には、東証1部と大証1部といったように、複数の証券取引所に上場しているところが数多くあります。「会社四季報」の本社〜URL欄の【証券】のところに 上 5市場とあるのは、国内の5つの証券取引所すべてに上場しているということ。こういった場合、市場を指定しないで注文を出すと、自動的にもっとも取引量の多い市場で取引されます。特に市場にこだわって取引をしたい場合には、市場名も忘れずに指定するようにしましょう。

指し値注文の場合

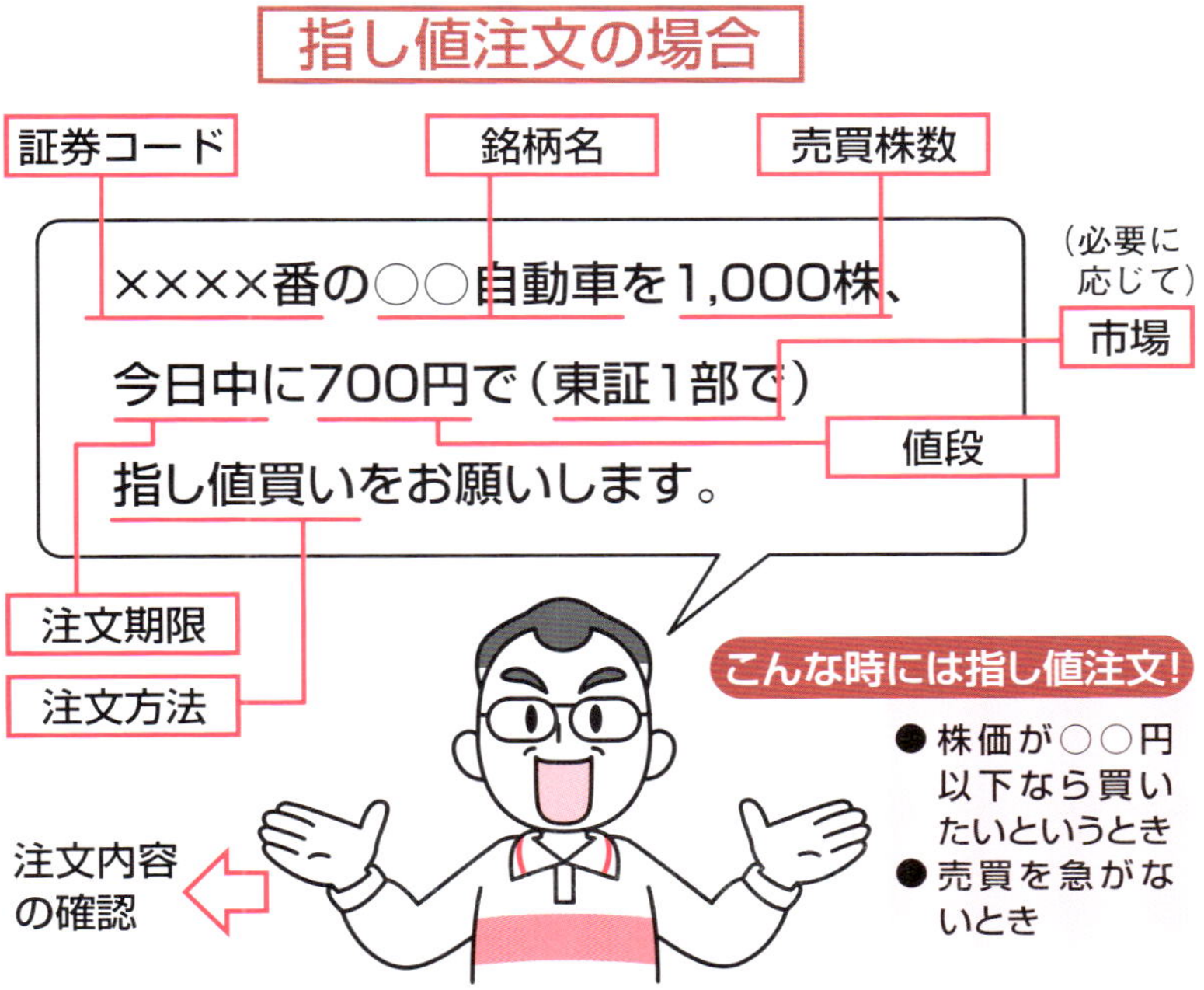

こんな時には指し値注文!
- 株価が○○円以下なら買いたいというとき
- 売買を急がないとき

成り行き注文の場合

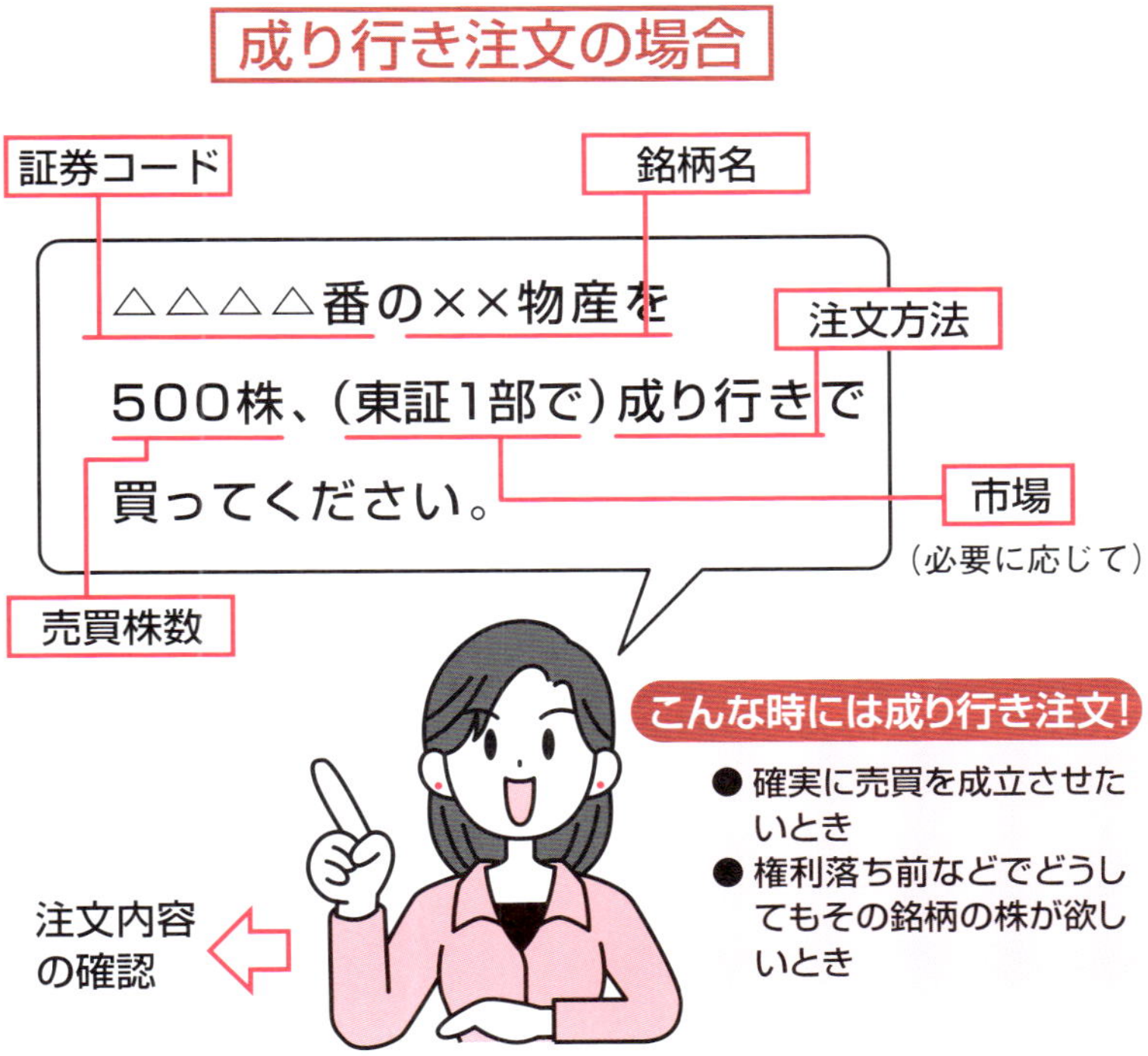

こんな時には成り行き注文!
- 確実に売買を成立させたいとき
- 権利落ち前などでどうしてもその銘柄の株が欲しいとき

POINT

注文の際には、「買い注文」であること、銘柄名、売買株数、値段、注文方法、注文期限を正確に伝えよう!

成り行き注文 銘柄と株数だけを決め、売買の値段は指定しない注文方法のこと。寄り付きでの成り行き注文は「寄り付き注文」「寄り付き成り行き」などと呼ばれています。

売買注文の方法を賢く使い分けよう

「指し値注文」と「成り行き注文」が原則

Let's buy a stock!

売買注文の方法には大きく分けて「指し値注文」と「成り行き注文」があります。この2つの注文方法はどのように使い分ければよいのでしょうか?

注文方法それぞれの特徴を押さえよう

売買注文の基本となるのは「指し値注文」と「成り行き注文」の2つです。

指し値注文とは、売り値や買い値などを指定する注文方法のこと。売買が成立するためには、株価が買い指し値を下回る（買い注文）か、売り指し値を上回る（売り注文）ことが必要です。

自分の希望した値段で売買ができるのが最大のメリットですが、半面、ほんのちょっとの値段の差で売買が成立せず、結果として大きなチャンスを逃すこともあるのがデメリットです。

一方、**成り行き注文**は、銘柄と株数だけを決め、売買の値段は指定しない注文方法のこと。指し値注文に比べて、早く、確実に売買が成立するのがメリットですが、予想以上に高く買ったり、安く売ったりしてしまう可能性がついてまわります。

2つの注文方法を使い分けるには？

どうしても当日中にこの株を売りたい、買いたいというような場合には、指し値注文よりも確実に売買の成立が期待できる成り行き注文を出すのが一般的です。

反対に、あくまでも売買する株価にこだわるなら指し値注文でしょう。手数料や税金も考慮して、売却益（キャピタルゲイン）を確定させて売りたい場合などには有効な注文方法です。

こだわり派にはこんな注文方法も！

立ち会い開始時に付いた値段で売買する方法が**寄り付き注文**、取引終了時についた値段（大引け）で売買する方法が**大引け注文**です。

また、最近注目を浴びているのが**逆指し値注文**（逆指し）です。

逆指し値注文とは、株価が指定した値段以上になれば「買い」、指定した値段以下になれば「売り」とする注文方法。通常の指し値注文とは反対の指示を出すことからこのように呼ばれています。

定番パターンは「株価がこのまま上がるなら放置、もしも下がってしまったら売り」という「**利益確定売り**」。他にも、株価がボックスを突き抜けて上昇したところで買う「**トレンドフォロー**」や損失を最小限に食い止める「**ストップロス**」などの活用パターンがあります。

ただし、証券会社によっては、逆差し値注文を取り扱っていないところもあります。

さまざまな注文方法

	メリット	デメリット	こんなときに効果大！
指し値注文	●希望の価格で売買できる ●注文の有効期限を指定できる	●売買が不成立になることがある	●売却益を確定させて売りたいとき
成り行き注文	●ほとんどの場合、売買が成立する ●早く売買ができる	●株価の変動が激しい場合には、予想外の価格で売買が成立してしまうことも	●買い逃し、売り逃しをしたくないとき
寄り付き注文	●立ち会い時間中でなくても前もって注文を出しておくことができる	●思わぬ価格で売買が成立する可能性がある	●立ち会い時間中に売買注文を出す時間がないとき
大引け注文	●立ち会い時間中でなくても前もって注文を出しておくことができる	●思わぬ価格で売買が成立する可能性がある ●大引けで売買が成立しない（ザラバ引け）可能性がある	●立ち会い時間中に売買注文を出す時間がないとき
逆指し値注文	●利益を徐々に伸ばしていくことができる ●トレンドをフォローできる	●株価変動を予測して注文を出さなければならない	●株価をチェックする時間がないとき

POINT

「指し値注文」と「成り行き注文」それぞれのメリット、デメリットを押さえたうえで、投資スタイルやTPOに合わせて注文方法を使い分けるのが吉！

「逆指し」のしくみ

●「利益確定売り」のパターン

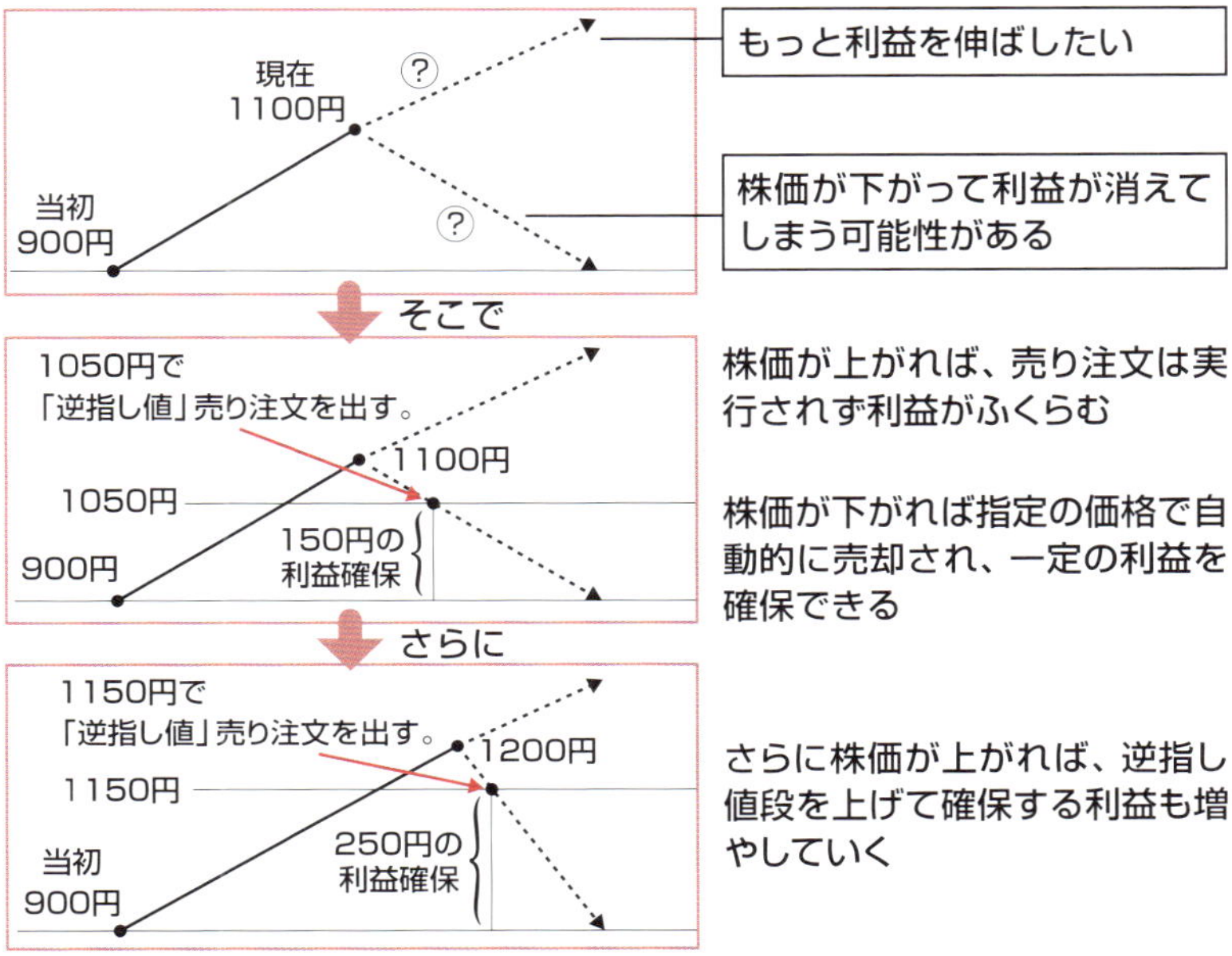

大引け注文 大引けでの売買を事前に予約する注文方法。後場において指し値注文を出したうえで、その指し値注文が成立しなかった場合には後場の終値で売買することを予約する「出来ず大引け注文」という方法もあります。

ジャスダック銘柄が買いたい！

「指し値注文」しかできない理由は？

Let's buy a stock!

勢いのあるベンチャー企業が数多く上場しているジャスダック市場。取引の前に、その独特のしくみをしっかりと頭に入れておきましょう。

「上場予備軍」が集うジャスダック市場

ジャスダック銘柄の売買注文を出すときに、通常の場合と大きく異なる点があります。それが、**成り行き注文ができず、指し値注文のみ**ということです。

ジャスダック市場の上場基準は、東証などの上場基準よりも緩やか。そのため、成長性が高く、勢いのある中小・ベンチャー企業が数多く上場を果たしています。裏を返せば、それだけ経営が安定せずに倒産をしてしまうリスクも高いことになります。

また、ジャスダック銘柄は、発行済み株式数が比較的少ないので**取引が成立しにくく、値動きが大きくなりやすい**のが特徴です。こうしたことから、いくらで売買が成立するかが前もって分からないする成り行き注文を禁止し、指し値注文のみを受け付けているというわけです。

マーケットメイクのしくみを理解しよう

証券会社がジャスダック銘柄の買い注文を受けると、JASDAQオークションシステムを通じて、全国から売り注文を探し出します。

しかし、発行済み株式数が少ないため、いつでもうまく売買が成立するとはかぎりません。そこで、**マーケットメイク制度**が導入され、以前よりも多くの取引が行われるようになりました。

マーケットメイクとは、売買の比較的多い銘柄をマーケットメイク銘柄に指定し、特定の証券会社がその銘柄のマーケットメイカーとして、投資家との間で直接、**相対取引**をするという方式。

マーケットメイカーである証券会社は、常に投資家に売り気配と買い気配を公表します。そして、取引を希望する投資家がいれば、1対1での価格交渉によって取引を行うのです。

ジャスダック銘柄を購入する場合には、倒産などのリスクが大企業に比べて高いことや、マーケットメイク制度が採用されているといった特徴をしっかりと考慮に入れておくことが必要です。

相対取引ってなに？

証券取引所を通さずに、証券会社と投資家が1対1で向き合って取引を行うことを「相対取引」といいます。相対取引は、同じ銘柄の売買が同時刻に成立したからといって、価格が同じとは限らないのが特徴。あくまでも買い手1人と売り手1人との個別交渉によって、取引が成立するしくみになっています。

ジャスダック銘柄の取引のしくみ

オークション方式

JASDAQオークションシステムを使って全国から取引の相手を探し出し、売買を成立させる。

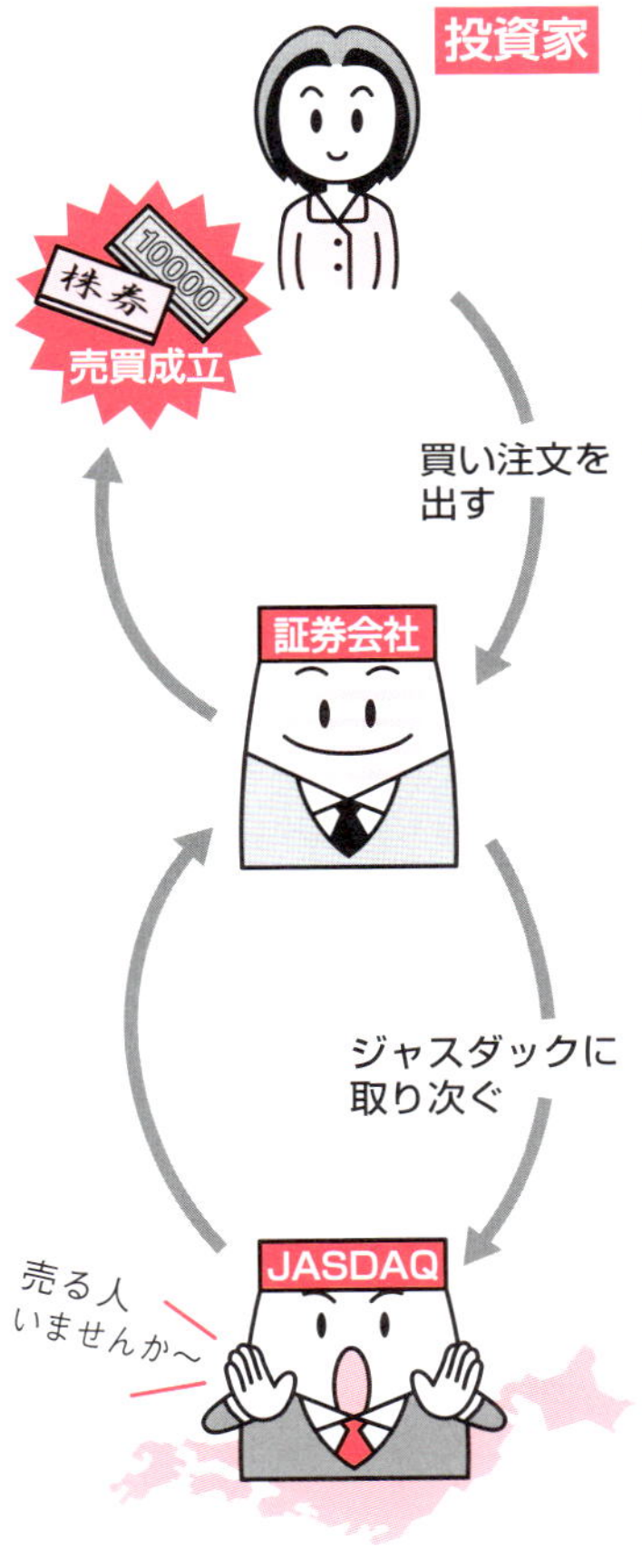

マーケットメイク方式

マーケットメイカーである証券会社が売り気配、買い気配を公表する。投資家はその値段をもとにマーケットメイカーと直接価格交渉を行う。

売買注文を出した証券会社がマーケットメイカーでない場合

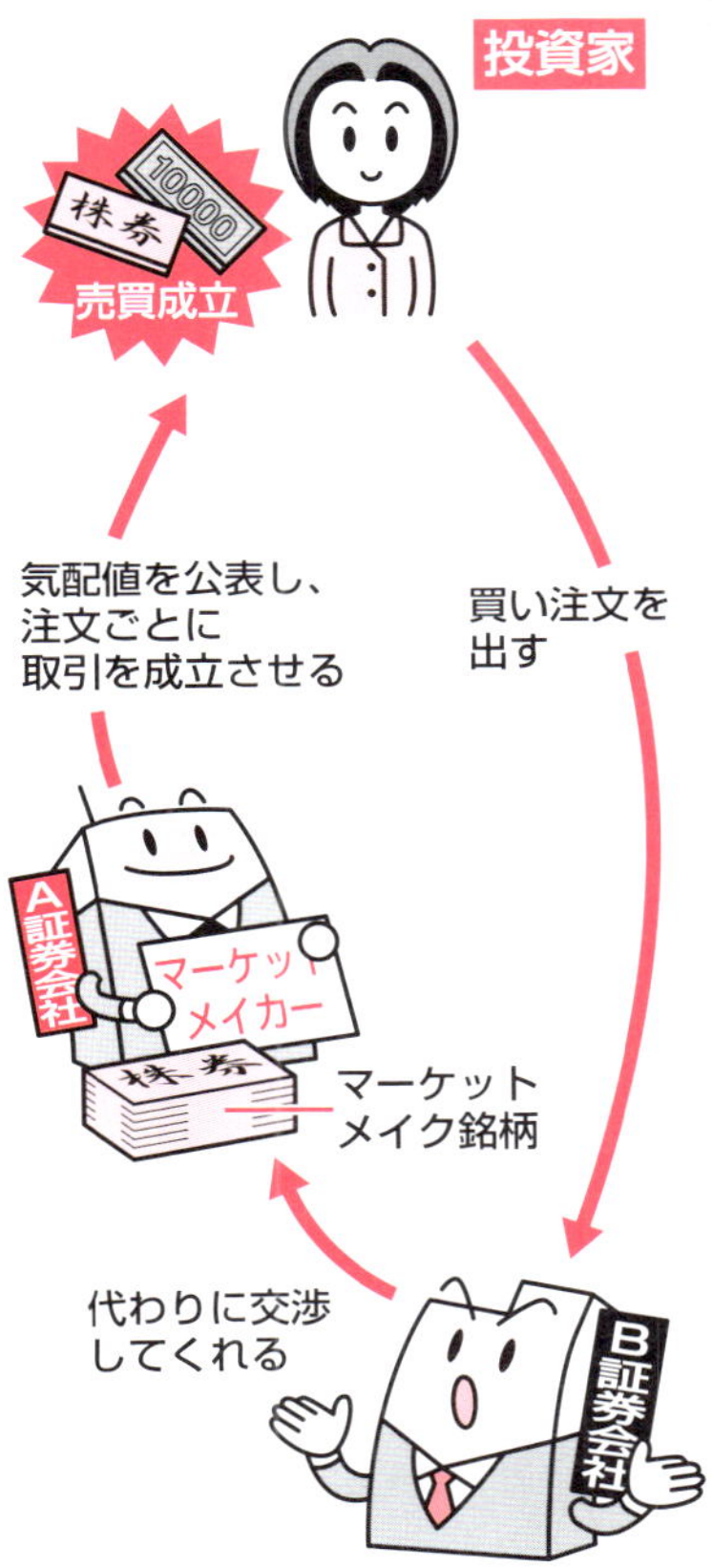

売買注文を出した証券会社がマーケットメイカーの場合

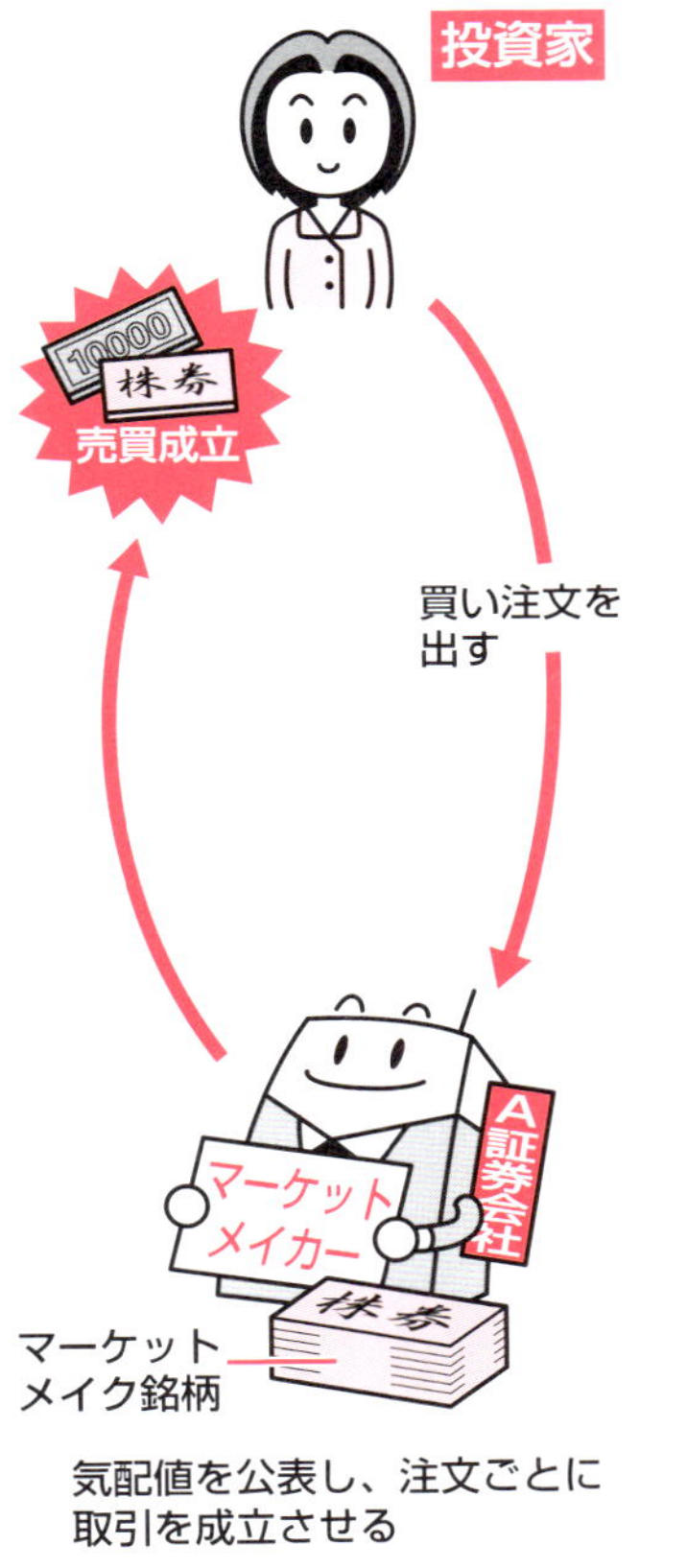

ジャスダック銘柄は指し値注文しかできない！
ジャスダック独特の「マーケットメイク制度」のしくみをしっかり頭に入れておこう。

POINT

売り気配 その銘柄の株がいくらなら売れそうかという売買の目安になる値段のこと。「ヤリ気配」とも呼ばれます。反対にいくらなら買えそうかを示したものが「買い気配」になります。

「ナンピン買い」は損をするってホント？

値下がりしたら思い切って損切りしよう

株価が下落したら思わず手を出してしまうのが「ナンピン買い」。しかし、えてして傷の上塗りになってしまうことが多いようです。

Let's buy a stock!

ナンピン買いは傷口を広げる可能性大！

株の代表的な投資手法のひとつに**ナンピン買い**があります。

例えば800円で1、000株買った株が600円に下がったとします。そこで1、000株買い増し（ナンピン買い）したとすると、1株当たりの平均買い値は700円に下がります。最初の買いでは、株価が800円を上回らないと利益は出ませんが、ナンピン買いをした場合は700円を超えれば利益が出ることになります。ただし、さらに値下がりした場合には、損失額はますますふくらむことになります。

「負け相場、ナンピン買いのスカンピン」「ナンピンは下がり相場の金字塔、されど下に行くほど玉厚くせよ！」「ナンピンはリスク抑える技法なり、されどヤケで建てれば損は膨れる」「下手なナンピン怪我のもと」……ナンピン買いに関する投資格言は尽きません。

ナンピン買いは、それだけ投資家にとって関わりの深い投資手法なのです。

ナンピン買いは使いどころが大切

ナンピン買いを行うべきかどうかは、投資家の投資スタンスによって異なります。

短期投資で利益を上げようとしているなら、「下手なナンピン怪我のもと」という格言があるように、ナンピン買いは行わないほうが無難。「損を取り戻そう」とナンピン買いを繰り返すと、どんどん損失がふくらむという悪循環に陥ってしまいます。ここは思い切って損切りしたほうが得策です。

一方、その企業の将来性を見込んで**長期保有**をするつもりなら、改めて本当にその企業の将来性に期待して間違いがないかを考えてみる必要があります。

株価が下がった要因が、相場全体の下げの影響を受けているだけなら、ナンピン買いのチャンスです。しかし、企業そのものに原因があり、これからも株価の値上がりが期待できないのなら、ナンピン買いをすると傷の上塗りになってしまいます。

しかし、どちらにしても、ナンピン買いを繰り返すと同じ銘柄の株数が増えていくことになり、それだけ値動きのリスクが大きくなります。ポートフォリオ運用（分散投資）の考え方に照らし合わせると、別の銘柄を買い付けるほうがリスクを低減できるといえるでしょう。

「ナンピン買い」のカラクリ

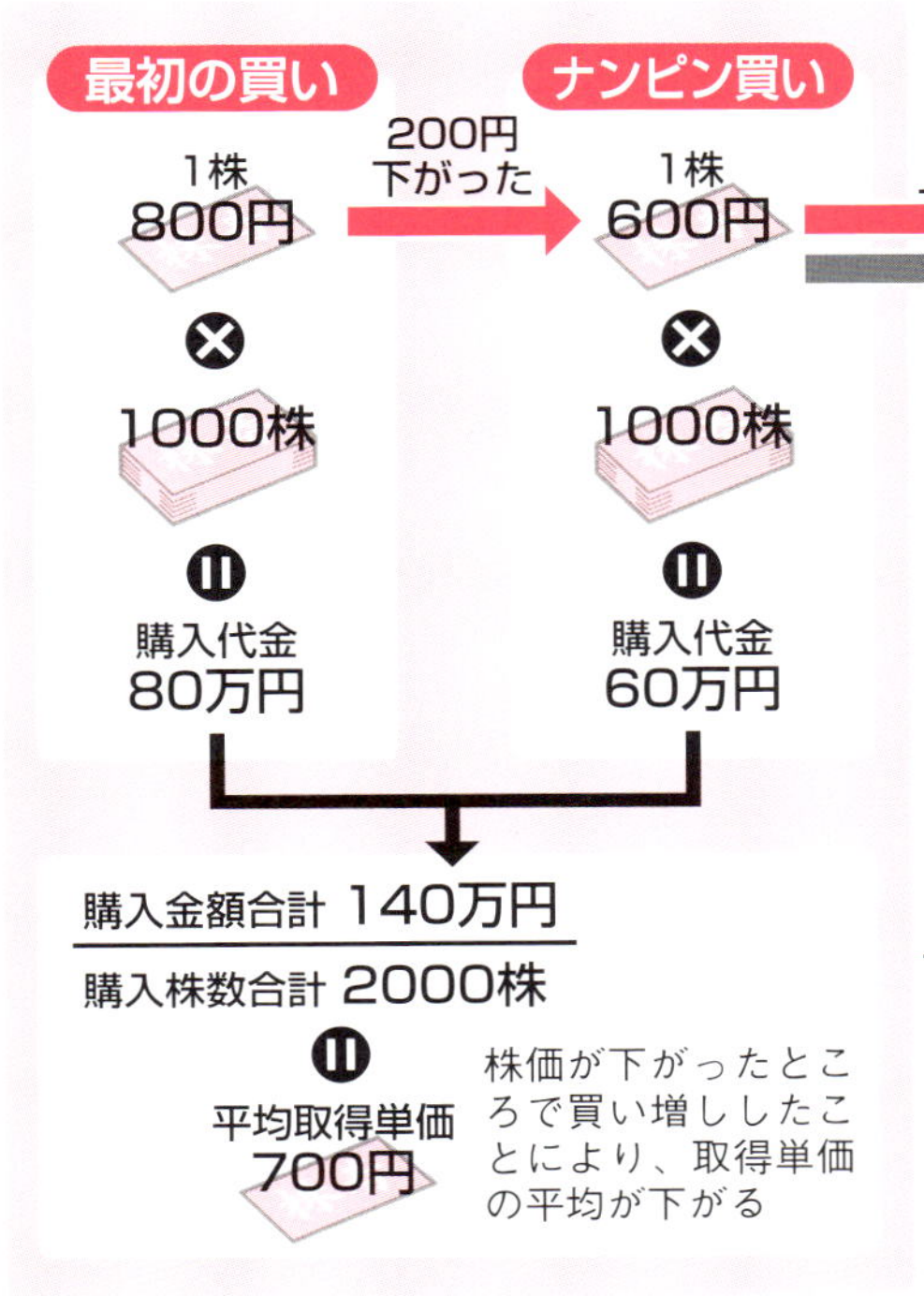

ここで売却すると…

1株
800円

	最初の買いだけなら	ナンピン買いをしたら
購入代金	80万円	140万円
売却代金	80万円	160万円
結果	±0	+20万円

ナンピン買いをして、平均取得単価を下げたことによって売却益が生み出せた!

ここで売却すると…

1株
400円

	最初の買いだけなら	ナンピン買いをしたら
購入代金	80万円	140万円
売却代金	40万円	80万円
結果	−40万円	−60万円

ナンピン買いをして保有株数(投資額)が増えたことで、さらに損失額がふくらんだ!

株価が 800円→600円→800円 と動いた場合	最初の買いだけなら利益は出ないが、ナンピン買いをしたことで平均取得単価が下がり、20万円の売却益を生み出すことができる!
株価が 800円→600円→400円 と動いた場合	最初の買いだけなら損失は40万円ですむが、ナンピン買いをしたことで投資額がふくらみ、損失額も60万円に増える!

「ナンピン買い」は使いどころが大切! 下手に使うと、損失がふくらむ悪循環に陥る可能性がある。

POINT

「合わせ切り」ってなに?

短期投資で損失を抑えるためのテクニックとして有名なのが「合わせ切り」。これは、株価が下落した銘柄と、上昇した銘柄とをセットで売却することでトータルでの損失をカバーするという投資手法です。「ナンピン買い」のように傷口が広がる可能性がないという意味では有効な方法だといえるでしょう。

ナンピン買い 「ナンピン」とは「難平」をカナ書きしたもので、「難」とはつまり「損」のこと。買った株が値下がりしたときに、買い増しすることで平均取得単価を下げるという投資手法です。

Buy Sell

「売りどき」を自分で決めておこう

利益確定の秘訣は「欲張らないこと」

株を買ったら次に気になるのが「いつ売るのか」ということ。なぜなら、いくら株価が上がっても、売らなければ永遠に売却益は出ないからです。

Let's buy a stock!

売らないことには利益は確定しない！

いくら保有している銘柄の株価が値上がりしても、売らなければいつまでたっても売却益を得ることはできません。タイミングを探っているうちに株価が再び値下がりし、売りどきを逃すということも往々にしてあり得ます。

一番の安値で買ったり、高値で売ったりすることは、プロの投資家であっても滅多にできることではありません。短期投資で売却益を得ようと考えているのなら、あらかじめ自分で**「売り」のルール**を決めておいて、目標を達成したらさっと売ってしまうというのが売却益を確実に得るための一番の秘訣です。あまり欲張らないことが大切です。

株価が上昇中の売りどきはいつ？

株価が上昇していると、「もっと上がるのでは？」と欲が出て、なかなか売ることができないもの。

でも、そうこうしているうちに株価が反発を始めてしまうかもしれません。「やっぱりあのとき売っておけばよかった」と後悔しても始まりません。

「目標金額を達成したら売る」「目標上昇率を超えたら売る」「元本が確保できる分だけ売る」など、あらかじめ自分のなかで目標を決めておき、目標値を上回ったらいさぎよく売ってしまうとよいでしょう。

株価が下落中の売りどきはいつ？

反対に、株価が下がり続けているときの「売りどき」を決めておくことも大切です。

株価が下落したから、買ったときの株価になるまで気長に待つという人も少なくありません。

しかし、資金に余裕がなければ、その間はじっと待つほかなく、新たな投資をすることができません。株価が買い値に戻るまで待っていることで、新たな投資のチャンスを失ってしまうことになります。

そういった事態に陥らないためには、思い切って**損切り**することも大切です。いさぎよく損を確定し、新たに別の株に投資することによって、売却益を狙うのです。

もちろん、そもそもその銘柄を購入したのは、「値上がりするだろう」と予測するだけの理由があってのこと。自分の眼力を信じているなら、方針を長期保有に切り替えて、のんびりと株価の上昇を待つというのもひとつの方法です。

「売りどき」のポイント

株価が下落しているとき

①決めておいた下限を下回ったら売る！

「株価が500円を下回ったら売ろう」などと決めておき「損切り」する。こうすると損失を限定できる

②買った時の水準まで株価が戻ったら売る！

株価は下がることもあれば上がることもあるもの。気長に待って、株価が買い値に戻ったら売る

株価が上昇しているとき

①目標金額を達成したら売る！

「5万円のキャピタルゲインが確保できたら売ろう」などと決めておく

②目標上昇率を超えたら売る！

「株価が30%上昇したら売ろう」などと決めておく

③元本が確保できる分だけ売る！

元本分だけ先に回収し、残りはさらなる上昇に期待する

POINT

株価が上昇しても、売らないことには売却益は確定しない！　株価の上昇時、下落時それぞれの「売りどき」を自分で決めておくことが大切。

「長期保有」と「塩漬け」

	長期保有		塩漬け
計画	将来着実に値上がりしそうな優良銘柄に投資		すぐに売却するつもりで値動きが大きく、株価が上昇しそうな銘柄に投資
実際	3年後じわじわと株価が上昇。配当金や株主優待も充実		3年後思惑が外れて株価が下落。売るに売れなくなり、やむを得ず保有を続ける

損切り 思惑が外れて株価が逆に動き出してしまったときに、取引を手仕舞い、損失を確定すること。思い切った損切りは、ときに有効な投資手法になり得ます。

さあ、売り注文を出してみよう！

売却益には税金が課税される

Buy Sell

Let's buy a stock!

売り注文も、基本的な方法は買い注文と変わりません。ただし、売却益が出たときには税金（キャピタルゲイン課税）がかかるので要注意！

売り注文の方法は買いの場合と同じ

売り注文の方法も、基本は買い注文の場合と同じです。**売り注文**であること、**銘柄名**や**証券コード**、**売買株数**、**値段**、**指し値注文か成り行き注文か**といった注文方法（120ページ参照）、**注文の有効期限**などを指定します。もちろん、注文後に内容を確認する点も同じです。

売り注文の場合、例えばA社の株を2、000株保有しているからといって、それらの株すべてを一度に売る必要はありません。1単元以上のまとまりであれば、何回に分けて売るのも自由です。

1単元が1、000株の銘柄であれば、まずは1、000株売って売却益を確定し、残りについては、さらなる値上がりを待つという方法も有効な作戦です。

同じ2、000株を売却するのであっても、どのような戦略で売っていくのかによって得られる利益には大きな差が生まれてきます。作戦をよく練ったうえで売り注文を出すとよいでしょう。

「キャピタルゲイン課税」のしくみ

売り注文の場合、注文方法そのものは買い注文と同じですが、それ以外の点で「買い」の場合と決定的に異なることがあります。それが、**売却益**（キャピタルゲイン）が出た場合に、税金が発生するということ。

この税金は**キャピタルゲイン課税**と呼ばれています。従来は「源泉分離課税」と「申告分離課税」の2つの方式がありましたが、2003年1月以降から**申告分離課税**に一本化されました（208ページ参照）。

キャピタルゲイン課税では、株の売却益から売買委託手数料などを差し引いた所得について、一定の税率を掛けて税金が徴収されます。

ただし、あくまで売却益に対して課税されるものですので、売却損（キャピタルロス）が出た場合には課税されません。

証券口座には従来の保護預かり口座にあたる「一般口座」と、申告分離課税への一本化と同時に創設された「特定口座」があり、さらに「特定口座」は「源泉徴収あり」と「源泉徴収なし」の2タイプに分かれます。

どれを選択するかによって課税のされ方や納税の方法が異なってきますので、それぞれの特徴を知ったうえで、自分の投資スタイルに合ったものを選ぶとよいでしょう。

「売り注文」の出し方

指し値注文の場合

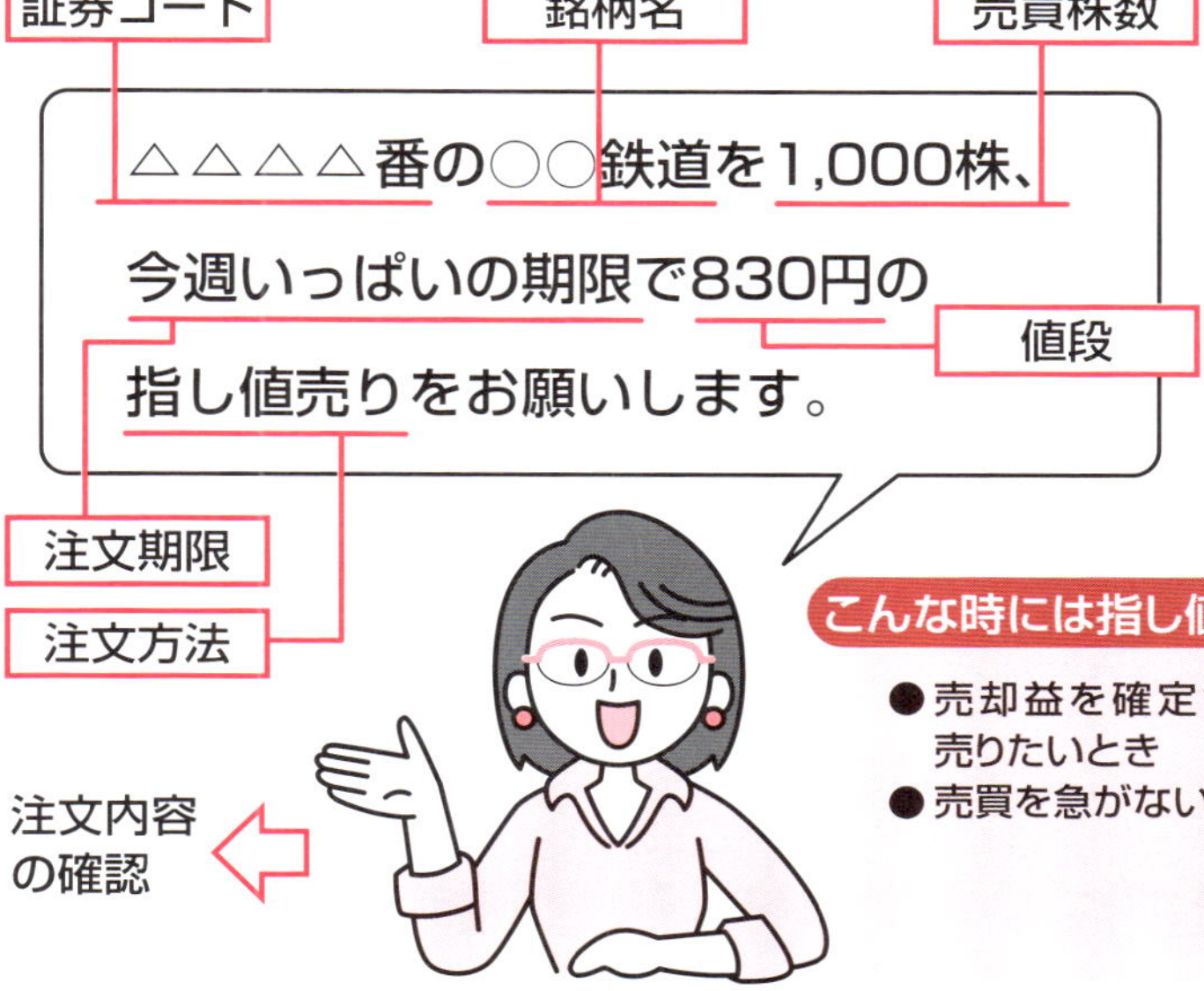

こんな時には指し値注文！

- 売却益を確定させて売りたいとき
- 売買を急がないとき

成り行き注文の場合

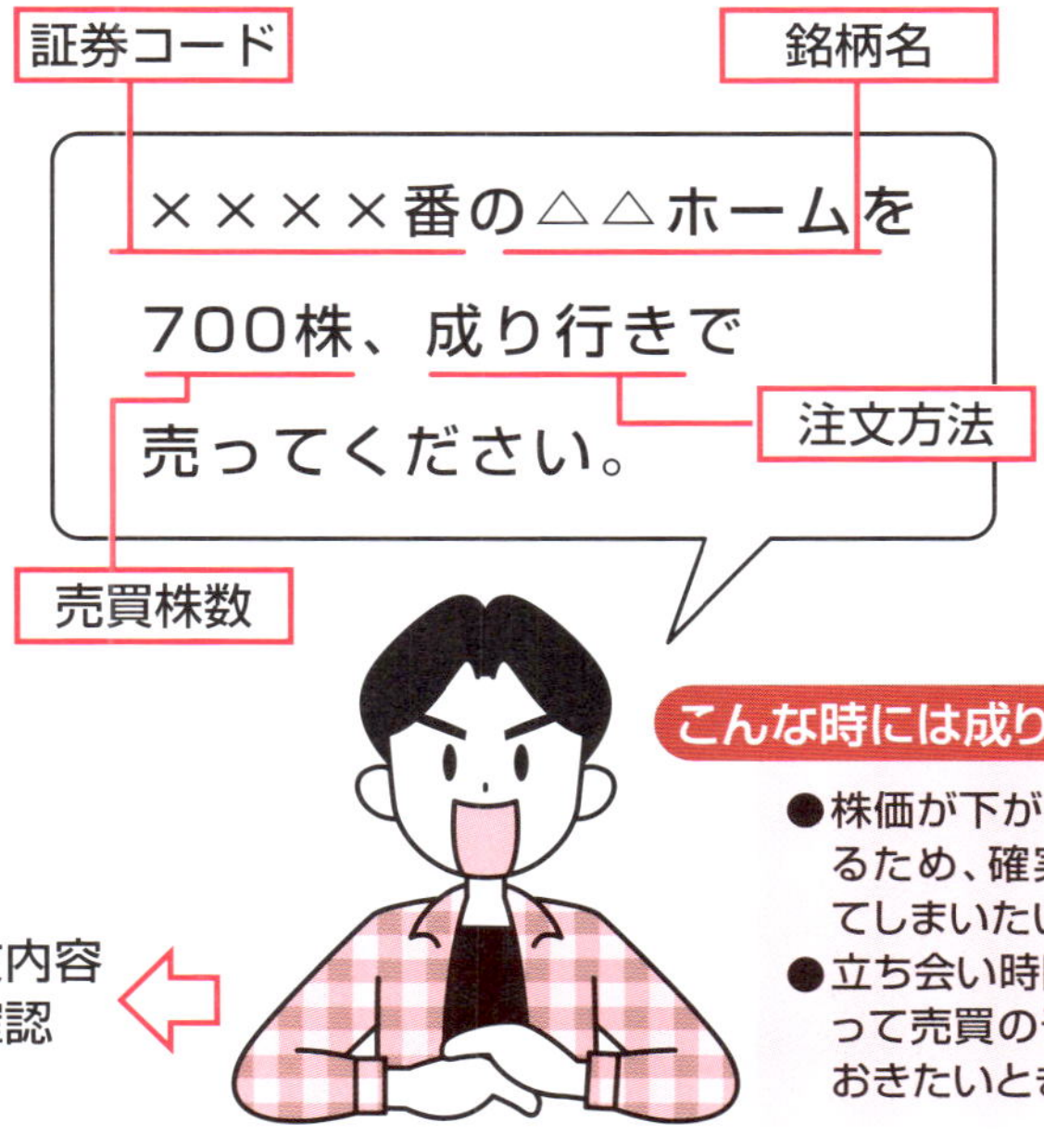

こんな時には成り行き注文！

- 株価が下がり続けているため、確実に売却してしまいたいとき
- 立ち会い時間外に前もって売買の予約をしておきたいとき

税金はいつ納めるの？

キャピタルゲイン課税は売却益に対する税金ですが、支払うのは必ずしも売却時とは限りません。納税の方法はいくつかのパターンから選べますが（210ページ参照）、売却のつど税金が徴収されるのは、「源泉徴収ありの特定口座」を選択した場合のみ。それ以外の「源泉徴収なしの特定口座」「一般口座」の場合には、売却時に税金が差し引かれることはありません。必要に応じて自分で確定申告をして税金を納めることになります。

POINT

基本的な注文方法は「買い注文」も「売り注文」も変わらない！売却益にかかる税金が「キャピタルゲイン課税」。

キャピタルゲイン課税 売却益（キャピタルゲイン）を得たときにかかる税金のこと。原則として所得税、住民税が課税されることになります。株式投資にかかるその他の税金として「配当課税」があります。

Buy
Sell

株式投資にはどんな手数料が必要？

「売買委託手数料」は各社まちまち

株式投資にはさまざまな手数料がかかります。でも、工夫次第ではこれらの手数料を大幅に節約することも可能なのです。

Let's buy a stock!

証券会社の成功報酬「売買委託手数料」

株式投資に必要な手数料は、主に3つあります。

投資家が売買取引を行うには、証券会社に売買を委託して、証券取引所に注文を伝えてもらわなければなりません。この、売買注文を伝えてもらうことに対する証券会社への報酬ともいえるのが、**売買委託手数料**です。

売買委託手数料は、売り注文と買い注文それぞれに必要です。ただし、取引が成立しなかった場合には売買委託手数料はかかりません。あくまでも**成功報酬**なのです。

手数料の金額や体系は、証券会社によってかなりの差があります。なかには、1日に何回売買を行っても手数料は一律、定額以下なら手数料無料といったサービスを提供している証券会社も。

売買委託手数料がいくらなのかという問題は、いくらの売却益が出るかということにも大きく関わってきます。事前に各証券会社のホームページで調べたり、資料を取り寄せたりして、じっくりと比較検討しましょう。

あとの2つはカット可能な手数料

それ以外の主な手数料が「口座管理料」と「名義書き換え手続料」です。

購入した株は、証券会社を通じて「ほふり（証券保管振替機構）」に預託するか（68ページ参照）、証券会社に株券を預かってもらうのが一般的です。

証券会社に株券を預かってもらうことを「保護預かり」といいますが、この場合には、保護預かり用の口座を開くことになります。

この口座管理のための手数料が**口座管理料**。「保護預かり料」とほとんど同じ意味合いを持っています。

口座管理料の金額も証券会社によってまちまち。ネット証券では無料のところも多いようです。

さらに、証券会社に名義書き換えの手続きを委託する場合には、**名義書き換え手続料**が必要になります。株券を「ほふり」に預託している場合には、特別な場合を除いて名義書き換えの必要がありませんので、こうした手数料は必要ありません。

売却益を出すにはこうした手数料の節約も重要な要素。特に少額投資の場合、相対的に手数料の影響が大きくなります。それぞれの手数料がいくらなのかを前もってしっかり把握しておきたいものです。

株式投資に必要な主な手数料

売買委託手数料

- 売買取引が成立するたびに必要
- 手数料は証券会社によってまちまち

口座管理料

- 口座を開設したときにかかる
- オンライン証券では無料のところが多い

名義書き換え手続料

- 証券会社に名義書き換えの手続きを委託した場合に必要
- 「ほふり」を使えば、名義書き換えの必要なし！

売買委託手数料の種類

	ノーマルタイプ	ボックスレートタイプ	一部無料タイプ
内容	売買ごとの約定代金に応じて、段階的に手数料が決められている。	1日の約定代金の合計によって、手数料が段階的に決められている。	小額投資なら無料、日計り取引の片道（売り買いどちらか）分無料など。
向いている人	初心者や通常の投資家はこのタイプを選べばOK。	1日のうちに何回も売買を繰り返すようなセミプロに使われる。	証券会社によってサービスが異なるので、自分の投資スタイルに合ったサービスを探すことが大切。

「売買委託手数料」は売買のたびに支払う証券会社への成功報酬。「口座管理料」と「名義書き換え手続料」は工夫次第で節約可能！

POINT

日計り取引 買い注文が成立した株をその日のうちに売却すること。日計り取引では、法律で禁止されている差金決済に抵触しないように、証券会社ごとに独自のルールが設けられています。

「ミニ株」「るいとう」ってどんなもの？

少額で株式投資を始めるならコレ！

Let's buy a stock!

まずは少額で肩慣らしをしたいという人におすすめなのが「ミニ株」「るいとう」「ポケット株」。これらはリスクも分散できる、一石二鳥の商品です。

予算が小額でも優良株を購入できる！

ミニ株とは、通常の売買単位の10分の1の株数で取引できる株式投資のシステムです。「株式ミニ投資」などとも呼ばれれます。

例えば、1単元が1、000株、株価が2、000円の銘柄を買うには、最低でも200万円が必要です。ところがミニ株なら、売買単位の10分の1単位で購入できるので、20万円でこの株を手に入れることができるのです。

ただし、ミニ株ならではの**制限**もあります。株数が1単元に満ちていないので、株主優待を受け取ったり、株主総会に出席したりすることはできません。また、売買注文を出した翌日の寄り付きで売買が成立するため、指し値注文はできません。株式分割や配当金などは受け取ることができます。

また、ミニ株は、すべての証券会社で取り扱っているわけではありません。取り扱いのある証券会社でも、購入できる銘柄は証券会社が指定したものに限られます。

このように制限も多いミニ株ですが、少額で優良銘柄に投資できることはなによりのメリット。これから株式投資を始めようと考えている人の肩慣らしには最適かもしれません。

積み立て感覚で投資するなら「るいとう」

積み立て感覚で株式投資を楽しめるのが**るいとう**（株式累積投資）。毎月、1銘柄1万円以上の金額（1、000円単位）を決めて、株をこつこつと買い続ける方法です。

とはいっても、毎月自分で買い注文を出す必要はありません。自動的に証券会社が買い付けを行ってくれますので手間いらずです。

「るいとう」で購入した株は、当初は証券会社の名義となりますが、株数が単元株に達し、名義の書き換えを行えば、通常の株主と同じ権利を得ることができます。配当金や株式分割で生じた株は、持ち株数に応じて自動的に配分され、次回の買い付け時に再投資されます。

るいとうでは**ドル・コスト平均法**を用いるため、平均購入価格を低く抑えることができるのが魅力です。

ポケット株は、ゴールドマン・サックス・インターナショナルが発行するカバードワラント。これは株そのものではなく株を売買する権利を買うもので、満期が来ると自動的に損益が確定するのが特徴です。

「ミニ株」「るいとう」「ポケット株」

	メリット	デメリット	必要最低資金	注文方法	配当金・株式分割	名義
ミニ株	通常の10分の1の単位で株式投資が可能	翌日の寄り付きでしか取引が実行されない	通常の10分の1～	成り行きのみ	受け取れる	1単元になれば通常の株主として認められる
るいとう	積み立て感覚で株式投資ができる。ドル・コスト平均法の利点が享受できる	長期間継続すると、特定銘柄に偏ってしまう	1万円～	毎月一定額を自動的に買い付け	受け取れる	1単元になれば通常の株主として認められる
ポケット株	リアルタイムで売買取引ができる。売買単位が1株の銘柄も購入できる	売買できる銘柄が限られている。満期が来ると自動的に損益が確定してしまう	約5,000円～	指し値・成り行きともに可能	受け取れない	株主としては認められない

「ドル・コスト平均法」のしくみ

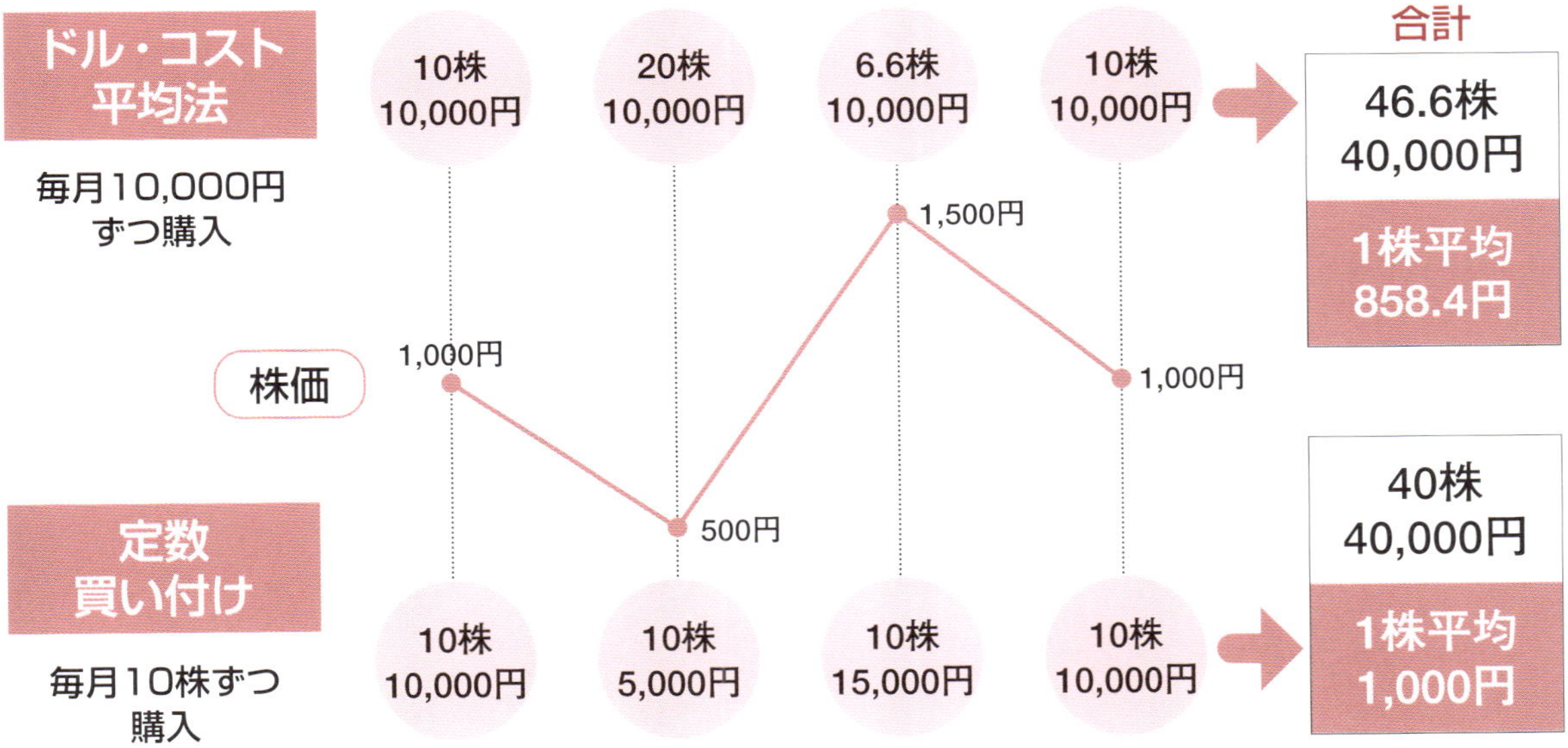

ドル・コスト平均法を使うと平均単価を低く抑えることができる!!

「ミニ株」は優良銘柄を少額で買い付けることができる便利なシステム。「るいとう」なら、「ドル・コスト平均法」を用いて、効率的に株を買える！

POINT

ドル・コスト平均法 毎月一定金額で株を購入することにより、株価が安いときには多くの株数を、高いときには少ない株数を買う投資方法。ドル・コスト平均法を用いると、平均購入価格を低く抑えることができます。

「信用取引」はリスク管理が肝心！

ある程度の経験を積んでからチャレンジしよう

Buy Sell

Let's buy a stock!

「信用取引」はハイリスク・ハイリターンな取引手法です。はじめて株式投資をする人は手を出さないほうが賢明だといえるでしょう。

信用取引は現物取引よりも投機性が高い

株式投資は、手元にある資金で株を買ったり、実際に保有している株を売ったりする**現物取引**が圧倒的主流です。

これに対して、証券会社から資金を借りて株を買ったり、株を借りて売ったりする取引の方法もあります。これが**信用取引**と呼ばれるものです。

信用取引では、手持ちの資金を上回る金額の株を買ったり、手元に株券がなくても株を売ったりすることができます。少ない資金でより多くの取引ができるため、思惑通りに株価が動けば、大きなリターンを得ることができます。反対に、予測と逆に動いた場合には、それだけ損失も大きくなります。

信用取引を行うためには、証券会社に**委託保証金**（現金または株券）を差し入れる必要があります。

委託保証金は証券会社によって大きく異なりますが、売買代金の30パーセント以上かつ30万円以上というのが原則になっています。

つまり、30万円の資金で100万円分の取引ができるということ。信用取引は通常の売買に比べて、より投機性が高いといえるでしょう。

信用買い、信用売りのカラクリを知ろう

証券会社から資金を借りて株を買うことを**信用買い**（カラ買い）、株を借りて売却することを**信用売り**（カラ売り）と呼びます。

信用取引の場合、証券会社から資金や株を借りることになりますので、取引をした後、株価が思い通りに動かなくても、一定期間内には**返済**をしなければなりません。この返済期限は通常、6カ月となっています。

「信用買い」をした後、返済期限内に株価が上昇したら買った株を売却し、その売却益のなかから借りた資金と利息を返済します。残りが投資家の利益になります。

問題は株価が値下がりした場合です。この場合でも返済期限までには借りた資金を返さなければならないので、結果として大きな損失が出てしまうことになります。

信用取引は、リターンも大きいですが、それだけリスクも高いのが特徴です。そのため、大手証券などでは預かり資産などに制限を設け、一定の基準を満たした人しか信用取引ができないようにしています。どちらにしても、ある程度売買の経験を積んでから挑戦するのが無難です。

「信用取引」のしくみ

信用買い（カラ買い）

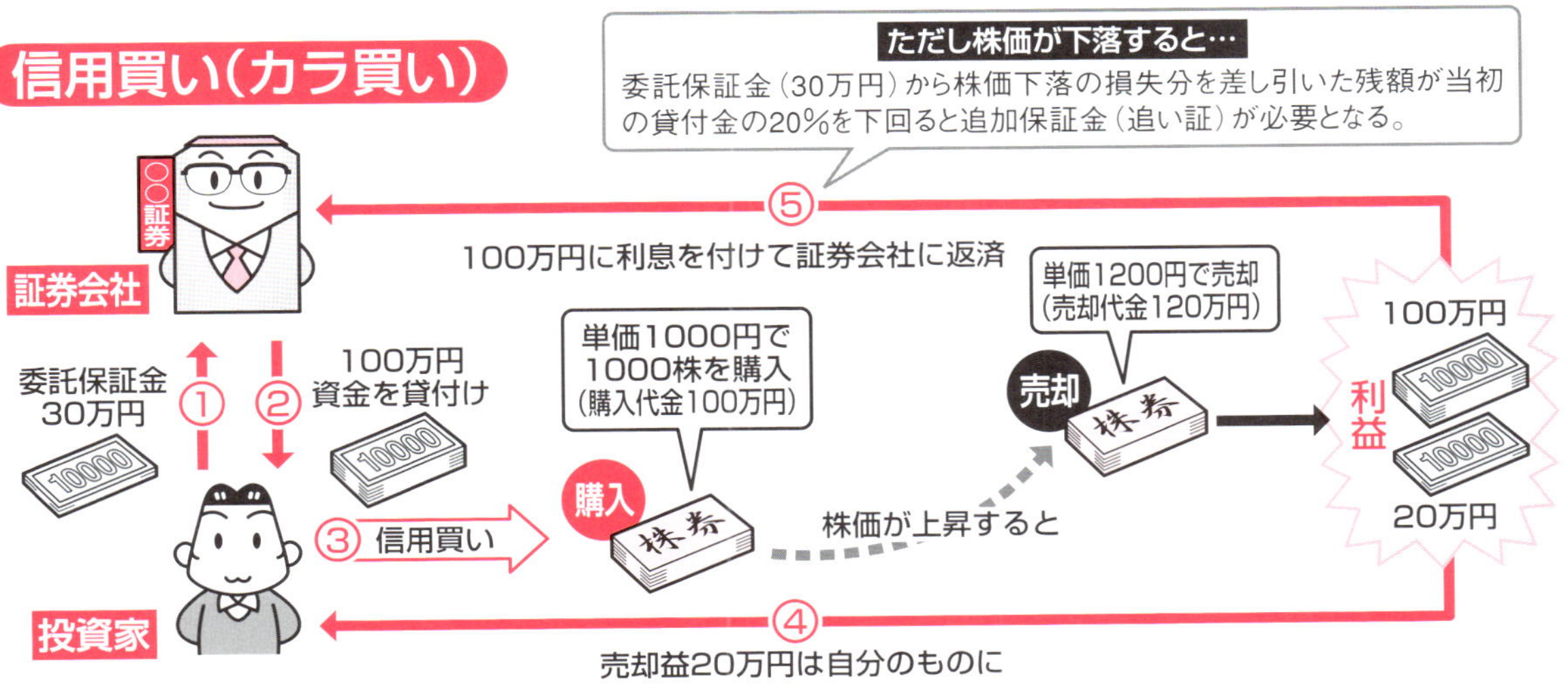

信用売り（カラ売り）

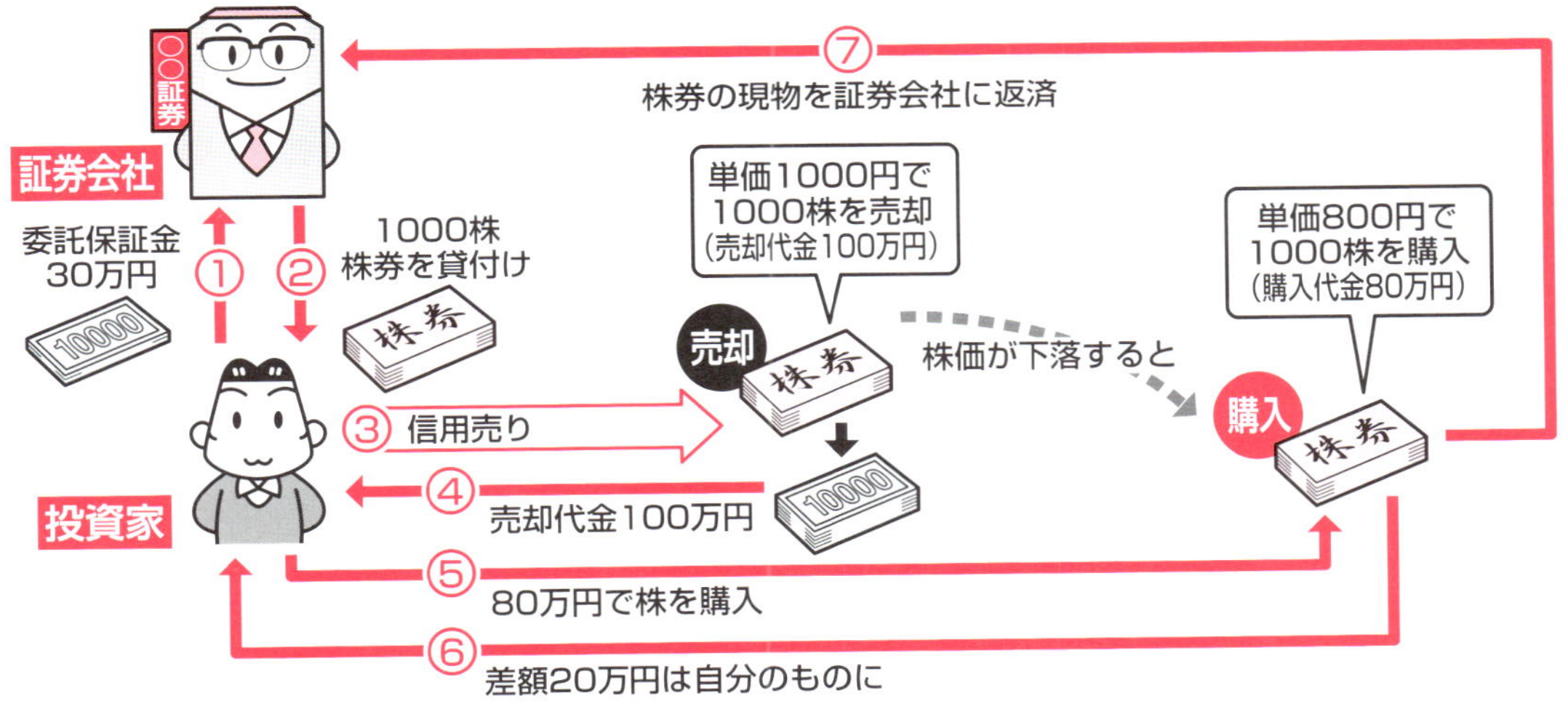

POINT

「信用取引」は資金や株券を証券会社から借りて売買を行う取引方法。少ない資金でより多くの取引ができるのが魅力だが、その分リスクも大きい！

委託保証金 信用取引を行うために証券会社に差し入れる担保のこと。通常、売買代金の30%以上、かつ30万円以上が必要とされています。現金のほかに、株券や公社債などの有価証券で代用することもできます。

COLUMN

Vol.6

知っていると役立つ「相場格言」

投資の心得はこの格言から学べ！

株式投資の世界には、古くから言い習わされてきた「相場格言」が星の数ほど存在しています。

本来、銘柄選びや売買のタイミングは、客観的な分析や情報の裏付けをもとに決定されるべきもの。にもかかわらず、多くの投資家がこうした古い格言を口にするのは、それだけ株式投資に心理的要素が大きく絡んでいる証拠ともいえます。

それでは、はじめて株式投資をする人が心得ておきたい「投資格言」をいくつかご紹介しましょう。

●最初の損は最良の損

「最初に思い通りに儲けてしまうと、自分の腕を過信して後々大損するかもしれない」

最初の株式投資で失敗した投資家ほど、あとで成功することが多いものです。

●相場のことは相場に聞け

「今の相場がどうなっているのかを知るには、相場を見るのが一番」

相場は、業績や政治・国際情勢、為替や金利など、世界中のあらゆる動きが反映されて形成されています。実際の相場ほど、ありのままの相場を語っているものはないのです。

●売り買いは3日待て

「売買するときはあせらずに3日待て」

売買してしまってから「もう少し待てばよかった」と悔やむことは多いもの。一時的な心情や勢いで売買をせず、常に客観的に相場を見る目が必要です。

●利食い千両

「株価が上がったら確実に利益を確保することが大事」

株価が上昇気流に乗っていると、「まだ上がるだろう」と思ってなかなか売りに出せないのが投資家心理。でも、せっかく株価が上がっても絵に描いた餅では仕方がありません。

●意地商いは破滅の因

「予想がはずれた株を意地になって持っているのは大損のもと」

思惑がはずれた株を意地になって売らずにいると、ますます大きな損失を生み出します。ときには思い切って「損切り」することが大切です。

第7章 投資に役立つ数字を知ろう

「ファンダメンタルズ分析」ってなに？
企業の業績は「決算書」から読む！
「貸借対照表」で企業の財政状態が分かる
「損益計算書」で企業の儲け方が分かる
「キャッシュフロー計算書」で企業の健全性が分かる
「株主資本比率」「株主資本回転率」ってなに？
5つの「利益」を細かく分析してみよう
「回転率」は業績を分析するキーワード
PER（株価収益率）が低いとお買い得!?
PBR（株価純資産倍率）で底値圏が分かる！
EPS（1株当たり利益）とBPS（1株当たり株主資本）
ROE（株主資本利益率）で収益性が分かる！
ROA（総資産利益率）で総合的な収益性が分かる！
PCFR（株価キャッシュフロー倍率）で成長力を読む！
「配当利回り」「配当性向」ってなに？

「ファンダメンタルズ分析」ってなに？

銘柄選びに欠かせない貴重なモノサシ

Find an investment number.

有望な銘柄を探し出すのに役立つのが「ファンダメンタルズ分析」です。その基本的な手法や指標について見てみることにしましょう。

ファンダメンタルズ分析の基本とは？

決算書から得られる情報や株価、景気の動向などを用いて将来の株価を予想したり、投資価値を分析したりする手法を**ファンダメンタルズ分析**といいます。

株価が割安か、割高かという感じ方は、投資家によってまちまちです。例えば、ある投資家が株価を割安だと考えると、将来、その銘柄の株価が本来の価値に戻ることを期待して株を購入します。買い注文が多くなればやがて株価は上がり、本来の価値に合致したものになります。

このように、銘柄本来の価値と実際の株価との間に差が生じていても、いずれは本来の価値で評価されるようになるだろうという考えに基づいた銘柄選びの手法が、ファンダメンタルズ分析なのです。

「株式投資はギャンブル」だと言う人がいますが、株式投資とギャンブルには決定的な違いがあります。それは、ギャンブルがまったくの確率の世界であるのに対し、株式市場は確率的な部分もあるものの、ほとんどが相場の動きや企業の事業活動の結果として決まるということです。

ファンダメンタルズ分析の基本的な知識を持ち、その銘柄本来の価値を常に把握しておくことができれば、より効率的に株式投資ができるに違いないでしょう。

ファンダメンタルズ分析とテクニカル分析

株式相場の予測手法は大きく分けて2つあります。ひとつがこのファンダメンタルズ分析、もうひとつが、過去の相場の動きそのものを分析することによってこれからの株価の動きを予測する**テクニカル分析**です。

ファンダメンタルズ分析は、企業の成長力や財務状態などが考慮されるので、主に長期投資でその本領を発揮します。一方、テクニカル分析は主に短期投資に用いられることが多いようです。

とはいっても、ファンダメンタルズ分析とテクニカル分析が互いに相容れないわけではありません。それぞれの特長をうまく活かしながら、有望な銘柄を探し出すのが理想だといえるでしょう。

なお、付録CD-ROMに収録されている**ファンダメンタルズ分析シート**を使うと、これから紹介する主な指標について、実際に計算をしたり、他社と比較をしたりできるようになっていますので、ぜひ活用してください。

ファンダメンタルズ分析とは？

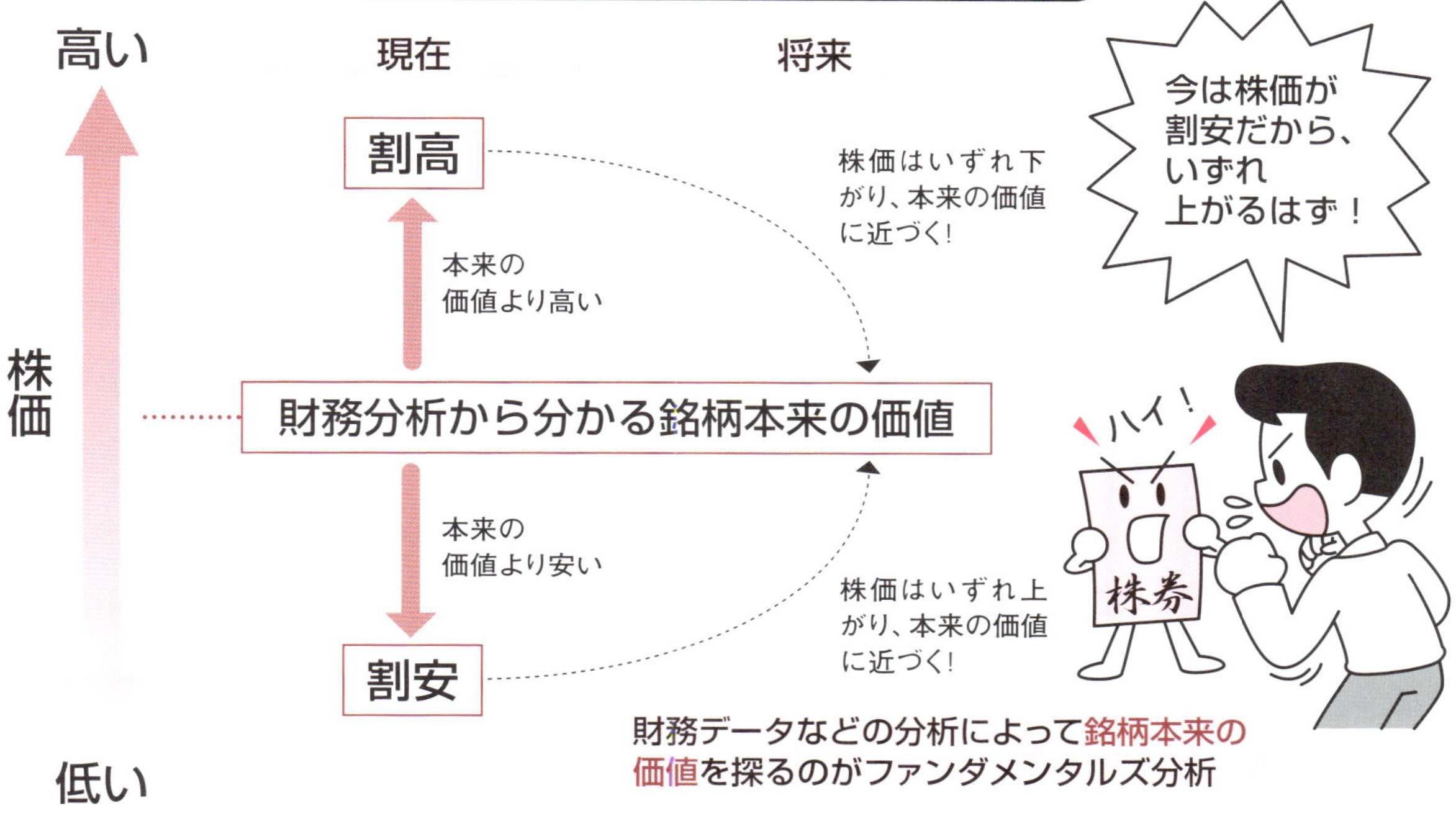

財務データなどの分析によって銘柄本来の価値を探るのがファンダメンタルズ分析

POINT

「ファンダメンタルズ分析」とは、企業の財務データの分析などを通じて「銘柄本来の価値」を見極める手法だ。

「ファンダメンタルズ分析」と「テクニカル分析」

ファンダメンタルズ分析	テクニカル分析
企業の業績、景気の動向などをもとに銘柄本来の価値を分析する手法	株価の動きそのものをチャートを用いて分析し、今後の値動きを予測する方法

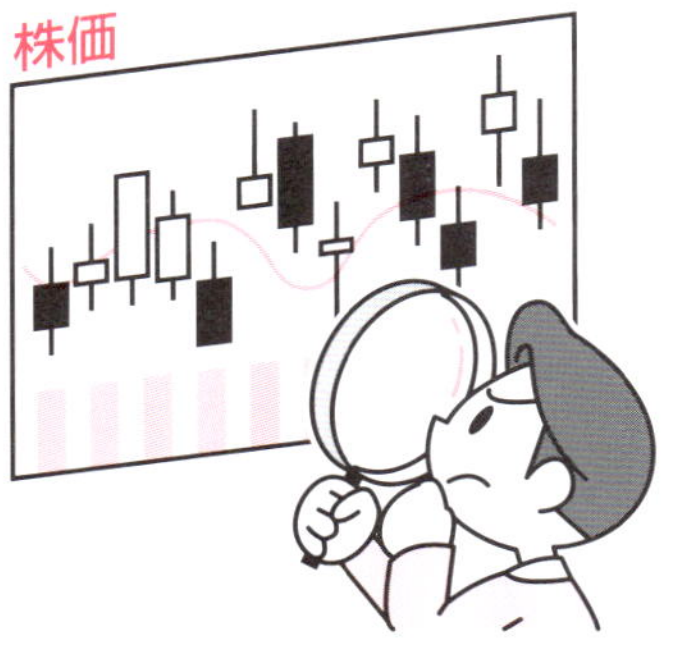

バリュー投資 ファンダメンタルズ分析で用いるPBRやPERなどの投資指標を使って、企業の価値（バリュー）に対して株価が割安な銘柄に投資する手法のこと。バリューアプローチとも呼ばれます。

企業の業績は「決算書」から読む！

決算書は企業にとっての「通信簿」

Find an investment number.

企業の経営状態を知るうえで、決算書は重要な情報源。株式投資をするなら「財務三表」の基本的な見方を身に付けておきたいものです。

もっとも詳しい資料は「有価証券報告書」

「ファンダメンタルズ分析」をする際に一番基本となる数字は、**企業の業績**です。株価が動く要因にはさまざまなものがありますが、なんといっても最大の影響力を持っているのは、その企業の業績だからです。

とはいっても、私たちが企業の帳簿を直接見せてもらうことはできません。そこで、いわゆる「決算書」を使って、興味のある企業の業績を調べることになります。

業績についてまとめられた資料は数多くありますが、なかでも、もっとも詳しく記されているのが**有価証券報告書**という資料です。上場企業は、決算期から3カ月以内にこの有価証券報告書を提出することが義務づけられています。

有価証券報告書は、大手の書店や政府刊行物サービスセンターなどで購入できるほか、企業によっては、ホームページからダウンロードできるところもあります。

「財務三表」が決算書の中心的存在

決算書は、企業の業績を表した数字の一覧で、正式には**財務諸表**と呼ばれます。

財務諸表は、「貸借対照表」「キャッシュフロー計算書」「損益計算書」「営業報告書」「利益処分計算書」の5つをメインに成り立っており、このうち、**財務三表**と呼ばれる**「貸借対照表」「損益計算書」「キャッシュフロー計算書」**が決算書の中心的存在。この3つの表の読み方さえ分かれば、おおよその業績をつかむことができます。

また、資本金が5億円以上または負債総額が200億円以上の企業は、貸借対照表と損益計算書の概要をまとめた**決算公告**を新聞紙上などで発表することが義務付けられています。日経新聞をこまめにチェックするとよいでしょう。

投資家にとって決算書は、企業の経営状態を知るうえで重要な情報源となります。株式投資を始めるなら、決算書の基本的なしくみをぜひ押さえておきたいものです。

企業の決算時期

日本では3月もしくは9月決算の企業が圧倒的に多いですが、なかには6月、12月決算の企業もあります。スーパー、百貨店、専門店、量販店などの小売業界では、2月、8月に決算を行う企業が多いのが特徴。また、月末ではなく、○月20日といったように月中に決算を行う企業もあります。

いろいろな決算書

詳しい

	どんな決算書？	どこで入手できる？
有価証券報告書	すべての上場企業に作成が義務付けらている正式な決算書。冊子になっている。	証券取引所の情報室で閲覧できるほか、大手書店で購入することも可能。
決算要旨	有価証券報告書を抜粋してまとめたもの。30ページ前後から成る。	証券取引所や各企業のホームページなど。
事業報告書	決算情報のほか、新製品や販売実績などが冊子にまとめられている。	株主宛てに郵送されてくる。
決算短信	主な決算数字について書かれたもの。書類1〜2枚のことが多い。	証券取引所や各企業のホームページなど。
決算公告	貸借対照表と損益計算書の概要をまとめたもの。	日本経済新聞、官報など。

詳しくない

いずれも、企業のホームページでも公開されている場合があるので、まず最初にホームページをチェックしよう

POINT

決算書は複数の書類から成り立つ。その中心は「貸借対照表」「損益計算書」「キャッシュフロー計算書」で、まとめて「財務三表」と呼ばれる。

決算書はこんな書類から成り立っている！

決算書

貸借対照表
期末時点での財政状態を表すもの。資金の運用状況を示す「資産の部」、調達方法を示す「負債の部」「資本の部」から成る。

損益計算書
一会計期間における経営成績を表すもの。収益と費用の差額から、その会計年度での利益を示すしくみになっている。

キャッシュフロー計算書
企業の現金や預金（キャッシュ）の流れ（フロー）を示したもの。2003年3月期から上場企業に作成が義務付けられた。

この3つが「財務三表」

営業報告書
企業の営業内容についてまとめたもの。財務三表のような数字形式ではなく、文章によって説明されているのが特徴。

利益処分計算書
利益の分配についてまとめたもの。利益のうち、いくらを社内に留保し、いくらを株主に分配するのかが書かれている。

決算公告 決算公告の方法は企業ごとに定款で定められています。資本金5億円以上または負債総額200億円以上の大会社は貸借対照表と損益計算書を、その他の中会社・小会社は貸借対照表の開示を行う必要があります。

「貸借対照表」で企業の財政状態が分かる

「バランスシート」と呼ばれる理由は？

Find an investment number.

決算日における企業の財政状態を示しているのが「貸借対照表」。企業の安全性、安定性を知るうえで重要なデータのひとつです。

バランスシートの基本構造を知ろう

貸借対照表とは、企業の財政状態を表す一覧表のこと。借方（左側）に示される「資産の部」と、貸方（右側）に示される「負債の部」「資本の部」の合計が、必ず一致するので、**バランスシート**（B／S）とも呼ばれます。

資産の部は、資金の運用状況を示しており、負債の部、資本の部は、資金の調達方法を示しています。つまり、バランスシートを見ると、企業がどのように資金を調達し、どのように運用しているのかが分かるというわけです。

それぞれの部の構成を詳しく見てみよう

資産の部は、「流動資産」「固定資産」「繰延資産」などから成り立っています。

流動資産とは、現預金や受取手形、売掛金などの現金化しやすい資産のこと。固定資産は、土地や建物などの「有形固定資産」、特許権や借地権などの「無形固定資産」、関係会社株式などの「投資その他の資産」に分類されます。

繰延資産には、創業費や試験研究費などが該当しますが、計上されない場合も多いようです。

負債の部は、主に「流動負債」と「固定負債」で構成されます。流動負債は短期借入金や支払手形など、1年以内に返済しなければならないもの、固定負債は長期借入金や社債など、返済まで1年以上の期限があるものを指しています。

資本の部は「資本金」と法定準備金である「資本剰余金」「利益剰余金」などから成り立っています。

バランスシートを読み解くポイント

バランスシートを見るときの一番のポイントが、**株主資本（自己資本）比率**です。

株主資本比率が高ければ高いほど、経営の安全性の高い企業であるといえます。日本企業の場合、株主資本比率は平均で約20パーセントといわれています。

また、日々の資金繰りの安全性を判断する目安として使われるのが**流動比率**です。

流動比率は、流動資産を流動負債で割った数値に100を掛けて算出します。つまり、流動比率が高ければ高いほど運転資金があると判断できます。ここ数年、上場企業の経営破たんが相次ぐなかで、一般の投資家からも注目を浴びるようになった指標のひとつなのです。

「貸借対照表」のしくみ

資金の運用状況

左側（借方）に書かれているのが、資金の運用状況。借入れや株の発行によって集めた資金をどういう形で保有しているのかを表している。

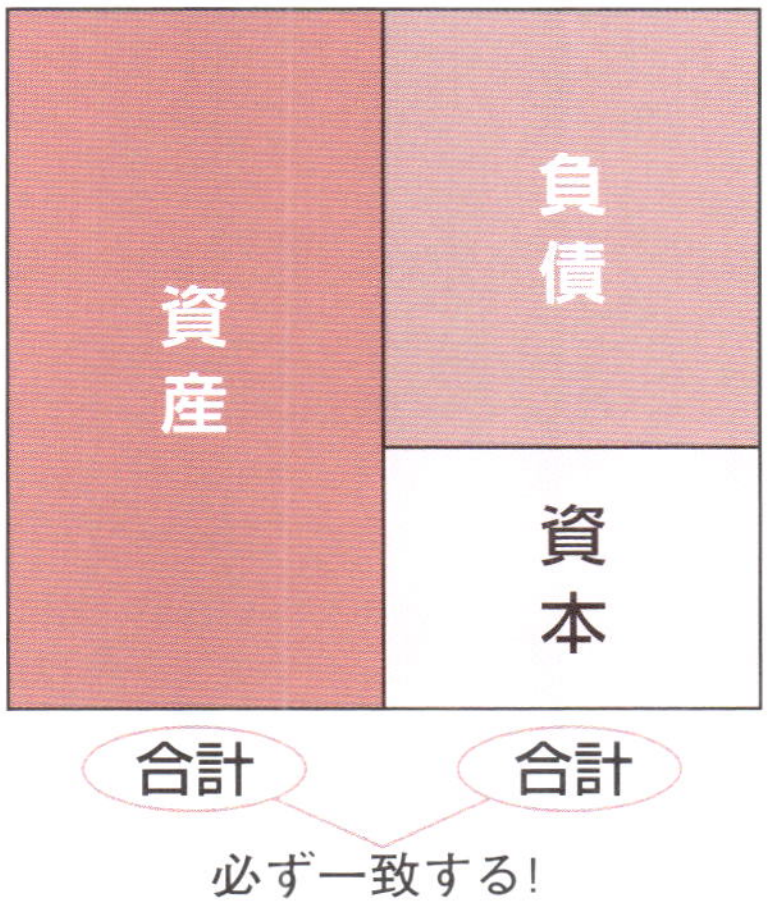

総資産＝総資本

貸借対照表の大原則が、総資産と総資本が必ず一致するということ。この金額が大きいほど、企業の規模も大きいといえる。

資金の調達方法

右側（貸方）に書かれているのが、資金の調達方法。企業が集めた資金は必ず、負債か資本のどちらかに分類されることになる。

POINT

貸借対照表から資金の調達方法とその使い方が分かる。特に株主資本比率と流動比率に要注目！

実際の「貸借対照表」を見てみよう！

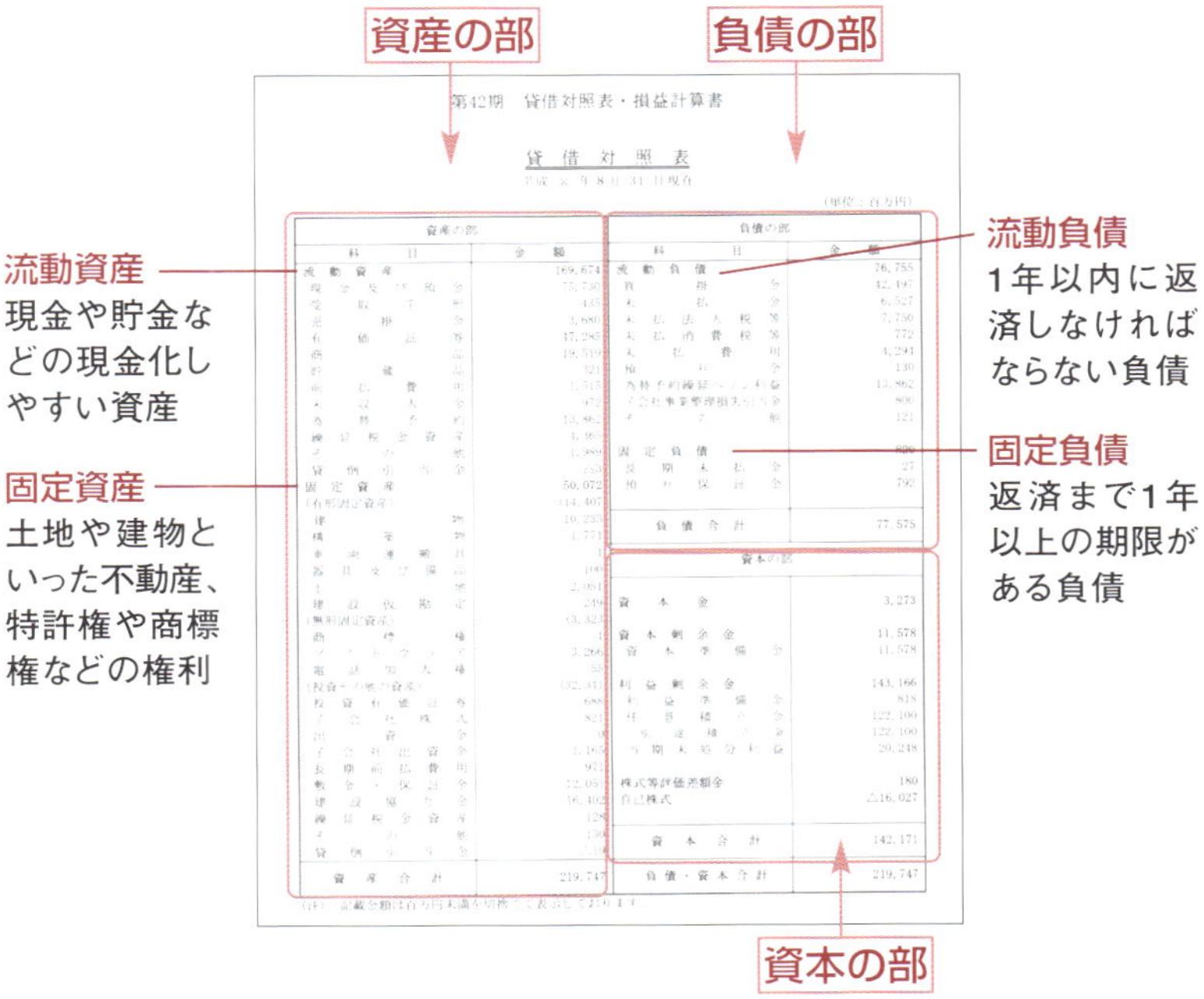

借方・貸方 貸借対照表の向かって左側が「借方」、右側が「貸方」。簿記では、資産の勘定について、増加の場合には「借方」、減少の場合には「貸方」に記入します。負債については反対になります。

「損益計算書」で企業の儲け方が分かる

5段階で表される利益の意味を知ろう

Find an investment number.

5つの段階に分けて利益が示されている「損益計算書」は、企業の収益や費用がどこで発生しているのかを明らかにしてくれる重要なデータです。

収益から費用を引き5つの「利益」を算出

損益計算書とは、企業の1年間の収益と費用についてまとめた一覧表です。損益計算書では、一番上の段に売上高を記入し、下に向かって収益から費用を差し引くことで、5つの段階での「利益」を導き出しています。

営業利益とは、いわゆる本業からの利益のこと。売上高から、仕入れ原価や製造原価などの売上原価、販売費や一般管理費を差し引いて計算します。

次に、「営業利益」から、本業以外の活動によって得られた「営業外収益」や「営業外費用」などを加減して**経常利益**を計算します。

「営業外収益」とは、預金利息や不動産賃貸収入、「営業外費用」とは、借入金の支払利息、税金などを指します。

さらに、「経常利益」から土地売却や巨額の貸倒損失などの臨時の損益である「特別損益」を加減することで、**税引前当期純利益**を算出します。

そして、そこから税金を差し引くことで**当期純利益**が確定します。

最後に、「当期純利益」に前期繰越利益などを加え、株主に配当された中間配当額をマイナスすれば株主への配当金の対象となる**当期未処分利益**が得られるのです。

なお、売上高から売上原価を差し引いた利益を**売上総利益**（粗利益）と呼んで区別しているところもあります。

損益計算書を読み解くポイント

ひと口に「利益」といっても、それが**本業**で儲けたものなのか、**副業**で儲けたものなのかが分からなければ、その企業の真実の姿は見えてきません。

「損益計算書」では、それぞれの利益を段階的に追うことによって、なにで儲けているのか、はたまたなにが原因で損失が出ているのかを探ることができます。

例えば、「営業利益」が赤字なら、肝心の本業が業績不振だということ。「営業利益」が黒字なのにもかかわらず「経常利益」が赤字なら、借入金の利息の支払いなどに追われている実情が浮かび上がってきます。

さらに、「経常利益」が赤字なのに「税引前当期純利益」が黒字なら、土地や建物などを無理に売却して業績をよく見せようとしている可能性も。「損益計算書」を分析することで、その企業の内情を垣間見ることができるというわけです。

「損益計算書」のしくみ

1年間の支出と残高

費用とは、仕入れ原価や人件費といった本業での支出、利息の支払いや土地の売却損など、1年間の経営活動のなかでの支出。

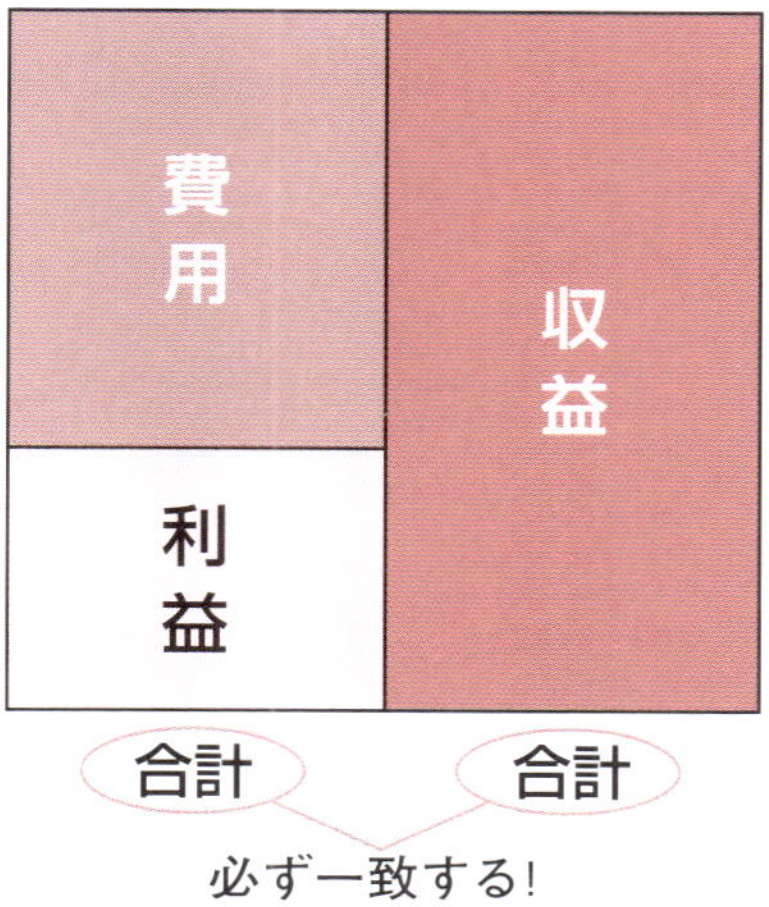

利益＝収益－費用

1年間の収入から、支出を差し引いた残高が、その企業の1年間の「利益」となる。基本的なしくみは家計簿と同じ!

1年間の収入

商品や製品の売上といった本業での収入や、受取利息や土地の売買代金といった副業による収入など、1年間に得ることができた資金。

POINT

損益計算書は、企業の1年間の収益と費用についてまとめた一覧表。収益から費用を差し引き最終的にどれだけの儲けが出たのかを示す。

実際の「損益計算書」を見てみよう!

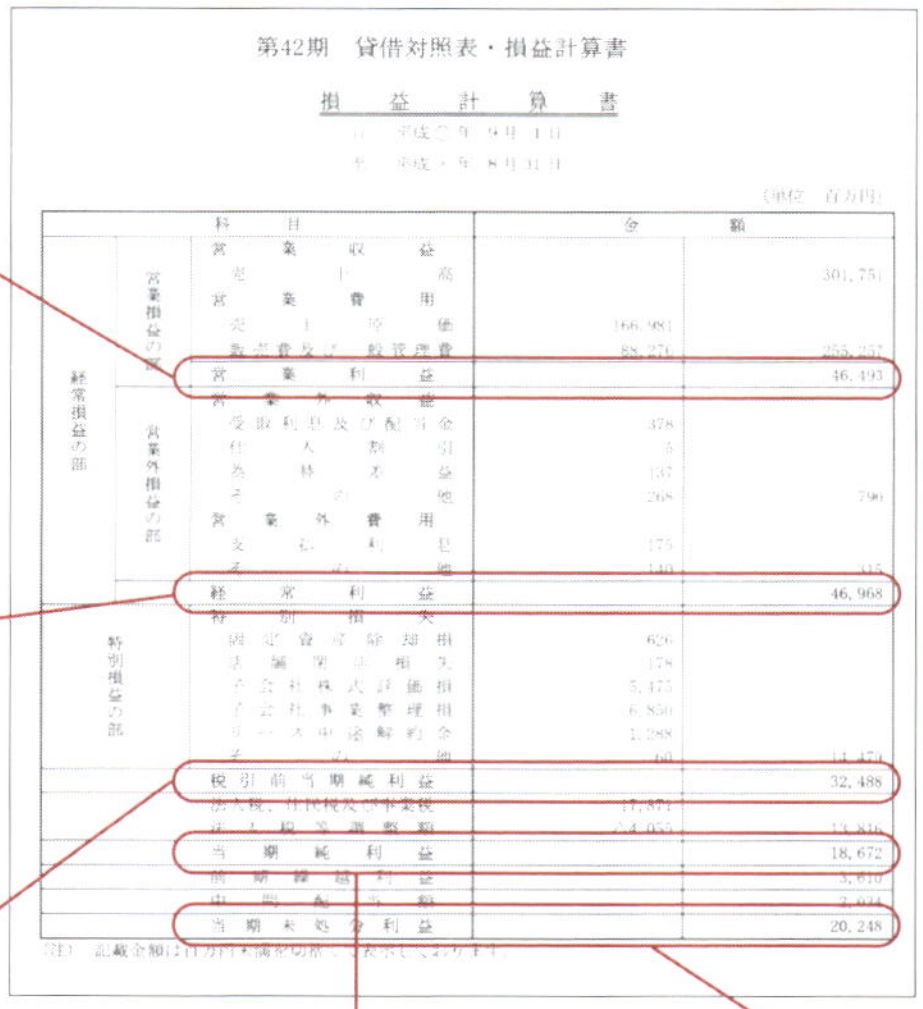

●**営業利益**
本業での売上高から売上原価などを差し引いた利益

●**経常利益**
本業以外での収益や費用を考慮したあとの利益

本業での利益を計算!

本業以外での損益を含めて計算!

臨時の損益を含めて計算!

●**税引前当期純利益**
臨時の収益や損失を考慮したあとの利益

●**当期純利益**
税引前当期純利益から税金を支払った、最終的な利益

●**当期未処分利益**
株主への配当の源泉となる利益

当期純利益　通常は税引前当期純利益から法人税、住民税、事業税を支払ったあとの利益を指します。税金の割合は、経常利益のおおよそ50%前後になるのが一般的です。

「キャッシュフロー計算書」で企業の健全性が分かる

頼れる「決算書」のニューフェイス！

Find an investment number.

貸借対照表、損益計算書と並ぶ「第3の決算書」が「キャッシュフロー計算書」。ここではその基本的なしくみを見てみましょう。

企業活動をキャッシュの流れで見ている！

キャッシュフロー計算書とは、現金や預金（キャッシュ）の流れ（フロー）を見るための決算書です。

国際会計基準の導入にともなって、上場企業は2000年3月期以降、キャッシュフロー計算書の作成を義務付けられるようになりました。

キャッシュフローがいかに大切かということは、いわゆる「黒字倒産」の場合を考えてみるとよく分かります。

売掛金が仕入れの金額を上回っていれば、損益計算書上では黒字になります。でも、仕入れ代金の支払いが売掛金の回収より早い場合、手元の現金が不足すると首が回らなくなってしまいます。

ですから、損益計算書上の「利益」だけでなく、キャッシュの収支についても目を光らせておくことが重要なのです。

キャッシュフロー計算書のしくみ

キャッシュフロー計算書では、キャッシュの流れを「営業」「投資」「財務」の3つのブロックに分け、期首に手元にあった現金が期末にいくらになったかを示しています。

営業活動によるキャッシュフローとは、企業本来の事業活動によるキャッシュの収支。3つのなかでも一番重要度が高いものです。

投資活動によるキャッシュフローは、主として投資活動で生じるキャッシュの流れを示しています。取引先やベンチャー企業への資本参加、土地や建物といった有形固定資産の取得や売却などがこれにあたります。つまり、新規事業への取り組みや設備投資への投資意欲が旺盛だと「投資活動によるキャッシュフロー」はマイナスになります。

「営業活動によるキャッシュフロー」はプラスとなることが不可欠ですが、将来への投資である「投資活動によるキャッシュフロー」は必ずしもプラスである必要はありません。長期的に見た場合には、「投資活動によるキャッシュフロー」のマイナス分を、「営業活動によるキャッシュフロー」のプラスで補っていることが望ましいとされています。

財務活動によるキャッシュフローは、金融機関からの借り入れや返済、社債発行などのキャッシュの調達・返済活動によるキャッシュの流れを表しています。「営業」「投資」の2つの活動を支えるための資金調達や返済の実態が、財務活動によるキャッシュフローに表れてくるといえます。

実際のキャッシュフロー計算書を見てみよう！

キャッシュフロー計算書
○○株式会社（単位：百万円）
自 平成○年4月1日　至 平成×年3月31日

1.営業活動によるキャッシュフロー	
税引前当期利益	600
減価償却費	3,000
貸倒引当金増加額	200
売上債券増加額	△400
棚卸資産減少額	100
仕入債務減少額	△100
法人税等の支払額	△400
営業活動によるキャッシュフロー	3,000
2.投資活動によるキャッシュフロー	
有価証券の取得による支出	△300
有価証券の売却による収入	300
有形固定資産の取得による支出	△3,500
有形固定資産の売却による収入	500
投資有価証券の取得による支出	△100
投資有形資産の売却による収入	100
貸し付けによる支出	△500
貸し付けの回収による収入	300
投資活動によるキャッシュフロー	△3,200
3.財務活動によるキャッシュフロー	
借入金による収入	2,000
借入金返済による支出	△1,000
配当金の支払いによる支出	△200
財務活動によるキャッシュフロー	800
4.現金および現金同等物に係る換算差額	△100
5.現金および現金同等物の増加額	500
6.現金および現金同等物の期首残高	400
7.新連結に伴う現金および現金同等物の増加額	100
8.現金および現金同等物の期末残高	1,000

●営業活動によるキャッシュフロー
（営業キャッシュフロー）

企業本来の事業活動によるキャッシュの収支。企業がどの程度の資金を本業によって獲得したのかが分かる！

●投資活動によるキャッシュフロー
（投資キャッシュフロー）

株式や土地・建物の取得・売却など、将来へ向けた投資活動によるキャッシュの収支が分かる！

●財務活動によるキャッシュフロー
（財務キャッシュフロー）

金融機関からの借り入れや返済など、資金調達、返済活動によるキャッシュの収支。上記2つの活動で資金が不足した場合に、どのような手段で資金を調達したのかが分かる！

「現金同等物」とは3カ月以内に現金化が予定される短期の金融資産

POINT

キャッシュフロー計算書とは、一定期間における現金の流れ（フロー）を見るための決算書。これまでより正確に企業財政の実態が分かる！

キャッシュフロー計算書登場の背景

伝統的な決算書
●貸借対照表
一時点（決算日）における資産・負債の残高が分かる
●損益計算書
一定の期間（1年間）の利益の内訳が分かる

伝統的な決算書の欠点
- 利益や資産は評価額を恣意的に操作しやすい。
- 一定の期間における「現金の増減」は分からない。

＋

企業を取り巻く環境の変化
- バブル崩壊。
- 金融機関の再編と貸し渋り。
- 経済と会計基準の国際化。

↓

企業会計における「現金」の重要性が高まる。

↓

「キャッシュフロー計算書」の義務化
（中小企業は除く）

キャッシュフロー　資金の流出をキャッシュ・アウトフロー（Negative cash flow）、資金の流入をキュッシュ・インフロー（Positive cash flow）といいます。この2つを併せたものが「キャッシュフロー」になります。

「株主資本比率」「株主資本回転率」ってなに？

財務の安全性、資本の効率性が分かる

Find an investment number.

株主資本は企業にとって返済の必要のない、好都合な資金源。この「株主資本」を異なる側面から分析しているのがこれら2つの指標なのです。

株主資本、自己資本、純資産は同じもの

株主から預かったお金（株主資本）は、貸借対照表の「資本の部」とイコールになっています。企業の資本はすべて株主が出資したお金で成り立っているという考えから、資本そのものを**株主資本**と呼んでいるのです。さらに、資産から負債を差し引いた部分に相当するので、**純資産**と呼ばれることもあります。

また、株主資本は返済の必要のない資本であることから**自己資本**とも呼ばれます。この場合、負債の部は、他人からの借金という意味で「他人資本」と表現されます。

このように、「資本」を表す名称は時と場合によって「株主資本」「自己資本」「純資産」などと変化しますが、基本的にはすべて同じものを指していると考えてよいでしょう。

株主資本比率で財務の安全性が分かる

株主資本比率とは、総資産（総資本）に占める株主資本の割合を示した指標。財務の安全性を表す指標として利用されており、**自己資本比率**とも呼ばれます。

株主資本は、借金である他人資本と異なり、返済の義務がありません。配当金の支払いについても、金利の支払いと違って、業績に応じて弾力的に行うことができます。株主資本は企業経営にとって安定的かつ、好都合に利用できる格好の資金源なのです。

ですから、総資産に対する株主資本の割合が大きいということは、それだけ企業経営の安全性が高いことの証明だといえるでしょう。

株主資本回転率で資本の効率性が見える

株主資本が効率よく運用されているかどうかを見るための指標が、**株主資本回転率**です。

株主資本回転率では、株主資本が売上高を通じて何回新しいものに置き換えられたかという視点から、資本の効率性を分析しています。株主資本回転率が高ければ高いほど、資本効率がよいということになります。

株主資本回転率は、総資産をもとに効率性を分析する「総資産回転率」（152ページ参照）と比較して使われることもあります。

総資産回転率と比較したときに、株主資本回転率がかなり高くなっている場合には、負債である他人資本が総資産に占める割合が相当高いということができます。

株主資本を使った分析指標

株主資本回転率の求め方

$$\text{株主資本回転率（回）} = \frac{\text{売上高}}{\text{株主資本}}$$

数字の意味 株主資本回転率が高いほど、資本が効率よく使われている。ただし、総資産回転率と比較して、株主資本回転率が極端に高い場合には、他人資本の比率が多く経営の安全性に問題がある可能性も。

CD ROM 実際の企業で見てみよう！＜小売業＞

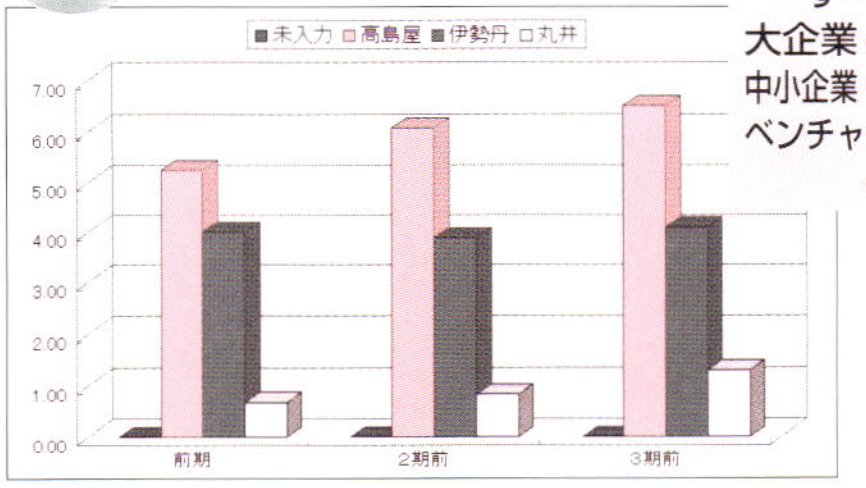

! 数字の目安
すべての業種
大企業 ➡ 2回転以上
中小企業 ➡ 3～4回転
ベンチャー企業 ➡ 5回転以上

高島屋は株主資本を効率的に活用している。一方、丸井の資本効率の低さは気になるところだ。

株主資本比率の求め方

$$\text{株主資本比率（\%）} = \frac{\text{株主資本}}{\text{総資産}} \times 100$$

数字の意味 株主資本比率が高いほど、経営の安全性が高い。ただし、発展中の成長企業やベンチャー企業は株主資本比率が低くなりがちだが、それは必ずしもマイナス要因ではない。

CD ROM 実際の企業で見てみよう！＜自動車メーカー＞

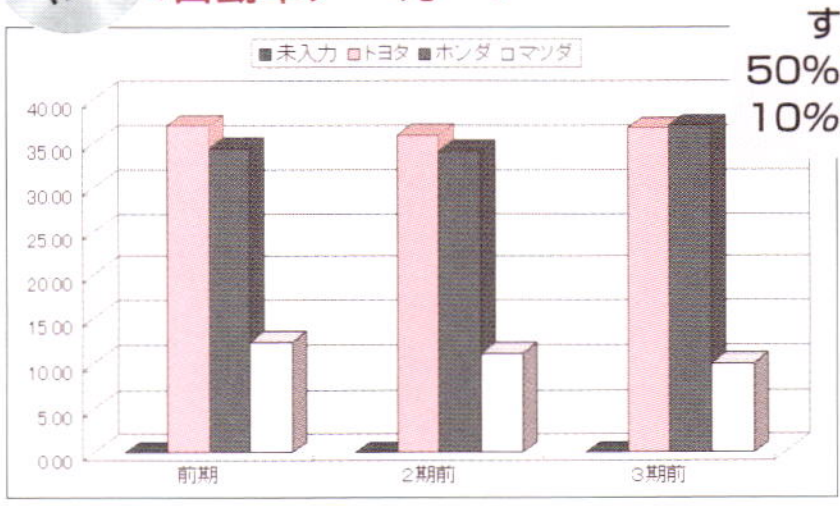

! 数字の目安
すべての業種
50%以上 ➡ 優良
10%未満 ➡ 危険

40％近い株主資本比率を確保しているトヨタ自動車、ホンダは経営の安全性が比較的高い。

POINT

「株主資本比率」は、総資産に占める株主資本の割合を示す。「株主資本回転率」は、株主資本が売上高を通じて何回置き換えられたかを表す。

「資本」と「株主資本」

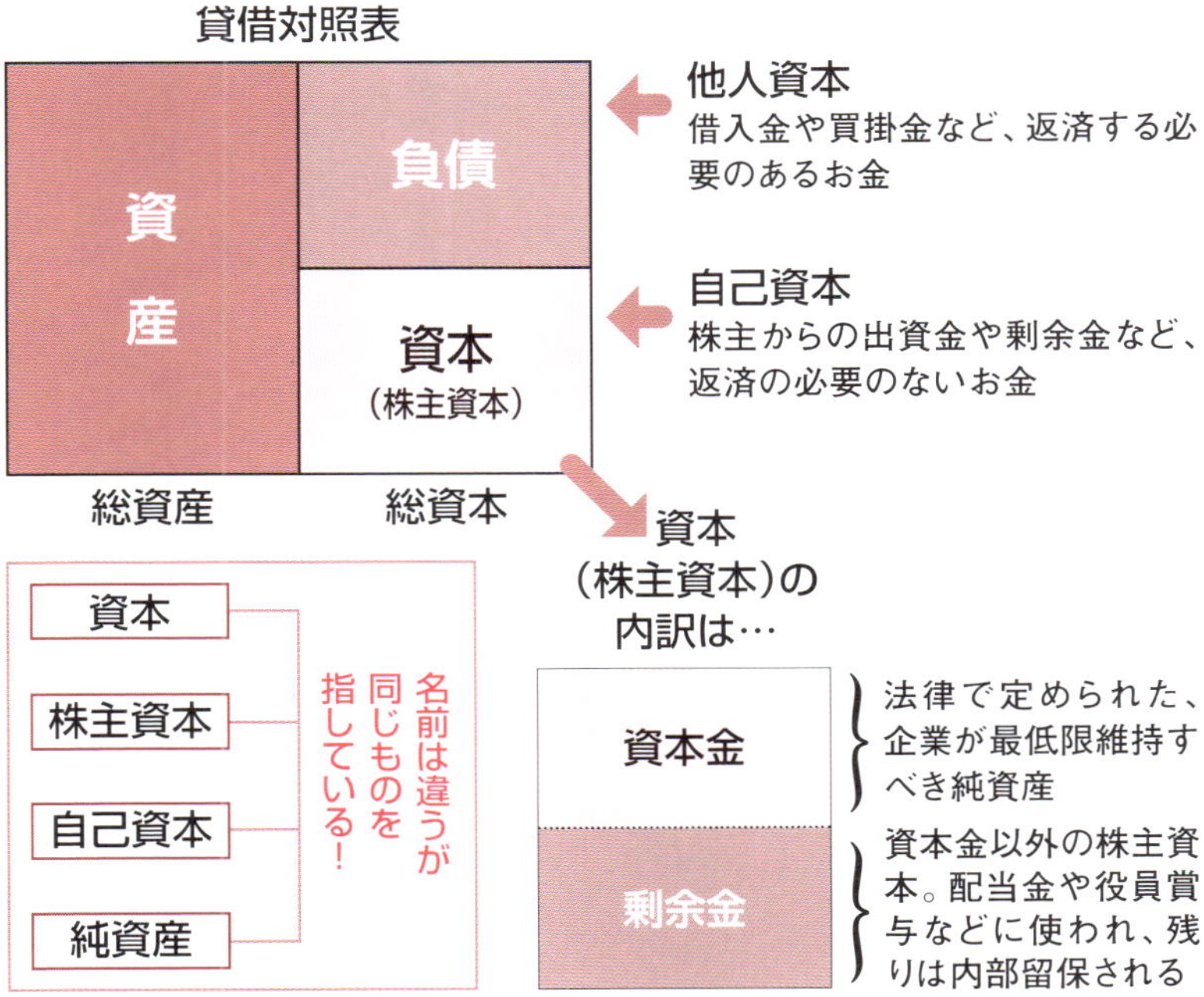

債務超過 貸借対照表において「資産」よりも「負債」の金額が大きいことを「債務超過」といいます。この場合、株主資本の金額はマイナスになります。債務超過は、上場廃止の要件のひとつになっています。

5つの「利益」を細かく分析してみよう

「利益」から多くの情報が読み取れる！

Find an investment number.

決算書のなかでも細部にわたって分析したいのが「利益」です。それぞれの利益やその比較からなにが読み取れるのかを見てみましょう。

「利益」を縦横無尽に比較してみよう

損益計算書に示されている5つの利益を分析する際のポイントは、数字の大小だけではなく、段階ごとの数字の「変化」を読み取ることです。

例えば、本業での利益である営業利益に比べて、本業以外での利益を含めた経常利益の数字が極端に大きい場合には、その企業が、本業以外のことを頼りに利益を生み出していると推測できます。

また、営業利益や経常利益の金額は大きいのに、当期純利益がぐんと減っている場合は、やむを得ない事情で多額の損失を出したということ。この「事情」が今回限りの特別なものであれば、次期は業績が大きく回復することが期待できるというわけです。

過去のデータに遡って比較することにも大きな意味があります。当期純利益の額が数年間ほとんど横ばいであっても、営業利益が年々減少しているなら、本業での不調をほかのことで補っているというフトコロ事情が伺えます。

本業での実力を測る「売上高営業利益率」

売上高営業利益率は、営業利益を売上高で割って計算します。

営業利益とは、売上総利益から販売費や一般管理費など、本業に関わるすべての費用を差し引いたもの。売上高営業利益率は、本業によって利益を稼ぎ出す力を表しているといえます。

この指標で高い水準を維持している企業は、仕入れ・製造段階はもちろん、営業面においても積極的にコスト削減に励んでいるということ。業種によっても異なりますが、製造業や小売業では5パーセント前後というのが一般的な数字です。売上高営業利益率が1パーセントに満たないようなら、危険信号といえるかもしれません。

総合力を示す重要指標「売上高経常利益率」

売上高経常利益率は、経常利益を売上高で割って計算します。

売上高経常利益率は、企業が総合的に利益を生み出す力を測るための指標です。損益計算書を使った指標のなかでもっとも重要な指標といっても過言ではありません。

製造業や流通業で5パーセント前後、サービス業で10パーセント前後がひとつの目安とされています。気になる銘柄の売上高経常利益率がどのぐらいなのか、ぜひチェックしてみましょう。

利益を使った分析指標

指標を見る際のポイント

利益を分析する方法としては、営業利益や経常利益の数年の推移（伸び率）を見るという方法もあります。例えば、ある企業の営業利益や経常利益がいくら同業他社と比べて高かったとしても、減少傾向にあるとしたら、その企業の将来は暗いかもしれません。このように、ファンダメンタルズ分析においては、(1)同一企業におけるデータを数年の推移で調べて傾向を見る、(2)同業他社との比較で見る、という2点を常に心がけることが大切なポイントです。

POINT

「売上高営業利益率」は、本業によって利益を稼ぎ出す力を表す。「売上高経常利益率」は、総合的に利益を生み出す力を測る。

売上高営業利益率の求め方

$$売上高営業利益率（\%）= \frac{営業利益}{売上高} \times 100$$

数字の意味　高ければ高いほど本業で利益を稼ぐ力が高い。ただし、数値が低いから期待がもてないとは限らない。過去のデータに遡って推移を見ることで変化の兆しを読み取ろう！

! 数字の目安
- 製造業 ➡ 5～6%
- 小売業 ➡ 5～6%
- 卸売業 ➡ 2～2.5%

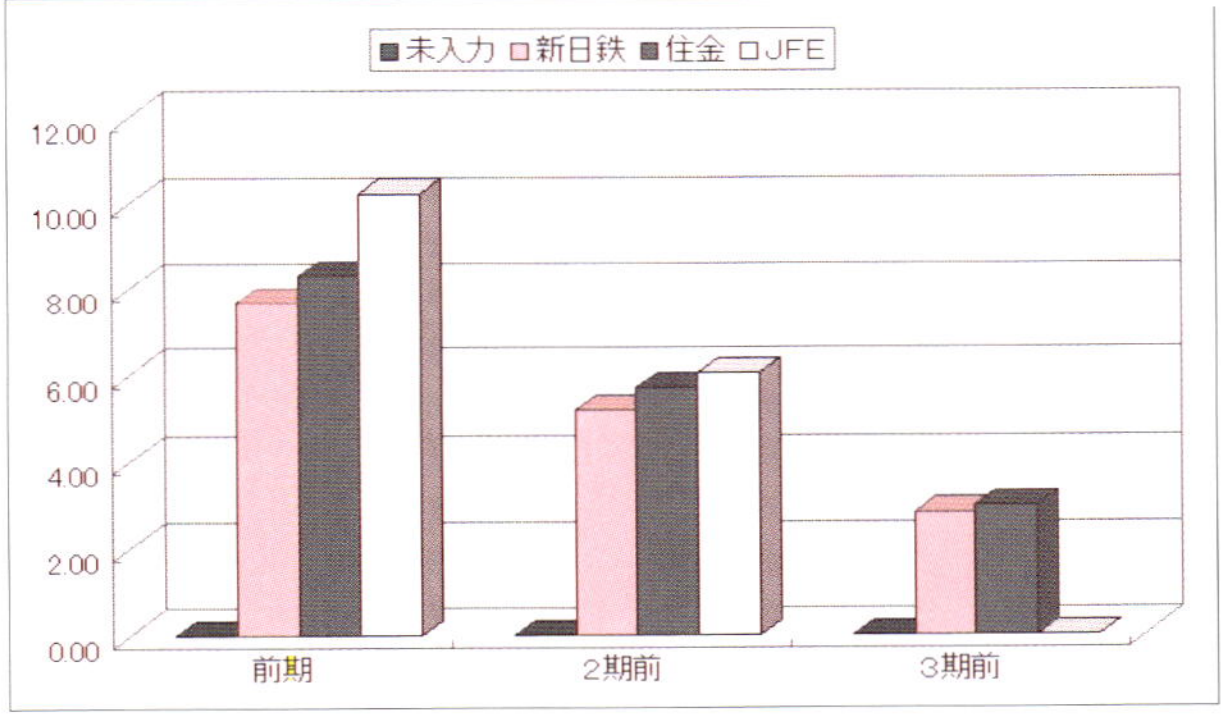

CD ROM 実際の企業で見てみよう！ ＜鉄鋼業＞

2002年に川鉄とNKKが経営統合して生まれたJFEが、直近では相対的に高い利益率を誇っている。

売上高経常利益率の求め方

$$売上高経常利益率（\%）= \frac{経常利益}{売上高} \times 100$$

数字の意味　本業以外の金融収支なども含め、利益を稼ぎ出すための総合力を表す。企業の稼ぐ力をみるための代表的な指標。ただし、他業種と比べてもあまり意味がない。比較は同業他社と。

! 数字の目安
- 製造業 ➡ 5～7%
- 流通業 ➡ 5～7%
- サービス業 ➡ 10～15%

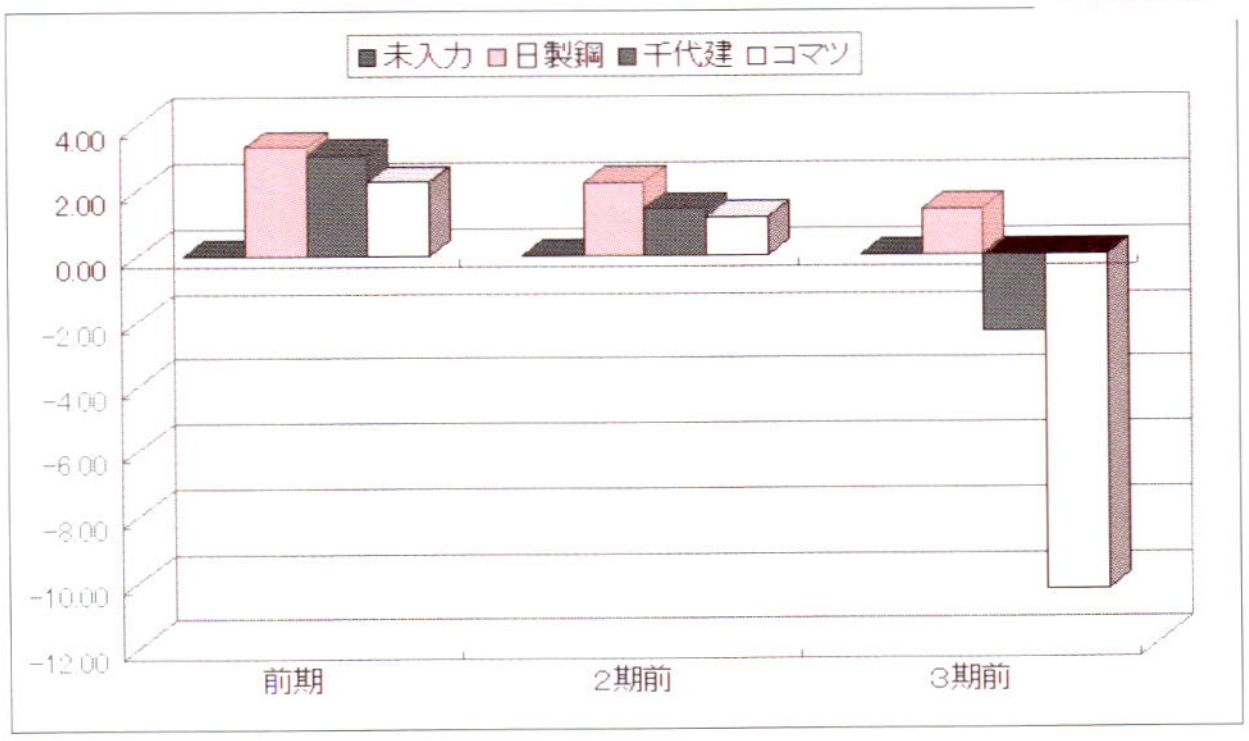

CD ROM 実際の企業で見てみよう！ ＜機械業＞

過去には、3社のうち2社がマイナスだったが、近年の景気回復を受けてプラスに転じている。

販売費・一般管理費　「販売費」とは主に営業関係部門にかかる費用、「一般管理費」とは事務管理部門にかかる費用のこと。本業で利益を上げるためには、製造原価と並んで、これら非製造部門のコスト削減が大きな課題になります。

「回転率」は業績を分析するキーワード

回転数でさまざまなものが見えてくる！

Find an investment number.

企業の業績を分析するうえで「回転率」はひとつのキーワードとなります。回転率を使った基本の指標について見てみましょう。

「回転率」を使った指標はたくさんある！

「株主資本回転率」（148ページ参照）以外にも「回転率」を使った指標にはいろいろなものがあります。

総資産回転率は、資産が効率的に活用されているかを見るための指標で、**総資本回転率**とも呼ばれます。

回転数が多いほど、資産が効率的に活用されているということ。大企業が0・5回転を上回れないようであれば要注意といえるでしょう。

売上債権回転率は、受取手形や売掛金などの売上債権の回収具合を知ることで、売上債権が適正かどうかを測る指標。業種によっても異なりますが、一般には、6回転以上であれば理想的とされています。

商品回転率は、商品や製品の在庫が適正かどうかを見る指標です。商品は本来ならば資産として評価されるべきものですが、回転率があまりに少ないと不良在庫として売れ残っているということになります。それを見極めるのに役立つのが「商品回転率」なのです。

なお、決算書では商品のことを「たな卸資産」と表記する場合もあります。この場合には**たな卸資産回転率**と呼ばれます。

固定資産回転率は、設備投資が適切かどうかを見るための指標です。一般に、製造業で1回転以下、流通業で2回転以下だと、過剰な設備投資をしていると考えられます。

そのほかにも土地や建物、機械など形のある資産をもとに計算する「有形固定資産回転率」などがあります。

財務三表を見るときにはココに注意！

これらの指標はすべて、「財務三表」から得られる情報をもとに分析をしています。

財務三表を使って分析するときに確認したいのが、それぞれの資料の**決算年度**。

どの決算年度のデータであるのかは、表の上にある「自○○年○月○日～至○○年○月○日」という記載を見れば確認することができます。

ただし、損益計算書、キャッシュフロー計算書が決算期間中を通じた各数字の合計表であるのに対して、決算日時点での財産の状況をまとめた貸借対照表は、期間ではなく、「○○年○月○日現在」という表示になっています。

この日付が、ほかの2つの一覧表に記載された期間の最終日と合致していれば問題ありません。

回転率を使った分析指標

総資産回転率の求め方

$$総資産回転率（回）＝\frac{売上高}{総資産（総資本）}$$

数字の意味

回転数が多いほど資産を効率よく活用して売上げを上げている。ただし、売上高が大きいからといって利益も大きいとは限らないので、利益についても併せてチェックが必要。

数字の目安

- 大企業 ➡ 1回転以上
- 中小企業・製造業 ➡ 1〜2回転
- ベンチャー企業・小売業 ➡ 3回転以上

売上債権回転率の求め方

$$売上債権回転率（回）＝\frac{売上高}{受取手形＋売掛金}$$

数字の意味

回転数が多いほど、売上債権の焦げ付きが少ない。回転数が少ないからといって実際に売上債権が焦げ付いているとは限らないが、資金繰りの効率が悪いことは確実。

数字の目安

すべての業種 ➡ 6回転以上
（3回転以下 ➡ 要注意）

商品回転率の求め方

$$商品回転率（回）＝\frac{売上高}{商品（たな卸資産）}$$

数字の意味

あまりに少ない場合、不良在庫を抱えている可能性が高い。ただし、資産としての在庫と不良在庫は表裏一体。販売増による在庫の増加の可能性もあることを念頭に置いておこう。

数字の目安

- 製造業 ➡ 12回転以上（6回転以下 ➡ 要注意）
- 流通業 ➡ 20回転以上（10回転以下 ➡ 要注意）

固定資産回転率の求め方

$$固定資産回転率（回）＝\frac{売上高}{固定資産}$$

数字の意味

あまりに少ない場合、無駄な設備投資をしている可能性が高い。逆に、極端に多い場合は、設備投資が不足している可能性もある。特に製造業では適正な設備投資が重要。

数字の目安

- 製造業 ➡ 2.5回転以上（1回転以下 ➡ 要注意）
- 流通業 ➡ 5回転以上（2回転以下 ➡ 要注意）

POINT

「回転率」を使った指標は、資産や在庫などの経営資源を効率よく利用しているかどうかを見るためのもの！

CD ROM 実際の企業で見てみよう！
＜電気機器業＞

総資産回転率

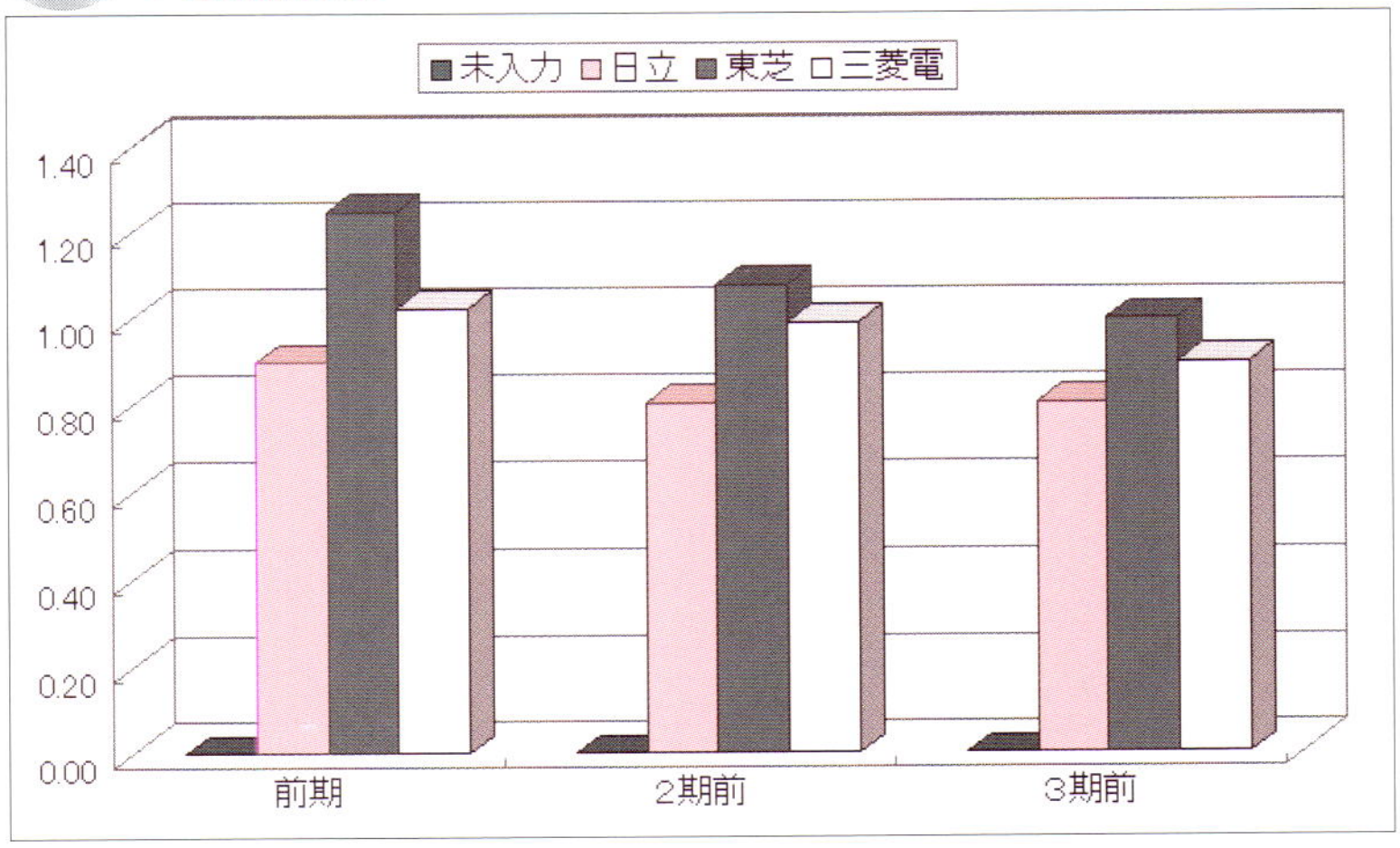

大企業では1回転以上が目安だが、各社ともほぼそれの前後となっている。経年の推移では、着実に経営の効率化が進んでいるようだ。なお、総資産回転率を見る場合には、利益の額についても併せてチェックしたい。

売上債権 商品やサービスを顧客に販売したものの、まだ代金を受け取っていない場合に、その代金を請求できる権利のこと。売上債権は、貸借対照表のうえでは「資産」として扱われます。

PER（株価収益率）が低いとお買い得!?

来期の予想利益を使って期待値を測ろう

Find an investment number.

どんな規模の企業でも同じ基準で比較できるのがPERの特長。通常はPERが低いほど株価が割安であると考えられます。

PERが低いほど株価は割安といえる

株価と貸借対照表、損益計算書を使った代表的な指標が**PER（株価収益率）**と**PBR（株価純資産倍率）**（156ページ参照）。どちらも、株を売買するときには、必ずチェックしたい指標です。

PERとは、「Price Earnings Ratio」の略。計算はいたって簡単で、株価を**EPS（1株当たり利益）**（158ページ参照）で割れば算出できます。

株価が1株当たり利益の何倍になっているのかを計算することで、どんな規模の企業でも同じ基準で比較ができるのがPERの特長。通常はPERが低いほど株価が割安、PERが高いほど株価が割高であると考えられます。

一般的に、成長性のある企業ほどPERが高くなる傾向にあります。これは、その企業の成長性が買われて株価が上昇しているからです。

つまり、PERが高いことは**成長性**があることの証拠だともいえますが、あまりに高くなりすぎると、割高感から株価が下がってくることになります。反対にPERの低い企業は、利益水準からすれば割安だといえますが、業績や財務体質、将来性などになんらかの不安要因があることも多くあります。

また、なかには極端にEPSが低いためにPERが高くなっていたり、極端にEPSが高いことがPERを下げる原因だったりすることもあるので要注意。

投資の尺度として重視されているPERですが、絶対視するのは危険だということを覚えておきましょう。

業界平均や予想値との比較が重要！

PERには、基準となる数値が最初からあるわけではありません。日経225種銘柄の平均PERは50倍前後となっていますが、業種によっても大きく異なります。

PERを分析するときには、全銘柄の平均PERや業界平均、同業他社との比較、来期の予想利益に基づいた予想PERとの比較などによって、相対的に割高なのか割安なのかを判断する必要があります。日経新聞に掲載されている各社のPERや東証1部、2部の平均PERなどを参考にするとよいでしょう。

特に、予想利益をベースにしてPERを算出することは重要な作業です。来期の予想利益を用いることで、現在の株価が割高なのか割安なのかが分かるからです。

「会社四季報」の欄外に注目！

それぞれの企業のPERについては、会社四季報に掲載された数値を参考にすると便利。うっかり見落としがちですが、欄外の株価チャートの右上に注目！ 2段で示されているPERのうち、上段は過去3決算期間の最高株価に対する平均PER、下段は最低株価に対する平均PERとなっています。

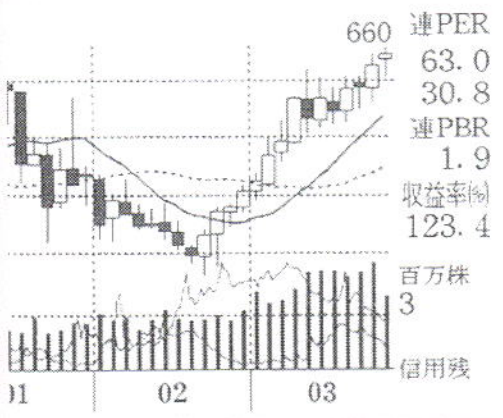

PER（株価収益率）で株価の割安、割高が分かる

$$\text{PER（倍）} = \frac{\text{株価}}{\text{1株当たり利益（EPS）}}$$

数字の意味

PERが高いほど株価は割高、低いほど株価は割安。ただし、成長力のある企業ほど、将来への期待からPERは高くなりがち。つまり、株価が割高であっても買い手がつきやすいといえる。

！ 数字の目安

すべての業種
20〜30倍 ➡ 標準的
10倍以下 ➡ 割安

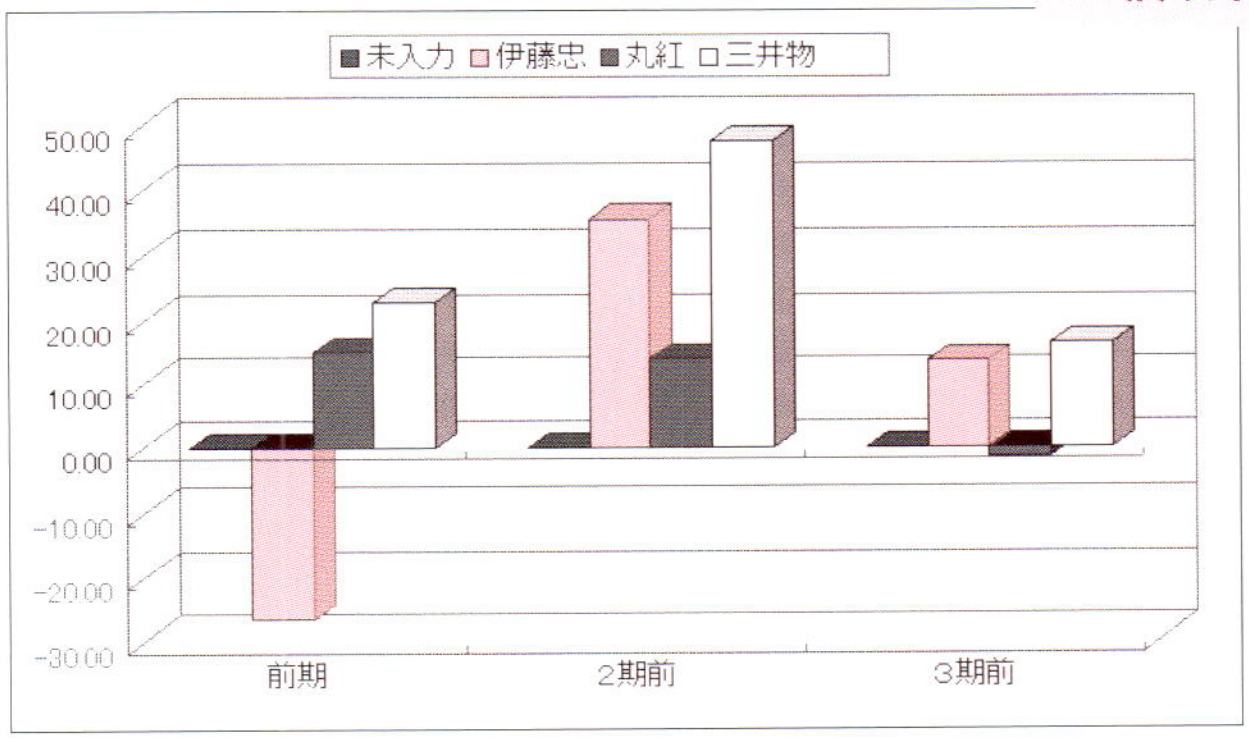

CD ROM
実際の企業で見てみよう！＜商社＞

各社とも浮き沈みが激しいが、変化の要因をしっかりチェックしよう。なお、利益が赤字の場合、PERもマイナスになる。

POINT

PERが低いほど株価が割安、PERが高いほど株価が割高と捉えるのが一般的。EPSと併せて見よう！

予想PERが重要！

現在の株価が3,000円だとすると

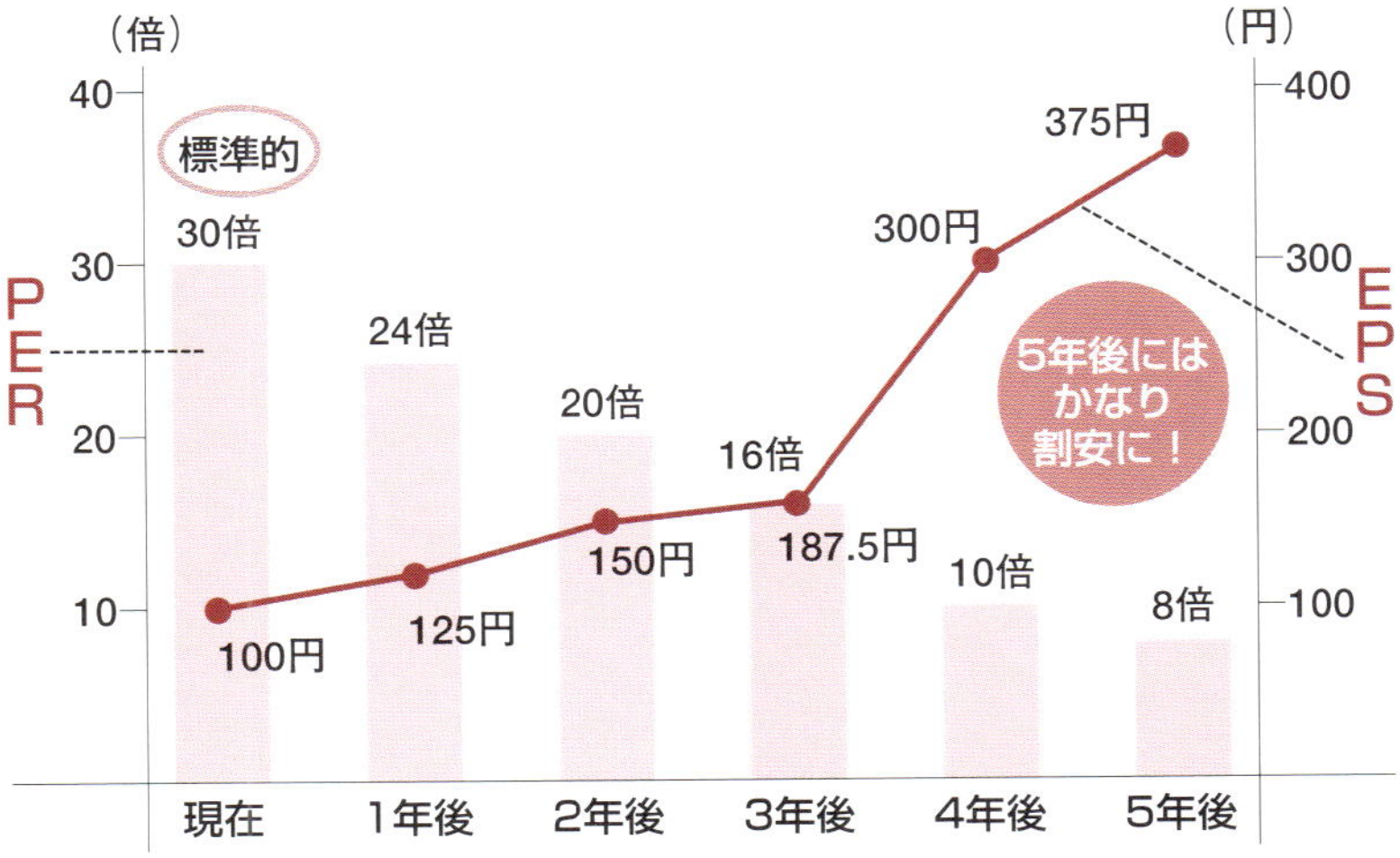

最近のアナリストレポートでは、5年先前後までの1株当たり利益（EPS）を予測しているところも！！

EPSが高くなるほどPERは低くなる！

予想PER PERは株価を1株当たり利益（EPS）で割ることによって計算できます。ですから、PERそのものの予想値が発表されていなくても、予想EPSのデータさえあれば、将来のPERを予測することが可能です。

PBR（株価純資産倍率）で底値圏が分かる！

PERと並ぶオーソドックスな投資指標

Find an investment number.

PBRは、純資産をもとに株価のお得感を分析する指標。株価が株主の「持ち分」に対して何倍のプレミアムを付けているかを表しています。

純資産をもとに株価のお得感を分析

PERと並んで重要な投資指標が**PBR（株価純資産倍率）**です。

PBRとは、「Price Book-Value Ratio」の略。計算はこちらもいたって簡単で、株価を**BPS（1株当たり株主資本）**（158ページ参照）で割れば算出できます。

PERが「利益」をもとに株価のお得感を計算しているのに対し、PBRは「純資産」をもとにして、株価がどれだけ評価されているかを示しています。

株主にとって、株は、その企業の純資産に対する持ち分を表しています。つまり、純資産（株主資本）を発行済み株式数で割って計算するBPSは、企業が解散したときの1株当たりの株主の「取り分」を示していることになります。この「取り分」と株価を比較することで、株価が割高なのか、割安なのかを判断しているのです。

PBRが1倍なら株価はほぼ底値圏！

PBRもPERと同様、全銘柄の平均値や業界平均、同業他社、過去のPBRとの比較などによって、相対的に割高なのか割安なのかを分析します。

PBRが1倍であることは、つまり、企業の解散価値と株価とが一致しているということ。PBRが1倍に近づけば近づくほど、それ以上株価は下がらないだろうと推測できることから、PBRは**株価の底値**を探る指標としても使われています。

ただし、決算データに示された純資産には、土地や有価証券の値上がりによる含み益、ブランド力、営業力、開発力などの隠れた価値、有価証券の含み損益などは表れてきません。企業は多くの場合、帳簿に表れない価値を持っているものです。また、株式投資が企業の成長力に期待して「投資」をするものであることを考えると、PBRは1倍以上で評価されるのが妥当だといえるでしょう。ちなみに、2004年3月のPBRの東証1部平均は1・8倍程度となっています。

ただし、実際に株式市場を見てみると、成長性への期待が薄かったり、隠れた損失を危惧されたりして、PBRが1倍を下回る企業が多数存在しています。PBRが1倍を割り込めばかなり割安という見方もできますが、あまりに低すぎる場合、倒産の危険も心配されます。

PBRは「実質」に注意！

PBRの計算に利用されている1株当たりの純資産（株主資本）は、貸借対照表の帳簿に記載された価格（簿価）がもとになっています。会計制度に資産の時価評価を導入する動きは徐々に進みつつありますが、現在はまだ簿価が主流です。つまり、土地や有価証券などの値上がりによる含み益（または値下がりによる含み損）が貸借対照表に正確に反映されていないのです。そこで、PBRを使う際には、実際の資産価値（時価）に注目して純資産を計算し直した「実質PBR」が用いられる場合も多くあります。

PBR（株価純資産倍率）で株価の底値圏が分かる

$$\text{PBR（倍）} = \frac{\text{株価}}{\text{1株当たり株主資本（BPS）}}$$

数字の意味

PBRが高いほど株価は割高、低いほど株価は割安。ただし、PBRが極端に低い場合、倒産の危険が高いなどの可能性がある。低くなっている理由を探ることが大切だ。

! 数字の目安

すべての業種
2倍以上 ➡ 割高
1倍未満 ➡ 割安
（ただし、0に近すぎるのは危険）

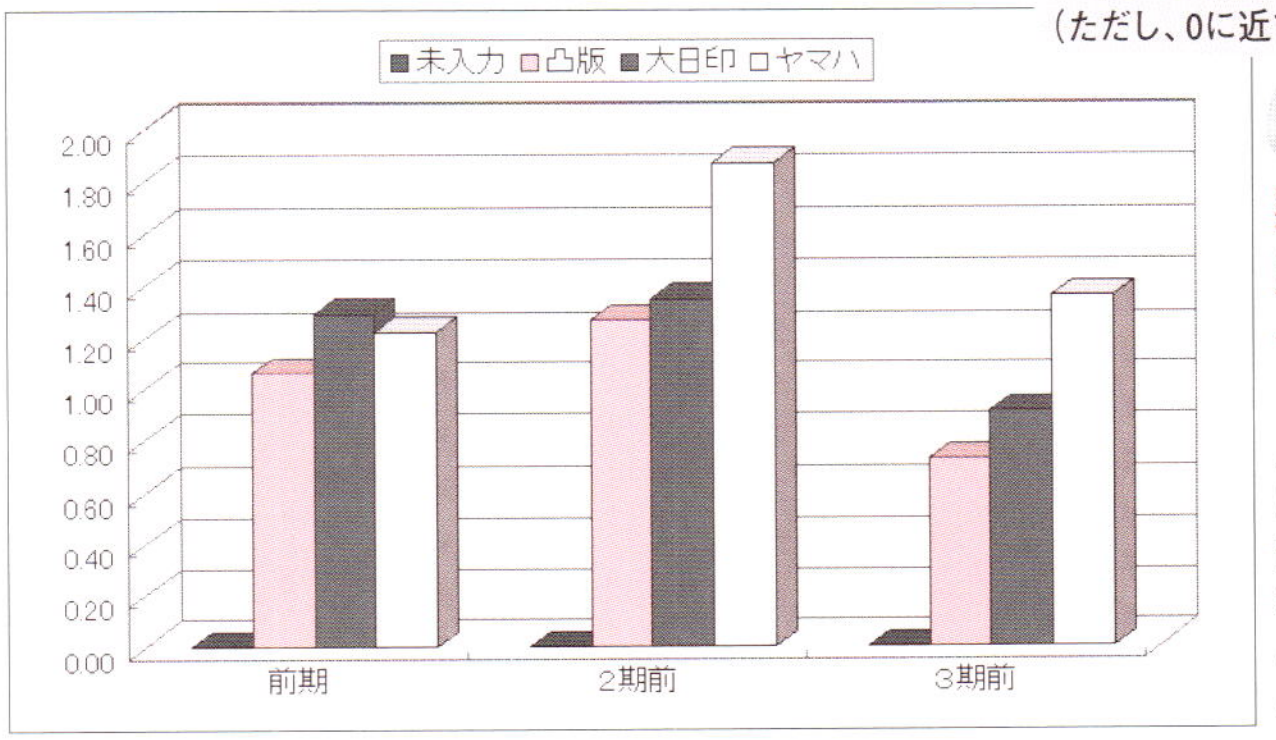

CD ROM
実際の企業で見てみよう！
＜その他製造業＞

上場企業の中では、PBRが1倍台前半であれば比較的割安だ。ただし、「万年割安」の銘柄には注意。

POINT

PBRは1株当たりの純資産額に比べて、株価がどれだけ評価されているかを示したもの。1倍なら株価はほぼ底値圏と見ることができる！

株価と株主資本の関係

企業が解散したら ➡ 企業の純資産（株主資本）は株主に分配される。

例）A社　株主資本＝1億円　発行済み株式数＝10万株
1億円÷10万株＝1000円
‖
A社の1株当たり株主資本（BPS）＝A社の解散価値

●A社の株価	●A社が解散した場合	●解散時の株主の損益
2000円のとき	株主が1株当たり受け取れるのは1000円	1000−2000＝1000円のマイナス →現在の株価は割高 （PBR＝2000÷1000＝2倍）
1000円のとき	株主が1株当たり受け取れるのは1000円	1000−1000＝プラスマイナスゼロ →現在の株価は適正 （PBR＝1000÷1000＝1倍）
500円のとき	株主が1株当たり受け取れるのは1000円	1000−500＝500円のプラス →現在の株価は割安 （PBR＝500÷1000＝0.5倍）

含み損益　企業が保有している有価証券などの取得価格（＝簿価）と時価とを比較した際の損益。取得価格と時価との差額について、取得価格が時価よりも低い場合には「含み益」、高い場合には「含み損」と呼ばれます。

EPS（1株当たり利益）とBPS（1株当たり株主資本）

PER、PBRのベースとなる基本指標

Find an investment number.

「1株当たり利益」を表すEPSと「1株当たり株主資本」を表すBPS。どちらもファンダメンタルズ分析のベースとなる指標です。

EPSで企業の成長力が見える！

EPSとは「Earnings Per Share」の略で、**1株当たり利益**を示す指標です。

この場合の「利益」とは、税引き後の**当期純利益**のこと。これを発行済み株式数で割ることで算出できます。**PER（株価収益率）**（154ページ参照）を計算する際のベースでもあり、利用頻度の高い指標だといえるでしょう。

長期的に見ると、株価はEPSの動きに連動することが多いようです。ですから、その企業の過去のEPSや予想EPSがどのように推移しているかを見ることで、成長力を分析したり、今後の株価を予測したりできます。

EPSを分析する際に注意したいのは、計算のもととなる当期純利益が、その企業の事業活動の「結果」でしかないということです。例えば、業績悪化をカバーするために有価証券や土地の売却益を計上している場合などは、EPSが伸びているからといってその企業に成長力があるとはいえません。ですから、特別損益が大きい場合には、成長力を適切に表す指標とならない可能性もあります。

また、EPSは、利益を増やす以外にも、自社株消却によって発行済み株式数を減らせば高めることができます。

BPSで企業の安定性が分かる！

BPSとは「Book-value Per Share」の略。**1株当たり株主資本**を示す指標で、**1株当たり純資産**とも呼ばれます。こちらも**PBR（株価純資産倍率）**（156ページ参照）を計算する際にベースとなる、重要な指標です。

BPSは企業が解散したときの1株当たりの株主の「取り分」を示しています。BPSが高ければ高いほど、その企業の安定性は高く、投資価値も大きいといえます。

会社四季報を使えば簡単に調べられる

EPS、BPSは、ファンダメンタルズ分析のベースとなる指標ですので、決算書を入手したり、自分で計算をしたりしなくても、「Yahoo!ファイナンス」や「会社四季報」などから簡単に数字を調べることができます。

この場合、EPSは**「1株利益」「1株益」**、BPSは**「1株株主資本」**などと表記されている場合がほとんど。むしろEPS、BPSと表記されていることのほうがめずらしいことを念頭に置いて調べるようにしましょう。

「自社株消却」に注目！

自社株消却をすれば、確かにその分EPSは上がり、株価も上昇する場合がほとんどです。しかし、これは本業の拡大によって利益が増えてEPSが上がった場合とは異なり、企業が成長していることを意味しません。EPSの推移を見るときは、自社株消却があったかどうかに注目しましょう。

POINT

長期的に見ると株価はEPSの動きに連動することが多い。BPSが高いほど企業の安定性は高い。

EPS（1株当たり利益）とBPS（1株当たり株主資本）

EPS（1株当たり利益）の求め方

$$\text{EPS（円）} = \frac{\text{当期純利益}}{\text{発行済み株式数}}$$

当期純利益……税引き後の利益

数字の意味

EPSの推移を見れば、企業の成長力をおおむね把握できる。ただし、大きな特別損益が計上されるなど、特殊な事情によって、その決算期だけEPSが突出することもある。

数字の目安

すべての業種
予想EPSが
5〜10%以上
伸びていれば優秀

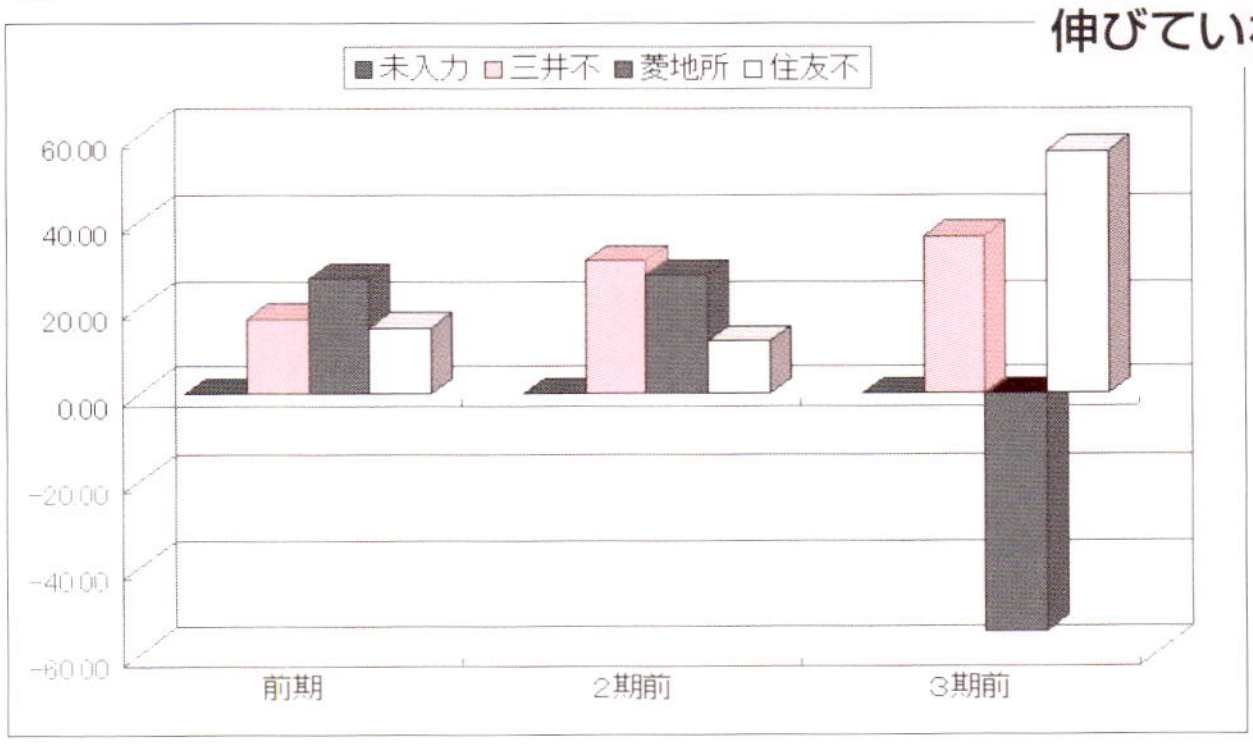

CD ROM **実際の企業で見てみよう！**
＜不動産業＞
三菱地所の3期前の赤字は、資産の評価方法の変更による特別損失が原因。突出した数字がある場合、理由の追求が必要だ。

BPS（1株当たり株主資本）の求め方

$$\text{BPS（円）} = \frac{\text{株主資本（純資産）}}{\text{発行済み株式数}}$$

数字の意味

BPSが高いほど、その企業の経営安定性が高い。ただし、株式分割が行われるとBPSは下がることに。この場合には必ずしも安定性を測る基準とはならない。

数字の目安

製造業では大きく
小売業では小さく
なる傾向がある

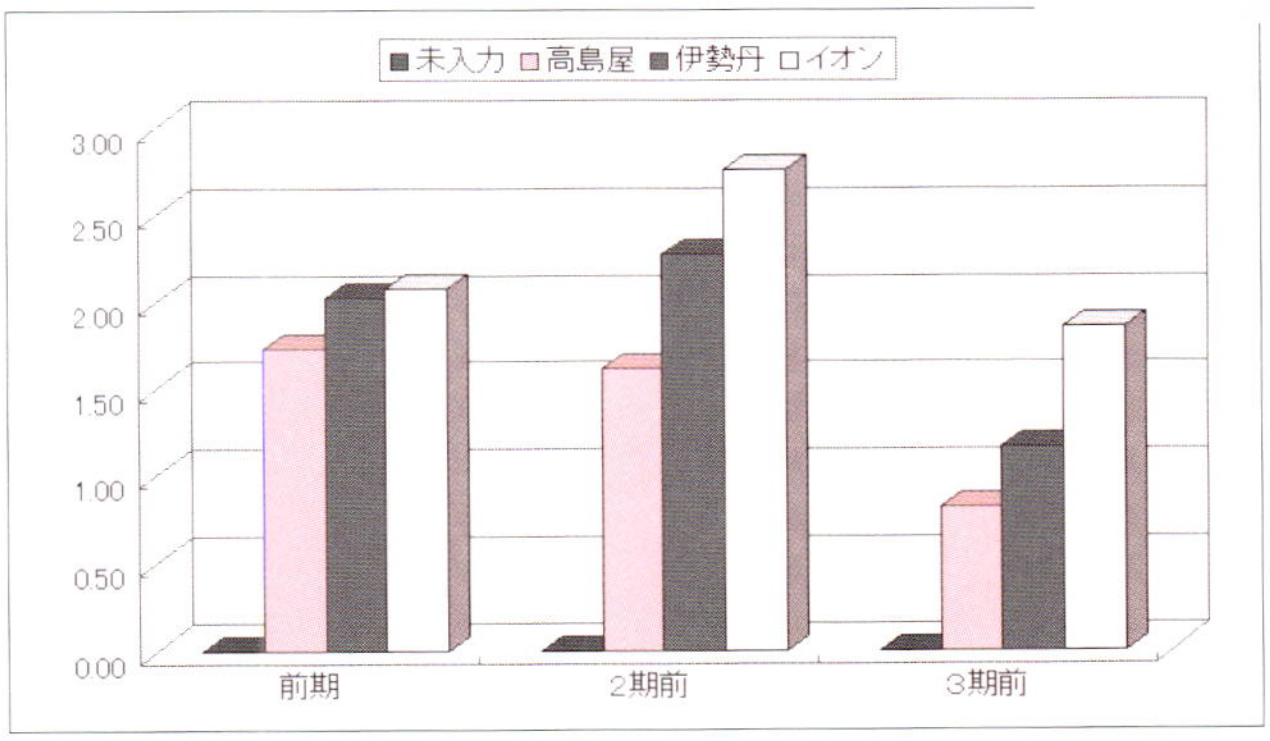

CD ROM **実際の企業で見てみよう！**
＜小売業＞
3社の中では、イオンのBPSが相対的に高い。株価と関連付けたPBRも、併せてチェックしよう。

自社株消却 自社の株式を市場から買い付けて消却すること。発行済株式数を減らすことで1株当たりの価値が上がることになります。自社株消却があったかどうかについては、会社四季報などの「資本異動」欄で調べることができます。

ROE（株主資本利益率）で収益性が分かる！

経営の姿勢が問われるシビアな指標

Find an investment number.

ROEは、株主の出資した資金が効率よく活用されているかを見るための指標。経営者にとっては企業運営の成績としての意味を持っています。

もともとはアメリカで重視された指標

ROE（株主資本利益率）とは「Return on Equity」の略。株主が出資した資金を、どれだけ効率よく活用し、利益を上げることができたかを見る指標です。ROEが高いほど、株主資本をより効率よく使って、たくさんの利益を上げたということになります。

ROEはもともと、「企業は株主のもの」という意識が強いアメリカで重視されてきた指標。日本でも、株主重視の経営が定着するなかで、ROEをいかに高めるかが企業にとって大きな課題となりつつあります。

また、株主資本は、配当金を支払うもととなる利益の源泉でもあります。そのためROEは、配当能力を測定する指標として使われることもあります。

どちらの意味においても、ROEは経営者にとって、株主に対して果たすべき責務を果たしているかどうかが問われる指標といえるでしょう。

ROEは何パーセント程度あるのが平均？

ROEは高ければ高いほど、株主資本を効果的に活用しているということになります。また、その企業の将来の成長力も有望で、配当金などの株主還元にも期待できるといえるでしょう。

しかし、ROEは当期純利益をベースに算出するので、本業以外の特別損益が含まれたものとなっています。従って、ROEから企業の成長力を判断する場合には、その数字が一時的なものでないことを確認する必要があります。

1980年代には、日本企業のROEは10パーセント以上あるのが普通でしたが、現在は、株主資本の増加や利益の落ち込みによって、2～3パーセント程度が標準になっています。大企業であってもROEがマイナスになるところもめずらしくありません。そんな現状ですから、ROEが10パーセント以上の企業は、株主資本を効率的に活かしており、収益力が高いといえるでしょう。

ただし、分母である株主資本が小さいために、結果としてROEが高くなってしまっている企業もあるので注意しましょう。

また、ROEを高く見せるために借入金などの他人資本に依存した経営を行っている企業もないとはいえませんので、このような点も考慮する必要があるでしょう。

ROEと コーポレートガバナンス

日本でもROEが注目されるようになってきた背景にあるのが「コーポレートガバナンス(企業統治)」という考え方。これは、「企業は株主のもの」という原則に基づき、株主利益に沿った企業経営をしようとするものです。この流れを受けて、株主がROEによって「自分が投資した資本がどれだけの利益を上げているか」に注目するようになってきたのです。投資の国際化が進むなかで、ROEはますます重視されてくるでしょう。

POINT

ROEは、株主の出資した株主資本を企業がどれだけ効率よく活用し、株主の期待に応えているかを見る指標。

ROE(株主資本利益率)で収益性が分かる

$$\mathrm{ROE}(\%) = \frac{\text{当期純利益}}{\text{株主資本}} \times 100$$

または

$$\mathrm{ROE}(\%) = \frac{\text{1株当たり利益(EPS)}}{\text{1株当たり株主資本(BPS)}} \times 100$$

数字の意味　株主が出資した株主資本を使って、どれだけの儲けを得たかを表す。数値が大きいほど、収益性が高い。ただし、株主資本が小さく、他人資本が大きくてもROEは相対的に高くなるので注意。

数字の目安

すべての業種
2〜3%程度 ➡ 標準的
10%以上 ➡ 収益力が高い

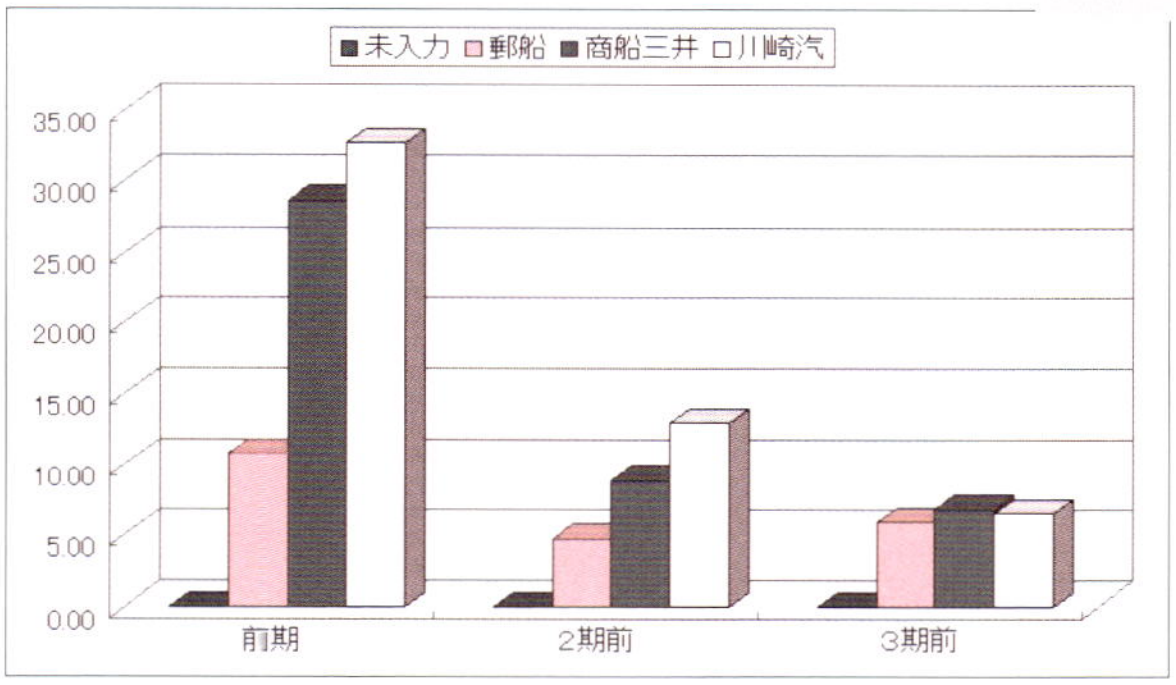

CD ROM

実際の企業で見てみよう!
<海運業>

海運業は、市況によって利益率が大きく異なってくる。企業間の格差の大きさに注目したい。

株主資本比率とROE

A社

資産 50億円	負債(他人資本) 25億円
	資本(株主資本) 25億円

当期純利益:1億円
総資産:50億円
株主資本:25億円

株主資本比率50%
相対的に経営の安定性が高い

$$\mathrm{ROE} = \frac{\text{1億円}}{\text{25億円}} \times 100 = 4\%$$

B社

資産 50億円	負債(他人資本) 40億円
	資本(株主資本) 10億円

当期純利益:1億円
総資産:50億円
株主資本:10億円

株主資本比率20%
相対的に経営の安定性が低い

$$\mathrm{ROE} = \frac{\text{1億円}}{\text{10億円}} \times 100 = 10\%$$

負債(他人資本)を増やし、株主資本を低いままにしているB社の方がROEが高い! → **ROEだけで投資判断するのは危険!**

コーポレートガバナンス　近年、いわゆる「持ち合い解消」によって金融機関等の持ち株比率が低下し、個人投資家が増えてきています。このような流れのなかで、株主のための経営を行う「コーポレートガバナンス」が強く求められるようになっています。

ROA（総資産利益率）で総合的な収益性が分かる！

PER、PBR、ROEのつながりも理解しておこう

Find an investment number.

総合的な収益性を見るための指標がROA。最近では、ROAの改善も経営目標のひとつに掲げられるなど、徐々に注目を浴びつつあります。

ROAは全資産での収益性を見ている

企業の収益性を判定する場合に、ROE（株主資本利益率）（160ページ参照）と並んで用いられるのが**ROA（総資産利益率）**です。**総資本利益率**と呼ばれることもあります。

ROAとは「Return on Assets」の略。企業がその全資産を使ってどれだけの利益を上げたかという、投下資本の総合的な収益性を見るための指標で、ROAの値が大きいほど、その企業は総合的な収益性が高いということができます。

ROEが当期純利益を株主資本で割って計算するのに対し、ROAは当期純利益を総資産（期首と期末の平均）で割って計算します。つまり、ROEよりも総合的な収益性を示しているのがROAということになります。

分子に使う利益は、当期純利益が一般的ですが、営業利益、経常利益などが使われることもあります。この場合には、それぞれ「総資産営業利益率」「総資産経常利益率」などと名前が変わることになります。

銘柄選びの際には、ROA単独で見るのではなく、同業他社との比較や過去のROAの推移などを見て、投資判断の目安にする必要があります。最近では、ROEだけではなく、ROAの改善も経営目標に掲げる企業が増えてくるなど、地道に注目を浴びつつある指標だといえます。

ROE×PERでPBRが算出できる！

ここまでバラバラにご紹介してきた「PER（株価収益率）」「PBR（株価純資産倍率）」「ROE（株主資本利益率）」ですが、これらの指標には意外ともいえるつながりがあります。

それが、ROEにPERを掛けるとPBRが算出できるということ。

このような計算が成り立つのは、これらの指標がどれも「EPS（1株当たり利益）」や「BPS（1株当たり株主資本）」といった基本指標をベースとしているからです。

一見バラバラに見えるこれらの投資指標ですが、こうしてそのしくみを紐解いていくと、互いに密接な関わりがあることが浮かび上がってくるのです。

また、このように違った角度から各指標を捉えることで、それぞれの指標に対する理解度を深めることができるに違いありません。

ROA（総資産利益率）で総合的な収益性が分かる

$$\mathrm{ROA}\ (\%) = \frac{\text{当期純利益}}{\text{総資産}} \times 100$$

数字の意味

企業が持っているすべての資産を使ってどれだけの儲けを得たかを表す。数値が高いほど、企業の総合的な収益力が高い。一般的に、総資産の大きい大企業はROAが低くなりがち。

！ 数字の目安

すべての業種
高いほどいいが、
平均は5%程度

実際の企業で見てみよう！ ＜医薬品業＞

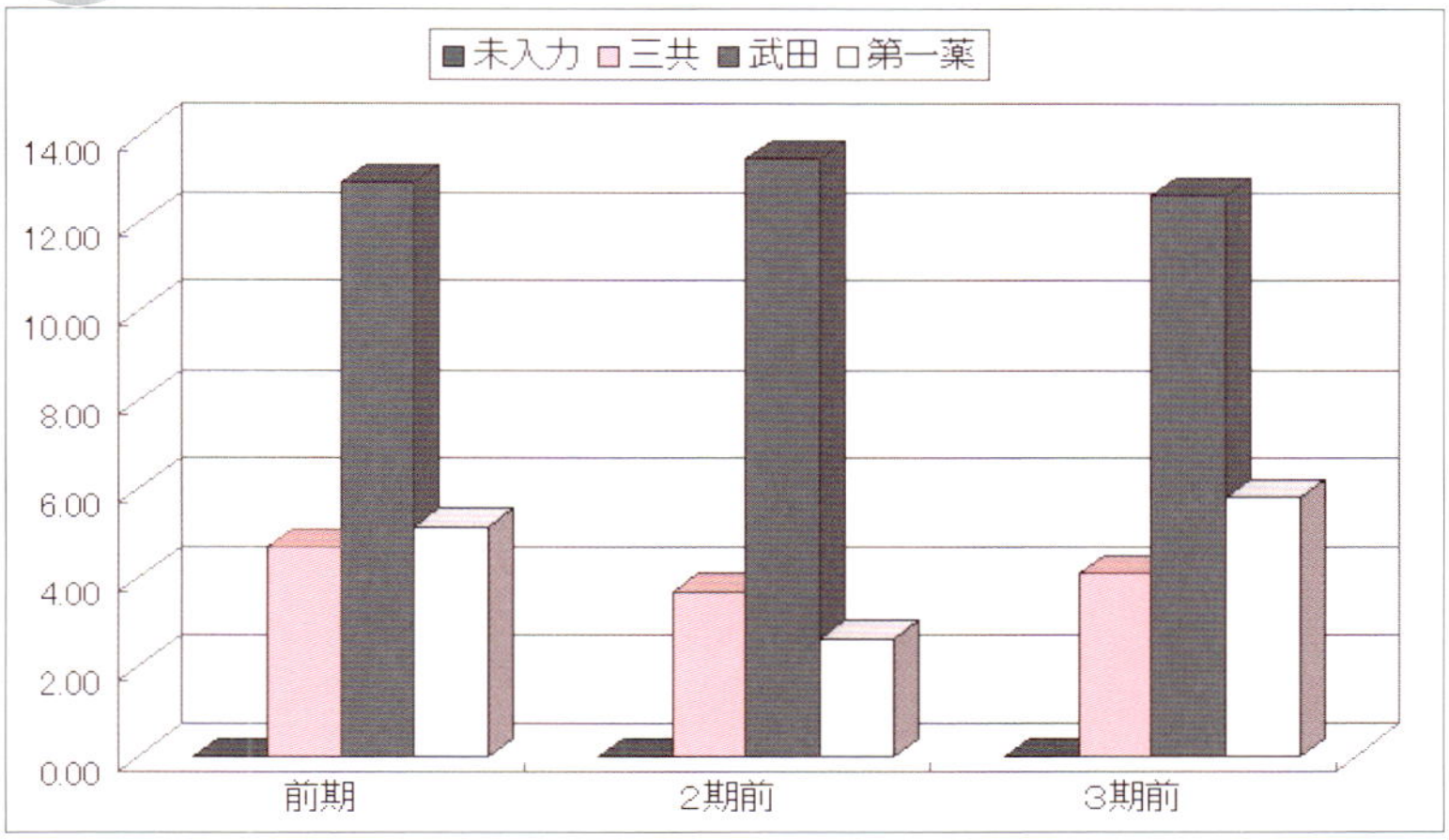

同業他社と比べて、ROAが常に突出している武田薬品は、
総合的な収益性がかなり高いといえる。

ROAのもうひとつの計算式

実はROAも、別の指標どうしを掛け合わせることで算出できます。そのベースとなるのが「売上高利益率」と「総資産回転率」。売上高利益率とは、利益を売上高で割ったもの。総資産回転率とは、売上高を総資産で割ったもの。この2つの指標を掛け合わせることでも、ROAが計算できるのです。

ROA

$$\underbrace{\frac{\text{利益}}{\text{売上高}}}_{\text{売上高利益率}} \times \underbrace{\frac{\text{売上高}}{\text{総資産}}}_{\text{総資産回転率}}$$

POINT

ROAは、企業が全資産を使ってどれだけの利益を上げたかという総合的な収益性を見るための指標。ROEにPERを掛けるとPBRが算出できる！

「PBR」「ROE」「PER」の関係

PBR、ROE、PERは、いずれも「株価」「1株当たり利益」「1株当たり株主資本」のうち2つの要素を使って構成されており、下のような関係になる。

$$\mathrm{PBR} = \mathrm{ROE} \times \mathrm{PER}$$

$$\frac{\text{株価}}{\text{1株当たり株主資本}} = \frac{\text{1株当たり利益}}{\text{1株当たり株主資本}} \times \frac{\text{株価}}{\text{1株当たり利益}}$$

株価が上昇 → PBR、PERがアップ
1株当たり株主資本が増加 → PBR、ROEがダウン
1株当たり利益が増加 → ROEがアップ、PERがダウン

ROA ROAは売上高利益率と総資産回転率を乗じることでも計算できます。つまり、利益率の改善（コストの削減）や回転率の上昇によってROAのアップが可能ということになります。

PCFR（株価キャッシュフロー倍率）で成長力を読む！

設備投資に積極的な企業を評価した指標

Find an investment number.

「キャッシュフロー」を重視した指標であるPCFRは、的確に企業の将来の成長力を見ることができる指標として注目されています。

PCFRはPERを補完する注目の指標

PCFR（株価キャッシュフロー倍率）は「Price Cash Flow Ratio」の略。PER（株価収益率）を応用した指標で、株価を1株当たりキャッシュフローで割ることによって計算します。

PCFRで用いられる「キャッシュフロー」とは、税引後の当期純利益に減価償却費を加えたもの。つまり、手元に詳細なキャッシュフロー計算書がないことには、肝心の「キャッシュフロー」の金額を自分で計算することができないのが、この指標の難点だといえるでしょう。

ですから、PCFRを計算する場合には、便宜的に「営業活動によるキャッシュフロー」の数字を用いるのもよいでしょう。ただし、「営業活動によるキャッシュフロー」には、減価償却費以外にも貸倒引当金やたな卸資産の増減が加味されていますので、この計算結果はあくまでも目安だということを念頭に置いておく必要があります。

PCFRもPERと同様、倍率が高いと割高、低いと割安といえます。通常は、市場全体や同業他社と比較して、株価が割高なのか割安なのかを判断します。

正確性を増すために減価償却費を加味

減価償却費とは、工場や機械類、店舗などに投資したあとに毎年計上される、いわば「架空の費用」。この分のお金は、実際には企業の手元に残っていることになります。

PERを計算する際に用いられる当期純利益は、減価償却費を差し引いたあとの利益です。しかし、設備投資に積極的な企業ほど減価償却費がかさみ、当期純利益は目減りしています。

積極的に設備投資をしているために減価償却費がふくらんでいる企業と、利益を設備投資に使わずに内部留保している企業とを比較した場合、EPS（1株当たり利益）は同じでも、当然、株価の評価は変わってくるべきでしょう。

そこで、将来へ向けて積極的に設備投資している企業の努力を評価するために、PERを補完する指標としてPCFRが注目されるようになってきたというわけです。

PCFRは、当期純利益に減価償却費を加えた「キャッシュフロー」をもとに計算していることから、より的確に企業の将来の成長力を見ることができる指標だといえます。

PERとPCFRの関係

$$\text{PER（倍）} = \frac{\text{株価}}{\text{1株当たり当期純利益}}$$

$$\text{PCFR（倍）} = \frac{\text{株価}}{\text{1株当たりキャッシュフロー}}$$

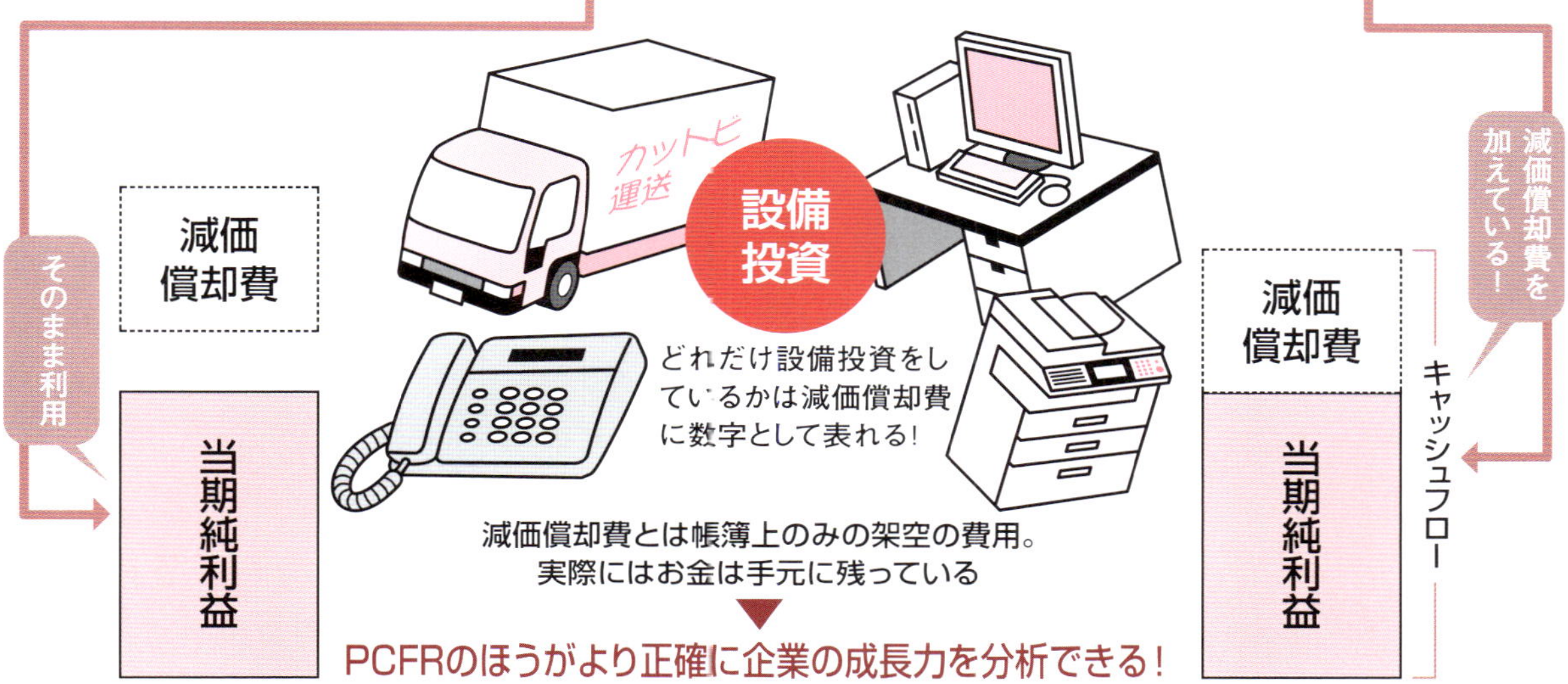

減価償却費とは帳簿上のみの架空の費用。
実際にはお金は手元に残っている

PCFRのほうがより正確に企業の成長力を分析できる！

POINT

キャッシュフロー重視の風潮のなか、PCFRはPERを補完する指標として注目されている！

PCFR（株価キャッシュフロー倍率）の求め方

$$\text{PCFR（倍）} = \frac{\text{株価}}{\text{1株当たりキャッシュフロー}}$$

数字の意味

PCFRが高いほど株価は割高、低いほど割安。ただし、減価償却費の償却方法はひとつではない。正確性を期すなら償却方法の違いにまで踏み込んで分析しよう。

数字の目安

すべての業種
20〜30倍 ➡ 標準的
10倍以下 ➡ 割安

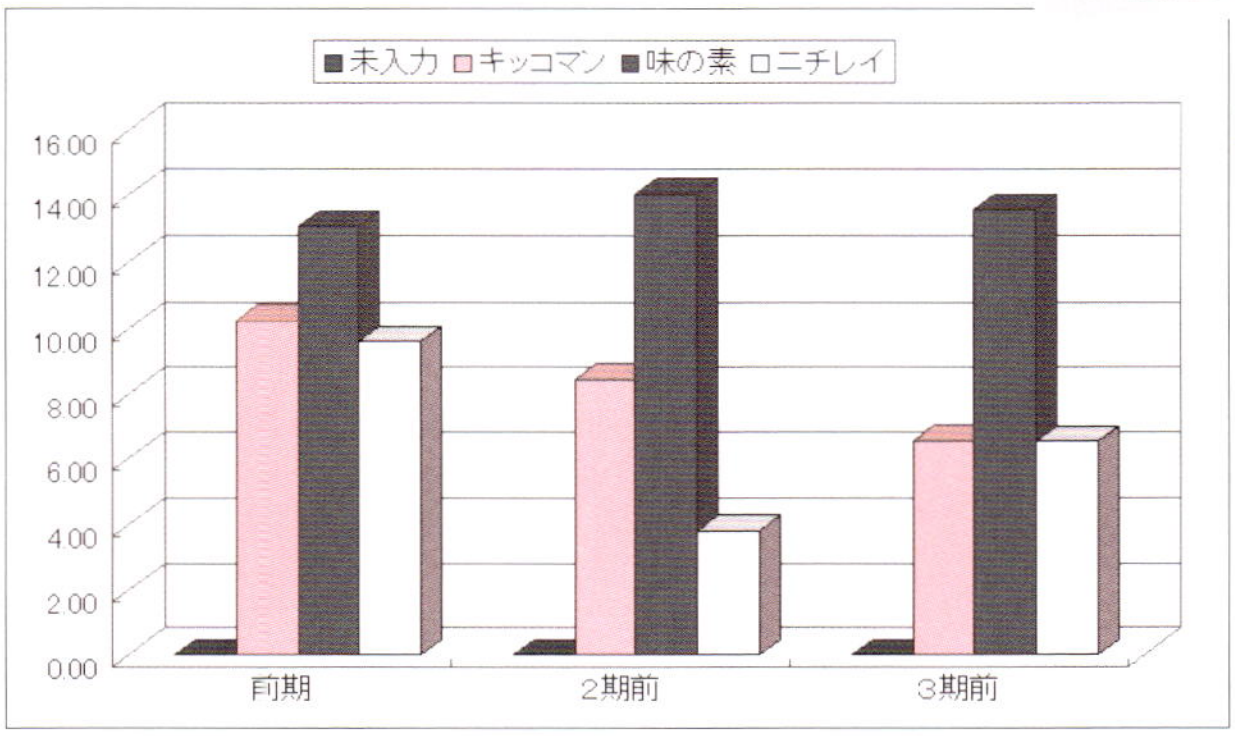

CD ROM

実際の企業で見てみよう！
<食品業>

PCFRは低いほど割安。したがって、味の素は、相対的に割高になっている。ただし併せてPERを確認することが必要。

※なお付録CD-ROMでは、キャッシュフローの数値として営業キャッシュフローを利用しています。

グロース投資 企業の将来の成長に主眼をおいて投資する手法のこと。成長株投資、グロースアプローチとも呼ばれます。PCFRは、グロース投資をする場合に参考になる指標といえます。

「配当利回り」「配当性向」ってなに？

株主への利益還元度が見えてくる！

Find an investment number.

長期保有の銘柄選びに欠かせないのが「配当金」。配当利回り、配当性向をチェックすることで、より効率的な投資が可能になります。

長期保有をするなら配当利回りを重視！

配当利回りは、その株に投資したときにリターンとして得られる1株当たりの配当金が、株価の何パーセントになるかということを表す指標です。

配当金が一定であれば、株価が低いほど配当利回りは高くなります。つまり、配当利回りが高いほど、投資効率がよいということになります。長期保有を考えている人にとっては重要な指標だといえるでしょう。

現在、東証1部に上場されている企業の配当利回りの平均は、1パーセント前後。電力株など配当金の高い業種は、配当利回りが軒並み2パーセントを超えるなど、銀行預金金利と比べれば、かなり高水準だといえます。日経新聞には、東証1部、東証2部、ジャスダックの全銘柄の平均利回りが掲載されているので、参考にするとよいでしょう。

１９６０年代後半まで、配当利回りは4パーセントを上回っていました。しかし、株価水準の全般的な上昇によって急速に低下。現在では、配当利回りよりも、配当金に値上がり益などを足した**総合利回り（投資収益率）**のほうが重視されています。

また、日本の企業はとかく安定配当にこだわり、業績がよくても悪くても配当金額を変えない企業が多いのが実状。そのため、配当利回りだけで企業の業績をつかむことは難しくなっています。

株主重視の経営なら配当性向も高い!?

配当性向は、その企業が当期純利益のうち、何パーセントを配当金にあてているかを示す指標で、**配当支払率**とも呼ばれます。

配当性向は、1株当たりの年間の配当金の合計を1株当たり利益（EPS）で割って計算します。税引き後の当期純利益ではなく、税引前当期純利益がベースになることもあります。

配当性向が高ければ高いほど、多くの利益を株主に還元しているといえます。ウラを返せば、配当性向が低いということは、利益処分に余裕があるということ。つまり、内部留保率が高いことを意味します。

しかし、先にも述べたように、日本企業には利益が多い少ないに関係なく安定配当政策をとる企業が多く見られます。配当性向は、こうしたことを踏まえたうえで、参考にする必要があります。

「総合利回り（投資収益率）」ってなに？

株の投資利回りを測るもうひとつの指標として「総合利回り」があります。総合利回りとは、1年間に投資額に対して何％の収益を生み出したかを示す指標で、投資収益率とも呼ばれます。年間の配当金や値上がり益、株式分割などを加味した「総合収益」を株価（投資額）で割ることで計算します。

総合利回り

年間の総合収益 ÷ 株価（投資額）

POINT

低金利時代の現在、配当利回りは大いに注目されている。特に長期保有を考えている場合に重要。

配当利回りと配当性向

「配当利回り」の求め方

$$配当利回り（\%）= \frac{1株当たり配当金}{株価} \times 100$$

数字の意味　長期保有をするなら配当利回りが高いほど投資効率がよい。ただし、企業から見ると、配当金は内部留保の流出となるので、設備投資や研究投資とのバランスが大切。

！数字の目安
すべての業種
1%前後 ➡ 標準的
（電力業 ➡ 2%以上）

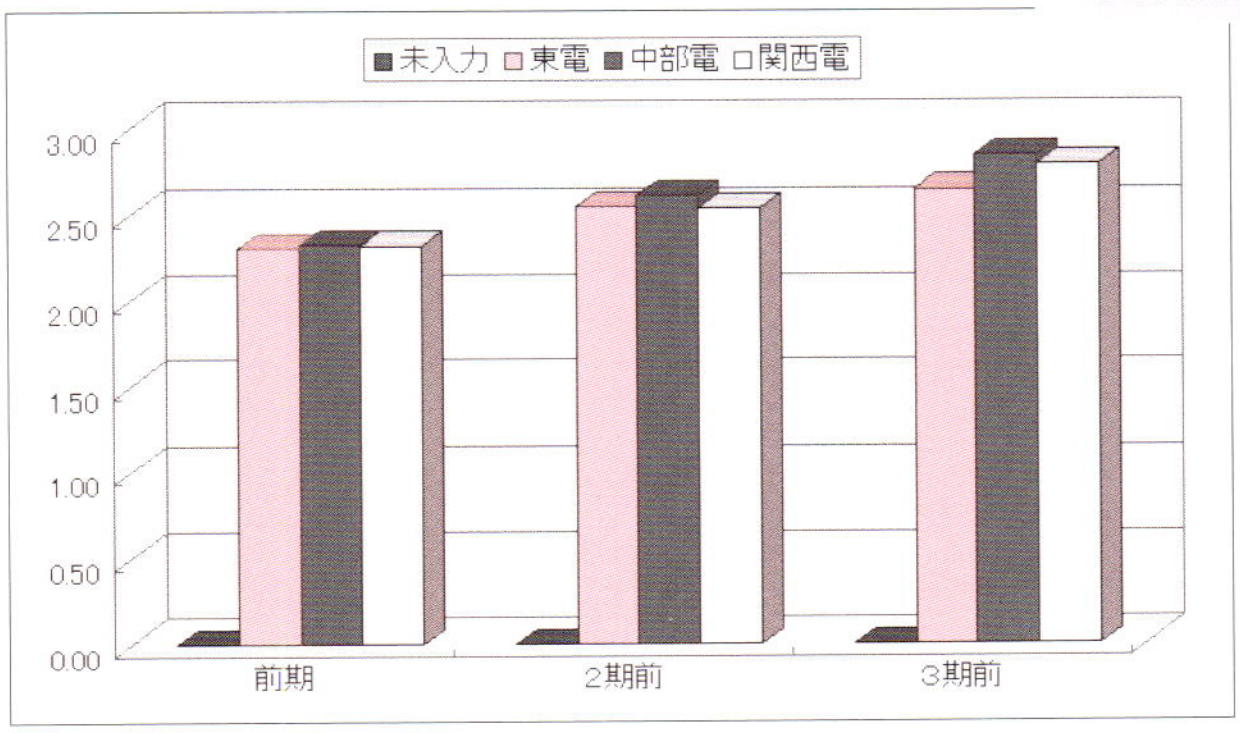

CD ROM
実際の企業で見てみよう！ ＜電力業＞

配当利回りが軒並み2％を超えている。長期保有を考えて銘柄を選ぶなら、電力株は有力候補にしたい。

「配当性向」の求め方

$$配当性向（\%）= \frac{1株当たり配当金}{1株当たり利益（EPS）} \times 100$$

数字の意味　配当性向が高いほど、多くの利益を株主に還元しているといえる。ただし、安定配当にこだわる企業では、１株当たりの利益が少ないほど配当性向が高くなるということを覚えておこう。

！数字の目安
すべての業種
10〜20% ➡ 標準的
30%以上 ➡ 比較的高い

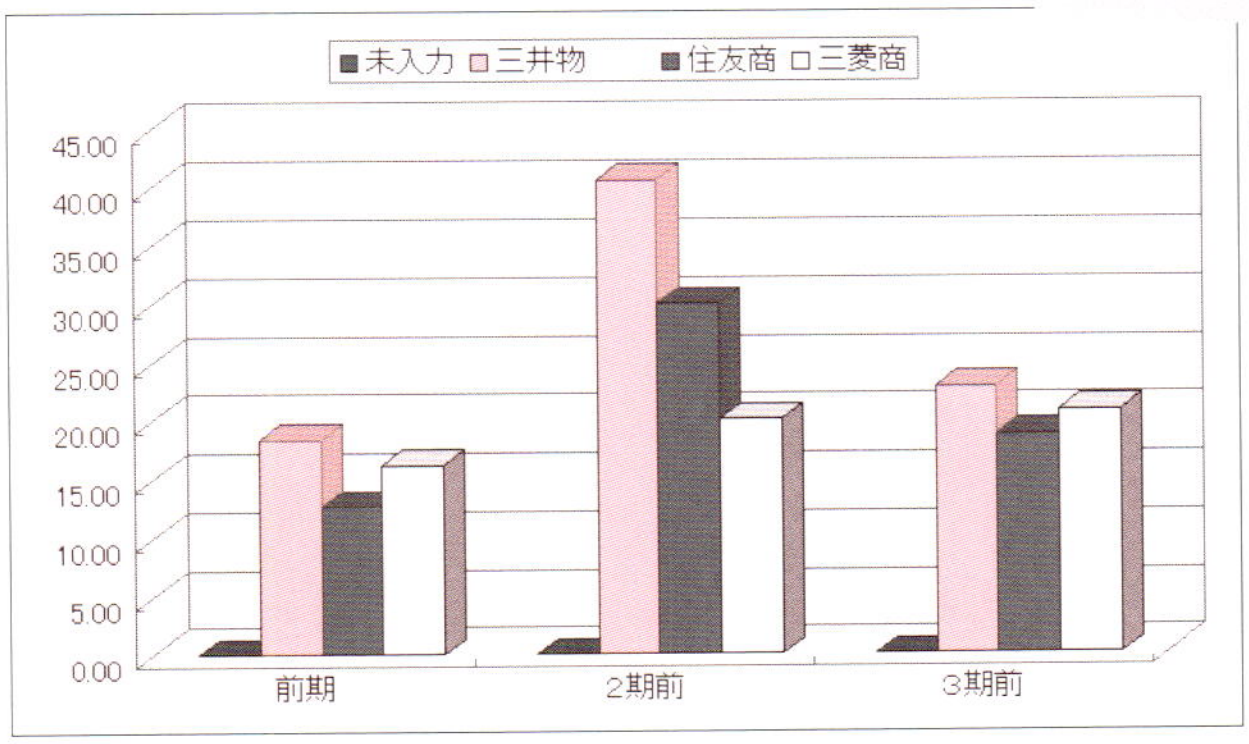

CD ROM
実際の企業で見てみよう！ ＜商社＞

各社とも、標準以上の配当性向をキープしている。必ず利益の金額についてもチェックしよう。

総合利回り　配当金や値上がり益、株式分割などを加味して計算した利回りのこと。結果としてしか計算できず、値下がりで損になることもあるため、事前の想定ができないことがこの指標の欠点です。

COLUMN

Vol.7

「りそなショック」はなぜ起こった？

キーワードは「自己資本比率」

第1次オイルショックやブラックマンデーなど、世界で大事件が起こるたびに、株式市場は株価暴落と株価回復の歴史を繰り返してきました。

国内へ目を向けてみると、メガバンクのひとつである「りそな」グループへの公的資金注入のニュースによる株価の暴落、通称「りそなショック」が記憶に新しいところです。

りそなショックのそもそもの発端は、2003年5月16日に、りそなが政府に対して公的資金の注入を申請したことに始まります。そして2003年6月10日には、政府が1兆9、600億円の公的資金を注入することを正式決定。これにより、りそな銀行は国内初の「特別支援金融機関」となり、実質的に「国有化」されるに至ったのです。

りそながやむなく公的資金注入を申請することになった原因は、「自己資本（株主資本）比率」にあります。自己資本比率は財務の安全性を示す指標。国内銀行の自己資本比率は最低でも4パーセントを確保しなければならないことになっています。ところが、監査法人の指摘によって、当初6パーセントと発表されていた自己資本比率が2パーセント台であることが明らかになったのです。そこで、立て直しを図るために、国に対して救済措置を求めたというわけです。

このニュースを受け、投資家やアナリストの間では、「公的資金の注入によって安心感が生まれて株価が上昇する」「金融不安が起こり、銀行株全体が急降下する」などいろいろな憶測が飛び交いましたが、結果として株価は低下。立ち会いが始まってもしばらくは売買が成立しないという状況で、日経平均株価もしばらくは低迷が続きました。

このように、株式市場はさまざまな事件を飲み込みながら、日々の営みを続けているのです。

第8章
チャートで売買のタイミングを見極めよう

株価チャートは株価の「波」を表すグラフ

「トレンドライン」で相場の流れをつかもう

「移動平均線」でお買い得度が分かる！

「ゴールデンクロス」と「デッドクロス」

「出来高」で相場の転換点が分かる！

「カイ離率」で株価反転のポイントが読める！

「ローソク足」はどうやって見るの？

知っておきたいローソク足の基本形

ローソク足の応用形をマスターしよう①

ローソク足の応用形をマスターしよう②

株価チャートは株価の「波」を表すグラフ

チャート分析で将来の値動きが読める！

Make sure of good timing.

株式投資では、銘柄選びと並んで売買のタイミングが重要。株価チャートの見方を知り、売買のタイミングをつかむことが株式投資の必勝法です。

チャートは株価を予測するための道具

ファンダメンタルズ分析と並ぶ、もうひとつの分析方法が**テクニカル分析**と呼ばれるものです。これは、過去の株価の値動きから将来の値動きを予測する方法で、代表的なものが**チャート分析**です。

株価チャートには、1分の動きを表した**分足**、1日の**日足**、1週間の**週足**、1カ月の**月足**、1年の**年足**などがあります。

株価の波は、日足で表すと激しくても、週足、月足と期間が長くなるにつれて、波の大きさが小さくなっていきます。したがって、大局的な流れをつかむのなら、日足よりも週足や月足の方が向いているといえるでしょう。

チャートは「ケイ線」とも呼ばれます。「止め足」「ホシ足」「棒足」「イカリ足」「バーチャート」などたくさんの種類がありますが、一番頻繁に利用されているのは、なんといっても**ローソク足**（182ページ参照）でしょう。

また、チャートは過去の株価の平均値を表す**移動平均線**（174ページ参照）と共に用いられるのが一般的。両者を組み合せて分析をすることで、より的確に株価の動きが予測できるのです。

チャート分析の3つの「大前提」

株価チャートには、過去から現在までの株価の推移が時系列的に示されています。ですから、ひと目で、株価が過去にどのような山や谷を形成してきたか、現在どの地点にあるかが把握できるようになっています。

チャートを見るときに頭に入れておきたいポイントは3つあります。

第1に、「株価にはすべての情報が織り込まれている」ということ。

株価が動く要因には、市場の要因や業績などさまざま

チャートとは？

「チャート」とは、過去の株価を見やすく表したグラフのこと。過去の株価の動きを見ることによって、将来の動きを予想するために使う。

株価チャートの基本的な見方

●ソニーの「ローソク足」チャート
（「Yahoo！ファイナンス」より）

日足、週足、月足、年足はこの間にあるローソクの数で判断できる！
●日足→1カ月間に約20本あるいは1週間に5本
●週足→1カ月間に4〜5本
●月足→1年間に12本

（http://quote.yahoo.co.jp/）

なものがありますが、株価チャートはそれらすべてが織り込まれた結果を示していることになります。

第2のポイントは、「価格の動きはトレンドを形成する」ということです。

株価は常に変動していますが、一定期間で大きく捉えれば、上昇トレンドや下降トレンド、横ばいトレンドを形成しています。いったんトレンドが定まると、しばらくは同じ方向に向かう習性があります。

第3に、「株価の動きは繰り返される」ということです。

株価は、まるで過去につけた高値や安値を覚えているかのように、その水準にくると以前と同じような動きを繰り返すことが多くあります。ですから、過去の高値や安値は、株価の動きを予測するうえで、非常に重要な意味を持っているのです。

株価チャートを見れば、ひと目で株価が現在、どの地点にあるかを把握できる！

POINT

「チャート」の語源

チャートの語源は英語の“chart”。海図や水路図、グラフ、またはそれらの動きを図表化したものを意味する言葉です。はじめて株式投資に挑戦する人にとって、チャートはまさに道しるべとなる「海図」。その読み方を身に付ければ、チャートは投資家にとっての頼れる水先案内人となることでしょう。

ローソク足 「ローソク」は形が視覚的にローソクに似ていること、「足」は「変動の跡」という意味がもとになっています。ローソク足チャートでは、株価の動きを「足取り」と表現することもあります。

「トレンドライン」で相場の流れをつかもう

まずは大局を知ることから始めよう！

Make sure of good timing.

株価を予想するうえでトレンドを知ることは大切です。短期のチャートを分析する前に、トレンドラインを使って株価の大きな流れをつかみましょう。

まずは株価の大きな流れをつかもう

「チャート分析」では、値動きを示した波の形を分析することで、株価の大きな流れをつかむことができます。これが**トレンド分析**と呼ばれるものです。

ローソク足には、「日足」「週足」「月足」「年足」など、さまざまなタイプがあり、表示期間も、1カ月や3カ月といった短期のものから、10年、20年といった長期のものまでいろいろとあります。

短期のチャートで見れば株価が急騰したように見えても、中長期のチャートで見ると大底から反転し始めたばかりといったケースもよくあること。株価チャートを見るときには、まず**中長期のチャート**で大局をつかんでから、**短期チャート**で具体的に売買のタイミングを探るのが賢い方法だといえるでしょう。

トレンドラインには3つのタイプがある

株価の大きな流れをつかむには、**トレンドライン**を見てみましょう。

ローソク足チャートは、細かい山と谷の繰り返しで成り立っています。トレンドラインは、この株価の山と山、谷と谷をそれぞれざっくりと線で結べば確認できます。

このときの山と山とを結んだラインを**上値抵抗線**、谷と谷とを結んだラインを**下値支持線**と呼びます。

株価は中長期的に捉えれば、「上昇トレンド」「下降トレンド」「横ばいトレンド」という、3つの株価トレンドに分けることができます。上値抵抗線と下値支持線に挟まれたトレンドラインが右上がりなら**上昇トレンド**、右下がりなら**下降トレンド**、ほぼ水平なら**横ばいトレンド**ということになります。

株価は、いったん一定の方向に動き始めると、多くの場合、しばらくの間は同じ方向に動き続けるという習性があります。ですから、トレンドラインによって株価の大きな流れをつかむことには大きな意味があるといえるでしょう。

相場転換のサインをしっかり捉えよう

株価が今までのトレンドから大きくはずれたら、それは相場が転換したサインです。

株価が「上昇トレンド」を下に割り込めば、「下降トレンド」に転換したということ。このようなトレンドの転換点を読むことは、売買のタイミングを図るうえで大きなポイントとなります。

「ボックスゾーン」ってなに？

株価が箱に閉じ込められたように一定の範囲で上昇と下降を繰り返すとき、株価は「ボックスゾーン（ボックス圏）」にあるといわれます。このような場合には、株価がそのボックスから出る瞬間に注目しましょう。いったんボックスを突き抜けると、株価がその方向に大きく動くケースがあるからです。

「トレンドライン」の基本パターン

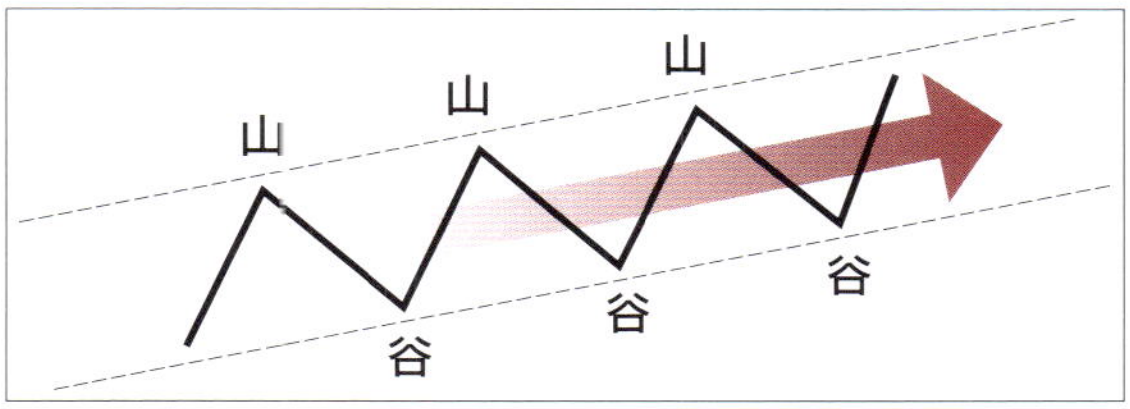

上昇トレンド

トレンドラインが右肩上がりのラインを描く

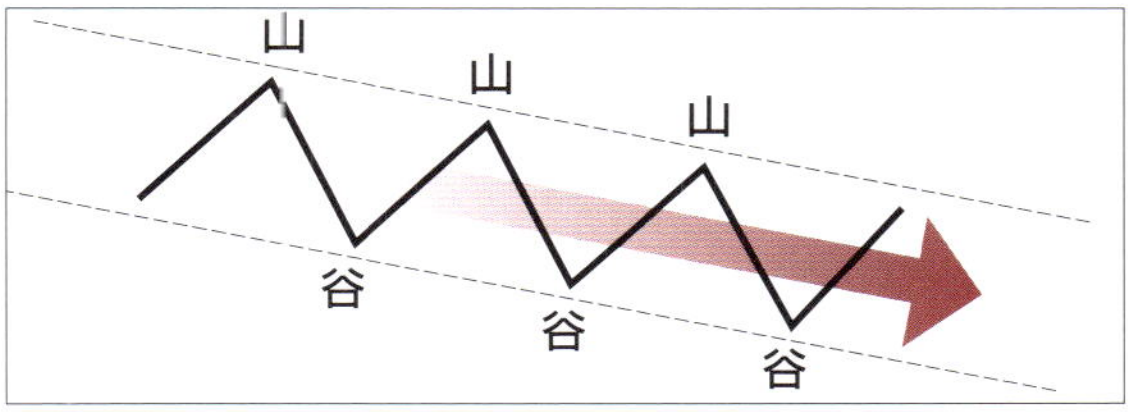

下降トレンド

トレンドラインが右肩下がりのラインを描く

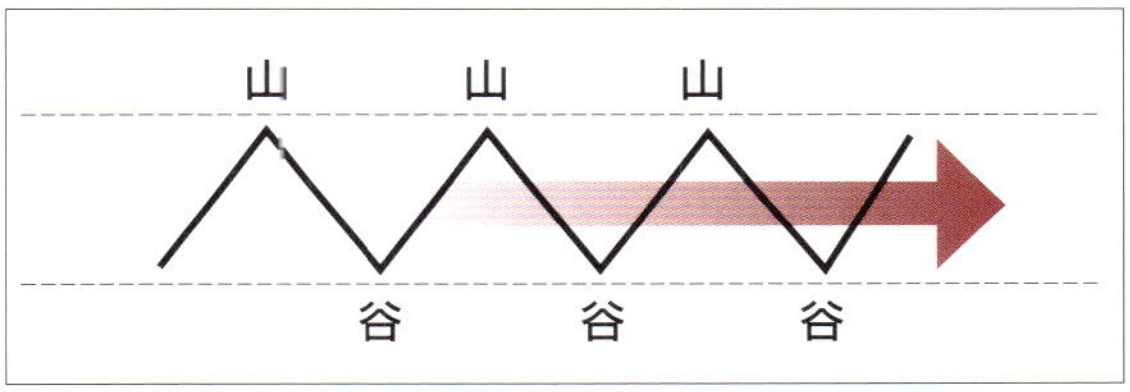

横ばいトレンド

株価の波が山と谷を繰り返すものの、全体としては上昇も下降もしない

POINT

株価チャートを見るときには、中長期のチャートでトレンドをつかんでから、短期チャートで具体的に売買のタイミングを探るのが賢い方法！

日経平均株価のトレンドを見てみよう

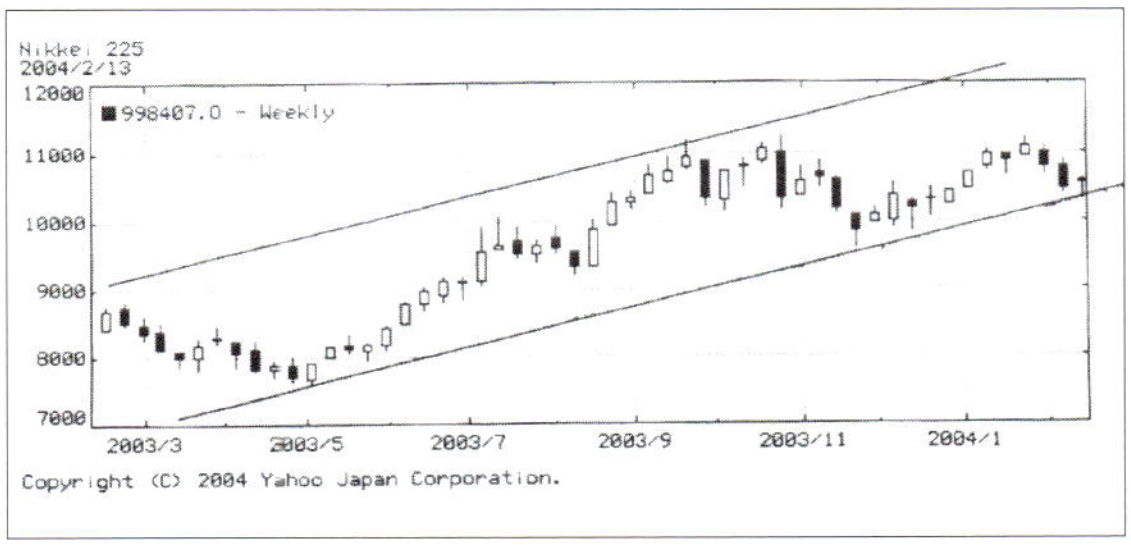

1年間のチャート（週足）では → **上昇トレンド**

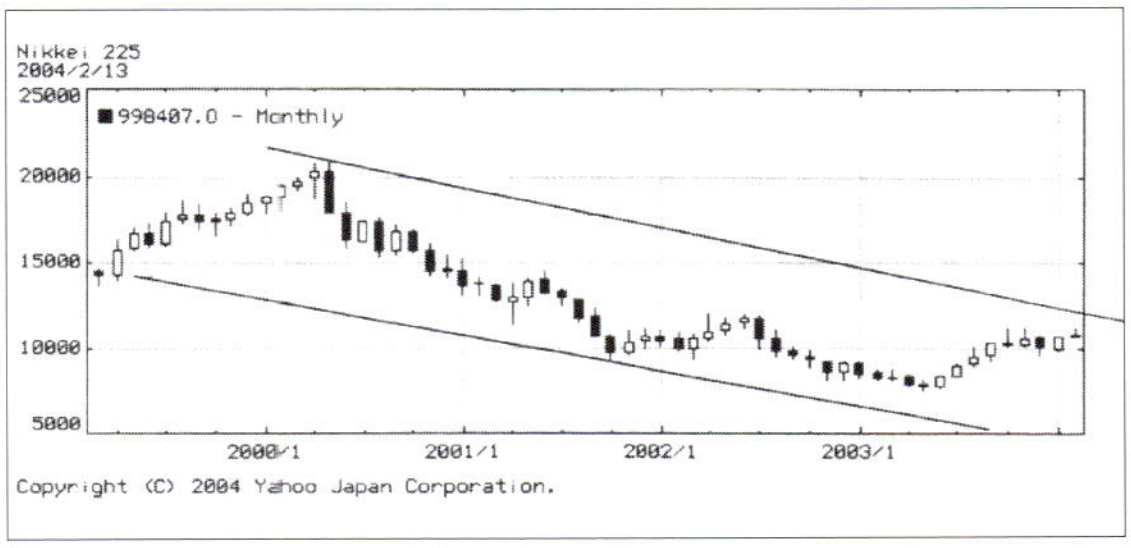

3年間のチャート（月足）では → **下降トレンド**

「Yahoo!ファイナンス」より

どの期間でチャートを見るかによってもトレンドは異なる

トレンドライン 株価が上値抵抗線を上に突き破ることを「ブレークアップ」、下値支持線を下に突き破ることを「ブレークダウン」と呼びます。トレンドラインではこうしたトレンドの転換点を見逃さないことがポイントです。

「移動平均線」でお買い得度が分かる！

多くの人が利用するポピュラーな分析手法

Make sure of good timing.

プロの投資家から個人投資家に至るまで幅広く活用されている「移動平均線」。その基本的なしくみをここで学んでおきましょう。

移動平均のしくみはこうなっている！

移動平均線とは、過去の一定期間における株価の終値の平均値をグラフ化した線です。この移動平均線を使った分析は、ポピュラーな手法として広く活用されています。

移動平均線には、「5日移動平均線」、「13週移動平均線」など、いろいろな期間のものがあります。短期では「25日移動平均線」が、長期では「26週移動平均線」などがよく利用されています。

移動平均は、平均をとる期間を徐々にずらして計算しています。例えば、「5日移動平均線」の場合は、常に直近の5日間の終値の平均値を線に表しています。

1日経過すると、その日の株価が新たに組み入れられ、前日の計算に用いられた株価のうち、最も古い株価が計算対象から除外されて新たに平均値が計算されるというしくみ。同様に、「13週移動平均線」という場合には、13週間の毎週の終値の平均値を線に表しています。

移動平均線の推移は、株価そのものの動きよりも滑らかなため、株価の細かい動きにとらわれずに、相場のトレンドを読むことができます。

移動平均線は期間の取り方が決め手！

移動平均線は、短期的な動きを知りたいのなら短期のものを、長期的な動きを知りたいのなら長期のものを用いるのが一般的です。

例えば「5日移動平均線」の場合、移動平均値における当日の占める比率は5分の1ですが、「25日移動平均線」の場合には25分の1になります。つまり、移動平均の期間が長くなればなるほど、当日の占める比率が小さくなるため、短期的な動きを知るのには不向きということになります。

このように、移動平均線を使って分析をする場合には、どの期間のものを用いるかという選択が重要です。投資期間が短期なのか、長期なのかによって、移動平均線を使い分けるとよいでしょう。ただし、移動平均線は前提として、短期よりも**中長期的**な投資の判断に向いている手法だということを覚えておく必要があります。

また、株価と移動平均線を用いた代表的な判断手法として、**「グランビルの8法則」**があります。これは、株価ラインと移動平均線の重なり方から売買のポイントを探るものです。

移動平均線の算出方法

「5日移動平均線」の場合

	1日目	2日目	3日目	4日目	5日目	6日目	7日目	…
株価(円)(終値)	1,000	1,050	990	1,010	1,000	960	940	…

移動平均値	1,010	1,002	980	…
	1日目から5日目までの平均	2日目から6日目までの平均	3日目から7日目までの平均	

この数字を結んだグラフが移動平均線

「押し目待ちに押し目なし」

「グランビルの8法則」の買いシグナルのひとつがいわゆる「押し目買い」。ここで買えば確実に利益を出すことができます。しかし、「押し目」は待っていてもなかなかやってこないもの。結局買いそびれてしまうことが多いことから、「押し目待ちに押し目なし」といわれています。

POINT

「移動平均線」とは、過去の一定期間における株価の終値の平均値をグラフ化した線。どの期間の移動平均線を用いるかがポイント！

「グランビルの8法則」

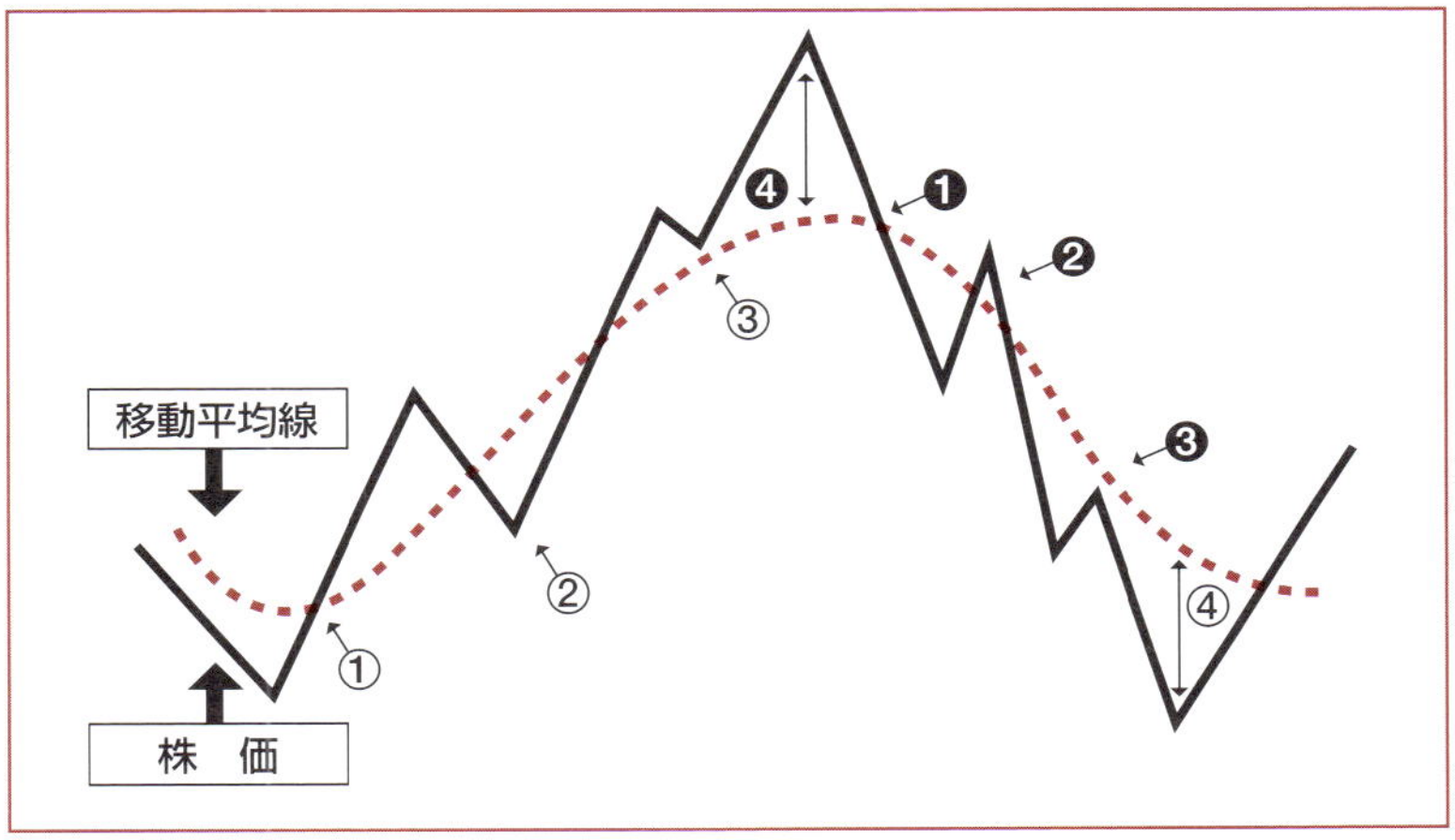

4つの買いシグナル

① 移動平均線が、下降または横ばいから上昇に変わり、日々の株価ラインが下から上へクロスしたとき

② 上昇中の移動平均線を株価が下回っても、移動平均線の上昇基調に変化がないとき

③ 移動平均線よりも上にある日々の株価ラインがいったん下がりながらも、移動平均線と交差せずに再び上昇を始めたとき

④ 移動平均線も下降中ではあるが、日々の株価ラインが移動平均線からかけ離れて下がったとき

4つの売りシグナル

❶ 移動平均線が長期間上昇したあとに、横ばい、または下降し始めたとき

❷ 下降中の移動平均線を株価が上回っているにもかかわらず、移動平均線の下落を食い止められないとき

❸ 移動平均線の下降中に日々の株価ラインが上昇したものの、平均線を越えないまま再び下降したとき

❹ 移動平均線も上昇中ではあるが、日々の株価ラインが移動平均線からかけ離れて上がったとき

押し目買い 株価の上昇局面で一時的に株価が下がるのが「押し目」。このときにすかさず株を買うことを「押し目買い」といいます。確実に利益を得ることができるため、大勢の投資家が押し目買いのチャンスを狙っています。

「ゴールデンクロス」と「デッドクロス」

買いシグナル、売りシグナルを探ろう！

Make sure of good timing.

2本の移動平均線の組み合わせが生み出した定番の「買いシグナル」と「売りシグナル」について、実際にチャートを使って見てみましょう。

2本の移動平均線が生み出したセオリー

移動平均線はそれ自体、株価のトレンドや売買のタイミングを探るのに有効なグラフです。しかし、2本、3本と複数本の移動平均線を同時に用いることによって、さらに効果的な分析をすることが可能になります。

期間の異なる移動平均線の関係から売買のタイミングを判断するポピュラーなシグナルが、「ゴールデンクロス」と「デッドクロス」です。これらは期間の異なる2本の移動平均線を組み合わせることで発見できます。

ゴールデンクロスとは、短期の移動平均線が長期の移動平均線を下から上にクロスすること。短期線の上昇速度が長期線の上昇速度を上回っていることから買いのシグナルになると考えられています。

反対に、短期の移動平均線が、長期の移動平均線を上から下にクロスするのが**デッドクロス**です。短期線の下落速度が長期線の下落速度を上回っていることになるので、こちらは売りのシグナルとされています。

これらの2つは、移動平均線を分析するうえでのもっとも基本のセオリーです。

「ゴールデクロス」と「デッドクロス」

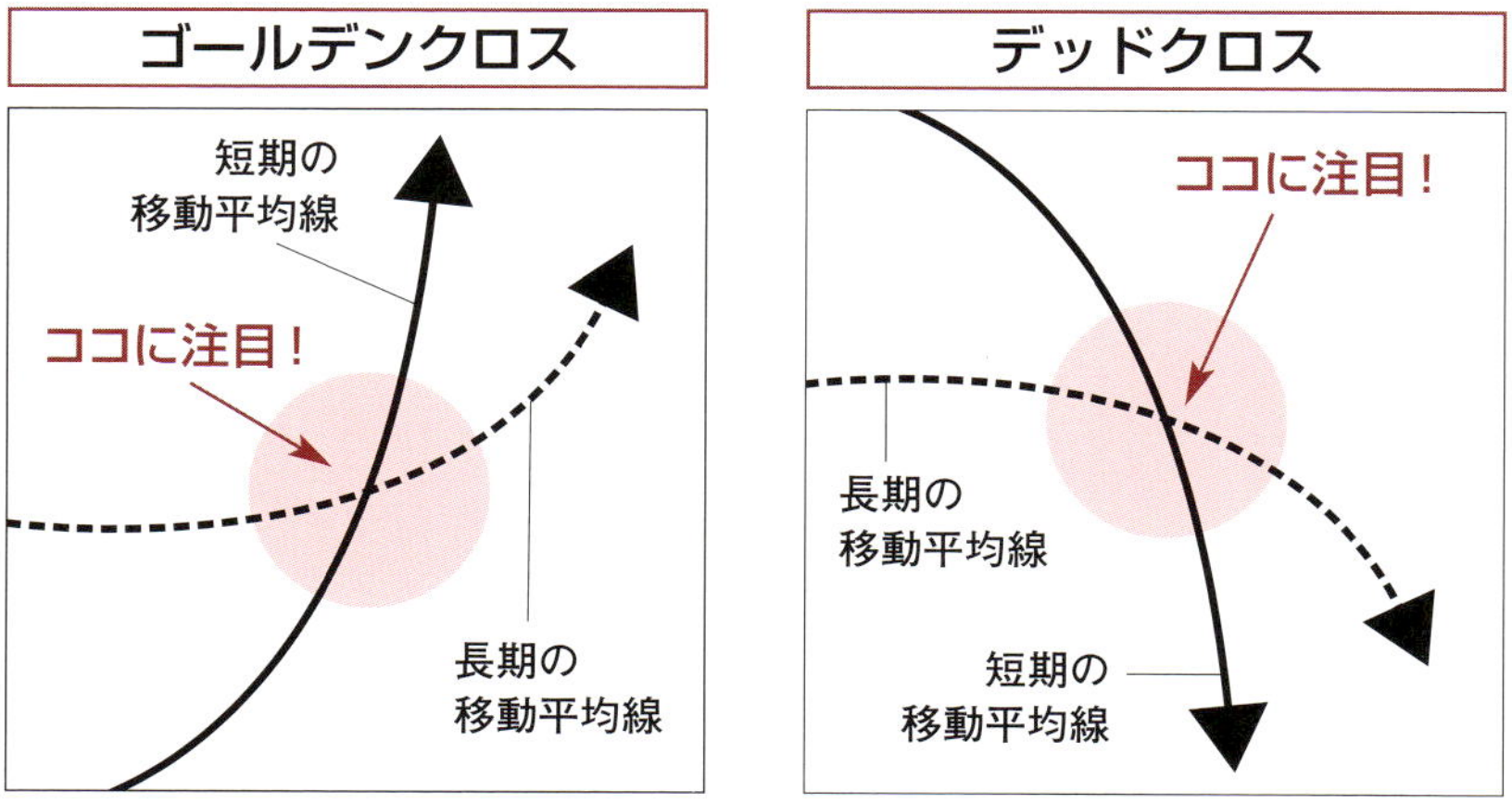

短期の移動平均線が長期の移動平均線を下方向から追い越したとき

↓

買いのシグナル

短期の移動平均線が長期の移動平均線を上方向から突き抜けたとき

↓

売りのシグナル

「エリオットの波動」ってなに？

株価の大きな流れは「波」で捉えることができます。この「波」を法則化したのが、アメリカのエリオットが提唱した「エリオットの波動」。株価は5回上下しながら上昇し、3回上下しながら下降、この8つの波動で1回の変動サイクルが完了するという理論です。

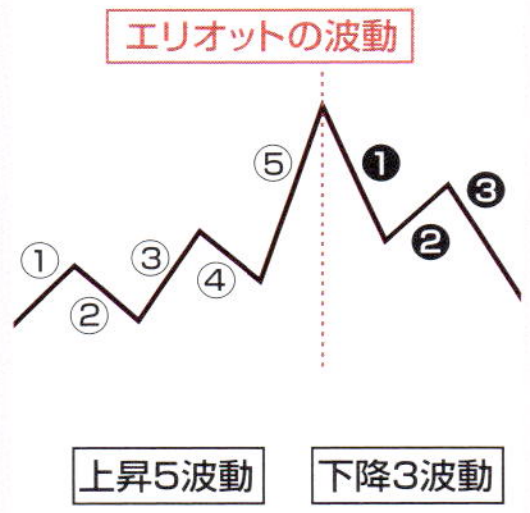

POINT

期間の異なる移動平均線を組み合わせたときに表れる、「ゴールデンクロス」は買い、「デッドクロス」は売りのシグナルとされている！

実際のチャートを見てみよう！

ゴールデンクロス

●ソニー（日足）

チャート表示期間：2003年8月〜2004年1月
移動平均線：ー7日　ー13日

「7日移動平均線」が「13日移動平均線」を下から上にクロスしている！

デッドクロス

●三菱自動車（週足）

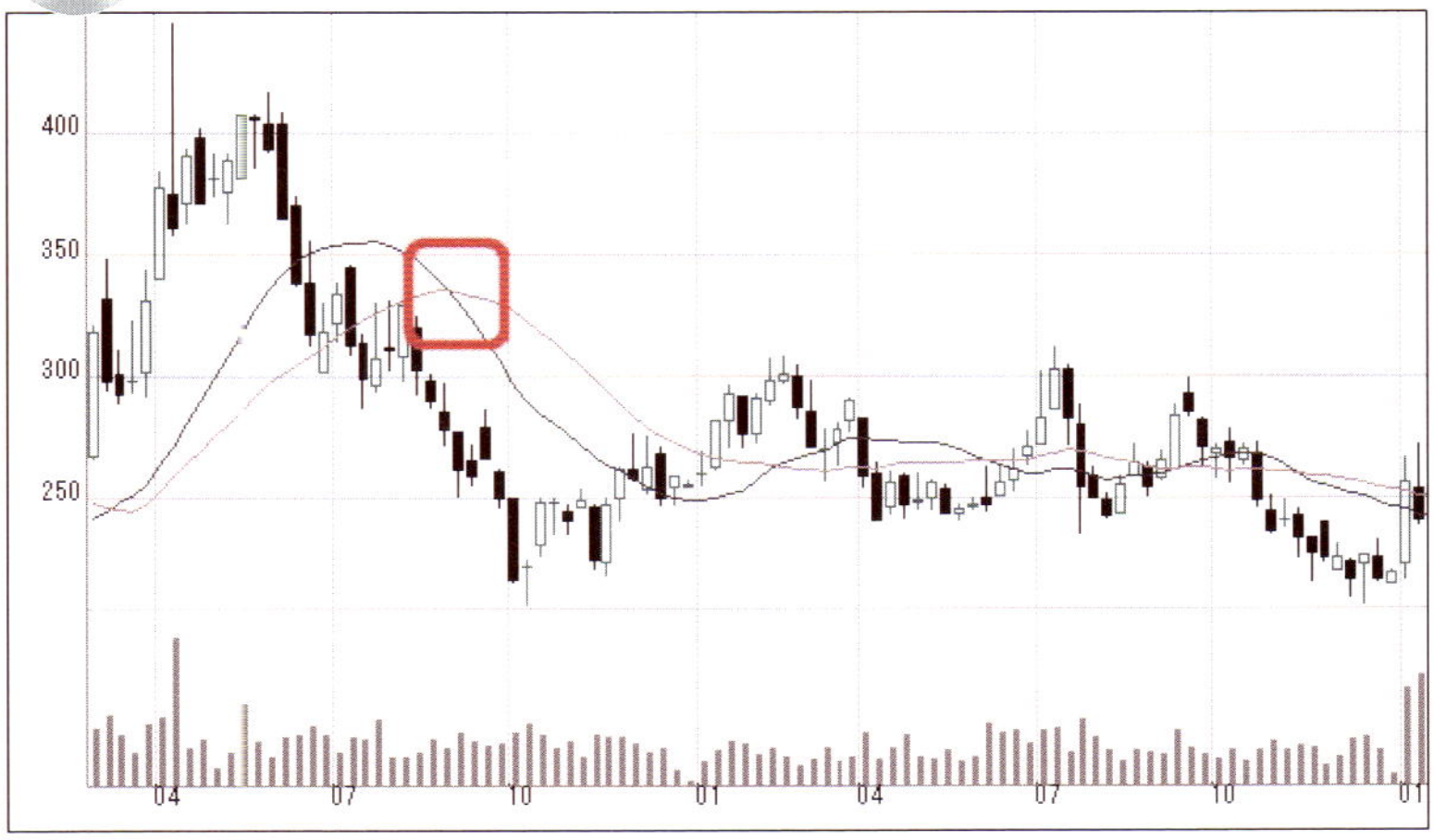

チャート表示期間：2002年3月〜2004年1月
移動平均線：ー18週　ー28週

「18週移動平均線」が「28週移動平均線」を上から下にクロスしている！

エリオットの波動　アメリカのエリオットが1938年に発表した理論。13世紀のイタリアの数学者であるレオナルド・フィボナッチ氏が発見した「フィボナッチ数列」が基礎になっているといわれています。

「出来高」で相場の転換点が分かる！

出来高が発信する「サイン」に注目！

株価が上昇するためには、投資家のエネルギーが不可欠です。そのエネルギーの大きさを測るバロメーターとなるのが「出来高」なのです。

Make sure of good timing.

出来高と株価の上下は比例関係が原則

出来高とは、売買成立時に売り手から買い手にわたった株数のこと（48ページ参照）。出来高が多いほど、その株に対する投資家の注目度は高いといえます。

株価の上昇には、市場のエネルギーが不可欠です。ある銘柄について、よい材料が出ると、「この株を買いたい！」と思う人と「このチャンスに売却して利益を確定しよう」と思う人がたくさん現れます。こうした思惑がエネルギーとなった結果、出来高は増え、株価も上昇することになります。

反対に、悪い材料が出ると、「はやくこの株を売ってしまおう」と思う人は増えますが、その株を欲しいと思う人はそれほどいません。その結果、出来高は増えないまま、株価は下落していくというのが一般的です。

つまり出来高は本来、株価が上がっていると増加し、株価が下がっていると減少する傾向にあるといえます。

出来高は株価に先行して変化を予見する！

「株価が上がると出来高が増加し、株価が下がると出来高が減少する」というのが出

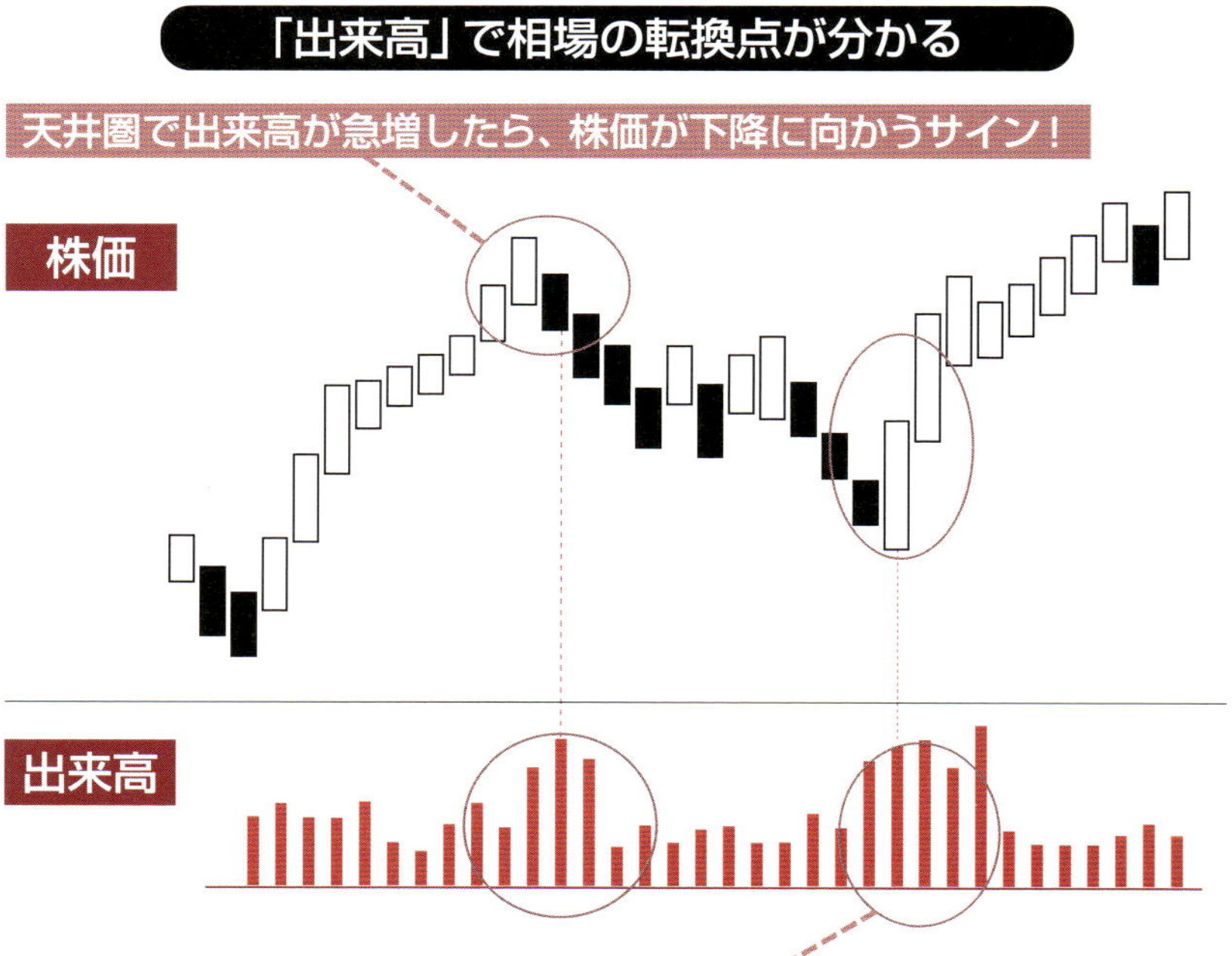

実際のチャートを見てみよう！

相場の転換点（下降→上昇）

CD ROM

●東京急行電（週足）

チャート表示期間：2002年3月〜2004年1月

出来高の急増とともに株価も上昇に転じている！

相場の転換点（上昇→下降）

CD ROM

●カネボウ（日足）

チャート表示期間：2003年8月〜2004年1月

出来高の急増とともに株価が一気に下落している！

来高と株価の原則。しかし、時としてこの原則に矛盾が起こることがあります。

　株価の動きが下降から上昇に転じるとき、上昇から下降に転じるときなど、相場の転換点では、得てして出来高が一時的に急増することが多いようです。

　上に示した実際の株価チャートを見ても、株価が下降から上昇に転じるとき、上昇から下降に転じるときに出来高がぐんと増えていることが分かります。

　これは、「これをチャンスに売りたい、買いたい」という投資家のエネルギーが、そこに集中するためです。ですから、株価が低迷しているにもかかわらず出来高が急に増えたら、それは株価上昇の兆しかもしれません。

POINT

出来高は株価が上がると増加し、株価が下がると減少するのが原則。株価低迷にもかかわらず出来高が急に増えたら、株価上昇の兆し!?

大暴落時にも出来高は急増する！

株式相場全体が大暴落しているときにも、出来高が一気にふくれ上がることがあります。これは、株の投げ売りが相次ぐなかで、いまがチャンスとばかりに底値で買おうとする人も急増するため。出来高は、日々の株価の動きだけではなく、相場全体の動きも的確に反映する、市場エネルギーのモノサシなのです。

大商い株　株の売買が頻繁に行われ、相場全体のなかでもひときわ出来高が多かった銘柄のこと。日経新聞の「指標」欄では、前日の取引のうち、出来高が多かった上位10銘柄について「大商い10銘柄占有率」として発表しています。

「カイ離率」で株価反転のポイントが読める！

株価と移動平均線はつかず離れず!?

Make sure of good timing.

移動平均線から大きくかい離した株価はやがて必ず修正されるという経験則に基づいているのが、「カイ離率」を使った分析手法です。

絶妙な距離を保つ株価と移動平均線

カイ離率とは、「株価と移動平均線がどれだけ離れているか」を数値として表した指標です。移動平均線が上昇中なのか下降中なのかといったことには関係なく、株価と移動平均線のかい離具合にだけ注目していることが「カイ離率」の特徴です。

「カイ離率」は、その日の株価の終値から移動平均値を差し引いたものを、移動平均値で割ることによって計算します。

一般に、株が買われすぎたり、売られすぎたりすると、株価は移動平均線からかい離していきます。株価には、移動平均線から離れすぎると、やがて修正されて移動平均線に近づくようになるという習性があります。

この習性を利用して、株価が反転するポイントを探ろうというのが、「カイ離率」を使った分析手法の基本的な考え方なのです。

「プラス・カイ離」と「マイナス・カイ離」

「カイ離率」を使った分析手法は、株価が急騰したときや急落したときに特に有効な手段とされています。

移動平均線に対し、株価

「プラス・カイ離」と「マイナス・カイ離」

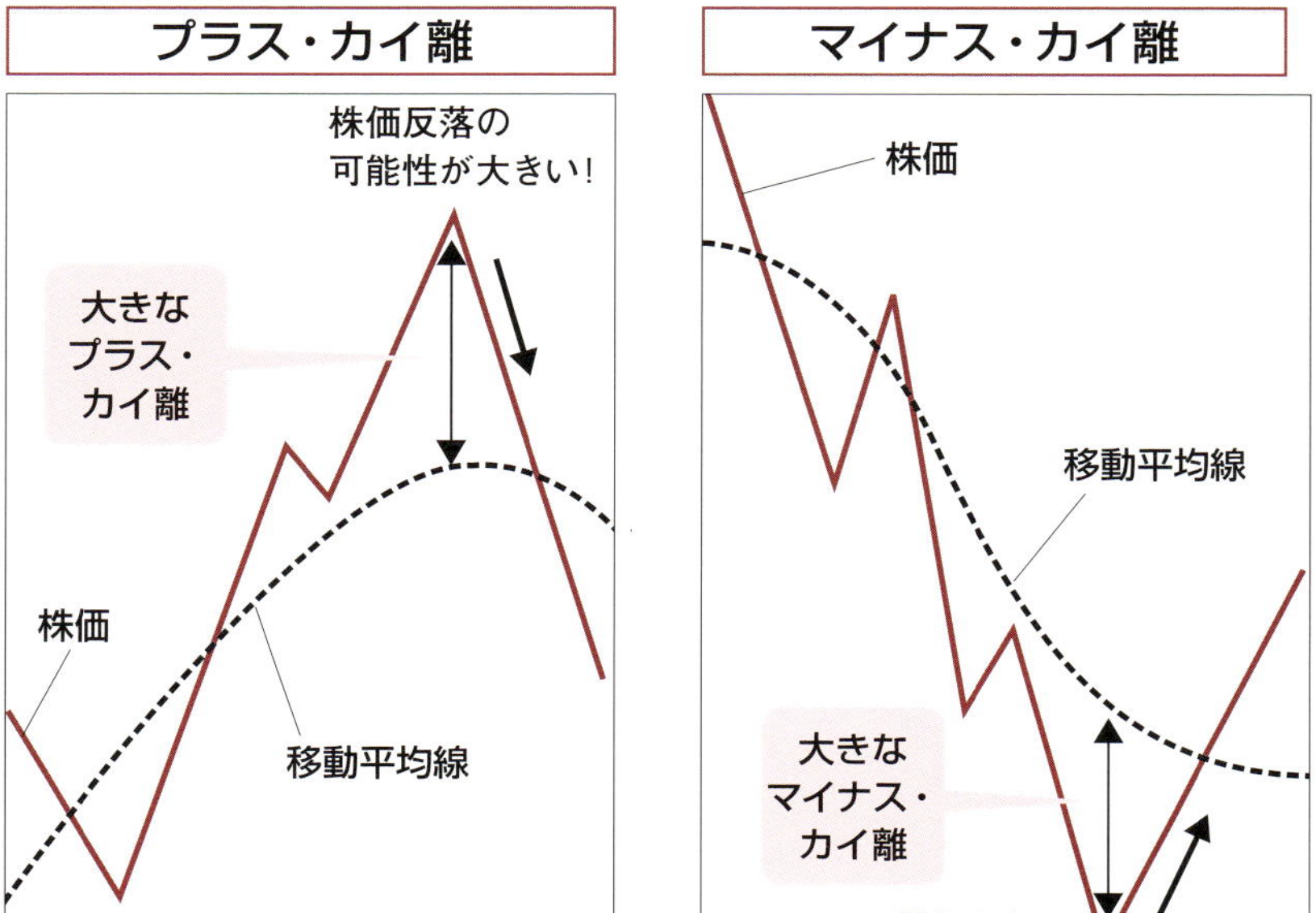

実際のチャートを見てみよう！

プラス・カイ離

●三井不動産（日足）

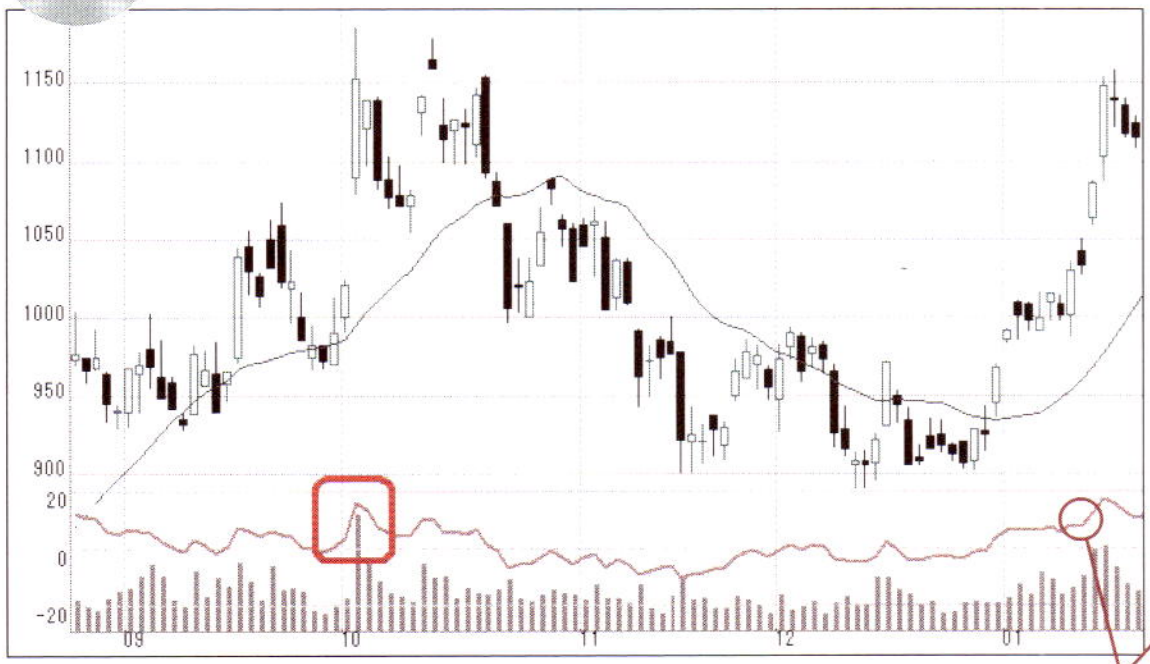

チャート表示期間：2003年8月～2004年1月
移動平均線：―20日　カイ離率：―20日

大きな「プラス・カイ離」とともに株価が反落を始めている！

マイナス・カイ離

●昭和電工（週足）

チャート表示期間：2002年3月～2004年1月
移動平均線：―30週　カイ離率：―30週

カイ離率

大きな「マイナス・カイ離」とともに株価が好転している！

が大きくプラスにかい離していることを**プラス・カイ離（順カイ離）**と呼びます。このような場合には、その株は「買われすぎ」と判断され、株価はおのずと反落していきます。

一方、移動平均線に対して、株価が大きくマイナスにかい離していることを**マイナス・カイ離（逆カイ離）**と呼びます。このような場合には、「売られすぎ」と判断され、これから株価が好転する可能性が高くなります。

「カイ離率」は、出来高のグラフに重ねて表示されるのが一般的。0を基準に、上方へラインを描く場合は「プラス・カイ離」、下方へラインを描く場合は「マイナス・カイ離」を表していることになります。

POINT

株価は移動平均線から離れすぎると、やがて修正されて元に戻るという習性がある。これを利用したのが「カイ離率」を用いた分析手法だ！

「カイ離率」は何％ぐらいが妥当？

カイ離率の基準は銘柄によってまちまち。10％程度であってもかい離していると見なされる銘柄もありますが、一般的には、20～30％を超えるようなら、株価が反発する可能性が高いとされます。悪い材料がないにもかかわらず、40％以上マイナス・カイ離しているなら、株価がかなり割安だといえるかもしれません。

窓　株価が前日の終値から大きくかい離して始まること。窓が出たあとは、その空間を埋めるように株価が動く場合が多いようです。

「ローソク足」はどうやって見るの？

四本値を視覚的に表した日本オリジナルのチャート

Make sure of good timing.

一見複雑そうに見える「ローソク足」ですが、いったんその見方をマスターしてしまえば、今後の投資判断に欠かせないツールになります。

ローソク足の歴史は意外と古い!?

株価チャートの定番が、白や黒の長方形がたくさん並んだ**ローソク足**。一見、複雑そうに見えますが、その見方を一度理解すると、大変便利な投資判断のツールになります。

そもそもローソク足は、「株価の動きを目に見えるようにしたい」という考えから、江戸時代に生み出された、日本オリジナルのチャートの表示方法。株価の動きをローソクに似た形で表していることから「ローソク足」と呼ばれるようになりました。

近年では、その分かりやすさ、使い勝手のよさが海外の株式市場でも認められるようになってきています。アメリカの株式市場でも、その名もズバリ「キャンドル・チャート」と呼ばれて普及しています。

ローソク足の特徴は、**時間の経過に伴う株価の動き**を視覚的に表示していること。今まで株価がどのような動きをしてきたのかが一見して分かるということです。

また、日経平均株価やTOPIX（東証株価指数）、同業他社との株価トレンドの比較が簡単にできることもメリットといえるでしょう。

ローソク足の基本的な見方

四本値

① 始値……その期間の最初に付いた値
② 終値……その期間の最後に付いた値
③ 高値……その期間でもっとも高く付いた値
④ 安値……その期間でもっとも安く付いた値

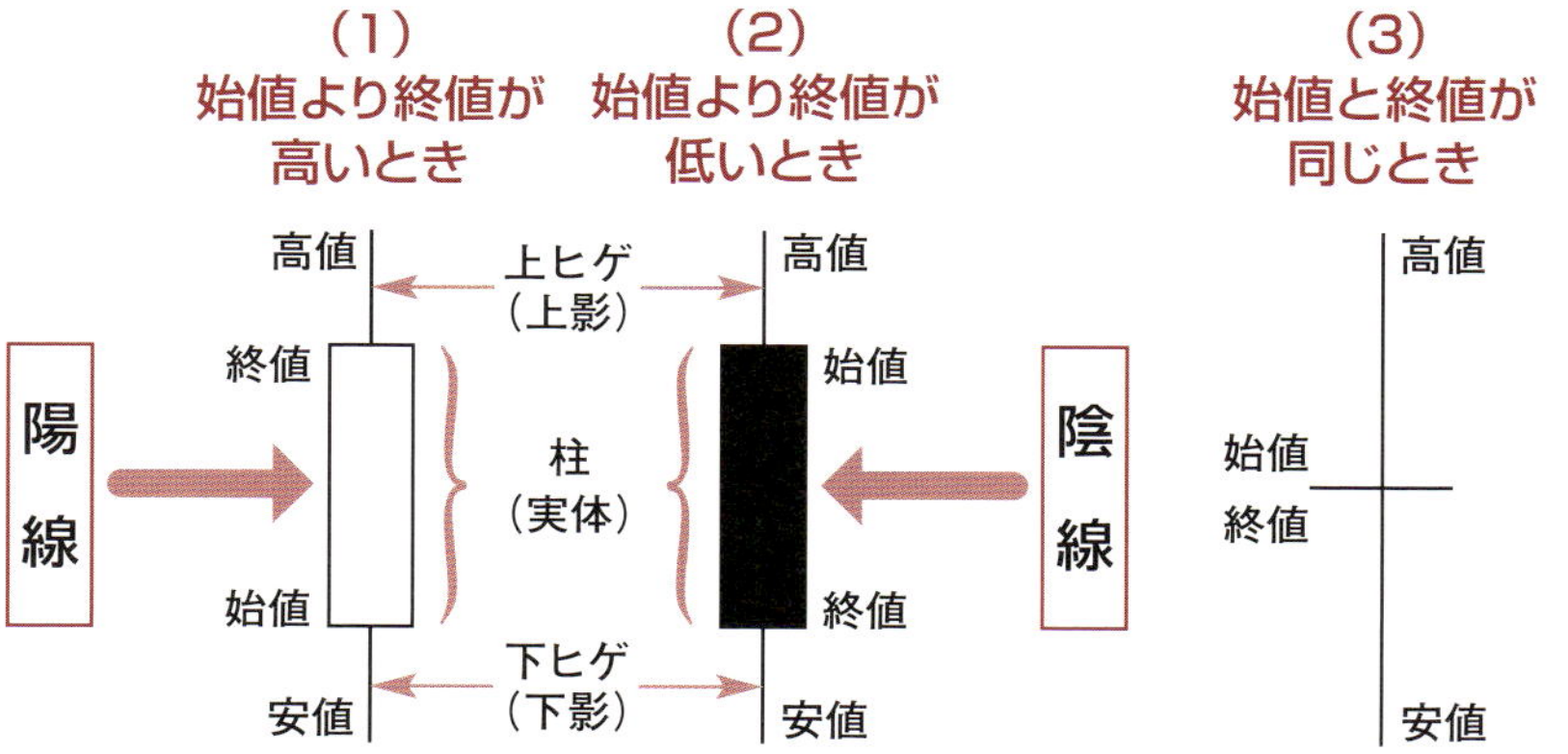

ローソク足の基本は「四本値」から成る

では、実際にローソク足の見方を見ていきましょう。

1本のローソク足には、価格に関する4つの情報が盛り込まれています。**「始値」「終値」「高値」「安値」**という、いわゆる**四本値**です。

始値より終値が高い場合、長方形の内部は白抜きで表示されます。これを**陽線**と呼びます。反対に、始値より終値が低い場合には黒塗りで表示します。これは**陰線**と呼ばれています。

この始値と終値に挟まれた長方形の部分を**柱（実体）**、高値や安値が実体から外れた場合の、上下に伸びた直線を**ヒゲ**または**影**といいます。さらに、上に突き出す線は**上ヒゲ（上影）**、下に突き出す線は**下ヒゲ（下影）**と呼ばれています。

ローソク足のデータはどうやってとっている？

ローソク足には「日足」「週足」「月足」「年足」がありますが、どのタイプでチャートを表示するかによって、1本のローソク足に盛り込むデータの取り方が異なってきます。

例えば、日足の場合には、1日の「始値」「高値」「安値」「終値」が1本のローソクとして表示されます。

1週間の値動きを表す週足の場合、「始値」には週初の始値を、「高値」にはその週の高値のうちもっとも高いものを、「安値」にはその週の安値のうちもっとも安いものを、「終値」には週末の終値がそれぞれ用いられます。

POINT

ローソク足では、始値より終値が高い場合には「陽線」、始値より終値が低い場合には「陰線」で表示される。

ローソク足チャートの出来方

例えば、株価がこのように動くと…

	1日目	2日目	3日目	4日目	5日目	6日目
始値	510	500	490	480	510	480
高値	520	530	520	510	510	500
安値	480	490	480	480	500	470
終値	490	530	490	510	510	470

このようなローソク足チャートができる！

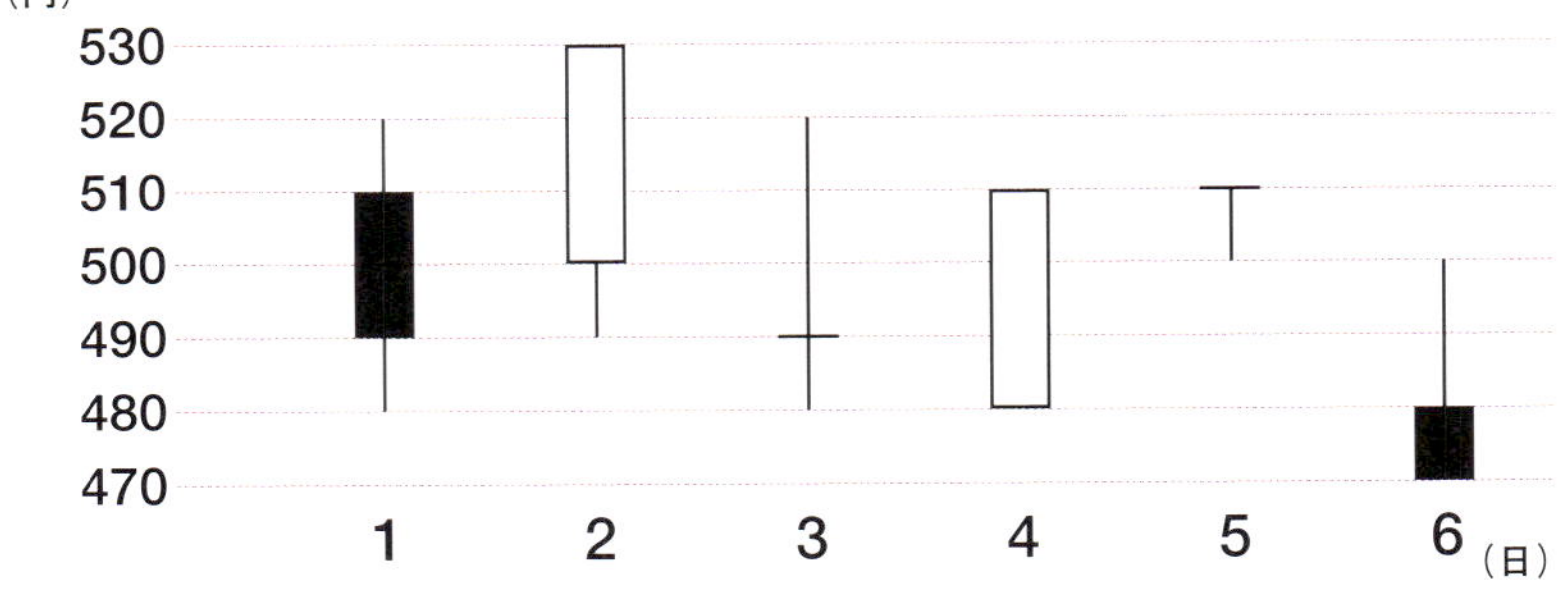

ローソク足チャート テクニカル分析でもっともポピュラーなチャート。ほかにも、「止め足」「ホシ足」「棒足」「イカリ足」などさまざまな種類のチャートがありますが、国内では圧倒的にローソク足チャートが定番になっています。

知っておきたいローソク足の基本形

天井圏と底値圏では意味が異なる！

数限りなく存在するローソク足のパターンを網羅するのは至難の業。ここではまず、その基本の形からしっかりとマスターしましょう。

Make sure of good timing.

柱とヒゲの長短が意味するものとは？

「ローソク足」には、ヒゲの有無や長さ、複数のローソク足の組み合わせによってさまざまなパターンがあります。そのすべてをマスターすることは至難の業でしょう。

しかし、基本のパターンが身に付いていれば、ある程度は応用して分析することが可能です。まずは基本形が意味するところをしっかりと読み取れるようになりましょう。

柱とヒゲの長短は、ローソク足の分析において重要なシグナルとなります。

柱は、その**色**で**相場の方向**を、**長さ**で**相場の勢い**を示しています。

また、**ヒゲの長短は相場の迷い**を表しています。長ければ長いほど、投資家の間で大きな迷いが生じ、攻防が繰り広げられているといえます。

柱がなく、ヒゲだけが十字に交差している形を「寄引同時線」と呼びます。

寄引同時線は、始値と終値が同じ場合に現れる形で、投資家に**迷い**が生じている証拠。この形が天井圏（株価が高いところ）で現れると売りのシグナル、底値圏（株価の低いところ）で現れると買いのシグナルだといわれています。

ローソク足パターンの基本形

●底値圏での買いシグナル

底値圏とは、株価が時をかけて大きく下がった局面のこと。株価の波の「谷」になっている部分を指してこのように呼ぶ。

大陽線

株価が上昇に向かう力が大きいことの表れ。底値圏での大陽線は大底確認の典型的パターン。

下影陽線

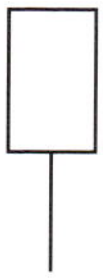

低い価格でせめぎ合ったにもかかわらず、高い価格で終値がついている「下影陽線」は、株価の上昇を暗示。

下影陰線

長い下ヒゲは安値よりも終値がぐんと上がった証拠。そろそろ相場が反転する可能性あり。

寄引同時線

投資家に気迷いが生じている証拠。これをきっかけに相場が反転することも多い。

●天井圏での売りシグナル

天井圏とは、株価が時をかけて大きく上がった局面のこと。株価の波の「山」になっている部分を指してこのように呼ぶ。

大陰線

株価が下落に向かう力が大きいことの表れ。天井圏での大陰線は大天井確認の典型的パターン。

上影陰線

高い価格でせめぎ合ったにもかかわらず、低い価格で終値がついている。株価が下降に転じる可能性大。

上影陽線

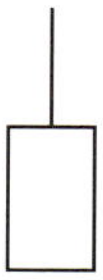

長い上ヒゲは高値よりも終値がぐんと下がった証拠。そろそろ株価の上昇が一服する可能性あり。

寄引同時線

投資家に気迷いが生じている証拠。これをきっかけに相場が反転することも多い。

実際のチャートを見てみよう！

大陽線

●三菱重工業（週足）

チャート表示期間：2002年3月〜2004年1月

大きな大陽線が現れ、その後株価が大きな山を形成している！

大陰線

●武田薬品工（日足）

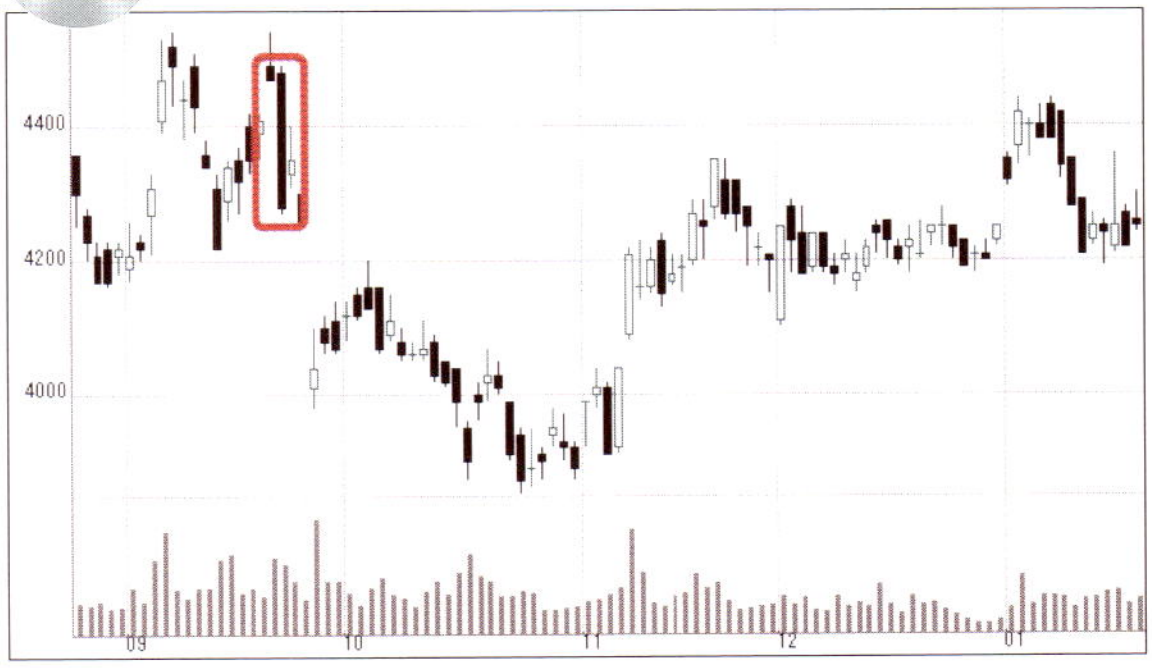

チャート表示期間：2003年8月〜2004年1月

大きな大陰線が現れた後株価は急落し、大きな谷を形成している！

「大陽線」「大陰線」はなにを意味する？

相場の勢いが強いときに現れる「大陽線」「大陰線」は、チャートを読み解くうえでポイントとなるローソク足の基本形です。

大陽線は、柱の長い陽線のことで、株価の大きな上昇を示すものです。一方の**大陰線**とは、柱の長い陰線。株価の大きな下落を示しています。

この2つはトレンドの転換点に現れる、象徴的な形といえます。つまり、底値圏で大陽線が出ると大底を確認したことになり、多くの場合、株価は上昇を始めます。

反対に、天井圏で大陰線が出ると大天井を形成したことになり、株価は下落を始める可能性が大きいといえます。

「大天井」「大底」ってなに？

株価には「波」がありますが、その波のてっぺんの部分は「大天井」、谷底にあたる部分は「大底」と呼ばれています。「大底で買って大天井で売る」とは理想論としてよく言われることですが、実際にはかなり難しいといえます。なぜなら、大天井や大底は、株価がその後反転を始めたことで、はじめて確認ができるものだからです。

POINT

柱の長短は相場の勢いを、ヒゲの長短は相場の迷いを表している！「大陽線」と「大陰線」はトレンドの転換点に現れることが多い！

天井圏　ほとんど同じ意味を表す言葉に「高値圏」があります。この場合、天井圏と対を成す「底値圏」については「安値圏」と表現されます。

ローソク足の応用形をマスターしよう①

「丸坊主」「つつみ線」「はらみ線」ってなに？

Make sure of good timing.

隣り合ったローソク足どうしの組み合わせの代表的パターンが「つつみ線」「はらみ線」。その名前の由来もユニークです。

ヒゲがまったくないから「丸坊主」

丸坊主とは、ヒゲがまったくなく、柱だけのパターンのこと。「始値」「終値」がそのまま「高値」「安値」に相当する場合に現れます。

始値が安値で、終値が高値なのが**陽の丸坊主**。これはいわゆる「高値引け」を示しており、相場に迷いがないことの象徴でもあります。

反対に、始値が高値で、終値が安値なのが**陰の丸坊主**です。「陰の丸坊主」が天井圏で現れた場合には、株価がその後下落していく可能性が大きいといえるでしょう。

隣の線を覆っているのが「つつみ線」

つつみ線とは、当日の陰陽線が前日の短い陰陽線をすっぽり包み込んでいる形のこと。名前がそのまま意味を示しているので、比較的分かりやすいパターンです。

天井圏において、大陰線が前日の陽線を包み込んでいる場合には、買い勢力よりも売り勢力が勝っていることの表れ。これから株価が反落するシグナルといえるでしょう。

反対に、底値圏において、大陽線が陰線をすっぽり覆っている場合には、売り勢力よりも買い勢力が強いことの表れですから、株価上昇に期待が持てます。

子供をはらんでいるから「はらみ線」

つつみ線の反対のパターンが「はらみ線」です。前日線の「母親」が当日線の「子供」をはらんでいるように見えることから、このような名前がついたといわれています。

天井圏において、前日の大陽線に当日の陰線が収まった場合には売りシグナル、底値圏において、前日の大陰線のなかに当日の陽線が収まった場合には買いシグナルとされています。

ローソク足パターンの応用形①

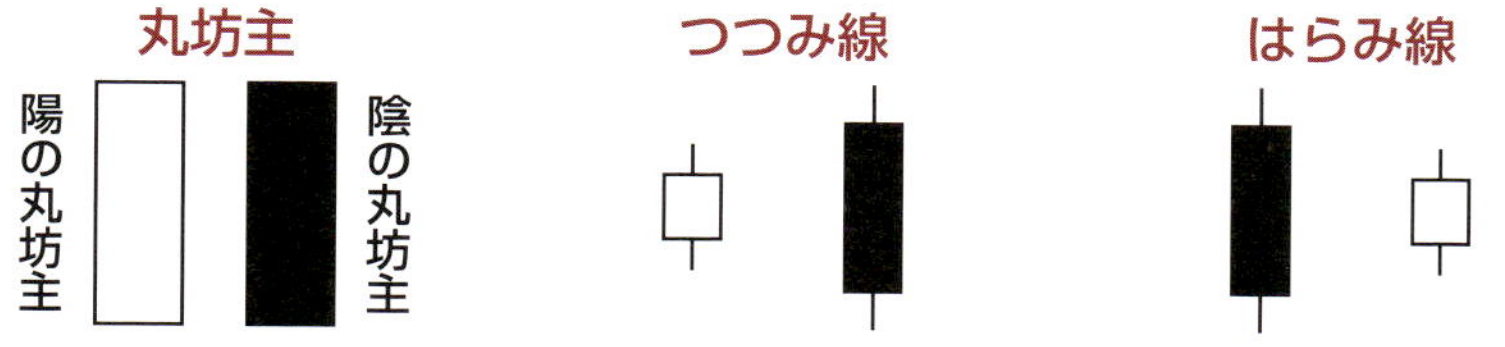

相場に迷いがないことを示している。天井圏で「陰の丸坊主」が出たら、典型的な売りシグナルとされている。

天井圏で大陰線が陽線をすっぽり包み込んでいたら、これから株価が下降に転じる可能性大。

天井圏で陽線の中に大陰線が収まっているなら売り、底値圏で陰線の中に陽線が収まっているなら買いシグナル。

「トンカチ」「カラカサ」ってなに？

ごくごく短い柱の上に長いヒゲが突き出た形が「トンカチ」。天井圏に現れると売りのシグナルとされています。反対に、ごくごく短い柱の下に長いヒゲが下がっているのが「カラカサ」。「たぐり線」とも呼ばれています。こちらは、底値圏に現れると買いのシグナルといわれています。

POINT

ローソクのヒゲの有無、大小関係による分類をマスターしよう！

実際のチャートを見てみよう！

丸坊主

●三井造船（日足）

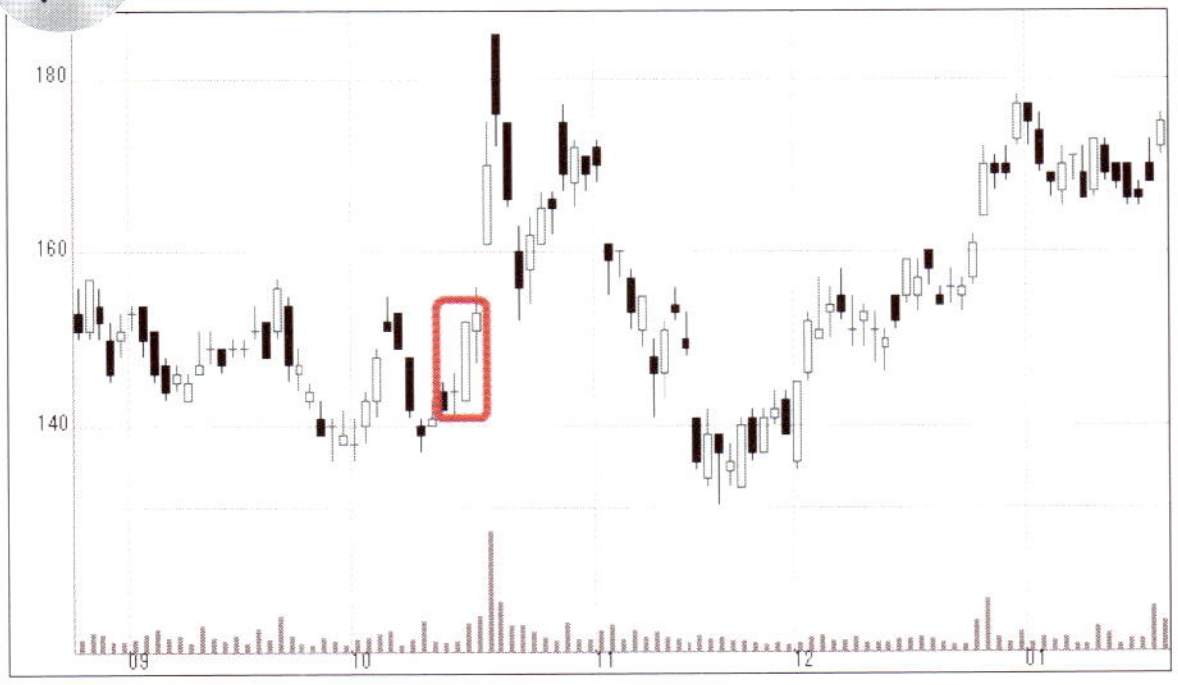

チャート表示期間：2003年8月～2004年1月

「陽の丸坊主」が現れ、その後も相場に迷いがなく、株価は上昇を続けている！

つつみ線

●アイネット（週足）

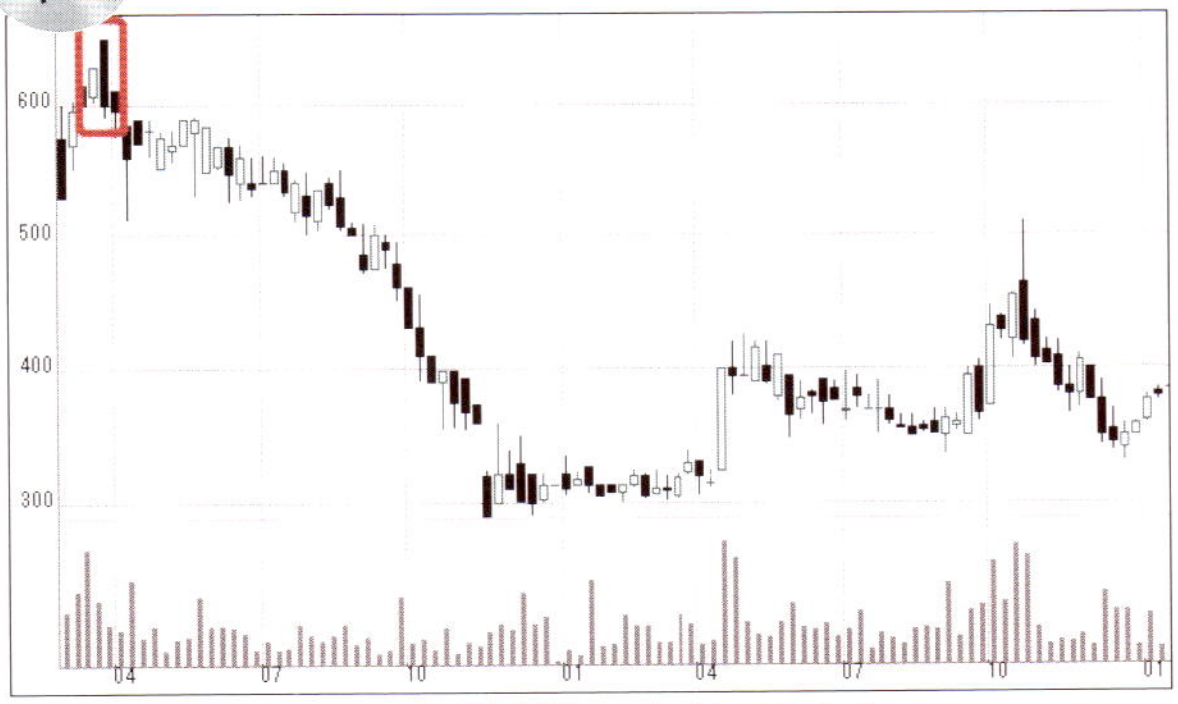

チャート表示期間：2002年3月～2004年1月

当日の大陰線が前日の陽線を包みこんでおり、ここから株価が大きく反落している！

はらみ線

●住友林業（週足）

チャート表示期間：2002年3月～2004年1月

前週の大陰線に短い陽線がすっぽりと収まっており、その後、株価が大きく上昇している！

出合い線 ローソク足の応用形のひとつ。2本のローソク足の下部と上部がちょうど同じ位置に来たパターン。前日の陰線の下部と当日の陽線の上部が揃った場合には、株価上昇を示唆しているといわれています。

ローソク足の応用形をマスターしよう②

「トンボ」「かぶせ線」「切り込み線」ってなに？

Make sure of good timing.

ローソク足のパターンはまだまだあります。そのすべてを紹介することはできませんが、これらの定番パターンは押さえておきたいものです。

「トンボ」は相場の転換期を示唆する

トンボとは、上ヒゲがほとんど、あるいはまったくない十字線のこと。形がグラウンドを整備するときに使う「トンボ」に似ていることからこのように呼ばれます。

トンボは、売り勢力に押されて大幅に下落した後、買い勢力が勢いを盛り返して始値とほぼ同水準までに戻したものの、始値を超えるほどには勢いがなかったときに現れます。

株価が天井圏にあるときに現れれば、買いの勢いが衰えてこれから下降に向かう可能性を示唆していることになります。反対に、底値圏にあるときに現れれば、買い勢力がじわじわと力強さを増し、これから上昇に転じる可能性が高いといわれています。

「かぶせ線」が天井圏に出現したら要注意！

かぶせ線とは、前日の大陽線のあと、その終値よりも高く始まったはいいものの、終値は前日の柱の中心を下回る大陰線となっている形を指しています。大陰線が大陽線の上からかぶさるように突き出ているので、このように呼ばれています。

かぶせ線は、買いが一巡し、**売りに転換するサイン**といわれています。特に、天井圏でかぶせ線が出現すると、典型的な大崩れのパターンになることが多いようです。

「切り込み線」は株価上昇のサイン

切り込み線とは、大陰線の次に大陽線が出現し、なおかつその陽線のアタマの部分が陰線の中心（中値）よりも上に位置している形のことです。底値圏で強力な買いが入ったときに現れます。

「かぶせ線」とは反対に、切り込み線が出現すると、株価が上昇に転じることが多いといわれています。

ローソク足パターンの応用形②

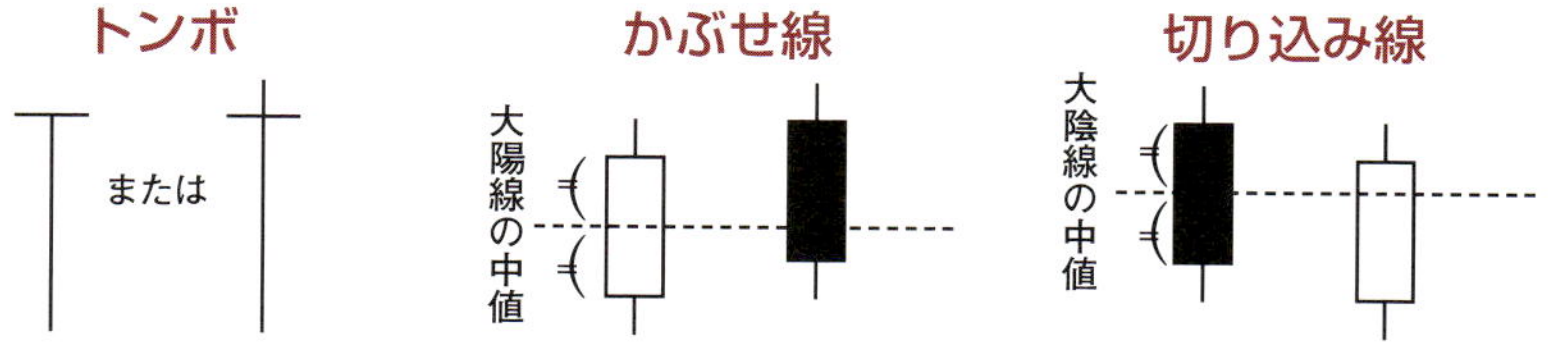

ヒゲの長短は相場の迷いを表している。底値圏で長い下ヒゲを持つ「トンボ」が現れたら、大底確認のパターン。

大陽線の上からかぶさるように大陰線が突き出ているのが「かぶせ線」。天井圏で出現すると大崩れのパターン。

大陽線のアタマが前の大陰線の中心（中値）よりも上にあるのが「切り込み線」。底値で強力な買いが入ったことの表れ。

「トウバ（塔婆）」ってなに？

「トウバ」とは、トンボとは逆に下ヒゲがない十字線のこと。その形が卒塔婆（供養のために、お墓の後ろに立てる細長い板のこと）に似ていることからこのように呼ばれています。買い勢力が強く株価が上昇したものの、勢いが続かず、取引終了時には始値まで戻ってしまったことを示しています。

POINT

「トンボ」は相場の転換点を示唆する重要な形だ。一方的な上げ下げが続いたあとのトンボには要注意！

実際のチャートを見てみよう！

CD ROM

トンボ

●イトーヨーカ堂（週足）

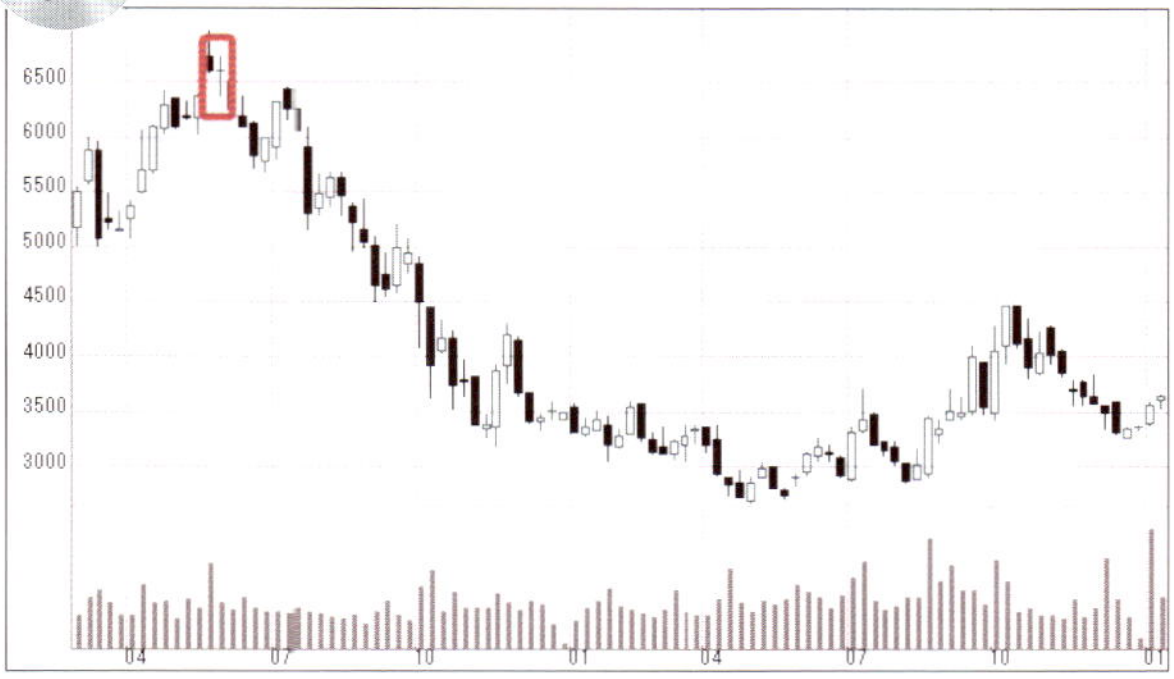

チャート表示期間：2002年3月～2004年1月

陽線が続いていた相場が、トンボを境に下降に転じている！

CD ROM

かぶせ線

●日野自動車（日足）

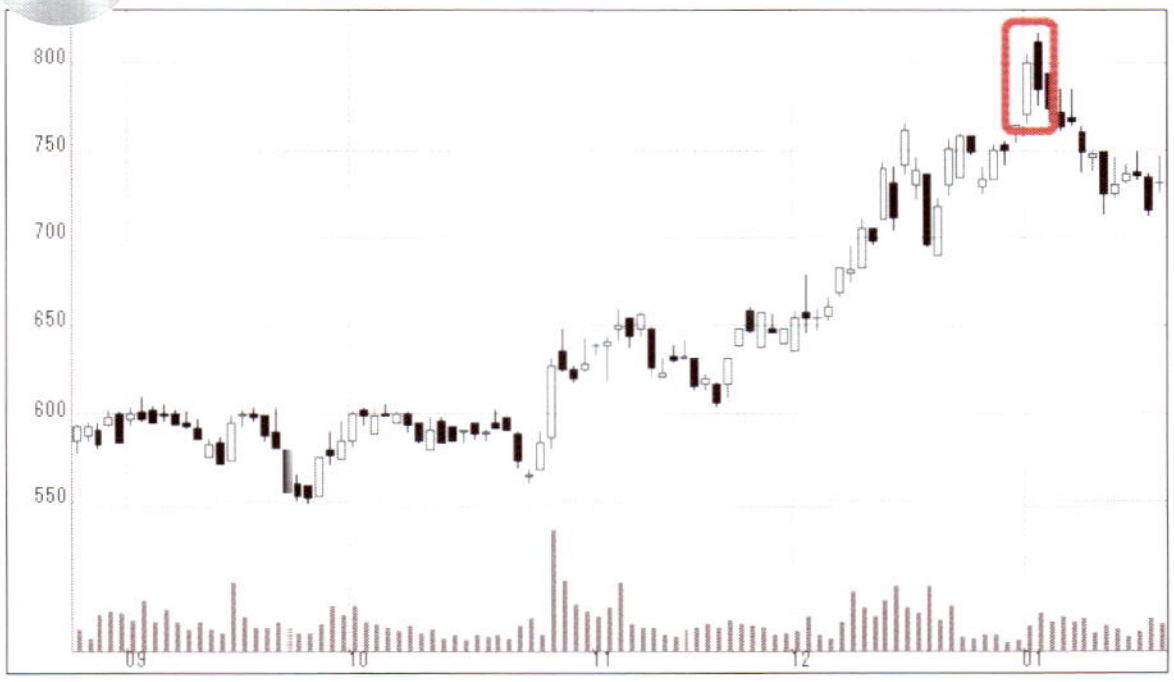

チャート表示期間：2003年8月～2004年1月

天井圏でかぶせ線が現れ、その後株価が崩落を始めている！

CD ROM

切り込み線

●野村ホールディングス（週足）

チャート表示期間：2002年3月～2004年1月

底値圏で切り込み線が現れると同時に、株価が上昇に向かっている！

たすき線 ローソク足の応用形のひとつ。前日の陰線の柱の間で翌日寄り付き、高値で終わったときには株価が上昇する可能性があるというもの。ただし、たすき線は転換の予兆としてはやや弱いとされています。

「Yahoo！ファイナンス」のチャート機能

無料でもここまでカスタマイズできる！

株価を検索したり、企業情報やトレーディング情報を参照したりと、なにかと便利な「Yahoo!ファイナンス」（94ページ参照）。なかでも特に利用価値が高いのが、チャートの表示機能です。

検索結果画面の右にある小さなチャートをクリックすると、13週、26週移動平均線、出来高と一緒に、1年の週足チャートが拡大表示されます。これを基本に、期間を変更したり、別の移動平均線を用いたりと、自由にカスタマイズすることができます。

さらに、右下の「時系列」ボタンを押すと、過去の株価を詳細に調べることが可能。目的の期間と証券コードを入力し、検索ボタンを押すだけで、過去の株価（四本値と出来高）が一覧表になって現れます。

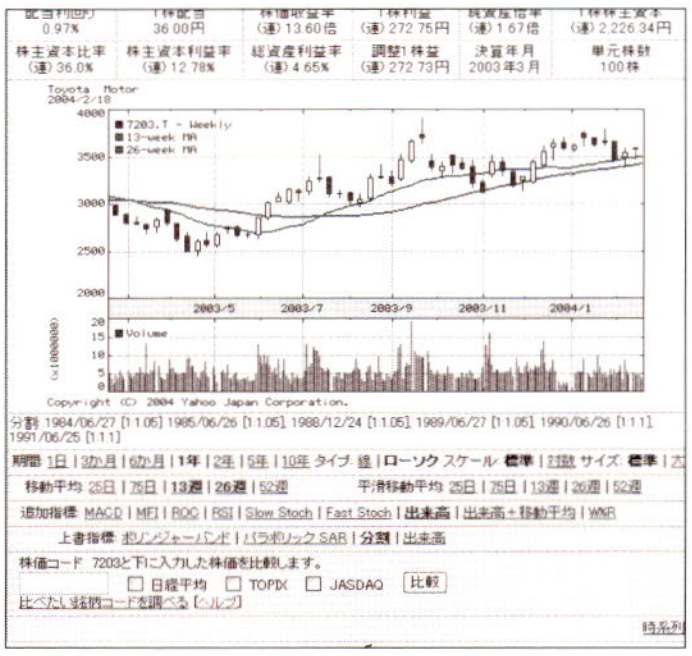

チャート表示に切り替えたときの初期画面。この時点ですでに13週、26週移動平均線、出来高が一緒に表示されており、これだけでも分析が可能。

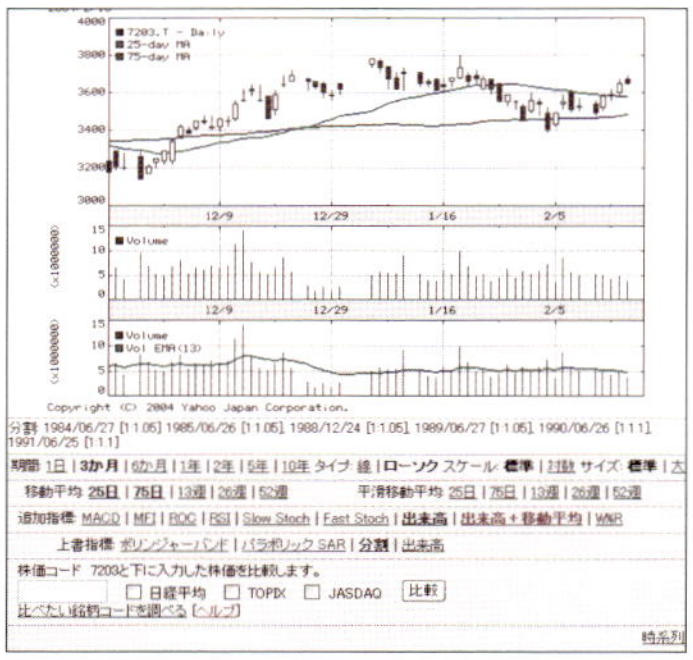

期間を3カ月に変更すれば、移動平均線も自動的に25日と75日に。さらに、出来高と移動平均を重ね合わせたものを下欄に追加することもできる。

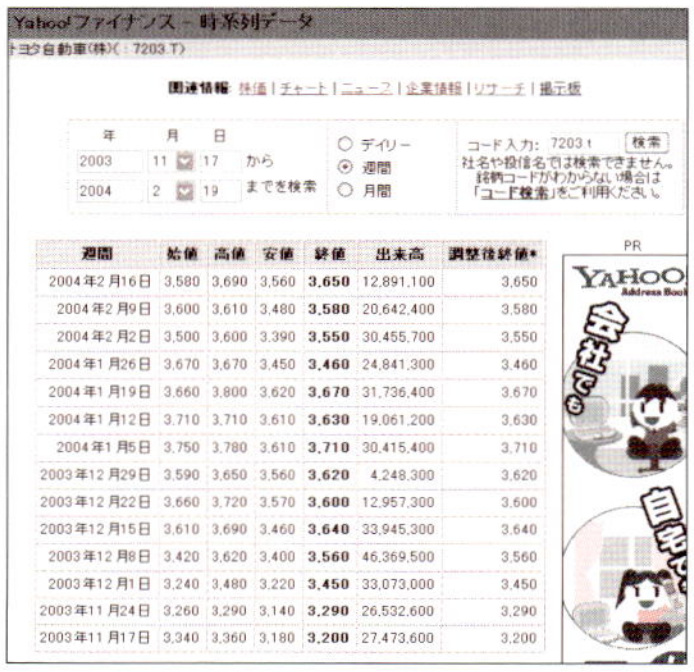

Yahoo!ファイナンス - 時系列データ

トヨタ自動車(株)(：7203.T)

関連情報 株価 | チャート | ニュース | 企業情報 | リサーチ | 掲示板

年 月 日
2003 11 17 から
2004 2 19 までを検索

○ デイリー ◉ 週間 ○ 月間

コード入力: 7203.t 検索
社名や投信名では検索できません。
銘柄コードがわからない場合は
「コード検索」をご利用ください。

週間	始値	高値	安値	終値	出来高	調整後終値*
2004年2月16日	3,580	3,690	3,560	**3,650**	12,891,100	3,650
2004年2月9日	3,600	3,610	3,480	**3,580**	20,642,400	3,580
2004年2月2日	3,500	3,600	3,390	**3,550**	30,455,700	3,550
2004年1月26日	3,670	3,670	3,450	**3,460**	24,841,300	3,460
2004年1月19日	3,660	3,800	3,620	**3,670**	31,736,400	3,670
2004年1月12日	3,710	3,710	3,610	**3,630**	19,061,200	3,630
2004年1月5日	3,750	3,780	3,610	**3,710**	30,415,400	3,710
2003年12月29日	3,590	3,650	3,560	**3,620**	4,248,300	3,620
2003年12月22日	3,660	3,720	3,570	**3,600**	12,957,300	3,600
2003年12月15日	3,610	3,690	3,460	**3,640**	33,945,300	3,640
2003年12月8日	3,420	3,620	3,400	**3,560**	46,369,500	3,560
2003年12月1日	3,240	3,480	3,220	**3,450**	33,073,000	3,450
2003年11月24日	3,260	3,290	3,140	**3,290**	26,532,600	3,290
2003年11月17日	3,340	3,360	3,180	**3,200**	27,473,600	3,200

「時系列データ」を表示したところ。期間の設定だけでなく、「デイリー」「週間」「月間」から選択可能。過去の株価が1日単位で数字で見られるのは嬉しいサービスだ。

（http://quote.yahoo.co.jp/）

第9章
パソコンを活用しよう

株式投資とパソコンは相性抜群！

ネットの情報源は無限大に広がっている

付録のソフトウェアを実際に使ってみよう

「ファンダメンタルズ分析シート」の使い方

「チャート学習シート」の使い方

「売買履歴管理シート」の使い方

「損益計算シート」の使い方

株式投資とパソコンは相性抜群！

パソコンは株式投資の心強い味方

Let's make use of computer !

パソコンの普及で、株式投資の世界は大きく様変わりしました。ここではパソコンの有意義な活用法をいくつかご紹介しましょう。

パソコンは情報収集の強力なツール

近年、投資家人口は急激に増えています。その普及に一役買ったのが**パソコン**の存在でしょう。

現在では、一家に1台パソコンがあるといっても過言ではありません。その通信環境も、ブロードバンドの普及によって、以前とは比べものにならないぐらい恵まれたものになっています。

株式投資をする人にとって、パソコンは心強い味方です。忙しくて証券会社の店頭に足を運べないという人でも、**ネット取引**ならいつでも売買注文を出すことができます。各証券会社は自社の**ホームページ**上で、株式投資のしくみや株価、投資関連用語の解説などの情報をこぞって提供しています。なかには有料の銘柄情報などもありますが、無料で閲覧できる情報だけでも、そのボリュームはかなりのものになります。

証券会社のホームページ以外でも、新聞社や出版社などが提供している株式情報サイトや、個人が運営している株式投資の情報サイトなどが数多くあります。

あらかじめ登録しておけば、定期的に株式投資に関する情報がメールで送られてくる**メールマガジン**もたくさんあります。こうしたメールマガジンのほとんどが無料ですので、興味のあるメールマガジンがあれば購読してみてもよいでしょう。

オンラインソフトも利用価値大！

インターネットを使ってダウンロードできる**オンラインソフト**を利用するというのも有意義な活用方法です。

試しに、オンラインソフトを配布している「Vector」などのホームページを訪れ、「株」もしくは「株式投資」といったキーワードで検索をしてみましょう。投資のシミュレーション、売買利益管理、損益分岐点の計算など実にさまざまなソフトが一覧となって現れます。

これらの多くは無料ですので、自分のパソコンに入っているOSに対応さえしていれば、すぐにでもダウンロードして使用することが可能です。

ただし、個人が趣味で作っているものから、ソフトハウスが時間とお金をかけて作っているものまで、そのレベルも使い勝手も千差万別。最初からひとつに絞ってしまわず、いくつかダウンロードしてみて、気に入ったものがあれば活用するとよいでしょう。

パソコンで変わった株式投資の世界

	以　前	現　在
銘柄管理・売買履歴管理	ノートにその都度記入し、電卓を使って計算	エクセルを使って管理し、損益も自動で計算
「会社四季報」などのハンドブック	書籍形式。目次を使って目的の銘柄のページを探す	CD-ROM版もあり。検索機能で目的の銘柄を一発表示できる
企業からの情報	会社案内などを電話で直接取り寄せる。郵送されてくるので時間がかかる	ホームページからいつでもダウンロード。必要な部分だけをパソコンに保存
収集した情報の保存方法	新聞記事のスクラップや冊子などのファイリング。量が増えると保管が大変	データとしてパソコンに保存するので、保管場所に困ることはない

こんなオンラインソフトに注目！

●株VPS

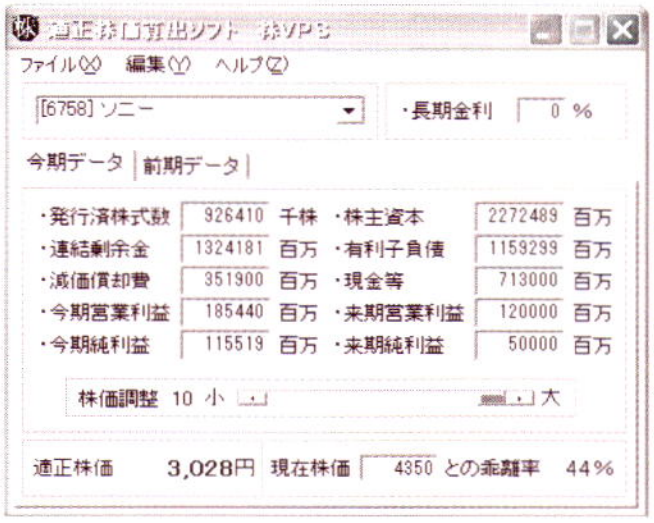

●作者：TADASOFT、フリーウェア

●http://www.vector.co.jp/soft/win95/business/se207743.html

「会社四季報」などからの決算情報を数カ所入力することで、その銘柄の持つ力を判断して妥当な株価を計算する、適正株価算出ソフト。

●株波乗り

●作者：Baruta、シェアウェア　945円（税込）体験版あり

●http://hp.vector.co.jp/authors/VA023067/

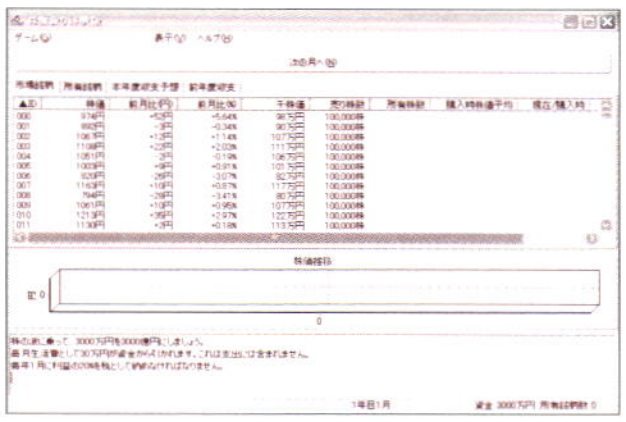

3,000万円の資金を元手に3,000億円をめざす、株売買のシミュレーションゲーム。株価の波に乗るためのコツをつかむトレーニングに最適。

●kabu.comオリジナルスクリーンセーバー

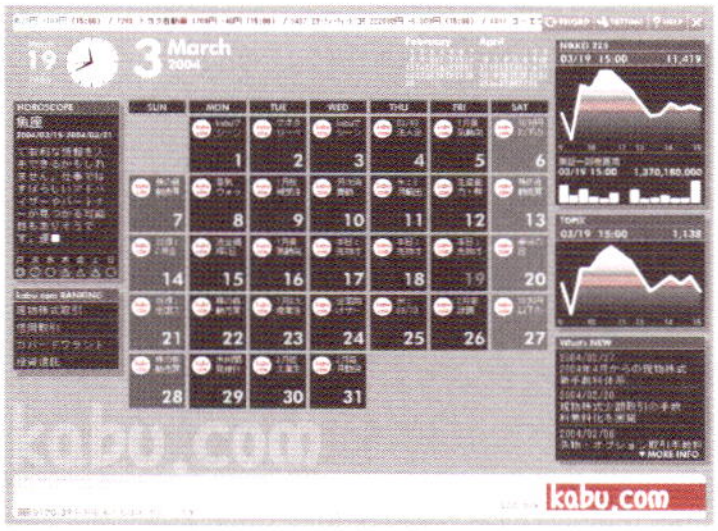

●作者：カブドットコム証券（株）、フリーソフト

●http://www.kabu.com/feature/kcss.asp

日経平均株価、TOPIX、人気銘柄30傑などの株価チャートを自動更新。カレンダー、マネー占いなど情報も満載の多機能スクリーンセーバー。

●株価取得『エクセルシート』

●作者：Y&S Software、フリーソフト

●http://hp.vector.co.jp/authors/VA022565/kabu/index.htm

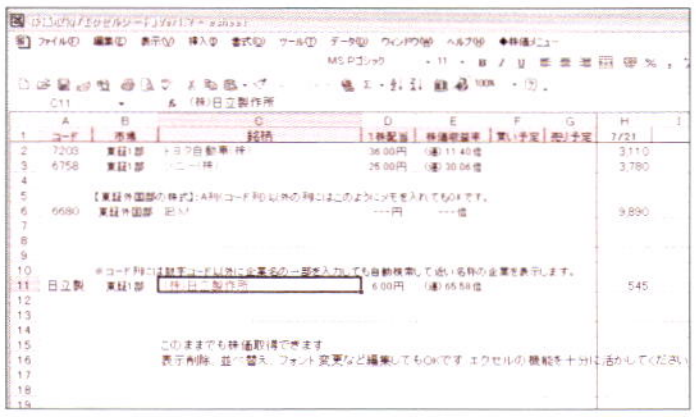

エクセルを利用した株価取得ツール。各銘柄の最新の「Yahoo!ファイナンス」表示株価を取得して情報を更新。データはそのままエクセルで加工することも可能。

無料でダウンロードできるオンラインソフトにも利用価値の高いものがたくさんある！

POINT

「フリーウェア」と「シェアウェア」

オンラインソフトを探していると、「フリーウェア」「シェアウェア」という言葉をよく見かけます。フリーウェアとは、無料でコピー・配布することが作者によって認められているソフトウェアのこと。一方、作者が一定の使用料金を設定しているものがシェアウェアです。

Vector　（株）ベクターの提供する、ソフトウェアをはじめとするデジタルコンテンツの流通を行うサイト。無料でソフトウェアをダウンロードできる「ソフトライブラリ」と、有料ソフトウェアをダウンロード販売やパッケージ販売で購入できる「ソフトショップ」があります。（http://www.vector.co.jp/）

ネットの情報源は無限大に広がっている

掲示板やチャットものぞいてみたい

Let's make use of computer !

信頼性のある情報から真偽のほどが分からない情報まで、有象無象の情報が飛び交っているのがインターネットの世界なのです。

掲示板をのぞいて回るのもおもしろい

インターネット上には、株式投資に関する情報を交換する**掲示板**（**BBS**）が星の数ほど存在しています。

顔は知らなくても、ハンドルネーム（通称）を使って、「株式投資」という共通の興味を持っている人たちと気軽に意見交換ができるのが、掲示板のおもしろいところ。

また、掲示板よりもオンタイムで会話ができる**チャットルーム**も数多くあります。チャットとは、インターネット上で、大勢の人がリアルタイムにメッセージをやりとりすることができるシステムです。チャットに参加すれば、実際に会話を楽しんでいるような感覚で、情報を交換することが可能なのです。

こうした掲示板やチャットへの書き込みのなかには、貴重な情報やためになる情報もありますが、ただの噂話のレベルのものも多いので要注意。嘘の情報を流して、自分の持っている株の値段を上げようする悪質な書き込みもないとはいえませんので、こうしたところから得た情報は参考程度に留めたほうがよいでしょう。

どんな手段で情報を得るにしても、最終的には「自己責任」が株式投資の鉄則だということに変わりはないのです。

IR情報の収集もネットにおまかせ!

企業から発信される**IR情報**も、インターネットを使えば簡単に収集できます。

ほとんどの上場企業では、自社のホームページ内に投資家向けの情報コーナーを設けています。決算データはもちろん、経営者からのメッセージや最新のニュースリリースなど、内容も充実したものになっています。PDFファイル形式になっている決算書や会社案内をプリントアウトすれば、資料としてファイリングしておくことも可能です。

PDFとは、アドビシステムズ社が提供している、文書の閲覧や印刷が可能な共通の文書交換フォーマット。インターネット上に文書を公開するためのツールとして広く活用されています。

また、企業のホームページを見れば、デザインやコンテンツの構成、経営者の顔写真などから企業のイメージが鮮明に湧いてきます。事業内容も写真や図解で解説してあるところがほとんどですので、はじめて足を踏み入れる業界であっても理解がしやすいはずです。

インターネットで広がる株式投資の世界

	以　前	現　在
売買注文の方法	証券会社の店頭や電話で注文。注文できる時間は限られている	ネット取引でいつでもどこでも注文可能！約定結果もすぐに確認できる
株価のチェック	ニュースや新聞をチェック。オンタイムで知りたいなら証券会社の電光掲示板を見に行く	ネット上からいつでもリアルタイムの株価を入手可能。時間も労力もかからない
投資の基礎知識	書籍や雑誌を使って学習。知りたい情報をすぐに探せるとは限らない	知りたい情報だけをネットで検索。書籍の購入や雑誌の購読のためのコストも不要
投資家同士の情報交換	限られた投資家が仲間と電話などで情報交換。初心者にはなかなか交流の場がない	ネットの掲示板やチャットで不特定多数といつでも情報交換できる

こんなホームページに注目！

●株価情報

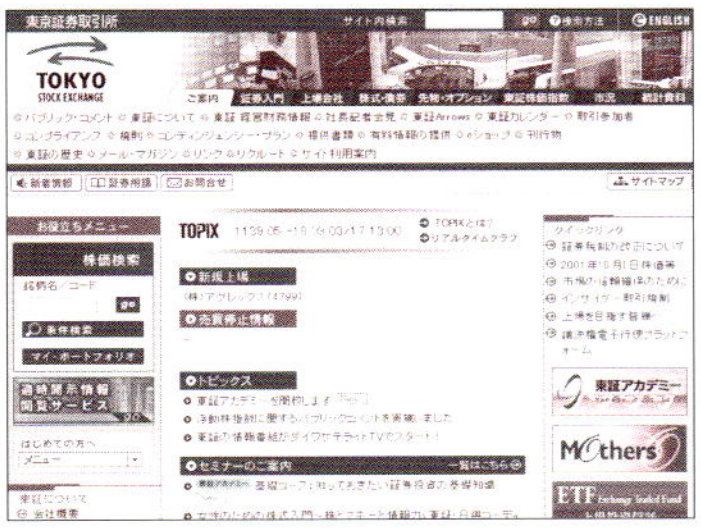

東京証券取引所
（http://www.tse.or.jp/）

東証のホームページ。上場銘柄の株価情報のほか、新規上場企業の情報やTOPIXのリアルタイムグラフを見ることもできる。

●掲示板

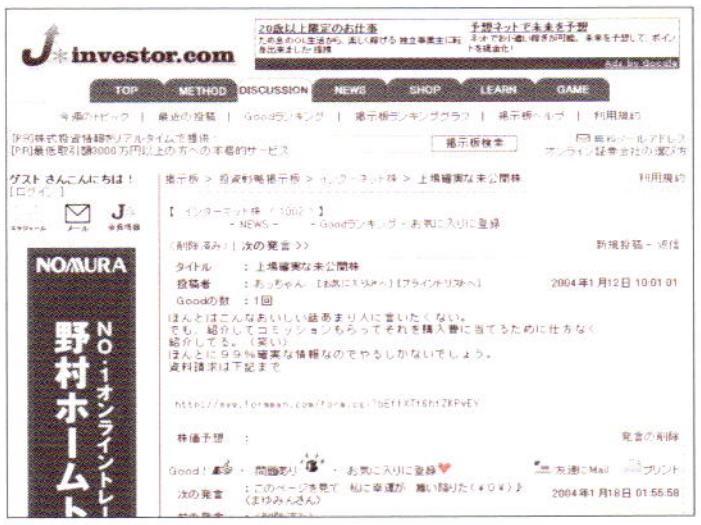

J＊investor.com
（http://www.jinvestor.com/）

多くの投資家が集うコミュニティサイト。掲示板上ではさまざまな情報が絶えず飛び交っている。

●決算書のダウンロード

IR資料ダウンロードサービス
（http://e-fix.aspir.co.jp/）

亜細亜証券印刷が運営する、有価証券報告書、事業報告書などのダウンロードサービス。掲載企業数は4,000社以上に上る。

●株主優待の一覧

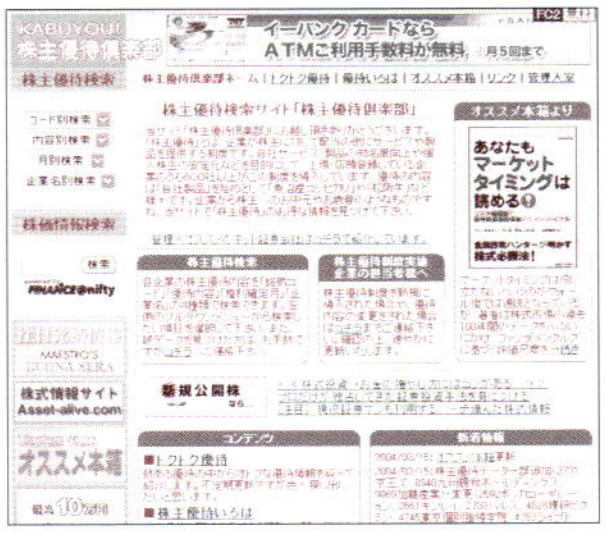

株主優待倶楽部
（http://www.miobeans.com/kabuyou/）

各企業の株主優待内容を「銘柄コード」「優待内容」「権利確定月」「企業名」の4つを切り口に検索できる。

掲示板やチャットで情報交換するのも楽しいが、そこから得た情報を100%信頼するのは危険！

POINT

「風説の流布」ってなに？

根拠がないと分かっていながら、自分の利益を図るために虚偽の情報を流すことを「風説の流布」といいます。風説の流布は証券取引法で禁じられており、違反者には、懲役、もしくは、罰金が科されます。

IR　"Investors Relations"の略で、「投資家向けの企業情報」を意味しています。一般の投資家に対して投資判断に必要な情報を広くディスクロージャーすることで株主の裾野を広げるIR活動は、近年急激に高まりを見せています。

付録のソフトウェアを使ってみよう

株式投資を全面的にバックアップ!

Let's make use of computer !

付録のCD-ROMには、銘柄選びから保有銘柄の管理まで、株式投資のさまざまな場面で役立つソフトウェアが収録されています。

エクセルシートを実際に開いてみよう

付録のCD-ROMに収録されている**株式投資学習プログラム**は、ファンダメンタルズ分析やチャートの学習、売買履歴の管理、損益分岐点の計算など、はじめて株式投資をする人を全面的にバックアップする、オリジナルのエクセルテンプレートです。

基本となるシートは**「ファンダメンタルズ分析シート」「チャート学習シート」「売買履歴管理シート」「損益計算シート」**の4種類。ここではこれらのプログラムを起動する方法を解説します。

プログラムをハードディスクにコピーする

①ここではWindowsXPのパソコンを使っている場合の例を示します。基本的な手順は他のOSでも変わりません。

②「スタート」メニューのマイコンピュータのアイコンをクリックし、さらにCD-ROMのアイコンをクリックします。

③「program」という名前のフォルダがあるので、これをクリックします。

④「for_mac 」と「for_win」という2つのフォルダが表示されます。自分の持っているパソコンのOSがMacOSなら「for_mac 」、Windowsなら「for_win」を開いてください。これで目的のエクセルファイルが表示されます。

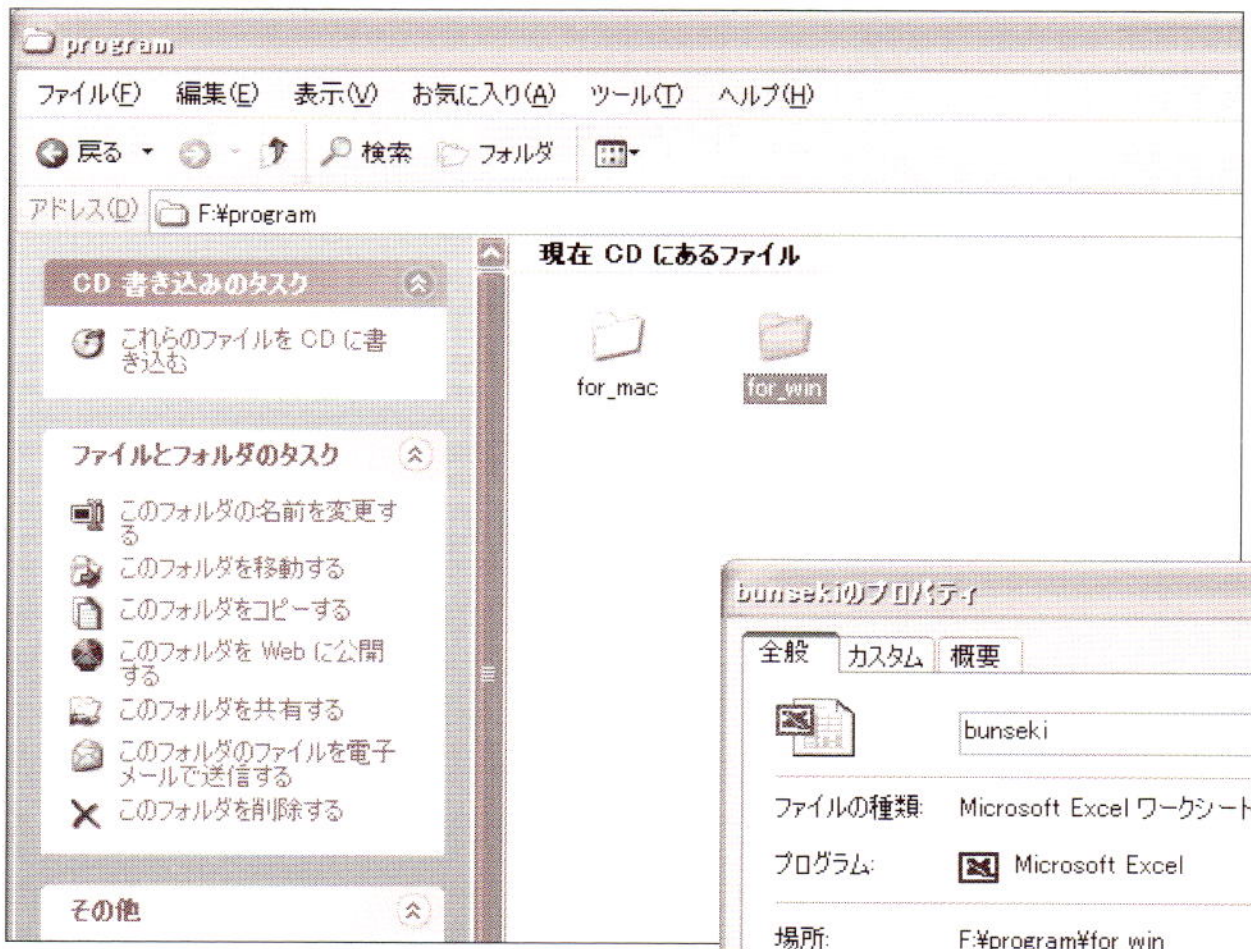

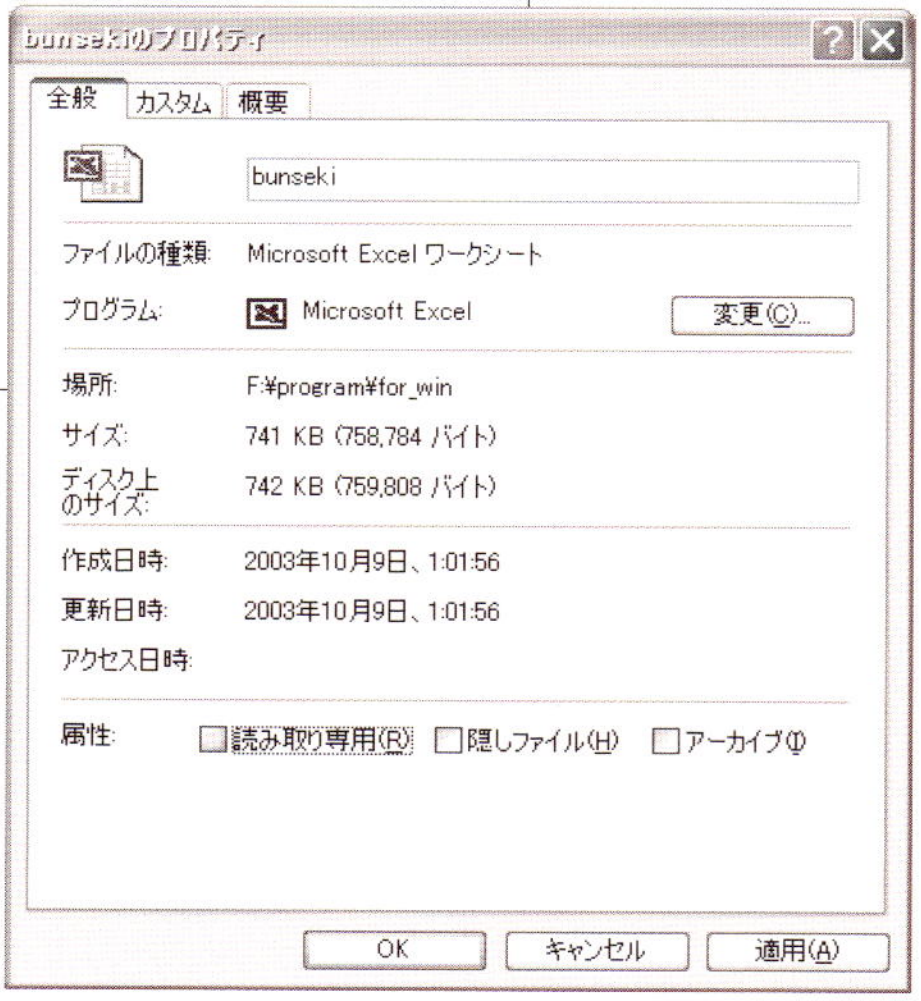

⑤エクセルファイルをパソコンのハードディスク上の適当なフォルダ(マイドキュメントなど)にコピーします。

⑥ファイルを右クリックして、「プロパティ」→「全般」から「属性」をチェックします。「読み取り専用」になっていたら、「読み取り専用」のチェックを外します。

エクセルのセキュリティ設定

①エクセルのマクロ機能をオフにしている場合には、エクセルの「ツール」メニューから「マクロ」→「セキュリティ」を開き、「中」に設定してください。
②プログラムを開くときにマクロを有効にするかしないかをたずねるダイアログが表示されますので、「マクロを有効にする」ボタンをクリックしてください。

①
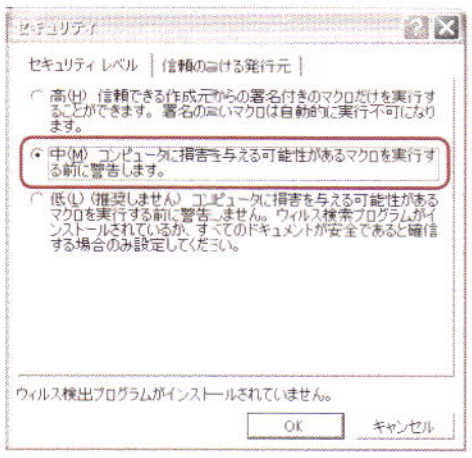

②
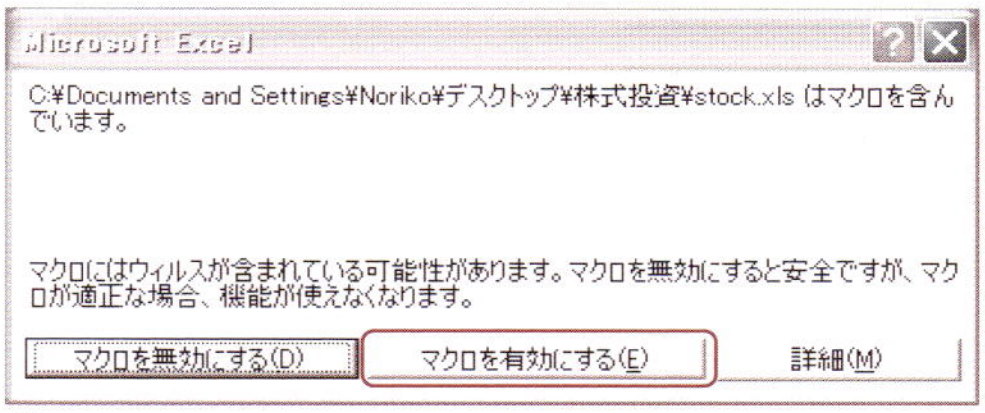

株式投資学習プログラムの構成

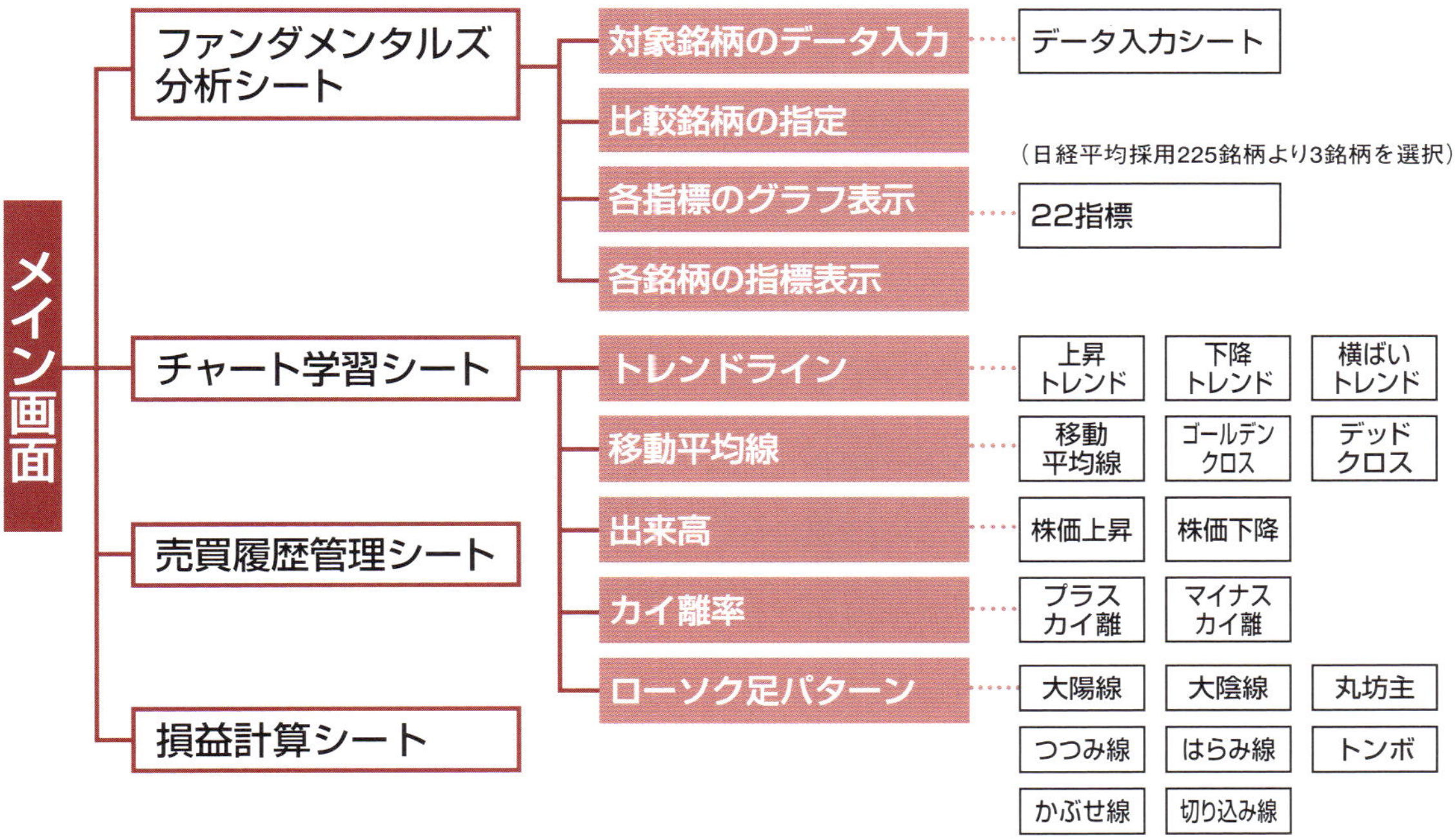

付録の株式投資学習プログラムは、はじめての株式投資をバックアップするオリジナルのエクセルテンプレート！

POINT

動作環境について

本ソフトウェアを利用するには、マイクロソフト社のマイクロソフトエクセルが必要です（Windows版のエクセル2000以上、またはマッキントッシュ版のエクセル2001以上。対応OSは、Windows98/2000/Me/XP、MacOS 9以上）。

Microsoft Excel マイクロソフト社の表計算ソフトで、Microsoft Officeの一部として提供されているものです。データ分析に特化しているだけでなく、セル内でのふりがな表記や文字の回転など、デザイン面の強化も図られています。

「ファンダメンタルズ分析シート」の使い方

同業他社との比較も簡単にできる！

22の指標についてグラフ化して比較

基本的な投資指標について、他の銘柄との比較分析ができるのが**ファンダメンタルズ分析シート**です。

目的の銘柄について必要な数値を自分で入力し、比較銘柄を日経平均株価の対象企業である225社から自由に選ぶだけで、7章で解説した指標を自動的にグラフ化して分析することができます。

ファンダメンタルズ分析では、同業他社との比較や過去のデータとの比較が不可欠です。この分析シートを使えば、同業他社とのデータの比較を簡単に行うことができます。また、目的の銘柄のデータをいったん入力すれば、他の指標についてもワンクリックで表示できるようになっています。

なお、対象の指標は、「PER（株価収益率）」「PBR（株価純資産倍率）」「EPS（1株当たり利益）」「BPS（1株当たり株主資本）」などの定番の投資指標から「総資産」「株主資本」「売上高」といった基本の決算データまで、その数は22に及びます。

では、実際に「ファンダメンタルズ分析シート」の使い方を見てみましょう。

Let's make use of computer !

必要な数値を入力し、比較銘柄を225社から自由に選ぶだけで、各指標を他社と比較したグラフや、銘柄ごとの指標データの一覧が作成できます。

「ファンダメンタルズ分析シート」の使い方

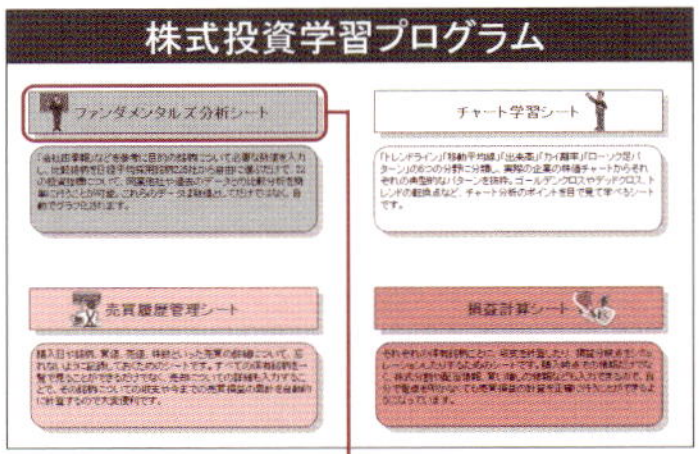

①メイン画面

プログラムを起動し、最初の画面から「ファンダメンタルズ分析シート」をクリックします。

②ファンダメンタルズ分析シートのトップ画面

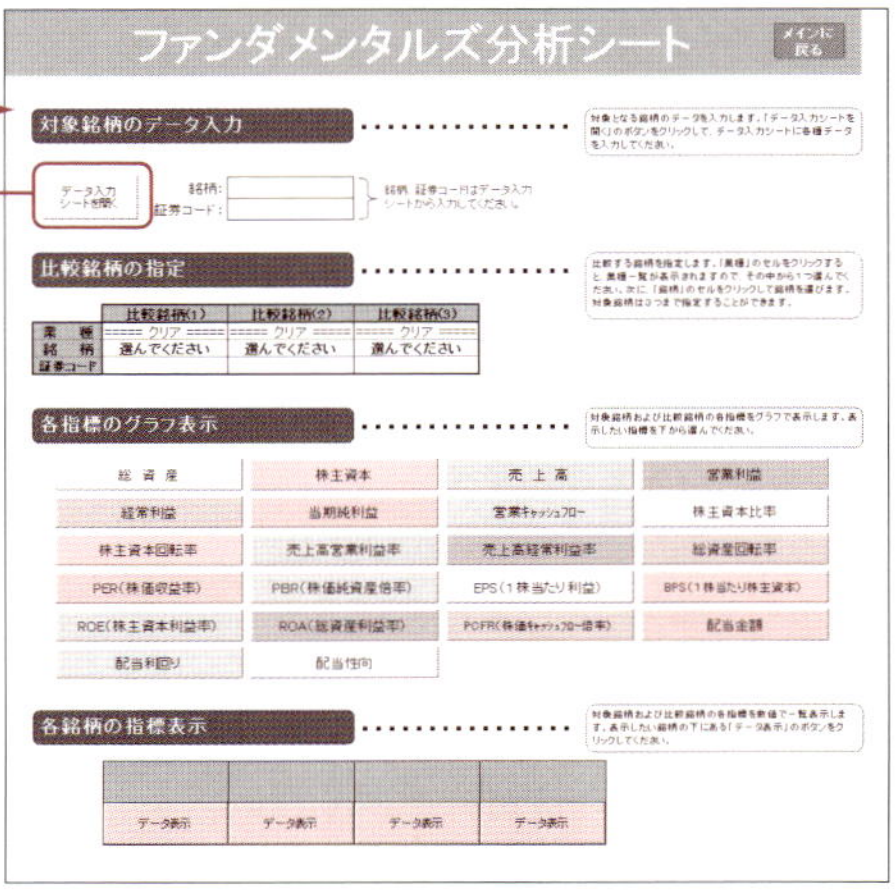

分析したい対象銘柄の財務データを入力するために、「データ入力シートを開く」ボタンをクリックします。なお、データ入力をしなくても、「比較銘柄」だけのデータ比較も可能です。

場合は、当該データシートに「ー」が表示されます。また、正確なデータが得られない企業については、近似値などで計算した数値を掲載している場合があります。●本シートはあくまで学習用のためのものであり、実際の株式投資に直接利用することを目的としていません。本シートを用いて株式投資を行った結果について、著者および出版社は一切責任を負いません。

⑥データ表示

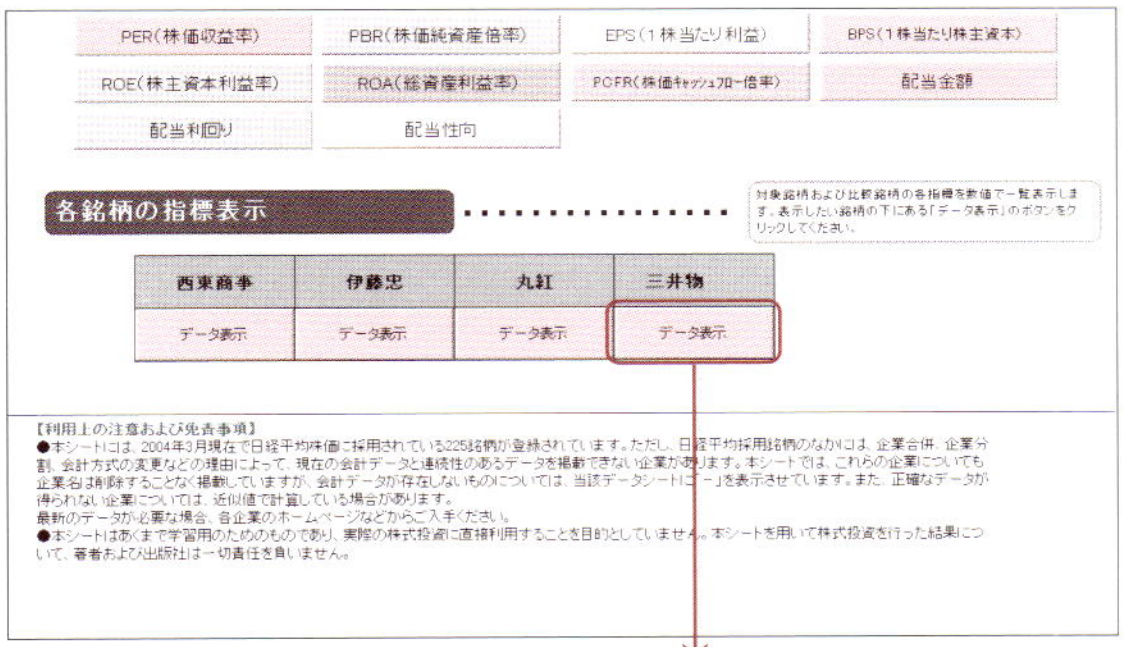

「データ表示」ボタンを押せば、対象銘柄と3つの比較銘柄それぞれについて全指標のデータを一覧で見ることもできます。

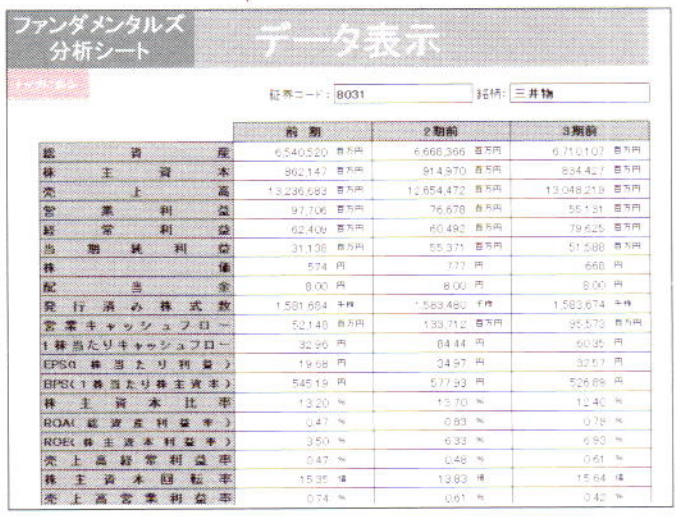

過去3期分のデータが一覧で表示されます。

POINT

「ファンダメンタルズ分析シート」では、22の指標について、日経平均採用銘柄との比較が簡単にできる！

③データ入力シート

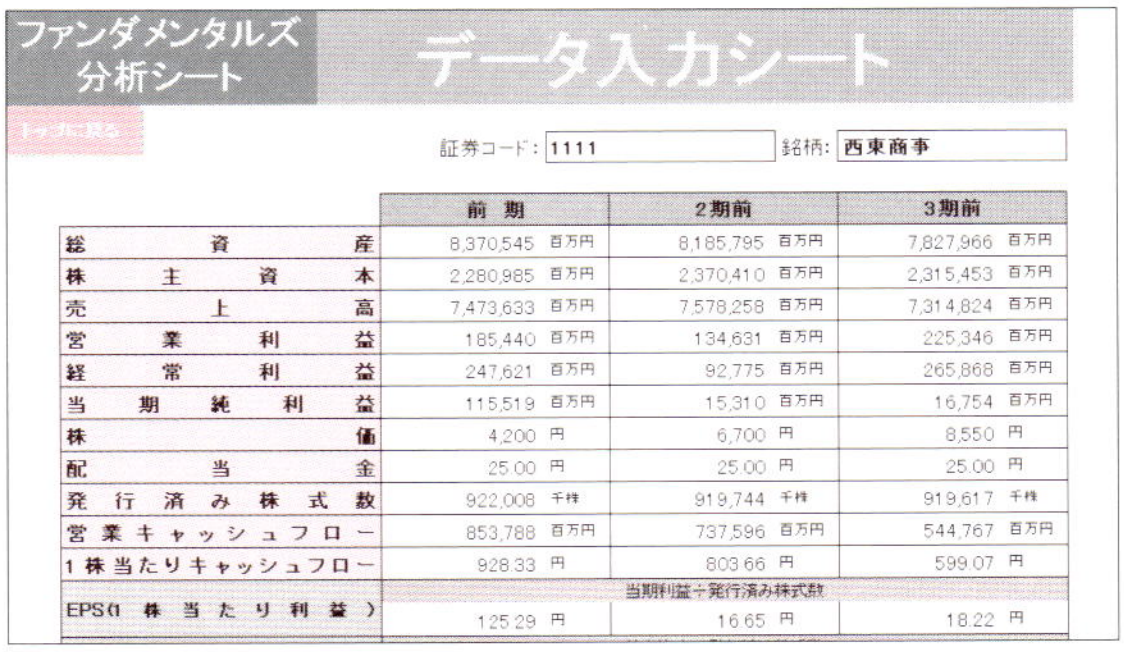

	前期		2期前		3期前	
総資産	8,370,545	百万円	8,185,795	百万円	7,827,966	百万円
株主資本	2,280,985	百万円	2,370,410	百万円	2,315,453	百万円
売上高	7,473,633	百万円	7,578,258	百万円	7,314,824	百万円
営業利益	185,440	百万円	134,631	百万円	225,346	百万円
経常利益	247,621	百万円	92,775	百万円	265,868	百万円
当期純利益	115,519	百万円	15,310	百万円	16,754	百万円
株価	4,200	円	6,700	円	8,550	円
配当金	25.00	円	25.00	円	25.00	円
発行済み株式数	922,008	千株	919,744	千株	919,617	千株
営業キャッシュフロー	853,788	百万円	737,596	百万円	544,767	百万円
1株当たりキャッシュフロー	928.33	円	803.66	円	599.07	円
	当期利益÷発行済み株式数					
EPS（1株当たり利益）	125.29	円	16.65	円	18.22	円

データ入力シートが表示されたら、シートの上部に過去3期分のデータを入力します。シートの下部は自動計算されます。

④比較銘柄の指定

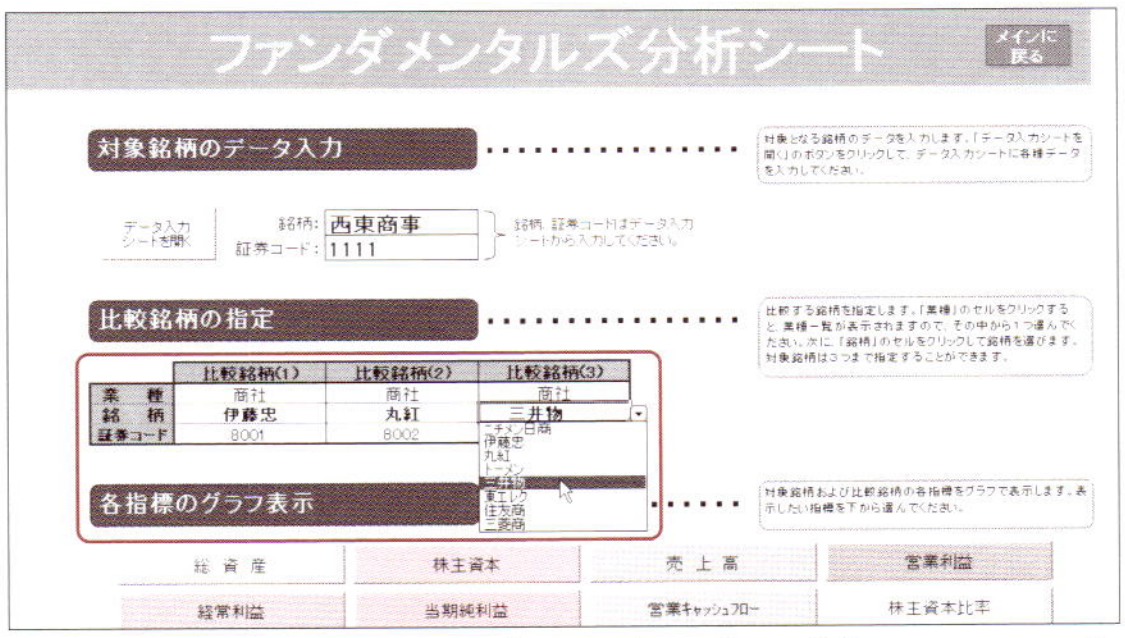

比較銘柄（1）～（3）を指定します。プルダウンメニューを使って、業種と銘柄を選択します。証券コードは自動的に表示されます。

⑤グラフ表示

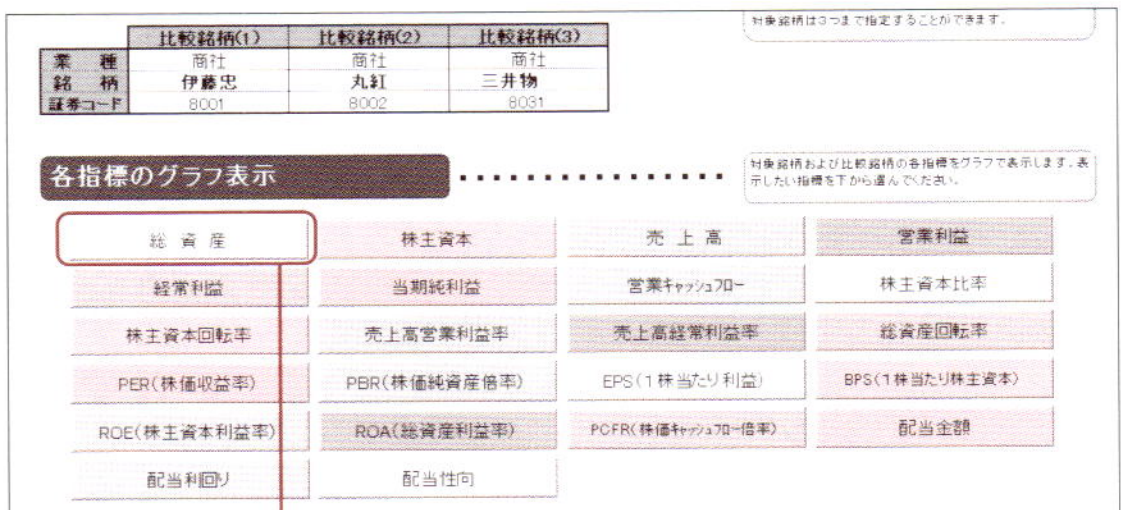

比較銘柄を指定したら、各指標をグラフで表示してみましょう。22の指標のリストから、目的の指標を選択してクリックします。

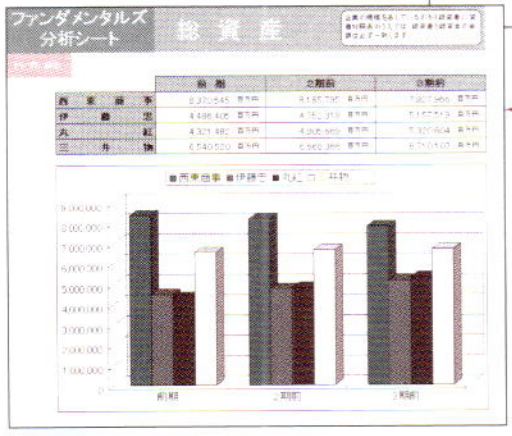

対象銘柄と3つの比較銘柄の数値が表とグラフで表示されます。

あらかじめ文字の入ってるセルはダブルクリックしないように注意してください。文字の入っているセルをダブルクリックして表示がおかしくなってしまった場合、「Esc」キーを押すことで元にもどります。

注意 ●本シートには、2005年3月現在で日経平均株価に採用されている225銘柄が登録されています。ただし、そのなかには企業合併、企業分割、会計方式の変更などの理由によって、連続性のあるデータを掲載できない企業があります。本シートでは、これらの企業についても企業名は削除することなく掲載していますが、会計データが掲載できない

「チャート学習シート」の使い方

基本パターンを実践的に学ぼう

Let's make use of computer !

実際の企業の株価チャートを使って、ポイントとなる部分をピンポイントで示しているのが「チャート学習シート」の最大の特徴です。

実際のチャートから目で見て学ぼう！

実際の企業の株価チャートを表示して、分析のポイントを目で見て学べるのが**チャート学習シート**です。

チャート学習シートでは、**「トレンドライン」「移動平均線」「出来高」「カイ離率」「ローソク足パターン」**の5つの切り口からチャートを分類しています。

「トレンドライン」では「上昇トレンド」「下降トレンド」「横ばいトレンド」の典型的な3パターンを紹介。「移動平均線」では、期間の異なる移動平均線を同時に表示した基本パターンや、「ゴールデンクロス」と「デッドクロス」がひと目見て分かるパターンを交えて解説しています。

「出来高」では、上昇→下降、下降→上昇というトレンドの転換点と出来高の関係を、「カイ離率」では「プラス・カイ離」と「マイナス・カイ離」のパターンをピックアップして、その瞬間を丸囲みで示しました。

さらに、「ローソク足パターン」では、「大陽線」「大陰線」「丸坊主」「つつみ線」「はらみ線」「トンボ」「かぶせ線」「切り込み線」の各パターンを読み解くポイントを紹介しています。

チャートの限界も知っておこう

「チャート学習シート」では、それぞれの典型的パターンをセレクトして収録しています。しかし、実際には、このようなパターンには当てはまらないチャートも多数存在します。同じ企業のチャートでも、長期間のチャートと短期間のチャートでは、正反対のトレンドが現れることもあります。

チャート分析は、銘柄選びや売買タイミングを図るのに有効な手段ですが、決して絶対的なものではないということを覚えておきましょう。

「チャート学習シート」の使い方

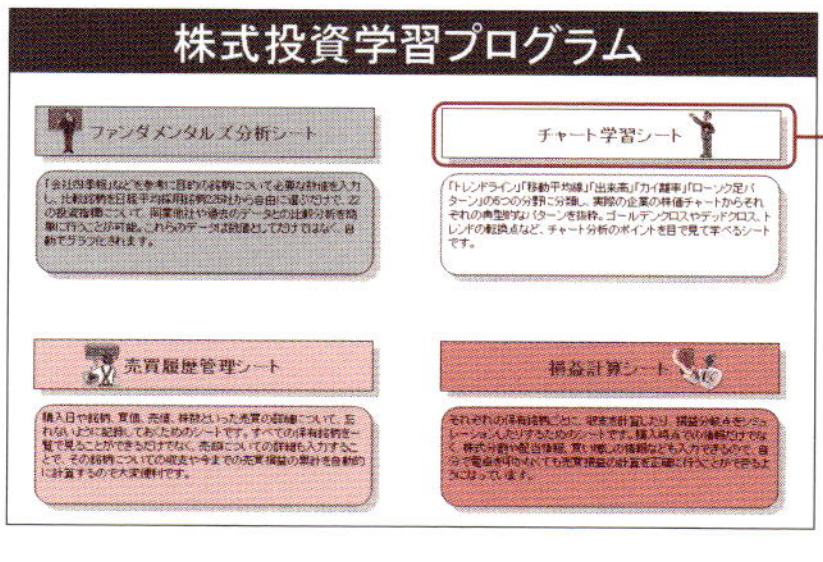

①メイン画面

プログラムを起動し、最初の画面から「チャート学習シート」をクリックします。

②チャート学習シートのトップ画面

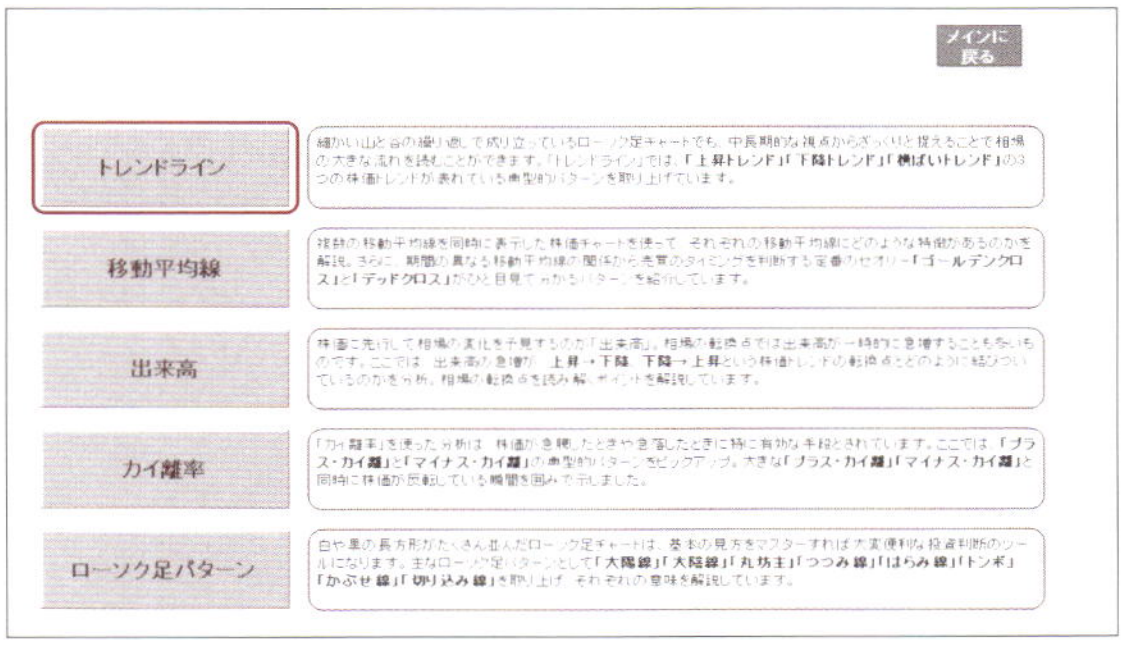

「トレンドライン」「移動平均線」「出来高」「カイ離率」「ローソク足パターン」のなかから、学習したいものを選択します。ここでは「トレンドライン」を見てみましょう。

③トレンドラインの収録チャート一覧

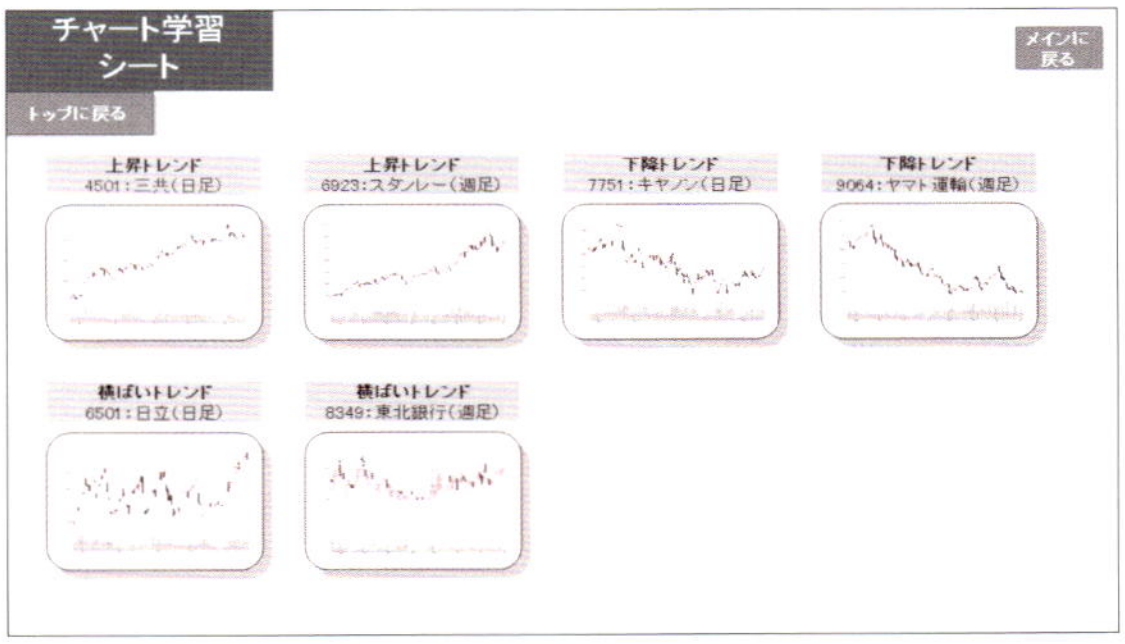

「トレンドライン」のボタンをクリックすると、収録されているチャートの一覧が表示されます。

④チャートの拡大表示（上昇トレンド）

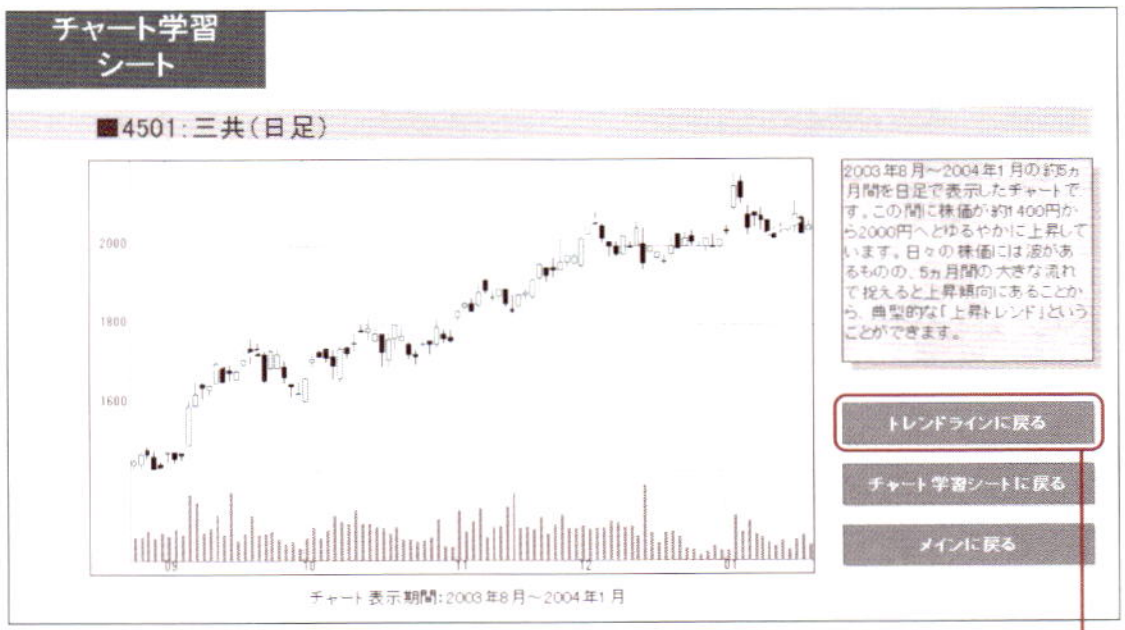

目的のチャートが拡大表示されます。解説部分も読みながら目で見て学習しましょう。

「トレンドラインに戻る」ボタンをクリックすれば、ひとつ前の画面に戻りますので、別のチャートを選択することができます。チャート学習シートのトップ画面やメイン画面に戻ることもできます。

⑤移動平均線の収録チャート一覧

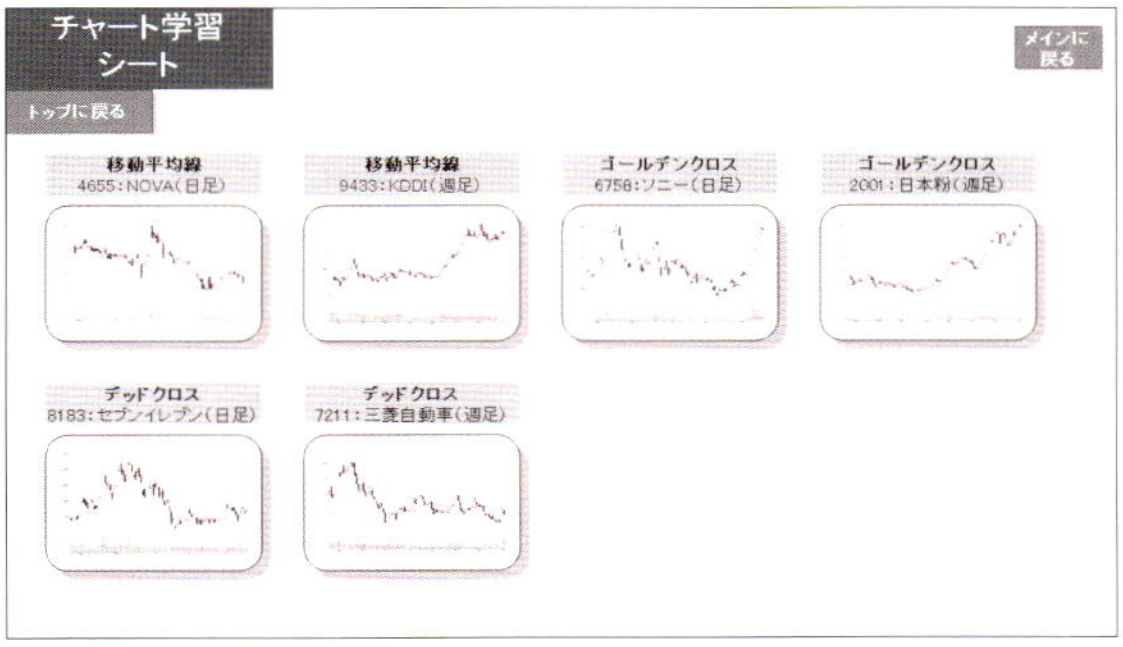

今度は移動平均線を見てみましょう「移動平均線」には、期間の異なる複数の移動平均線を同時に表示した基本パターンや、ゴールデンクロス、デッドクロスの見本となるチャートが収録されています。

⑥チャートの拡大表示

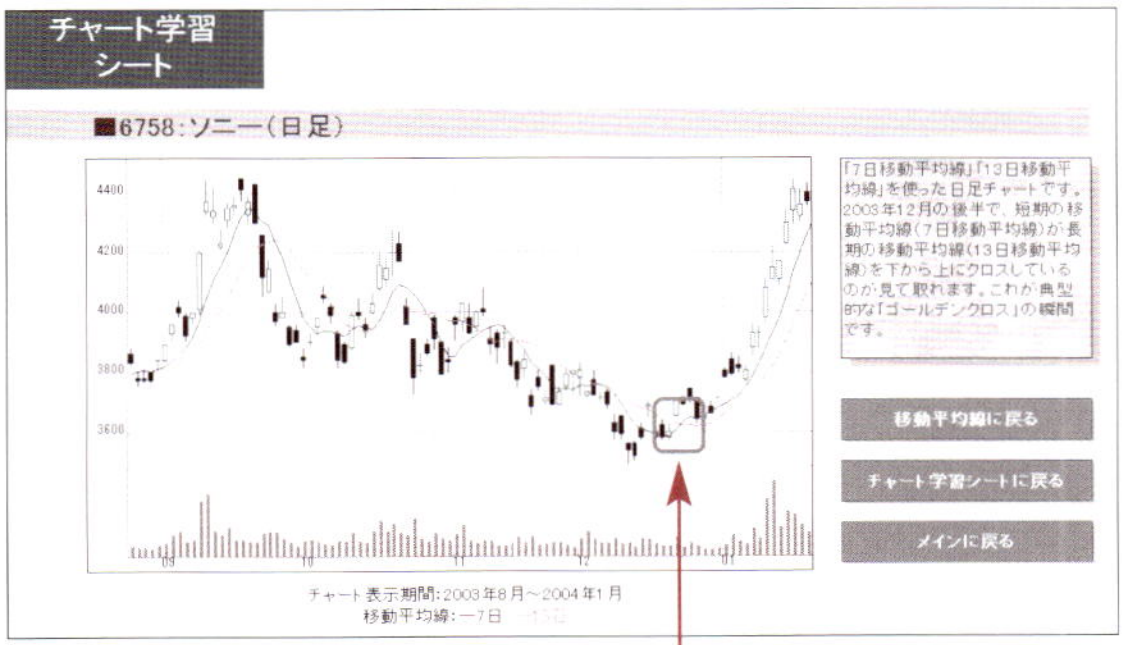

「ゴールデンクロス」のチャートをクリックすると、目的のチャートが拡大表示されます。

ゴールデンクロスしている瞬間が枠で囲まれています。

「チャート学習シート」では、株価チャートの典型的パターンについて、実際に目で見て学習できる！

POINT

クリック マウスのボタンを押し、マウスを止めたまま素早く離すこと。マウス上部に2つのボタンがあるWindowsの場合、「クリック」ならマウス上部左側のボタン、「右クリック」なら右側のボタンを押します。

「売買履歴管理シート」の使い方

売買の収支がひと目で分かる！

Let's make use of computer !

「自分がいつ、どの株を、いくらで、何株売買したのか」を記録しておくことは、保有銘柄を管理し、売買損益を計算するうえで大変重要です。

過去の売買損益が自動で集計される！

「売買履歴管理シート」は、売買の日付や銘柄、買い値、売り値、株数、手数料、配当金といった基本情報について、忘れないように記録しておくためのシートです。

保有銘柄の詳細な売買データや保有状況を最大10銘柄まで一覧で見ることができるだけでなく、銘柄ごとの損益やトータルでの損益が自動計算で表示できます。

売買損益を正確に計算するためには、手数料や配当金などについても正確に反映することが不可欠です。シートの活用にあたっては、購入時や売却時だけでなく、配当金の受け取り時にもこまめに情報を更新することが重要です。

ポートフォリオ運用の実践にも大活躍

株式投資で失敗しないための最大のコツは、全体のバランスを見ながら**ポートフォリオ**運用を行うということ（114ページ参照）。

銘柄ごとの売却益を追求することも大切ですが、それだけでは全体のバランスがなかなか見えてきません。現在の保有銘柄や過去の売買履歴を一覧にすることで、ポートフォリオについてチェックする習慣を付けたいものです。

「売買履歴管理シート」は、ポートフォリオ運用の実践に最適なシートです。

ひとつの銘柄につき、買いと売りの情報を3回に分けて入力できるので、時間を分散させて投資した場合の売買損益の把握が簡単にできます。また、投資状況が一覧で表示されるので、業種を分散させて投資したり、全体の損益を見ながら思い切った損切りを行ったりといったポートフォリオ運用の基本を実践するのにも役立つことでしょう。

では、実際に「売買履歴管理シート」の使い方を見てみましょう。

「売買履歴管理シート」の使い方

①メイン画面

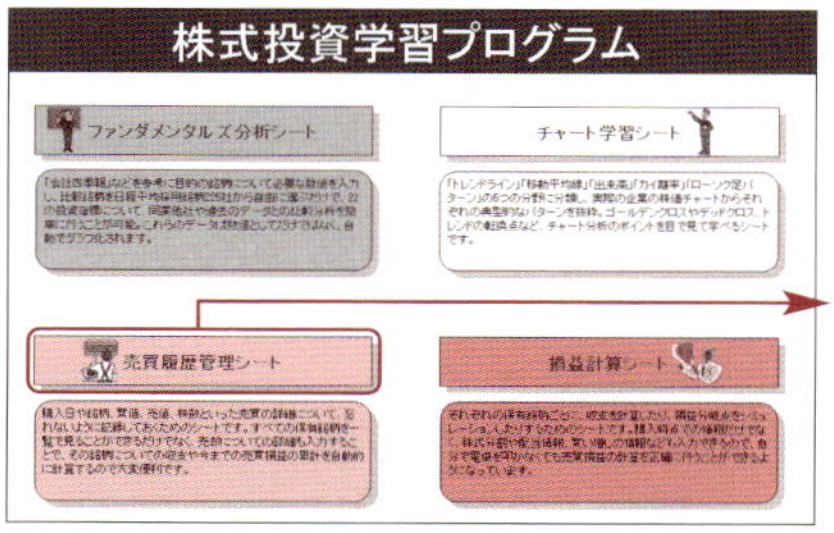

プログラムを起動し、最初の画面から「売買履歴管理シート」をクリックします。

②売買の情報を入力

買値と株数を入力すると、約定金額は自動計算されます。

手数料、配当金などは、取引報告書などを元に入力します。

売値と株数を入力すると、約定金額は自動計算されます。

これでの損益の合計が計算されます。

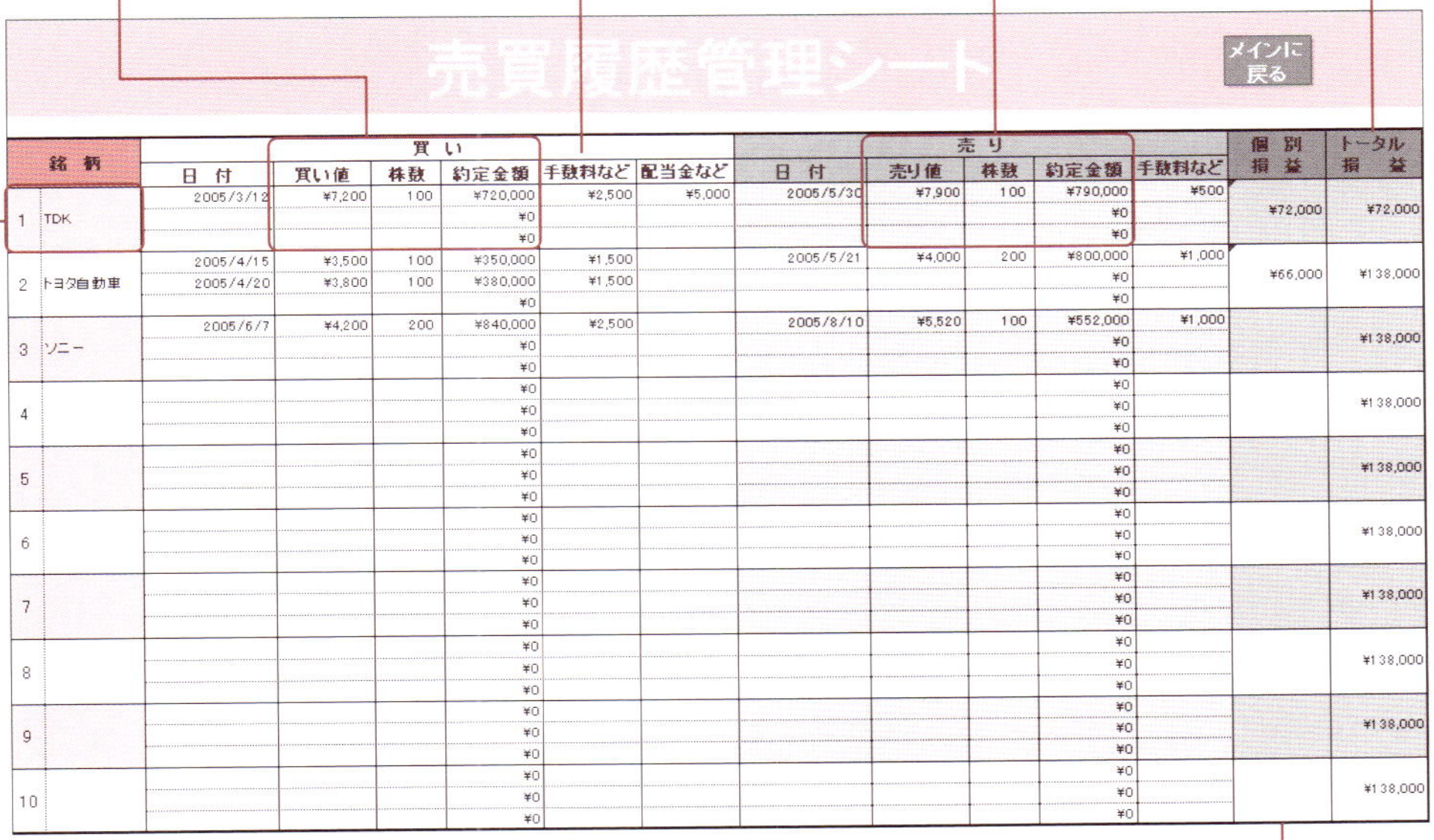

銘柄名を入力します。1銘柄につき「買い」「売り」ともに、3回まで記録できます。たとえば、100株ずつ2回に分けて買った200株を1度に売ったり、1回で買った300株を100株ずつ売ったり、というような分割売買にも対応しています。

買いと同数の売りを入力し、一連の売買が終了すると、この部分にその銘柄の売買による損益が自動計算されます。ただし、何回かに分けて売買している場合、買いと売りの株数が同じにならないと（買った株をすべて売ってからでないと）損益は計算されません。

POINT

「売買履歴管理シート」を使えば、いままでの売買履歴や現在の保有銘柄が一目瞭然！

④データの保存

入力を終えたら、必ずデータを保存しておきましょう。

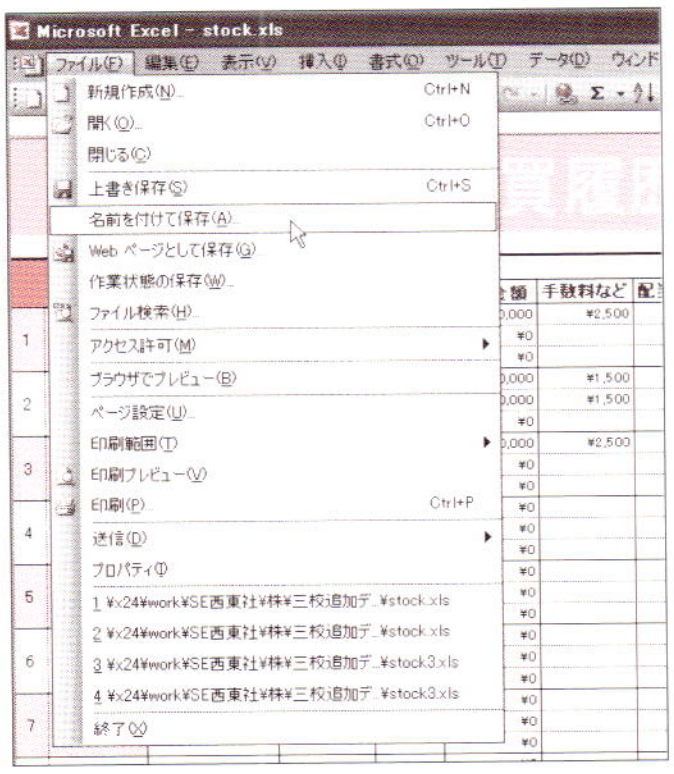

メニューバーの「ファイル」から「上書き保存」または「名前を付けて保存」を選択すればOKです。

③データのクリア

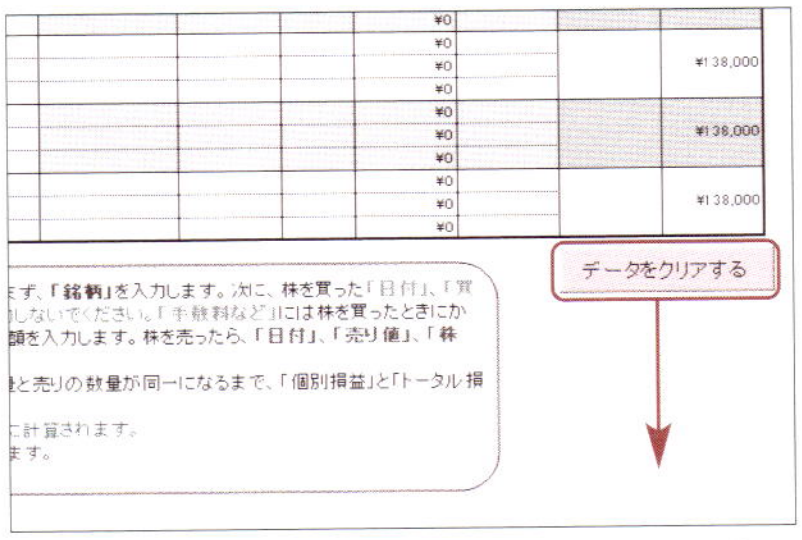

入力したデータをすべて消したいときは、ページ下部にある「データをクリアする」ボタンをクリックしてください。

メニューバー 画面の左上に並んでいる「ファイル」「編集」などの項目があるバーのこと。これらの項目は「メニュータイトル」と呼ばれ、ソフトによって並んでいる位置が決まっていることが多いようです。

「損益計算シート」の使い方

損益分岐点が労せずして計算できる！

Let's make use of computer !

株式分割、配当金、買い増しなどの情報を入力することで、平均取得単価や損益分岐株価の計算ができるのが「損益計算シート」です。

いろいろな売値で試算してみよう！

それぞれの銘柄ごとに収支や損益分岐株価を計算するためのシートが**損益計算シート**です。購入時点での情報だけでなく、株式分割や配当情報、買い増しの情報なども入力でき、自分で電卓を叩かなくても売買収支の計算を正確に行うことができるのが最大の特徴です。

　また、同じ銘柄を複数回に分けて購入したときや売却したときにも、平均単価や合計株数、収支などが自動的に計算されますので、大変便利です。

シミュレーションで売りどきを探そう

「売買履歴管理シート」は記録管理のために、実際に売った株価を入力しますが、「損益計算シート」は必ずしも売買後に入力を行う必要はありません。**買いの情報**で入力した情報をもとに、いくらで売却すれば売却益（キャピタルゲイン）が得られるのかをシミュレーションするのにも役立てることができます。

　収支欄は、売り値と手数料（税込）を入力した時点で確定します。まずは手数料を固定し、目標の売却益を得るにはいくらで売ればいいのか、数字を変えていろいろと試算してみましょう。

　なお、「差し引かれる税金」欄は、源泉徴収ありの特別口座の場合のみ入力することになります。

　売却益の目標が達成できる売値が確定できたら、実際に株価がその値段になる可能性があるかどうかを、ファンダメンタルズ分析やチャート分析などを活用しながら予測することになります。

　損益分岐株価欄には、手数料を差し引いても売却益が出る株価が自動で表示されます。売買のタイミングを探る際の参考として活用しましょう。

「損益計算シート」の使い方

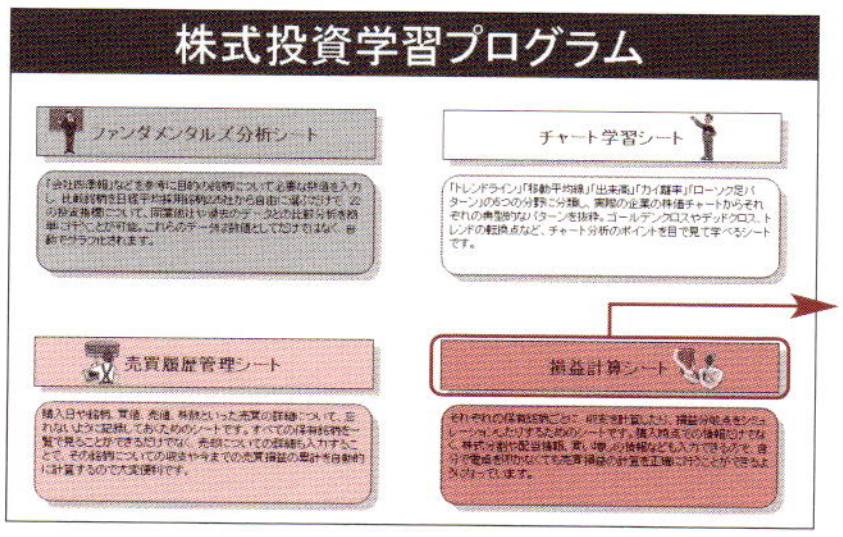

①メイン画面

プログラムを起動し、最初の画面から「損益計算シート」をクリックします。

②売買の情報を入力

取得日や取得株価、株数、手数料を入力します。合計は自動計算されます。

その銘柄についての、取得単価の平均、合計株数、投資総額が自動的に計算され、表示されます。

これ超えると、手数料も含めて、利益が出る「損益分岐株価」を自動計算します。

銘柄コード、銘柄名を入力します。

株式分割や配当などがあったら、それも入力します。

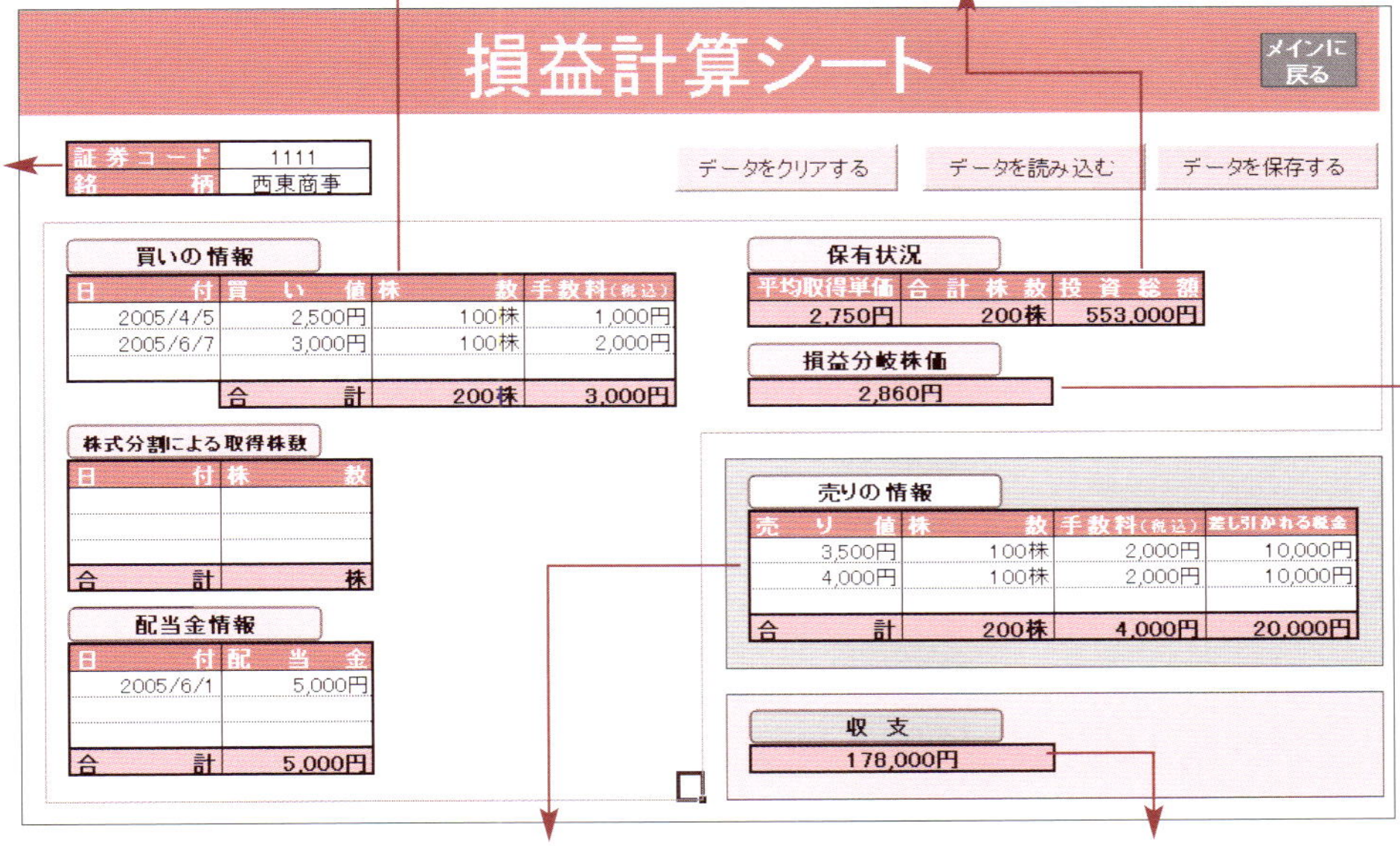

売値、株数、手数料、税金（源泉徴収ありの特定口座の場合）、を入力します。履歴を管理するためのシートではないので、仮の数値を入れて収支計算をしてもかまいません。

収支が自動計算されます。

POINT

「損益計算シート」を使えば、売買の収支や損益分岐株価を自動的に計算することが可能！

③データの保存と読み込み

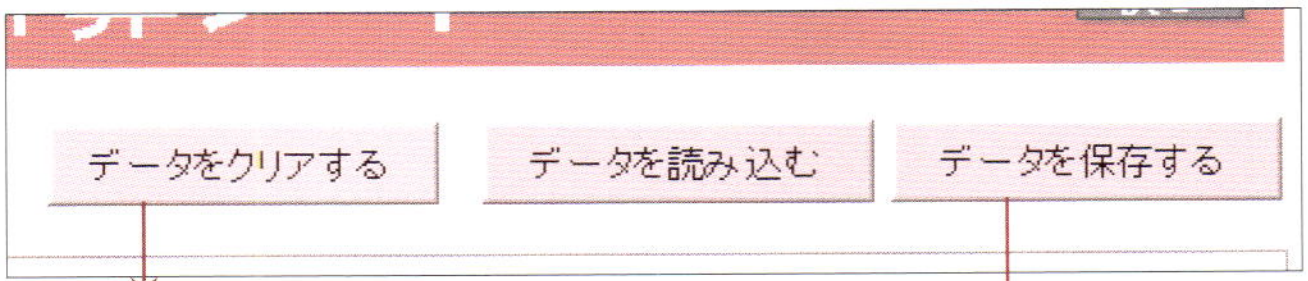

入力したデータをすべてクリアしたいときはこのボタンをクリックします。

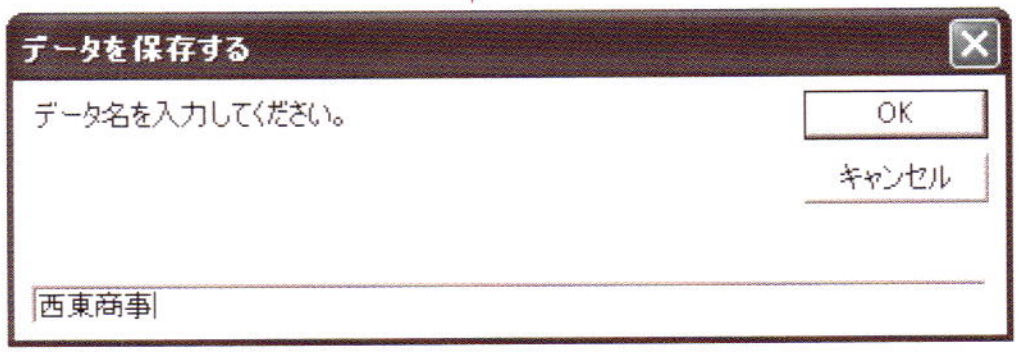

入力したデータを保存したいときは、ページ上部の「データを保存する」ボタンをクリックします。上のような入力ボックスが現れますので、わかりやすいデータ名をつけて、OKをクリックすると保存されます。保存したデータは、「データを読み込む」でいつでも呼び出すことができます。

上書き保存 更新した内容をオリジナルのファイルに書き戻して、元のファイルを書き換える保存方法。変更前のファイルも取っておきたい場合には、「名前を付けて保存」「別名で保存」などを選びます。

COLUMN

Vol.9

リンク集と検索サイトを使いこなそう

検索サイトの使い方にはコツがある

付録のCD-ROMには、証券取引所、関係機関、証券会社など、株式投資に役立つホームページを集めた「株式投資関連リンク集」も収録しています。このリンク集を活用すれば、アドレスを自分で調べて入力しなくても、簡単に目的のホームページにアクセスすることができます（なお、掲載の情報は２００４年３月現在のものです）。

このリンク集に掲載されている以外にも、個人や団体で運営している株式投資関連のホームページはたくさんあります。それらの情報を調べたい場合は、前にも出た「Ｙａｈｏ！Ｊａｐａｎ」や「Ｇｏｏｇｌｅ」（http://www.google.co.jp/）などの検索サイトを利用します。その際に注意したいことは、「株」や「株式」といった一般的すぎる言葉で検索すると、投資とは関係のない「○○株式会社」といったものも含まれ、リストアップされる数が多くなりすぎることです。必要な投資関連のホームページだけを探し出したいなら、「株式投資」とするとある程度は絞り込めます。また、初心者向けの内容を探し出したいなら「株式投資　初心者」「株式投資　入門」（単語の間にスペースを入れる）などとすると、より絞り込まれた的確な内容のページが表示されるようになります。

株式投資関連のページのなかには、掲示板やチャットで情報交換しているページも多くあります。株についての情報を交換したり、雑談をしたりするのは楽しいものですが、利用の仕方には注意が必要。自分の有利なように株価を動かそうとして、虚偽の情報を書き込むことは、法律で禁止されている「風説の流布」にあたりますので、厳禁です。また、インターネットに書かれた情報はだれにどのように利用されるか分からないので、本名や電話番号などの個人情報を書くことも、基本的にはしない方がいいでしょう。

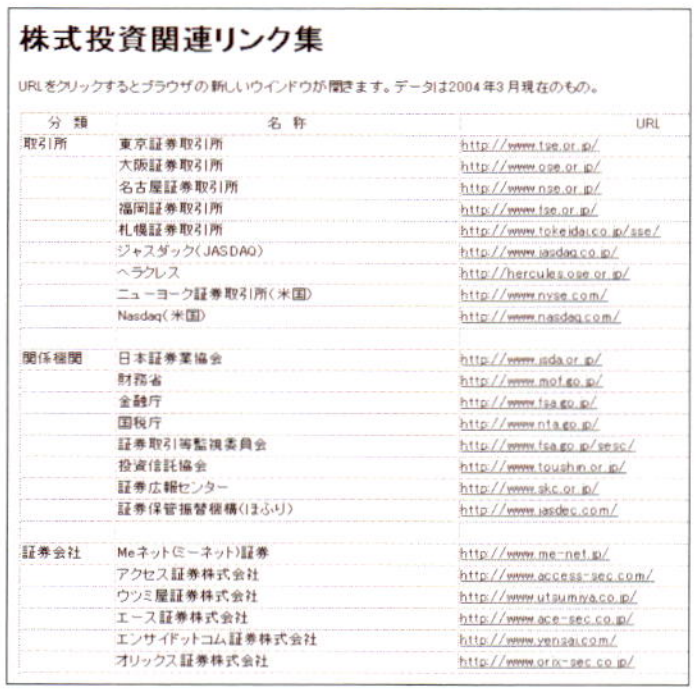

株式投資関連リンク集

URLをクリックするとブラウザの新しいウインドウが開きます。データは2004年3月現在のもの。

分類	名称	URL
取引所	東京証券取引所	http://www.tse.or.jp/
	大阪証券取引所	http://www.ose.or.jp/
	名古屋証券取引所	http://www.nse.or.jp/
	福岡証券取引所	http://www.fse.or.jp/
	札幌証券取引所	http://www.tokeidai.co.jp/sse/
	ジャスダック（JASDAQ）	http://www.jasdaq.co.jp/
	ヘラクレス	http://hercules.ose.or.jp/
	ニューヨーク証券取引所（米国）	http://www.nyse.com/
	Nasdaq（米国）	http://www.nasdaq.com/
関係機関	日本証券業協会	http://www.jsda.or.jp/
	財務省	http://www.mof.go.jp/
	金融庁	http://www.fsa.go.jp/
	国税庁	http://www.nta.go.jp/
	証券取引等監視委員会	http://www.fsa.go.jp/sesc/
	投資信託協会	http://www.toushin.or.jp/
	証券広報センター	http://www.skc.or.jp/
	証券保管振替機構（ほふり）	http://www.jasdec.com/
証券会社	Meネット（ミーネット）証券	http://www.me-net.jp/
	アクセス証券株式会社	http://www.access-sec.com/
	ウツミ屋証券株式会社	http://www.utsumiya.co.jp/
	エース証券株式会社	http://www.ace-sec.co.jp/
	エンサイドットコム証券株式会社	http://www.yensai.com/
	オリックス証券株式会社	http://www.orix-sec.co.jp/

付録CD-ROMの「LINK」フォルダに収録されているlink.htm。URLをクリックすると別ウィンドウでブラウザが開きます。

付録
知っておきたい株の税金

株の税金のしくみはこうなっている！

「特定口座」と「一般口座」どっちを選ぶ？

配当課税のしくみを知っておこう

確定申告にチャレンジしよう！

Tax 10000

株の税金のしくみはこうなっている!

新証券税制ってどんな制度?

Stack & Tax

売却益（キャピタルゲイン）を得たときや、配当金を受け取ったときには税金がかかります。その基本的なしくみを知っておきましょう。

「申告分離課税」に課税方式が一本化

株式投資にかかる税金は主に2つあります。ひとつは売却益（キャピタルゲイン）を得たときにかかる**キャピタルゲイン課税**、そしてもうひとつは配当金を受け取ったときにかかる**配当課税**です。

キャピタルゲイン課税については、以前は源泉分離課税と申告分離課税から選択することになっていましたが、2003年1月から**新証券税制**と呼ばれる新しい課税制度がスタート。課税方式が申告分離課税に一本化されました。

申告分離課税とは、売却代金から売買委託手数料などを差し引いた所得を、ほかの所得とは分離して課税するというものです。1年間に売却した上場企業の株の売却益と売却損を通算し、**20万円を超える売却益**が生じた場合には、翌年に**確定申告**をしなければなりません。

とはいっても、給与所得しかないサラリーマンにとって、株の売却益だけのためにわざわざ確定申告をするのは面倒な話です。そこで、申告分離課税への一本化と同時に**申告不要制度**という制度も創設されました。

これは、あらかじめ証券会社に**特定口座**と呼ばれる専用の口座を開設しておけば、売却益が出るたびに証券会社が税金を源泉徴収し、代わりに納税してくれるという便利なシステムです。

ただし、特定口座は、すべての証券会社が導入を義務付けられているわけではありません。そのため、証券会社によっては特定口座制度を導入していないところもあります。

2007年末までは税率も優遇される!

キャピタルゲイン課税の税率についても、これまでの26パーセント（所得税20パーセント＋住民税6パーセント）から20パーセント（所得税15パーセント＋住民税5パーセント）に引き下げられました。

さらに、2007年末までは、10パーセント（所得税7パーセント＋住民税3パーセント）の優遇税率となっています。

また、売買委託手数料には**消費税**が含まれています。消費税はもともと手数料の金額に対して5パーセントですから、安い手数料の証券会社を利用すれば、税金もそれだけ少なくてすみます。

「ミニ株」「るいとう」の税金

「ミニ株」「るいとう」も新証券税制の対象となり、申告分離課税されます。もちろん、特定口座への入庫も可能。ただし、同じ銘柄であっても、単元株と「ミニ株」「るいとう」などの単元未満株は別々の勘定になっており、同時に売却しても、売却益や税金は別々に計算されるのです。例えば、A社株を700円で1,000株（1単元）、500円で100株（ミニ株）買い、600円で一括して売却したようなときでも、源泉徴収ありの口座の場合損益は通算されず、ミニ株の売却益については源泉徴収されます。

POINT

2003年1月から「新証券税制」がスタート！　売却益への課税方式が申告分離課税に一本化された。

キャピタルゲイン課税の方法

ステップ1　売却益の計算

売却益＝売却代金－（取得価格＋購入時の手数料）－売却時の手数料
※手数料は消費税込み

ステップ2　税額の計算

取引ごとの売却結果	源泉徴収ありの特定口座の場合	源泉徴収なしの特定口座・一般口座の場合
●1回目 売却益 ＋20万円	20万円×10% ＝2万円	1年分の損益をまとめて課税！
●2回目 売却損 －10万円	－10万円×10% ＝－1万円（1回目に源泉徴収された分からマイナスされる）	
●3回目 売却益 ＋5万円	5万円×10% ＝5,000円	
1年間の総課税額	源泉徴収税額 2万円－1万円+5,000円 ＝1万5,000円	1年分の損益 （20万円－10万円+5万円）×10%＝1万5,000円
	課税金額は原則的に変わらない。ただし……	
	・年間の売買結果が損失の場合でも、繰り越せない（確定申告をすれば可能） ・2社以上の証券会社で売買している場合の損益を通算できない（確定申告をすれば可能）。 ・株の利益を合計所得金額に算入しない（配偶者控除などに影響なし）。	・年間の売買結果が損失の場合、損失額を繰り越して、翌年以降3年間分の利益と相殺できる（「損失の繰越控除」が可能）。 ・2社以上の証券会社で売買している場合、損益を通算可能。 ・株の利益を合計所得金額に算入する（配偶者控除などに影響あり）。
	といった違いがあり、実際の納税金額には差が出る場合がある → 詳しくは証券会社や税務署に確認を！	

キャピタルゲイン課税の税率

新証券税制スタート！

	～2002年12月	2003年1月～2007年12月	2008年1月～
所得税	20%	7%	15%
住民税	6%	3%	5%
合　計	26%	10%	20%

優遇税率の今がチャンス！

確定申告　年間の所得をまとめ、自分で税額を計算して納付する（または還付を受ける）制度のこと。該当年の翌年の2月16日から3月15日までの間に、住所地を所轄する税務署に申告するのが原則です。

Tax 10000

「特定口座」と「一般口座」どっちを選ぶ?

投資スタイルによって使い分けよう

Stack & Tax

最近よく耳にする「特定口座」という言葉。ここでは、「特定口座」とはどのようなものなのか、その概要を見てみることにしましょう。

「特定口座」にも2つのタイプがある!

特定口座には、**「源泉徴収あり」「源泉徴収なし」**の2タイプがあります。それ以外にも従来の保護預かり口座にあたる**一般口座**があります。

投資家が特定口座を利用する場合、その年の最初の譲渡、または口座開設時に、「源泉徴収ありの特定口座」か「源泉徴収なしの特定口座」の選択を行わなければなりません。

また、一度どちらかを選択すると、その年の途中では変更できませんので注意が必要です。

2つの特定口座それぞれの利点は?

「源泉徴収あり」の特定口座のメリットは、売却のたびに証券会社が売却益を計算して源泉徴収をしてくれるので、基本的に**確定申告の必要がない**ということ。

しかし裏を返せば、年間で通算した場合の売却益が20万円以下で、税金を支払う必要がない場合(※)でも、一回一回の売却で売却益が出ると、そのつど税金が天引きされてしまうことになります。

一方、「源泉徴収なし」の特定口座の場合、年間の株の売却益が20万円を超えているなら、**自力で確定申告**をしなければなりません。

しかし、1年間の損益をまとめた**年間取引報告書**が送られてきますので、確定申告の手続きは意外と簡単に終わります。

年間で通算した売却益が20万以下になりそうなら、「源泉徴収なし」の特定口座を選び、確定申告をしないですますというのが新証券税制への一番スマートな対処法だといえるでしょう。

一般口座ならではのメリットもある!

一般口座の場合には、1年間の損益をとりまとめた「年間取引報告書」をもらうことができません。したがって、確定申告をする場合には、1年間たまりにたまった「取引報告書」とにらめっこをして、年間の売買損益を確定する必要があります。直前になってあわてないためにも、日頃から取引の記録を自分で管理することが大切になってきます。

しかし、「源泉徴収なし」の特定口座と同様に、年間の売却益が20万以下なら確定申告をしないですむことや、**みなし取得価格の特例**(59ページ参照)を利用できることなど、一般口座ならではのメリットもあります。

(※)年間給与所得が2,000万円以下の給与所得者で、かつ、株の売却利益を含めた、給与所得や退職所得以外の他のすべての所得合計額が年間20万円以下である場合。

「タンス株」の入庫が再開されます！

「タンス株」とは、その名の通り、家のタンスに眠っている株券のこと。保護預かり口座に預け入れてあった株券を含めて「タンス株」と呼ぶことも。これらの株券の特定口座への入庫は2004年いっぱいでいったん打ち切られましたが、その後の証券税制の変更によって、2005年4月から移行手続きが再開されました。ただし、それまで可能だった「みなし取得価格の特例」は一般口座でしか使えないことに。これからは、実際の取得価格や名義書き換え時の株価を取得価格とすることになります。

POINT

特定口座には、「源泉徴収あり」「源泉徴収なし」の2タイプがあり、それ以外にも従来の保護預かり口座にあたる「一般口座」がある！

特定口座と一般口座

■「源泉徴収ありの特定口座」の場合

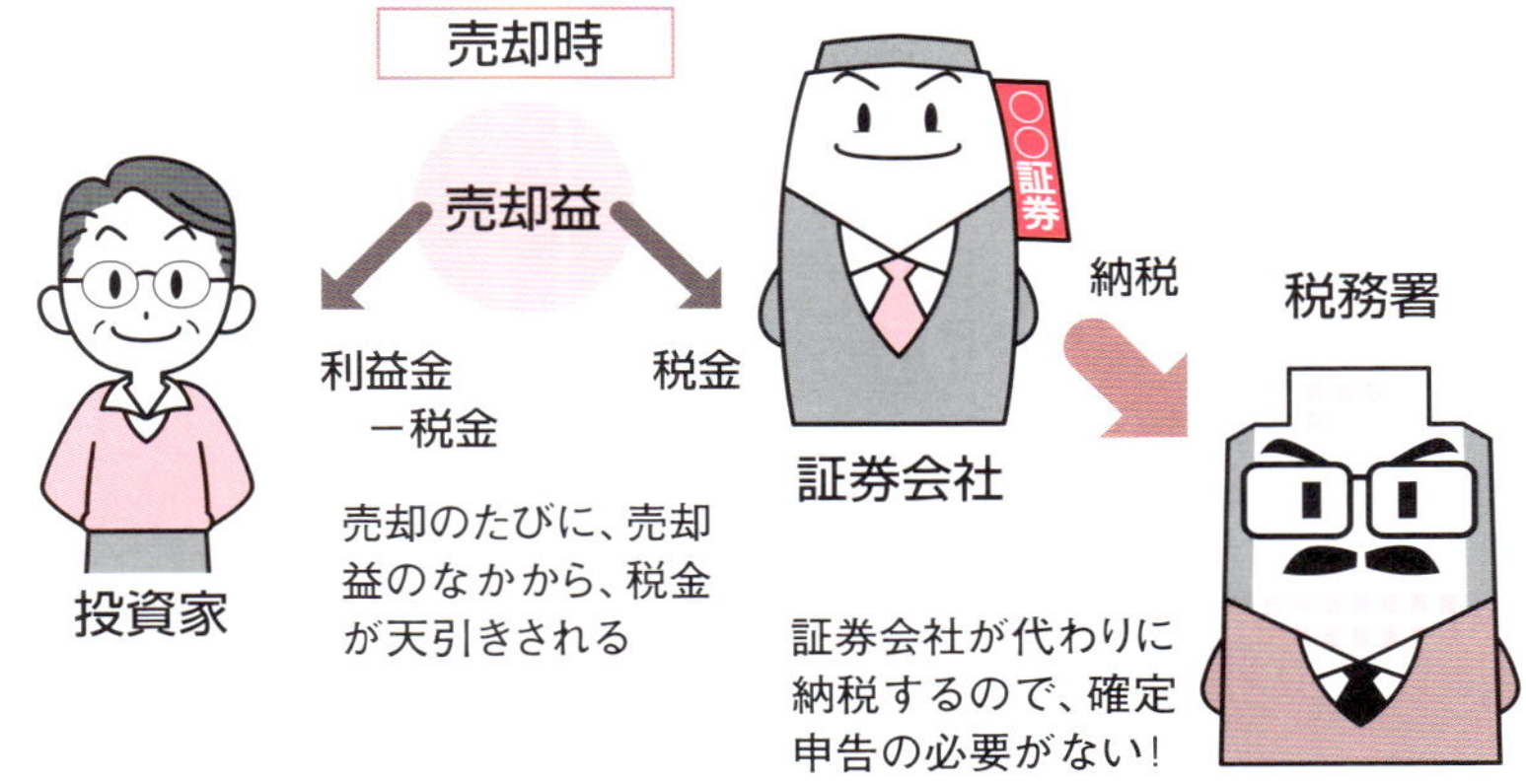

■「源泉徴収なしの特定口座」の場合

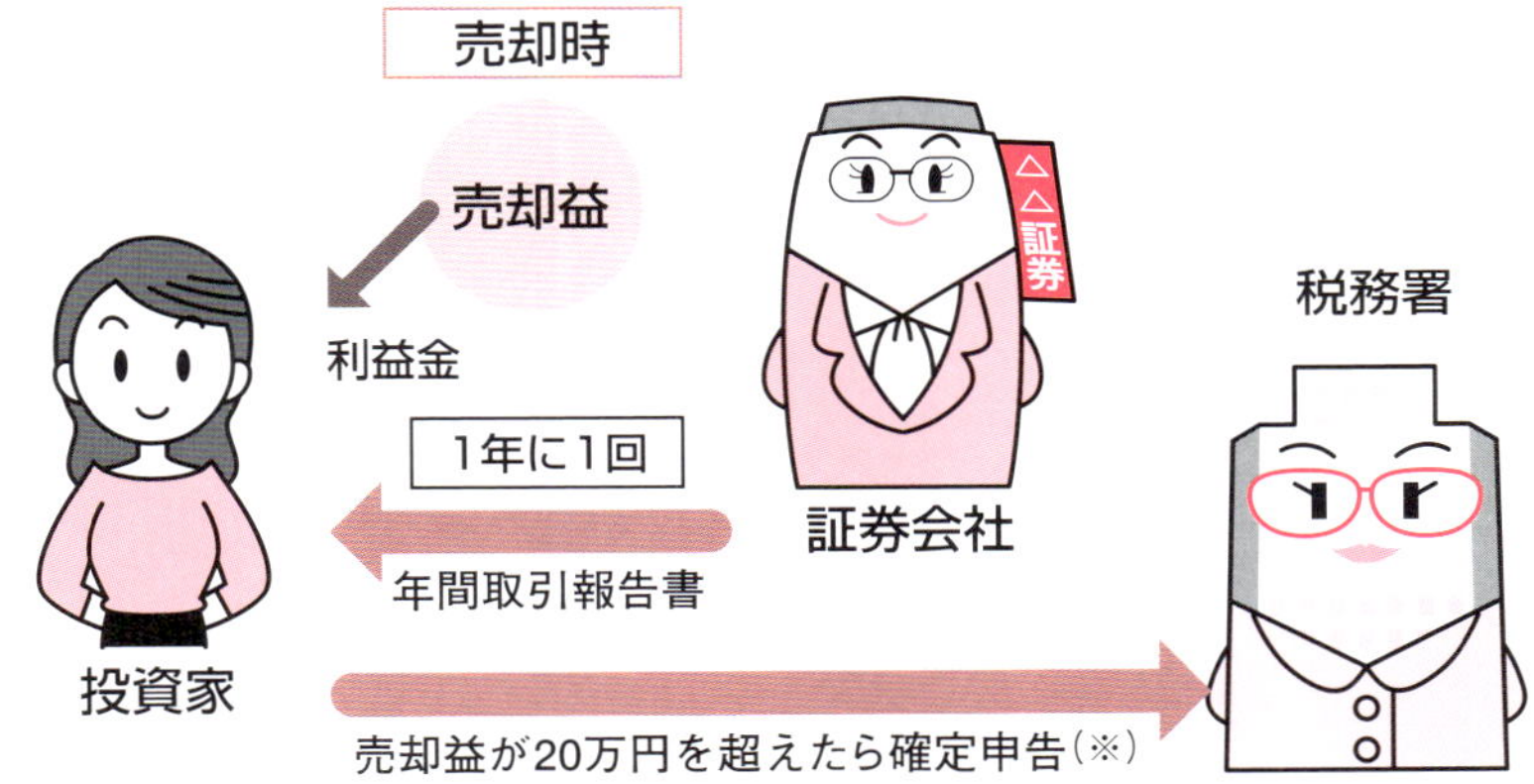

■「一般口座」の場合

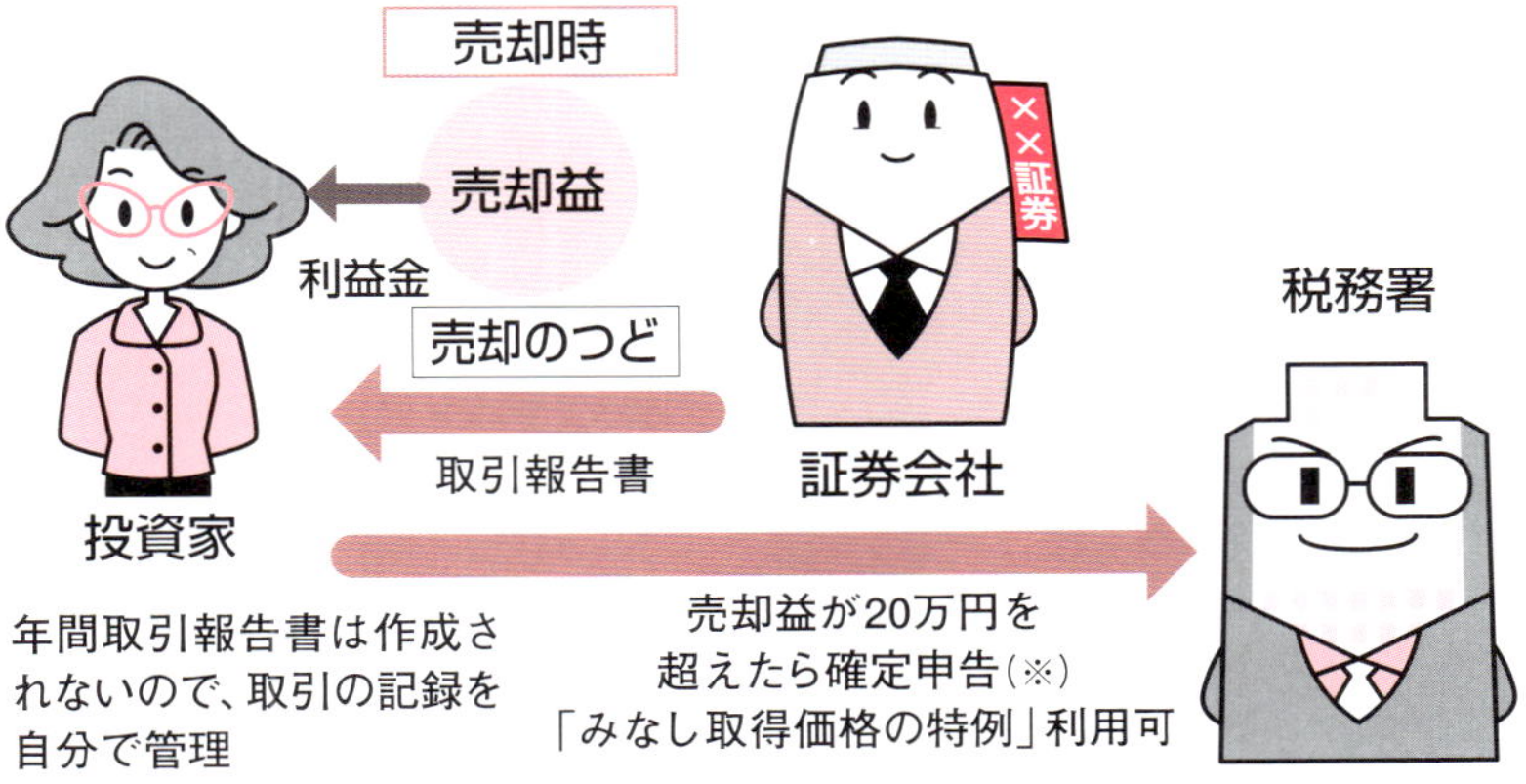

みなし取得価格の特例 売却益を計算する際、一定の条件を満たした場合に、実際の取得価格ではなく、みなし取得価格（2001年10月1日の終値の80％）を取得価格とみなすことができるという特例です。

Tax 10000

配当課税のしくみを知っておこう

源泉徴収が基本だが、確定申告した方が有利なことも

Stack & Tax

2003年4月から、配当課税は源泉分離課税に一本化されました。しかし、場合によっては確定申告をしたほうが有利な場合も。

源泉徴収だけで課税関係が終了する

キャピタルゲイン課税に新たな方式が導入されたのと同時に、**配当課税**の方式も新しくなりました。

2003年3月末までは、上場企業の株の配当金のうち、源泉徴収だけで納税をすませることができるのは、1銘柄年間10万円（中間配当がある場合には1回5万円）以下の場合に限られていました。

しかし、2003年4月からこの金額の上限が撤廃。配当金がいくらであっても、受け取り時に一律で源泉徴収されることで課税が終了するようになりました。

2008年3月末までは、上場企業の株の配当金については、金額に関わらず、一律10パーセント（所得税7パーセント＋住民税3パーセント）が源泉徴収されます。また、2008年4月以降は、税率が20パーセント（所得税15パーセント＋住民税5パーセント）に変更される予定です。

ただし、発行済み株式数の5パーセント以上を保有している個人株主の場合は例外。この制度の適用外となりますので、自分で確定申告をする必要があります。

配当控除を受ければ税金が戻ってくる！

このように、配当金については一律で源泉徴収されるようになったため、基本的には確定申告をする必要はありません。しかし、従来どおり確定申告を行えば、配当控除が受けられるという特典があります。

配当控除とは、配当所得のうち一定割合を所得税や住民税の税額から差し引くことができる制度。所得税については、課税総所得が1、000万円以下なら配当所得の10パーセント、1、000万円を超える部分については5パーセントを税額から直接差し引くことができます。住民税については、それぞれ2.8パーセント、1.4パーセントの控除率になっています。

課税総所得の金額によっては、あえて確定申告をすることで源泉徴収された税金の還付が受けられる場合があるのです。

例えば、所得税の税率が10パーセント（課税総所得が330万円未満）の人が、10パーセントの配当控除を受けると、差し引きの税負担は0パーセントになります。つまり、配当所得に対して課税された源泉徴収税額がそっくり戻ってくる計算になります。

配当控除で配当金への所得税負担はどうなる？

課税される所得金額	2008年3月末まで		
	(A) 配当金にかかる所得税率（%）	(B) 配当控除率（%）	差し引きの税負担 (A)－(B)（%）
1,000円以上～330万円未満	10	10	0
330万円以上～900万円未満	20	10	10
900万円以上～1,000万円未満	30	10	20
1,000万円以上～1,800万円未満	30	5	25
1,800万円以上	37	5	32

※課税総所得1,000万円をまたぐ配当所得の控除率は下の図表を参照してください。

所得税・住民税の配当控除率

課税総所得	図（1000万円の線を基準）	所得税の配当控除率	住民税の配当控除率
1,000万円以下	その他の所得／配当所得（1000万円以下）	10%	2.8%
配当所得を加えると1,000万円を超える	その他の所得／配当所得（a：1000万円以下の部分、b：1000万円超の部分）	a:10% b:5%	a:2.8% b:1.4%
配当所得以外の所得だけで1,000万円を超える	その他の所得／配当所得（1000万円超）	5%	1.4%

配当課税は2003年4月から源泉分離課税に一本化され、税率も一律に。所得金額によっては確定申告で税金が戻ってくる場合も！

POINT

「所得控除」と「税額控除」

所得税には、所得から間接的に差し引く「所得控除」と、税額から控除額をそのまま差し引く「税額控除」があります。税額控除である配当控除は、最終的な税額を減らす効果大のうれしい控除なのです。例えば、10万円の医療費控除（所得控除）と配当控除（税額控除）を比べてみると、控除後に税率を掛ける医療費控除では、おおよそ1万円（10万円×10%）が実質的な控除額となるのに対し、配当控除では、10万円がそのまま実際の控除額となるのです。（総合課税の税率が10%の人の場合の例）

配当控除 課税される所得金額（課税総所得）に配当所得を加算し、それに税率を掛けて算出した税額からあらためて配当所得の10%に当たる金額を控除できるという税額控除です。

Tax 10000

確定申告にチャレンジしよう！

特例を活用すれば賢く節税できる

Stack & Tax

はじめての確定申告はなにかと戸惑うことがあるかもしれません。でも、確定申告をすることのメリットもたくさんあるのです。

譲渡所得の申告は「申告書B」を使用

「源泉徴収なしの特定口座」や一般口座を使っている人が、1年間に20万円を超える売却益を得た場合には、**株式の譲渡所得**について**確定申告**をすることになります。

確定申告書の基本の様式には「申告書A」と「申告書B」がありますが、株式の譲渡所得を申告する場合に使用するのは**申告書B**。これに**「分離課税用」の申告書**や**年間取引報告書**などの必要書類を添付して税務署に提出します。譲渡所得がなく、配当所得だけを申告する場合には、「申告書A」を使用します。

どちらの場合でも、基本的な申告の方法に変わりはありません。不明な点は国税庁のホームページで調べるか、税務署に直接行ってたずねるとよいでしょう。

なお、所得税の確定申告書の提出期限は、原則として**毎年2月16日～3月15日**です。提出期限内に忘れずに申告をするようにしましょう。

確定申告しないと受けられない特例も

売却益が20万円を超えていなくても、「みなし取得価格の特例」を適用する場合や、「譲渡損失の繰越控除」を行う場合には確定申告が必要です。

みなし取得価格の特例とは、一定の要件を満たした場合に、実際にその株を取得したときの価格ではなく、「みなし取得価格」を、売却益を計算するときの取得価格とみなすことができるというもの。

「みなし取得価格」とは、2001年10月1日の終値の80パーセントの価格のこと。実際の取得価格よりも「みなし取得価格」のほうが高い場合、この特例を活用することで売却益を減らして見せることができるのです。

ただし、この特例が使えるのは一般口座だけ。確定申告をしなければこうした特例の適用を受けることができません。

譲渡損失の繰越控除とは、株の売買による損失を翌年から3年間繰り越して、売却益と相殺できるというもの。この特例を使えば、3年間は、繰り越すべき損失がなくなるまでキャピタルゲイン課税をゼロにすることができます。

さらに、**非上場企業の株**の売却益がある場合も、上場企業の株とは別に、自分で売却益を計算して申告しなければなりません。

「定率減税」ってなに？

定率減税とは、所得税額から20%、住民税額から15%が一律で控除されるというもの。景気対策の一環として1999年から導入されましたが、今後は縮小・廃止が検討されています。定率減税が加味されるのは、確定申告や年末調整など、税金の総額を計算するとき。つまりキャピタルゲイン課税や配当課税の計算には、反映されていないということになります。

定率減税の控除額

	減税率	上限額
所得税	20%	25万円
住民税	15%	4万円

POINT

「みなし取得価格の特例」や「譲渡損失の繰越控除」は確定申告をしないと受けられない！

申告書への記入方法を見てみよう！

（「株式の譲渡所得」の場合）

「申告書B」

「分離課税用」での計算をもとに、この用紙で給与所得などと合算し、最終的な税額を計算する。

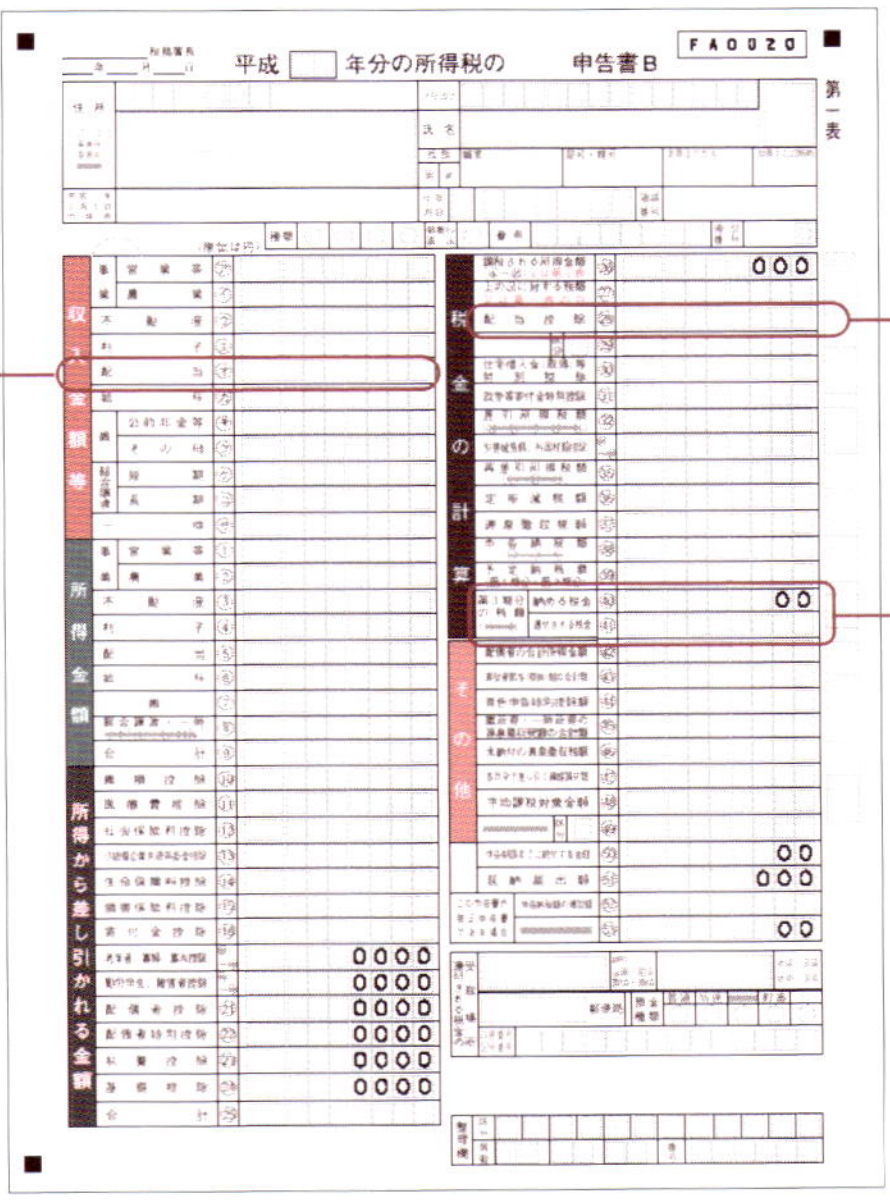

配当所得がある場合にはここに金額を記入。

この金額が「配当控除」として税額から直接差し引かれる。

この金額が最終的に納める税金、または還付される税金となる。

「分離課税用」

「株式の譲渡所得」など、分離課税の対象となる所得については、この用紙を使って計算することになる。

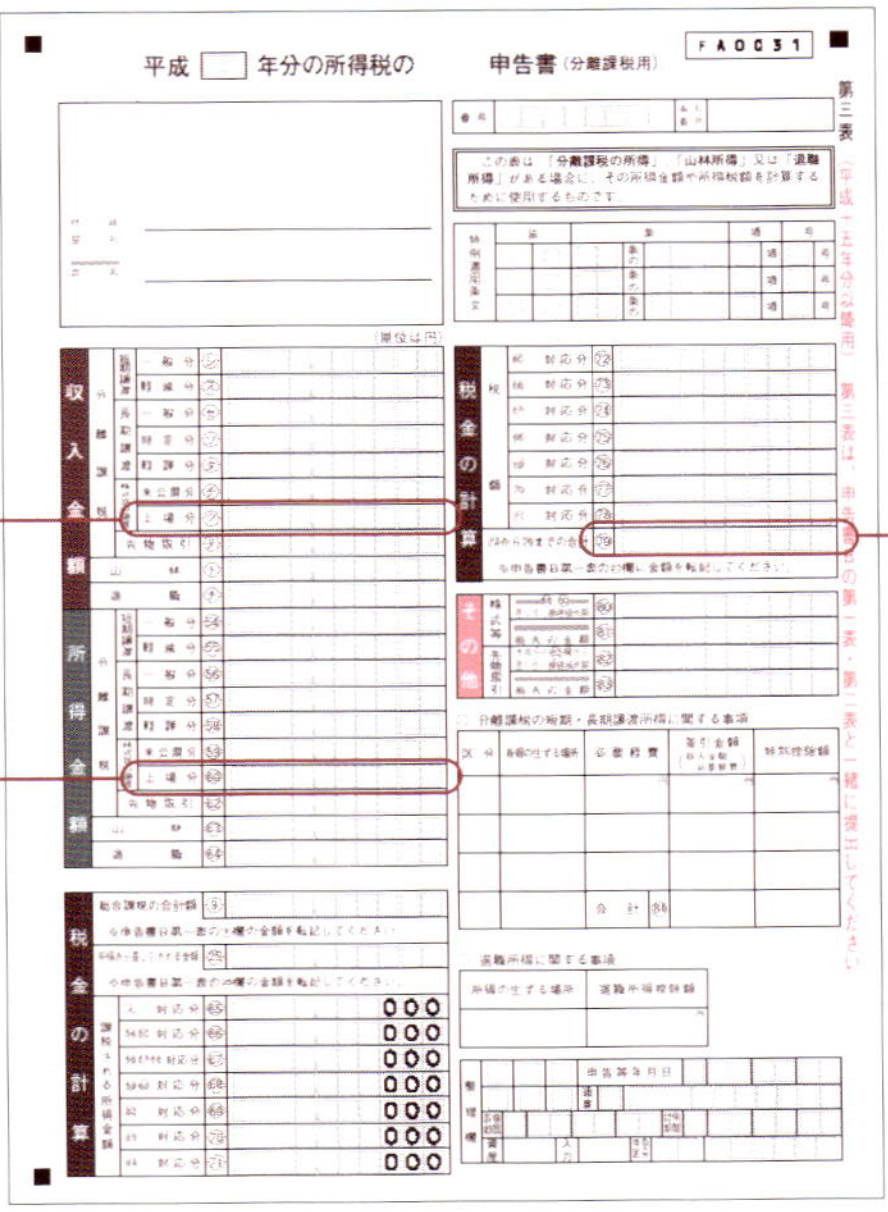

株を売却して得た金額をそのまま記入する。

取得価格や手数料を差し引いた「売却益」を記入。

ここまで分離課税の対象となる所得の計算は終了。申告書Bに金額を転記する。

分離課税 特定の所得について、その他の所得と合算せず、別に課税する方式。分離課税となる所得は前もって決まっており、株式等の譲渡所得のほか、山林所得、退職所得などがこれにあたります。

株式投資用語集

英字

BPS（ビーピーエス）
→1株当たり株主資本

EPS（イーピーエス）
→1株当たり利益

ID（アイディー）
“identity”の略。インターネットの世界でセキュリティを守るために頻繁に使われる識別番号です。他の人に洩れないように厳重に管理することが求められます。

IR（アイアール）
“Investors Relations”の略で「投資家向けの企業情報」を意味しています。一般の投資家に対して投資判断に必要な情報を広くディスクロージャーすることで株主の裾野を広げるIR活動は、近年急激に高まりを見せています。

PBR（ピービーアール）
→株価純資産倍率

PCFR（ピーシーエフアール）
→株価キャッシュフロー倍率

PER（ピーイーアール）
→株価収益率

ROA（アールオーエー）
→総資産利益率

ROE（アールオーイー）
→株主資本利益率

TOPIX（トピックス）
東証が公表している株価指数で、「東証株価指数」とも呼ばれます。東証1部全体の時価総額の増減を1968年1月4日の終値を基準に指数化しています。

あ

相対取引（あいたいとりひき）
証券取引所を通さずに、証券会社と投資家が1対1で向き合って株の売買を行うこと。同じ銘柄の取引が同時刻に成立したとしても、価格が同じとは限らないのが特徴です。

アナリストレポート（あなりすとれぽーと）
証券会社や運用会社の調査部門に所属しているアナリストが、投資理論、財務分析、経営者へのインタビューなどをもとにして投資価値の分析をまとめたレポート。

委託売買（いたくばいばい）
証券会社が投資家から委託を受けて執行を行う（＝受託）取引方法のこと。証券会社自らが売買の相手方とはならずに、証券取引所へ注文を取り次ぐことで取引を成立させます。

委託保証金（いたくほしょうきん）
信用取引を行うために証券会社に差し入れる担保のこと。通常、売買代金の30％以上、かつ30万円以上が必要とされています。現金のほかに、株や公社債などの有価証券で代用することもできます。

移動平均線（いどうへいきんせん）
過去の一定期間における株価の終値の平均値をグラフ化した線。「5日移動平均線」「13週移動平均線」など、さまざまな期間のものが用いられています。

インカムゲイン（いんかむげいん）
売却益を「キャピタルゲイン」と呼ぶのに対し、配当金による利益は「インカムゲイン」と呼ばれます。インカムゲインだけでも預貯金より高い利回りとなる銘柄もあります。

インターネット取引（いんたーねっととりひき）
証券会社の窓口に出向かずに、インターネット端末から株の売買を行うこと。ネット取引、オンライントレード、ホームトレードなどとも呼ばれます。

受け渡し（うけわたし）
成立した取引の内容に基づいて、お金や株券を引き渡すこと。通常は取引成立の日を含めて4営業日目に行われます。「決済」とも呼ばれます。

売上債権回転率（うりあげさいけんかいてんりつ）
受取手形や売掛金などの売上債権の回収具合を見ることで、売上債権の金額が適当かどうかを分析するための指標。

売り気配（うりけはい）
その銘柄の株がいくらなら売れそうかという売買の目安になる値段のこと。「ヤリ気配」とも呼ばれます。反対にいくらなら買えそうかを示したものが「買い気配」になります。

円高・円安（えんだか・えんやす）
円貨の価値が外貨に対して相対的に高くなることが円高。その逆が円安。一般的に円高といえば、外貨のなかでもアメリカドルとの交換レートを指しています。つまり、円高＝ドル安ということになります。

大商い（おおあきない）
株の売買が頻繁に行われ、相場全体のなかでもひときわ出来高が多かった銘柄のこと。日経新聞の「指標」欄では、前日の取引のうち、出来高が多い上位10銘柄を「大商い10銘柄占有率」として発表しています。

大株主（おおかぶぬし）
持ち株比率の高い株主のこと。「株主」欄や「役員」欄に同じ苗字の人がずらりと並んでいる場合には、いわゆる「同族企業」である可能性が大。特に、社長や会長が創業者である場合には同族企業となるケースが多いようです。

オークション方式（おーくしょんほうしき）
売買注文を1カ所に集め、決められた原則に基づいて取引を成立させる方式のこと。「成り行き優先」「価格優先」「時間優先」の3大原則のもと、コンピュータ売買システムによってスムーズに取引が成立していきます。

大引け（おおびけ）
その日の最後に売買が成立した株価のこと。

大引け注文（おおびけちゅうもん）
後場の終値での売買を事前に予約する注文方法。後場において指し値注文を出したうえで、その指し値注文が成立しなかった場合には、後場の終値で売買することを予約する「出来ず大引け注文」という方法もあります。

か

概算金（がいさんきん）
はじめて取引をする際に、あらかじめ証券会社に預け入れておく資金のこと。証券会社によって必要な額や規定が異なっています。

会社四季報（かいしゃしきほう）
上場企業の基本情報や業績、株価の動向をまとめたハンドブック。東洋経済新報社が年に4回発行しています。

買取請求（かいとりせいきゅう）
企業が定款で単元未満株の株券を発行しないことを定めた場合に、株券がなくても端数の株を売却することができるという株主の権利のこと。

カイ離率（かいりりつ）
乖離率。株価と移動平均線がどれだけ離れているかを数値化したもの。多くの場合、株が買われすぎたり売られすぎたりすると、カイ離率は高くなります。

格付（かくづけ）
格付専門機関が債券の信用力や元利金の支払い能力の安全性などを分析してランク付けし、アルファベットなどの記号で示したもの。

います。

株価キャッシュフロー倍率（かぶかきゃっしゅふろーばいりつ）
ここでのキャッシュフローとは、当期純利益に減価償却費を加えたもの。株価を1株当たりキャッシュフローで割ることによって、より的確に企業の将来の成長力を見ることができる指標として注目されています。

株価収益率（かぶかしゅうえきりつ）
株価が1株当たり利益の何倍になっているのかを計算することで、株価が割高か割安かを分析する指標。

株価純資産倍率（かぶかじゅんしさんばいりつ）
株価が1株当たり株主資本の何倍になっているかを見るための指標。株価純資産倍率が1倍であることは、企業の解散価値と株価が一致していることを意味します。

株主資本回転率（かぶぬししほんかいてんりつ）
株主資本が効率よく運用されているかどうかを見るための指標。回転率が高ければ高いほど、資本効率がよいということになります。

株主資本比率（かぶぬししほんひりつ）
総資産（総資本）における株主資本の割合を示した指標。財務の安全性を表す指標として利用されています。

株主資本利益率（かぶぬししほんりえきりつ）
企業が、株主の出資分である株主資本をどれだけ効率よく活用し、利益を上げることができたかを見るための指標。

株主総会（かぶぬしそうかい）
定款の変更や企業の解散、合併の決定など、企業の重要事項について決定する機関。株主を構成員として、最低でも年に1回開催されます。

株主優待（かぶぬしゆうたい）
企業が株主に対して、自社製品や各種優待券、割引サービスなどを年に1～2回、プレゼントする制度。制度そのものを導入している企業としていない企業があります。

為替レート（かわせれーと）
国内通貨と外国通貨との交換比率のこと。交換比率は、外国為替市場における国内外の金融機関どうしの取引によって決まります。

議決権制限株（ぎけつけんせいげんかぶ）
普通株よりも議決権を制限される株のこと。株主総会のすべての決議事項に対して議決権がないものと、一部に対して議決権がないものとがあります。

規模別指数（きぼべつしすう）
東証がTOPIXの補助指数として発表している指数。ほかに業種別に区分した「業種別指数」があります。これらは「サブインデックス」とも呼ばれています。

キャピタルゲイン（きゃぴたるげいん）
株の値上がりによって得られる利益のこと。「売却益」「値上がり益」「譲渡益」などとも呼ばれます。反対に損失が出た場合には「キャピタルロス」といいます。

キャピタルゲイン課税（きゃぴたるげいんかぜい）
売却益（キャピタルゲイン）を得たときにかかる税金のこと。原則として所得税、住民税が課税されることになります。株式投資にかかるその他の税金として「配当課税」があります。

決算公告（けっさんこうこく）
企業が株主総会で承認された決算書やその要旨について、官報や新聞紙上で開示したもの。どのように決算公告を出すかは、企業ごとに定款で定められています。

権利落ち（けんりおち）
権利確定日を過ぎて、株式分割などを受ける権利がなくなること。権利を得るには、権利確定日から起算して5営業日前までに株を購入する必要があります。

口座管理料（こうざかんりりょう）
保護預かりにかかる手数料のこと。証券会社によって無料のところもあれば、年間に数千円かかるところまで、金額はまちまちになっています。

公定歩合（こうていぶあい）
日銀が普通銀行に貸付けを行うときに適用される基準金利。景気が不況のときには景気刺激策として公定歩合が引き下げられ、過熱気味のときには引き上げられるのが一般的です。

ゴールデンクロス（ごーるでんくろす）
短期の移動平均線が長期の移動平均線を下から上にクロスすること。ゴールデンクロスは買いのシグナルと考えられています。

固定資産回転率（こていしさんかいてんりつ）
設備投資が適正かどうかを見るための指標。回転率があまりにも少ない場合には、無駄な設備投資をしている可能性が高いといえます。

さ

財務三表（ざいむさんぴょう）
企業の業績などを示した数ある書類（財務諸表）のうち、「貸借対照表」「損益計算書」「キャッシュフロー計算書」の3つを指してこのように呼びます。

債務超過（さいむちょうか）
貸借対照表において「資産」よりも「負債」の金額が大きいこと。この場合、株主資本の金額はマイナスになります。債務超過は、上場廃止の要件のひとつになっています。

指し値注文（さしねちゅうもん）
売り値や買い値などを指定する注文方法のこと。希望の価格で売買できる反面、わずかな金額の差で売買が不成立になり、チャンスを逃すこともあります。

ザラバ（ざらば）
「寄り付き」と「引け」の間の時間と、その間の取引の総称。「ザラにある普通の場」という意味からこのように呼ばれるようになりました。

自益権（じえきけん）
配当金を受け取る権利や株主優待を受ける権利など、その株主個人の利益だけに関係する権利のこと。議決権など、株主全体の利害に関係する権利は「共益権」と呼ばれます。

塩漬け（しおづけ）
株を漬物にたとえた表現。予想がはずれて株価が下落してしまったため、売ると損失が出てしまう株にフタをして、食べどき（株価の上昇）がくるまで待つことを意味しています。

時価総額（じかそうがく）
個々の銘柄や市場全体がどの程度の規模なのかを示すもの。個々の銘柄の時価総額は、株価に発行済み株式数を掛けて計算します。

実質株主制度（じっしつかぶぬしせいど）
保管振替制度を利用しているときに、名義書き換えをしなくても、実質株主としての届出をするだけで通常の株主と同等の権利を得られる制度。

四半期決算（しはんきけっさん）
四半期ごと、つまり1年に4回開示される決算情報のこと。近年、四半期決算を導入する企業はどんどん増加する方向にあります。「四半期開示」とも呼ばれます。

需給バランス（じゅきゅうばらんす）
「需要」と「供給」のバランスのことを指した言葉。需要とは、必要として求められていること。供給とは、必要に応じてモノを与えることを意味しています。

少額投資（しょうがくとうし）
その名の通り、少額で投資を行うこと。初心者は少額投資からはじめるのが一般的。売買委託手数料が安いネット取引は少額投資にうってつけといえます。

証券コード（しょうけんこーど）
銘柄を選別するために付けられた4ケタの数字で、「銘柄コード」とも呼ばれます。4ケタのうち、最初の2ケタは業種ごとに共通の番号となっています。

証券総合口座（しょうけんそうごうこうざ）
多彩な用途をひとまとめにした、証券会社の顧客管理サービス。証券総合口座専用ファンドであるMRFを使って余剰資金の自動運用をすることができます。

証券取引所（しょうけんとりひきじょ）
証券会社からの売買注文を集め、株を集中的に売買している場所。現在、日本国内には東京、大阪、名古屋、福岡、札幌の5つの証券取引所があります。

証券保管振替機構（しょうけんほかんふりかえきこう）
日本で唯一の保管振替機関。通称「ほふり」と呼ばれています。実質株主の届出をすれば株主の権利を得ることができます。

上場基準（じょうじょうきじゅん）
企業が株式市場に上場するための基準のこと。証券取引所では上場区分ごとに異なる審査基準が設けられており、もっとも厳しいのが第一部市場となっています。

商品回転率（しょうひんかいてんりつ）
商品や製品の在庫が適正かどうかを見るための指標。回転率があまりにも少ない場合、不良在庫を抱えている可能性が高いとみなされます。

申告分離課税（しんこくぶんりかぜい）
1年間の株の売却益について、他の所得と分離して確定申告をする方法のこと。売却益への課税は、2003年1月から申告分離課税に一本化されています。

信用取引（しんようとりひき）
証券会社から資金を借りて株を買ったり、株を借りて売ったりする取引の方法。手持ちの資金を上回る取引が可能なため、より投機性が高い売買方法だといえます。

ストップ高（すとっぷだか）
株価が1日の制限値幅いっぱいまで上がった状態のこと。株価の急速な変動によって投資家に大きな損害を与えないように、1日の上げ幅、下げ幅はあらかじめ制限されています。

ストップ安（すとっぷやす）
「ストップ高」の反対で、株価が1日の制限値幅いっぱいまで下がった状態のこと。

総合利回り（そうごうりまわり）
配当金や値上がり益、株式分割などを加味して計算した利回りのこと。結果としてしか計算できず、値下がりで損になることもあるため、事前の想定ができないことがこの指標の欠点です。

総資産回転率（そうしさんかいてんりつ）
資産が効率的に活用されているかを見るための指標。「総資本回転率」とも呼ばれています。

総資産利益率（そうしさんりえきりつ）
企業がその全資産（総資産）を使って、どれだけ利益を上げることができたかという、投資価値の総合的な収益性を見るための指標。

総資本回転率（そうしほんかいてんりつ）
→総資産回転率

損切り（そんぎり）
思惑が外れて株価が逆に動き出してしまったときに、取引を手仕舞い、損失を確定すること。思い切った損切りは、ときに有効な投資手法になり得ます。

た

立ち会い（たちあい）
証券取引所で取引が行われている時間のこと。立ち会い時間は午前と午後に分かれており、前場は9時から11時まで、後場は12時半から15時までと決められています。

直接金融（ちょくせつきんゆう）
株の売買に代表されるような、「お金を借りたい人」と「お金を貸したい人」の間に金融機関が存在しない取引のこと。これに対して、金融機関が存在する取引は「間接金融」と呼ばれます。

ディスカウント・ブローカータイプ（でぃすかうんと・ぶろーかーたいぷ）
ネット取引を専門とするところはほとんどがこのタイプ。窓口を持たずに営業を行い、コスト削減を図ることで、安い売買委託手数料を実現しています。

出来高（できだか）
売買が成立したときに、売り手から買い手にわたった株数のこと。市場のエネルギーを測る目安とされています。「出来高」と「売買高」は同一の意味で使われます。

テクニカル分析（てくにかるぶんせき）
過去の相場の動きそのものを分析することによって、これからの株価の動きを予測する手法のこと。

デッドクロス（でっどくろす）
短期の移動平均線が長期の移動平均線を上から下にクロスすること。デッドクロスは売りのシグナルと考えられています。

投資収益率（とうししゅうえきりつ）
→総合利回り

東証株価指数（とうしょうかぶかしすう）
→TOPIX

トレンドライン（とれんどらいん）
常に上下する株価の波を大きく捉えた、株価の流れを示すラインのこと。トレンドラインが右上がりなら「上昇トレンド」、右下がりなら「下降トレンド」、ほぼ水平なら「横ばいトレンド」と呼ばれます。

な

成り行き注文（なりゆきちゅうもん）
銘柄と株数だけを決め、売買の値段は指定しない注文方法のこと。指し値注文に比べて早く確実に売買が成立するのがメリットです。

ナンピン買い（なんぴんがい）
「ナンピン」とは「難平」をカナ書きしたもので、「難」とはつまり「損」のこと。買った株が値下がりしたときに、買い増しすることで買い値の平均を下げるという投資手法です。

日経会社情報（にっけいかいしゃじょうほう）
上場企業の基本情報や業績、株価の動向をまとめたハンドブック。日本経済新聞社が年に4回発行しています。

日経平均株価（にっけいへいきんかぶか）
日本経済新聞社が公表している株価指数。東証1部上場銘柄のうち225銘柄の株価をもとに計算しています。「日経225」「日経平均」などとも呼ばれます。

年間取引報告書（ねんかんとりひきほうこくしょ）
特定口座を開設している人に対して、証券会社から年に1回送られてくる書類。1年間の売買損益がまとめられているので、確定申告が比較的簡単にできます。

は

売却益（ばいきゃくえき）
→キャピタルゲイン

配当落ち（はいとうおち）
配当金を受け取る権利が「配当落ち日」を境になくなること。理論上、配当落ちによって株価は下がりますが、上昇気流に乗っている銘柄の場合には、前日よりさらに上がることも。

配当支払率（はいとうしはらいりつ）
→配当性向

配当性向（はいとうせいこう）
その企業が当期純利益のうち、何パーセントを配当金にあてているかを示す指標。「配当支払率」とも呼ばれます。

配当利回り（はいとうりまわり）
その株に投資したときに得られる1株当たりの配当金が、株価の何パーセントになっているかを見るための指標。

売買委託手数料（ばいばいいたくてすうりょう）
投資家が証券会社を通じて株の売買を行うときに、証券会社に対して支払う手数料のこと。1999年の自由化以来、売買委託手数料の引き下げ競争が過熱しています。

発行市場（はっこうしじょう）
企業が新しく株を発行したときに、証券会社を通じて株の売り出しを行う市場。これに対し、通常、投資家が株を売買する市場は「流通市場」と呼ばれています。

1株当たり株主資本（ひとかぶあたりかぶぬししほん）
株主資本（純資産）を発行済み株式数で割ったもの。1株当たり株主資本が高ければ高いほど、その企業の安定性や投資価値が高いということができます。

1株当たり利益（ひとかぶあたりりえき）
当期純利益を発行済み株式数で割ったもの。この値がどのように推移しているかを見ることで、その企業の成長力を読むことができます。

日計り取引（ひばかりとりひき）
買い注文が成立した株をその日のうちに売却すること。日計り取引では、法律で禁止されている差金決済に抵触しないように、証券会社ごとに独自のルールが設けられています。

ファンダメンタルズ分析（ふぁんだめんたるずぶんせき）
決算書から得られる情報や株価、景気の動向などを用いて将来の株価を予測したり、投資価値を分析したりする手法のこと。

普通株（ふつうかぶ）
株主の権利に特に限定のない、標準的な株のこと。「優先株」「後配株」といった呼び名は普通株を基準にしたものになっています。

浮動株（ふどうかぶ）
大株主の保有株や持ち合い株などの固定株を除いた、実際に流通している株のこと。東証では現在、実際にマーケットに流通する株を対象とした「浮動株指数」を2005年度から算出する方向で検討を開始しています。

ブラックマンデー（ぶらっくまんでー）
1987年10月19日の月曜日にニューヨーク株式市場で起こった、史上最大の暴落のこと。この株価の暴落は世界の株式市場へ波及し、東京やロンドン市場でも株価が大暴落しました。

フルサービスタイプ（ふるさーびすたいぷ）
閲覧できる情報がかなり豊富で、必要に応じて店頭でも相談することが可能なネット証券。サポート体制が充実している分、各種の手数料は比較的高めに設定されています。

平均取得単価（へいきんしゅとくたんか）
ある銘柄の株を複数回に分けて株を購入した場合に、1株当たりの単価が平均いくらかを計算したもの。株価が下がったあとに買い増せば、平均取得単価も下がることになります。

ポートフォリオ（ぽーとふぉりお）
もともとは「紙バサミ」を意味する言葉。以前は株や債券を紙バサミで挟んで保管していたことから、保有している有価証券全体を指す言葉となっています。

保管振替制度（ほかんふりかえせいど）
株を購入後、証券会社へ「実質株主報告届出書」を提出すれば、名義書き換えをしなくても株主としての権利を得られる制度のこと。株の名義はほふり（証券保管振替機構）となります。

ポケット株（ぽけっとかぶ）
ゴールドマン・サックス・インターナショナルが発行するカバードワラントのこと。株そのものではなく株を売買する権利を買うもので、満期が来ると自動的に損益が確定するのが特徴です。

保護預かり制度（ほごあずかりせいど）
株券を証券会社やほふり（証券保管振替機構）に預かってもらうこと。証券会社によっては保護預かり料（口座管理料）が必要になることもあります。

ほふり（ほふり）
→証券保管振替機構

本決算（ほんけっさん）
1年に1回、企業ごとに決められた決算日を一区切りとして行われる決算のこと。一方、本決算から半年後に行われる決算は「中間決算」と呼ばれます。

本人確認書類（ほんにんかくにんしょるい）
本人であることを確認するために添付が求められる書類。運転免許証、健康保険証、住民票、印鑑証明書などのコピーを添付するのが一般的です。

ま

マーケットメイク制度（まーけっとめいくせいど）
日本証券業協会がマーケットメイク銘柄として指定した銘柄については、マーケットメイカーとして届出をした証券会社と直接価格交渉をすることで売買ができるという制度。

前受け制度（まえうけせいど）
株を買うときには買い付けに必要な資金の全額を、売るときには株券をあらかじめ前受けるという制度。ほとんどのネット証券でこの制度が導入されています。

無額面株式（むがくめんかぶしき）
額面金額の定めがない株のこと。2001年6月の商法改正によって「単元株制度」が創設され、2001年10月1日から、企業で発行される株はすべて無額面株式となりました。

銘柄名（めいがらめい）
株を売買するときに、他の企業と混同しないように付けられた名前のこと。ほとんどが企業名と同じですが、正式名称が長い場合などには分かりやすい略称が使われます。

名義書き換え（めいぎかきかえ）
投資家が、株の「持ち主」になったことを、その株の発行企業に知らせる手続きのこと。名義書き換えをすると株券の裏面に名前が記載されることになります。

や

約定代金（やくじょうだいきん）
取引が成立した価格（約定値段）に株数を掛けたもの。約定代金がいくらなのかは、取引報告書などに必ず記載されています。

有価証券報告書（ゆうかしょうけんほうこくしょ）
上場企業に作成が義務付けられている正式な決算書。大手書店や政府刊行物サービスセンターで購入できるほか、企業のホームページからダウンロードすることもできます。

有限責任（ゆうげんせきにん）
企業が倒産した場合に、出資者が出資額の範囲で責任を負うこと。一方、「無限責任」とは、損金すべてに対して返済などの責任を負うことを指しています。

寄り付き（よりつき）
その日の取引（前場）が始まって、一番最初の売買のこと。このときに付いた株価が「始値」です。後場が始まって最初の売買は成「後場寄り」と呼ばれます。

四本値（よんほんね）
「始値」「終値」「高値」「安値」の総称。株価の動きを表す基本的な数字として、日経新聞にも毎日掲載されています。ローソク足は四本値を利用して作られています。

ら

利益処分案（りえきしょぶんあん）
企業が稼ぎ出した利益をどのように使うかということについて案を示した書類。決算日以後3カ月以内に開かれる株主総会の承認を得ることで、利益処分計算書という名称に変わります。

利回り（りまわり）
投資した金額に対する収益の割合のこと。株式投資では、思惑通りに株価が値上がりすれば、預貯金の何倍もの利回りを実現することが可能です。

るいとう（るいとう）
「株式累積投資」の略。毎月1銘柄1万円以上1,000円単位の金額を設定し、自動的に買い付けを行います。

ローソク足チャート（ろーそくあしちゃーと）
テクニカル分析でもっともポピュラーなチャート。ほかにも、「止め足」「ホシ足」「棒足」「イカリ足」などさまざまな種類のチャートがありますが、国内では圧倒的にローソク足チャートが主流になっています。

ログイン（ろぐいん）
IDやパスワードの入力などをすることによって、自分のインターネット端末からホストコンピューターに接続し、システムの使用を開始すること。ログオンともいいます。

わ

割当基準日（わりあてきじゅんび）
株主優待の対象株主を決める日のこと。優待商品を受け取るには、この日までに株主名簿に名前を記載してもらう必要があります。割当基準日は決算日と同じことが多いですが、企業によっては異なる場合もあります。

索引

英数

225銘柄 ……36
B/S ……142
BPS ……158
EPS ……154,158
ID ……80
IR情報 ……194
JASAQ ……122
PBR ……154,156
PCFR ……164
PDF ……194
PER ……154
ROA ……162
ROE ……160
TOPIX ……36
Vector ……192
Yahoo！ファイナンス ……94,190

あ

預り証 ……67
アナリスト ……108
粗利益 ……144
アンダーライター業務 ……28
委託売買業務 ……28
委託保証金 ……134
板寄せ方式 ……33
一般口座 ……58,210
移動平均 ……174
移動平均線 ……174,180,200
インサイダー取引 ……98
陰線 ……182
インターネット ……194
インターネット取引 ……72
ウィルス ……83
上影陰線 ……184
上影陽線 ……184
上ヒゲ ……182
受け渡し ……65
売上債券回転率 ……152
売上総利益 ……144
売上高営業利益率 ……150
売上高経常利益率 ……150
営業外収益 ……144
営業外費用 ……144
営業利益 ……144,150
エリオットの波動 ……177
円高 ……42
円安 ……42
大型株 ……106
大底 ……185
大天井 ……185
大引け ……62
大引け注文 ……120
押し目待ちに押し目なし ……175
終値 ……46
オンラインソフト ……192
オンライントレード ……72

か

概算金 ……56,64
会社四季報 ……90
回転率 ……152
カイ離率 ……180,200
価格優先の原則 ……32
格付 ……108
確定申告 ……210,214
額面株式 ……60
課税総所得 ……212
株 ……12
株価キャッシュフロー倍率 ……164
株価収益率 ……154
株価純資産倍率 ……154,156
株式会社 ……14
株式上場 ……30
株式の譲渡所得 ……214
株式分割 ……19,102
株式ミニ投資 ……132
かぶせ線 ……188
株主 ……16
株主権 ……16
株主資本 ……142,148
株主資本回転率 ……148
株主資本比率 ……142,148
株主資本利益率 ……160
株主名簿 ……16
株主優待 ……19,98
株主優待制度 ……104
カラ売り ……134
カラ買い ……134
借方・貸方 ……143
為替相場 ……42
還元 ……100
間接金融 ……14
議決権 ……16
議決権制限株 ……20
記念配当 ……100

時価総額……37,49
時間優先の原則……32
自己資本……142,148
自己資本比率……168
自己売買業務……28
資産……142
資産の部……142
自社株消却……159
下影陰線……184
下影陽線……184
下ヒゲ……182
実質株主……68
実質株主報告届出書……68
実質PBR……157
仕手筋……110
資本……142
資本の部……142
ジャスダック市場……22,122
週足……170
需給……34
純資産……148
証券会社……28,54
証券コード……26
証券総合口座……57
証券取引所……24
証券保管振替機構……66,68
上場株式……20
上場企業……26
上場基準……25
上場市場……22
少数株主権……16
譲渡損失の繰越控除……214
商品回転率……152
除数……36
所得控除……213
申告分離課税……128,208
新証券税制……208
信用売り……134
信用買い……134
信用取引……134
スターリン・ショック……45
ストップ高……32,50
ストップ安……32,50
税額控除……213
制限値幅……50
政治……44
税引前当期純利益……144
税率……208
世界3大市場……44
逆カイ離……181
逆指し値注文……120
キャッシュフロー計算書……140,146
キャピタルゲイン……18,128,208
キャピタルゲイン課税……128,208
キャピタルロス……19,128
業績……38
業績予想……38
切り込み線……188
金利……40
グランビルの8法則……174
景気……40
掲示板……194
経常利益……144,150
決済……65
決算時期……140
ケネディ・ショック……45
気配値……47
減価償却費……164
検索サイト……206
源泉徴収……212
源泉徴収ありの特定口座……58
源泉徴収なしの特定口座……58
現物取引……134
権利落ち……51
権利確定日……51
口座開設……56,78
口座管理料……55,67,130
公定歩合……40
合名会社……14
コーポレートガバナンス……161
ゴールデンクロス……176
小型株……106
国際情勢……44
固定資産……143
固定資産回転率……152
固定負債……143
後場……62
後配株……20

さ

財務三表……140
材料株……110
指し値注文……32,120
ザラバ……63
ザラバ方式……33
三大証券……29
残余財産分配請求権……16
シェアウェア……193

出来高 ……48,178,200
テクニカル分析 ……138,170
手数料 ……54,64
デッドクロス ……176
天候 ……52
天井 ……178
当期純利益 ……144
当期未処分利益 ……144
投資収益率 ……166
東証株価指数 ……36
東証マザース ……23
特定口座 ……58,208,210
特別配当 ……100
トラッキングストック ……20
取引口座 ……56
ドル・コスト ……133
トレンド ……171,172
トレンド分析 ……172
トレンドライン ……172,200
トンボ ……188

な

成り行き注文 ……32,120
ナンピン買い ……124
ニクソン・ショック ……45
日経会社情報 ……90
日経新聞 ……86
日経平均株価 ……36
人気 ……38
値がさ株 ……106
年足 ……170
年間取引報告書 ……58,210

は

売却益 ……18,128,208
売却損 ……19,128
配当落ち ……51
配当課税 ……208,212
配当金 ……19,98,100
配当控除 ……212
配当支払率 ……166
配当性向 ……166
配当利回り ……166
売買委託手数料 ……55,74,130
売買損益 ……202
売買代金決済 ……64
売買履歴 ……202
売買履歴管理シート ……202
始値 ……46

セリング業務 ……28
前場 ……62
総合証券 ……29,54
総合利回り ……166
総資産 ……143
総資産回転率 ……152
総資産利益率 ……162
総資本 ……143
相場格言 ……136
相場のことは相場に聞け ……136
損益計算 ……204
損益計算シート ……204
損益計算書 ……140,144
損切り ……126

た

第1次オイル・ショック ……45
第一部市場 ……24
大陰線 ……184
貸借対照表 ……140,142
第二部市場 ……24
大納会 ……62
大発会 ……62
大陽線 ……184
高値 ……46
立ち会い時間 ……62
短期投資 ……116
単元 ……60
単元株制度 ……60
単元未満株 ……60
タンス株 ……211
単独株主権 ……16
チャート ……170
チャート学習シート ……200
チャットルーム ……194
中位株 ……106
中型株 ……106
中間配当 ……100
長期投資 ……116
直接金融 ……14
月足 ……170
つつみ線 ……186
低位株 ……106
ディーラー業務 ……28
ディスカウント・ブローカータイプ ……77
ディストリビューター業務 ……28
ディトレーダー ……84
ディトレード ……84
定率減税 ……215

前引け …………………………62
丸坊主 …………………………186
みなし取得価格の特例 ……………59,214
ミニ株 …………………………132
無額面株式 ………………………60
無限責任 …………………………14
銘柄コード ………………………26
名義書き換え ……………………66
名義書き換え手続料 ……………130
メールマガジン …………………192

や

夜間取引 …………………………73
安値 ………………………………46
有価証券報告書 …………………140
優遇税率 …………………………208
有限会社 …………………………14
有限責任 …………………………14
優先株 ……………………………20
輸出型企業 ………………………43
輸入型企業 ………………………43
陽線 ………………………………182
予算 ………………………………98
予想PER …………………………154
寄り付き …………………………62
寄り付き注文 ……………………120
寄引同時線 ………………………184
寄り付き値 ………………………63
四本値 ……………………………46,182

ら

利益 ………………………………150
利益配当請求権 …………………16
利食い千両 ………………………136
流行 ………………………………38
流通市場 …………………………22
流動資産 …………………………143
流動比率 …………………………142
流動負債 …………………………143
るいとう …………………………132
レーティング ……………………108
劣後株 ……………………………20
ローソク足 ………………………170,182
ローソク足パターン ……………200
ログイン …………………………80

わ

割当基準日 ………………………104
湾岸ショック ……………………45

柱 …………………………………183,184
パスワード ………………………80
発行市場 …………………………22
発行済み株式数 …………………106
バブル ……………………………40
はらみ線 …………………………186
バランスシート …………………142
日足 ………………………………170
引き受け業務 ……………………28
ヒゲ ………………………………184
引け値 ……………………………63
非上場株式 ………………………20
非上場企業 ………………………26
1株当たり株主資本 ……………158
1株当たり純資産 ………………158
1株当たり利益 …………………154,158
ファンダメンタルズ ……………138
ファンダメンタルズ分析 ………138,198
ファンダメンタルズ分析シート ……198
風説の流布 ………………………195
負債 ………………………………142
負債の部 …………………………142
普通株 ……………………………20
普通配当 …………………………100
浮動株 ……………………………107
プラス・カイ離 …………………180
ブラックマンデー ………………45
フリーウェア ……………………193
フルサービスタイプ ……………77
ブローカー業務 …………………28
分散投資 …………………………114
分別管理 …………………………70
米国同時多発テロ ………………45
ヘラクレス ………………………23
ポートフォリオ運用 ……………114
ホームトレード …………………72
保管振替制度 ……………………66,68
ポケット株 ………………………133
保護預かり ………………………66
保護預かり料 ……………………67,130
募集・売り出し業務 ……………28
ほふり ……………………………66,68
本人確認書類 ……………………78

ま

マーケットメイカー ……………122
マーケットメイク ………………122
マイナス・カイ離 ………………180
前受け制度 ………………………79

●著者紹介　大竹 のり子
［おおたけ のりこ］
出版社での編集者時代を経て、フリーのファイナンシャルプランナー&ライターとして独立。マネー全般にわたって書籍や雑誌の執筆活動を行っている。(株)エフピーウーマン代表取締役(http://www.fpwoman.co.jp)。オールアバウト「オンライントレード」ガイド。著者に『マネーセンスを磨けば、夢は必ずかなう!』(東洋経済新報社)、『はじめてのネット株 入門教室』(ソーテック社)など。

●編集協力 ―― 有限会社ノマディック
●付録プログラム作成協力 ―― 有限会社インフォシェル、広瀬孝之
●イラスト ―― 宮崎 淳一
●本文デザイン ―― シー・オーツーデザイン

CD-ROM付き 一番やさしく株がわかる

●著　者 ―― 大竹 のり子
●発行者 ―― 若松 範彦
●発行所 ―― 株式会社西東社
〒113-0034 東京都文京区湯島2-3-13
TEL (03) 5800-3120　FAX (03) 5800-3128
http://www.seitosha.co.jp/

ISBN4-7916-1229-9